Neue Ansätze für Informatikwerkzeuge zum Einsatz in der Strahlenschutzausbildung am Beispiel der intraoperativen Streustrahlung

Von der
Carl-Friedrich-Gauß-Fakultät
der Technischen Universität Carolo-Wilhelmina zu Braunschweig

zur Erlangung des Grades eines
Doktoringenieurs (Dr.-Ing.)

genehmigte Dissertation

von
Dipl.-Inform. Markus Wagner
geboren am 13.02.1981
in Duderstadt

Eingereicht am: 20. April 2012
Disputation am: 04. Juli 2012

1. Referent: Prof. Dr. Reinhold Haux
2. Referent: Prof. Dr. Klaus Dresing
3. Referent: Prof. Dr. Marcus Magnor

(2012)

Herstellung und Verlag:
BoD – Books on Demand
ISBN 978-3-8482-0883-8

Kurzfassung

Der intraoperative Einsatz von mobilen Röntgengeräten (C-Bögen) hat sich in der Versorgung von Trauma- und Notfallpatienten[1] zu einem essenziellen diagnostischen Werkzeug entwickelt. Durch den stetig steigenden Einsatz dieser Röntgengeräte nimmt auch die Belastung des OP-Personals durch unvermeidbare Streustrahlung immer weiter zu. Durch technische Verbesserungen und das Tragen von Strahlenschutzkleidung kann die Strahlenbelastung zwar gesenkt werden, jedoch hängt die Dosis-Bilanz hauptsächlich vom bedachten Einsatz der Strahlung, der korrekten Einstellung des C-Bogens und dem Wissen über das Verhalten der Streustrahlung ab. Letzteres soll dem Personal zusammen mit Verhaltensweisen zur Minimierung der Strahlenbelastung in gesetzlich vorgeschriebenen Strahlenschutzkursen vermittelt werden. Die Lehre dieser relevanten und nicht immer trivialen Fakten geschieht derzeit nur unter Verwendung von Texten und schematischem Bild- und Videomaterial. Die so vorhandene Einschränkung auf nicht interaktives Lehrmaterial könnte dazu führen, dass für die Teilnehmer der Kurse Streustrahleneffekte nicht ausreichend verständlich und begreifbar dargelegt werden.

Um die Strahlenschutzausbildung in diesem Punkt unterstützen zu können, wurde in dieser Arbeit eine interaktive Simulationskomponente entwickelt, welche unter Verwendung von Monte-Carlo-Methoden für beliebige OP-Szenarien und radiologische Parameter die Streustrahlenausbreitung, -intensität und resultierenden Personendosen bestimmen kann. Hierbei hat man mittels paralleler Lösung des Gesamtproblems unter Einsatz moderner Grafikprozessoren und weiteren Optimierungen eine möglichst kurze Laufzeit angestrebt, um den Einsatz der Simulation in der Lehre zu ermöglichen. Anschließend wurde eine wiederverwendbare Visualisierungskomponente konzipiert und entwickelt, welche in der Lage ist, die sonst nicht wahrnehmbare intraoperative Strahlenausbreitung interaktiv und intuitiv verständlich in einer dreidimensionalen virtuellen Umgebung darzustellen. Für die Visualisierung der in der Simulation erfassten Körper- und Organdosen wurde zusätzlich ein spezieller Dialog mit tabellarischer und grafischer Darstellung der Daten erarbeitet.

Die in dieser Arbeit entwickelten Komponenten wurden zur Prüfung der Praktikabilität exemplarisch in das C-Bogen-Schulungssystem virtX integriert und evaluiert. Laufzeitmessungen der Strahlungssimulation im erweiterten CBT-System wiesen für ausgewählte OP-Situationen eine ausreichend kurze Simulationszeit zwischen ca. 2 und 30 Sekunden auf. Ein visueller Vergleich der simulierten Daten mit Isodosen-Darstellungen aus der Literatur ergab eine für den Einsatzbereich akzeptable Übereinstimmung. Im Rahmen dieser Arbeit durchgeführte Studien konnten weder eindeutig zeigen noch widerlegen, ob durch den Einsatz des erweiterten virtX-Systems Verhaltensweisen zur Minimierung der Streustrahlenbelastung besser vermittelt werden können, als mit den bislang eingesetzten traditionellen Lehrmethoden. Jedoch zeichnet die subjektive Einschätzung der Lernenden ein positives Akzeptanzbild für das neue Trainingssystem.

---

[1] Obwohl im Text zur besseren Lesbarkeit die männliche Form gewählt wurde, gelten sämtliche Personenbezeichnungen dieser Arbeit für beiderlei Geschlecht.

Abstract

The operative use of mobile image intensifier systems (C-arms) has developed into an essential diagnostic tool in the treatment of emergency and trauma patients. Particularly the growing number of minimal invasive interventions in the past years has increased in addition the use of C-arms during surgery. For operating room (OR) personnel this leads to a constant growing exposure via unavoidable scattered radiation. Technical enhancements of C-arms and the wearing of clothes for radiation protection are able to reduce radiation exposure for the affected group of persons. But the resulting dose rate primarily depends on the deliberate use of radiation, the correct adjustment of the C-arm and the knowledge about behavior of scattered radiation. The latter should be taught to OR-personnel, in combination with behavior patterns to minimize the scattered radiation exposure, during mandatory courses on radiation protection. Currently the teaching of these relevant and mostly not trivial facts is done using texts or schematic pictures and videos. This restriction to non-interactive teaching material could lead to insufficient understanding of the effects of scattered radiation.

To support the education in radiation protection with regard to these concerns, first of all an interactive simulation component was developed in this thesis. This module uses Monte Carlo methods to simulate the scattered radiation distribution and intensity as well as resulting dosages of the personnel for arbitrary OR situations and radiological parameters. Parallel solving of the entire computational problem by utilizing a modern graphics processor was applied to shorten execution time so that the simulation could be used during class. Following a reusable visualization component was developed, which is able to depict the naturally not perceivable distribution of scattered radiation interactively and intuitively understandable in a virtual three dimensional scene. To visualize the simulated body and organ doses of the patient and the virtual OR-personnel, a dialog was developed, which presents these data using tables and a corresponding to the dose values colored human surface model.

To verify the practicability of the developed components, they were evaluated and exemplary integrated in the C-arm training system virtX. Measurements of simulation execution times for selected OR situations showed satisfactory values between 2 and 30 seconds. A visual comparison of the simulated dose values with isodose curves depicted in literature resulted in an acceptable match for the intended area of application. Studies, which were conducted in the context of this thesis, were not able to confirm or disprove whether the enhanced virtX system is able to impart knowledge concerning behavior patterns to minimize exposure by scattered radiation better than the currently used traditional teaching methods. But the subjective rating of the learner draws a very positive picture of acceptance for the new training system.

Inhaltsverzeichnis

KURZFASSUNG I
ABSTRACT II
INHALTSVERZEICHNIS III
ABKÜRZUNGSVERZEICHNIS VII
SYMBOLE, VARIABLEN, KONSTANTEN UND EINHEITEN X
TABELLENVERZEICHNIS XV

1   EINLEITUNG 1
    1.1   GEGENSTAND UND MOTIVATION 1
    1.2   PROBLEMSTELLUNG 3
    1.3   ZIELSETZUNG 3
    1.4   GLIEDERUNG DER ARBEIT 3

2   GRUNDLAGEN 5
    2.1   RÖNTGENSTRAHLUNG IN DER DIAGNOSTISCHEN BILDGEBUNG 5
        2.1.1   *Erzeugung von Röntgenstrahlung* 5
            2.1.1.1   Röntgenbremsstrahlung 7
            2.1.1.2   Charakteristische Röntgenstrahlung 9
            2.1.1.3   Röntgenstrahlung bei mobilen Röntgengeräten 10
        2.1.2   *Interaktion von Röntgenstrahlung mit Materie* 13
            2.1.2.1   Photoabsorption 15
            2.1.2.2   Compton-Streuung (inkohärente Streuung) 17
            2.1.2.3   Rayleigh-Streuung (kohärente Streuung) 21
        2.1.3   *Dosisbegriffe und Wirkung ionisierender Strahlung auf menschliches Gewebe* 23
        2.1.4   *Mobile Röntgengeräte* 28
    2.2   STRAHLENSCHUTZ 32
        2.2.1   *Gesetzliche Grundlagen* 33
        2.2.2   *Strahlenschutzmaßnahmen* 33
            2.2.2.1   Strahlenschutzverantwortlicher und -beauftragter 34
            2.2.2.2   Fachkunde im Strahlenschutz 34
            2.2.2.3   Strahlenschutzbereiche und bauliche Maßnahmen 35
            2.2.2.4   Strahlenschutzkleidung und Strahlenabschirmungen 35

2.3	Grafische Darstellungen von Bereichen gleicher Dosis	37
2.4	Computer Based Training	38
2.5	Methoden zur Simulation der Interaktion von Photonenstrahlung mit Materie	40

2.5.1 Überblick über Simulationsverfahren 40

- 2.5.1.1 Deterministische Ansätze 41
- 2.5.1.2 Stochastische Ansätze (Monte-Carlo-Methode) 43
- 2.5.1.3 Hybride Varianten 46

2.5.2 Verfahren zur Simulation des Strahlungstransportes unter Verwendung der GPU 46

- 2.5.2.1 Der Grafikprozessor als Recheneinheit für die MC-Simulation 46
- 2.5.2.2 Überblick über Fermi Architektur, Hardware-Multithreading und das CUDA™ Programmiermodell 49
- 2.5.2.3 MC-Simulationspakete unter Verwendung der GPU 54
  - 2.5.2.3.1 Struktur und Funktion des Simulationspakets MC-GPU 58

3 SISCAR-GPU: EINE GPU-OPTIMIERTE METHODE ZUR ZEITMINIMIERTEN SIMULATION UND VISUALISIERUNG VON INTRAOPERATIVER STREUSTRAHLUNG 61

3.1 Streustrahlensimulation für die Strahlenschutzausbildung 61

3.1.1 Erfassung der ortsspezifischen Energiedosiswerte 61

3.1.2 Erzeugung primärer Photonen für die Simulation einer C-Bogen Strahlenquelle 64

- 3.1.2.1 Bestimmung der initialen Photonenflugrichtung 65
- 3.1.2.2 Simulation von Blenden 67
- 3.1.2.3 Festlegung der initialen Photonenenergien 71
- 3.1.2.4 Bestimmung der Photonenstartposition im Simulationsvolumen 74

3.1.3 Laufzeitoptimierung der Strahlungstransportsimulation 75

- 3.1.3.1 Bestimmung eines Vergleichspunktes für die Berechnungszeiten 76
- 3.1.3.2 Optimierung des Kernelaufrufes und der Kernelkonfiguration 78
- 3.1.3.3 Nutzung des Grafikkartenspeichers 83
- 3.1.3.4 Optimierung der arithmetischen Operationen 85
- 3.1.3.5 Analyse der Verzweigungsdivergenzen 87
- 3.1.3.6 Erreichte Beschleunigung 89

3.1.4 Aufbau eines OP-Szenarios im voxelisierten Simulationsvolumen 89

- 3.1.4.1 Repräsentation des mobilen Röntgengeräts 91
- 3.1.4.2 Repräsentation des OP-Personals und des Chirurgen 94

3.1.4.3 Repräsentation des Patienten 101

3.1.4.4 Weitere Objekte im Operationssaal 102

3.1.5 Zusammenfassende Darstellung des SIScaR-GPU Algorithmus 104

3.2 VISUALISIERUNG DER SIMULIERTEN STREUSTRAHLUNGSWERTE 106

3.2.1 Dreidimensionale Visualisierung der approximierten Ortsdosiswerte 106

3.2.2 Visualisierung der Personenbelastung 111

4 INTEGRATION VON SISCAR-GPU IN DAS CBT-SYSTEM VIRTX 114

4.1 SYSTEMKONZEPT UND FUNKTIONALITÄTEN DES VIRTX-SYSTEMS 114

4.2 ANPASSUNGEN AM VIRTX-SYSTEM 119

5 EINSATZ UND EVALUATION 123

5.1 EXEMPLARISCHE MESSUNGEN DER BENÖTIGTEN SIMULATIONSZEITEN DES ERWEITERTEN CBT-SYSTEMS 123

5.2 VERGLEICH DER SIMULIERTEN STRAHLENWERTE MIT DATEN AUS DER LITERATUR 124

5.3 STUDIE ZUR EINSETZBARKEIT EINES SIMULATIONSMODULS FÜR STREUSTRAHLUNG IN WEITERBILDUNGSKURSEN 126

5.3.1 Studienplan 127

5.3.2 Studienverlauf 130

5.3.3 Ergebnisse der Studie 130

5.3.4 Diskussion der Ergebnisse 133

5.4 STUDIE ZUM LERNERFOLG IN KLASSISCHEN STRAHLENSCHUTZKURSEN (STUDIE A) 134

5.4.1 Studienplanung 134

5.4.2 Studienverlauf 144

5.4.3 Ergebnisse der Studie 145

5.4.4 Diskussion der Ergebnisse 153

5.5 STUDIE ZUM EINSATZ EINER STREUSTRAHLENSIMULATION IN DER STRAHLENSCHUTZAUSBILDUNG (STUDIE B) 157

5.5.1 Studienplanung 157

5.5.2 Studienverlauf 166

5.5.3 Ergebnisse der Studie 170

5.5.4 Diskussion der Ergebnisse 176

5.5.4.1 Vergleich der Lehrmethoden 176

5.5.4.2 Akzeptanz der neuen Lehr- und Lernmethode 181

6 DISKUSSION UND AUSBLICK 184
6.1 Zeitminimiertes Verfahren zur Simulation des intraoperativen Strahlungstransportes 184
6.2 Visualisierungskomponente der intraoperativen Streustrahlung 187
6.3 Darstellung der simulierten personenbezogenen Dosiswerte 189
6.4 Zusammenfassende Diskussion der Studienergebnisse 190
6.5 Zusammenfassung und weiterer Ausblick 192

LITERATURVERZEICHNIS 195

ABBILDUNGSVERZEICHNIS 214

SCHLAGWORTVERZEICHNIS 219

ANHANG 221

DANKSAGUNG 252

Abkürzungsverzeichnis

A

ADR	- Automatische Dosisleistungsregelung	30
ALU	- arithmetic logical unit Arithmetik-Logik-Einheit	50
AOTrauma	- Arbeitsgemeinschaft für Osteosynthesefragen Spezialisierung Trauma	118
AtG	- Atomgesetz	33

B

BSG	- Braunschweiger Studieninstitut für Gesundheitspflege GmbH	158
BV	- Bildverstärker	1

C

CAVE	- Cave Automatic Virtual Environment	40
CBT	- computerbasiertes Training (engl. computer based training)	2
CERN	- Europäische Organisation für Kernforschung	44
CFK	- Kohlenstofffaserverstärkter Kunststoff	102
CFRP	- carbon fibre reinforced plastic	102
CTM	- Close To Metal	48
CUDA	- Compute Unified Device Architecture	48

D

DCS	- differentieller Wirkungsquerschnitt (engl. differential cross section)	43
dd	- dose_direct_results	62
df	- dose_from_flux_results	62
DICOM	- Digital Imaging and Communications in Medicine	97
DR	- Digitale Flächendetektorradiographie	31
DRAM	- Dynamic Random Access Memory	50
DRR	- digital rekonstruiertes Röntgenbild (engl. digital reconstructed radiograph)	115

E

EGSnrc	- Electron Gamma Shower, National Research Council of Canada – Toolkit für den Strahlungstransport	45

F

FB1	- Fragebogen 1 der Studie A	136
FB2	- Fragebogen 2 der Studie A	136
FDRR	- fill_dose_results_representation	107
FLOPS	- Floating Point Operations Per Second	48
FPU	- floating point unit Gleitkommaprozessor	50
FSPB	- Finite-Size Pencil Beam	57

G

GEANT4	- Geometry and Tracking – Toolkit für den Strahlungstransport	44
GPGPU	- General Purpose Computation on Graphics Unit	48
GPU	- Graphics Processing Unit (Grafikprozessor)	61

I

ICRP	- International Commision on Radiological Protection	26

Abkürzungsverzeichnis

ICRU - International Commision on Radiation Units and Measurements	25
ID - Kennung/Kennnummer/Identifikator (engl. identifier)	54
IMRT - Intensitätsmodulierten Strahlentherapie	57
IPV - insert_person_to_voxel_array	99

K

kB - Kilobyte	49
KI - Konfidenzintervall	143

L

LET - lineares Energieübertragungsvermögen	24

M

MC - Monte-Carlo	46
MC-GPU - Monte-Carlo-Photonentransportcode mit Benutzung der Grafikkarte für Berechnung	57
MCNP - Monte Carlo N-Particle Transport Code – Toolkit für den Strahlungstransport	44
MFC - Microsoft Foundation Classes	111
MFP - mean free path – durchschnittliche freie Photonenflugbahn	43
MPI - Massage Passing Interface	47
MTRA - Medizinisch-technische Radiologieassistenten	34

N

NCBI - National Center for Biotechnology Information	103
NEA - Nuclear Energy Agency	45
NIST - National Institute of Standards and Technology	64

O

OP - Operation	1

P

PDF - Wahrscheinlichkeitsverteilungsfunktionen (engl. probability distribution function)	43
PENELOPE - Penetration and Energy Loss of Positrons, Electrons and Photons – Toolkit für den Strahlungstransport	45
PENGEOM - Geometriepaket für das PENELOPE System	45
PlanUNC - public domain treatment planning system	57
P_N - Kugelflächenfunktion Methode	41

R

RGBA - Farbe und Transparenz als Rot-, Grün-, Blau- und Alpha-Wert	107
ROI - Bereich von Interesse (engl. Region Of Interest)	99
RöV - Röntgenverordnung	1
RSICC - Radiation Safety Information Computational Center	45
RSNA - Radiological Society of North America	118

S

SCORE - supercomputing online re-planning environment	57
SDK - Software Development Kit	48
SI - Systéme international d'unités	24
SIMD - Single Instruction Multiple Data	50
SIMT - Single Instruction Multiple Thread	50
SIScaR-GPU - fast Simulation and visualization of Intraoperative Scattered Radiation usind Graphics Processing Units	61

SLAC - Stanford Linear Accelerator	45
SM - Streaming-Multiprozessor	49
S_N - diskrete Ordinaten Methode	41
SP_N - vereinfachte P_N Methode	41
StrlSchV - Strahlenschutzverordnung	2

V

virtusMED - Virtual Scenes for Medical Education and Diagnostics	97
virtX - virtual X-ray	97
VM2 - virtusMED Volumendatensatzformat Version 2	97

Symbole, Variablen, Konstanten und Einheiten

Symbole, Variablen und Konstanten

Symbol	Beschreibung	erste Erwähnung auf Seite
$|FB^{\rightarrow}|$	Fokus-Bildverstärker-Abstand	65
A	Massenzahl	18
$_a\sigma$	atomarer Wirkungsquerschnitt	14
$d(_e\sigma)$	differentieller Compton-Stoßquerschnitt	19
$d(_e\sigma_s)$	differentieller Compton-Streuquerschnitt	19
$d_{B,I}$	Abstand der gedrehten Geraden der Irisblende zum Ursprung	69
$d_{B,S}$	Abstand der Schlitzblende zum Strahlenzentrum	70
$d_I^{\rightarrow}$	initialen Photonenflugrichtung, gleichverteilt im Bereich des Strahlenkegels	67
$D_{i,j,k}$	Dosis des OP-Mitarbeiters für die Antwortkombination k, der Positionierungsfrage j des Fragebogens i	138
$D_{i,j,max}$	Größter Dosiswert einer Antwortkombination bezüglich der Positionierungsfrage j des Fragebogens i	138
$D_{i,j,min}$	Geringster Dosiswert einer Antwortkombination bezüglich der Positionierungsfrage j des Fragebogens i	138
D_{med}	Energiedosis im Medium	24
D_T	mittlere Energiedosis für Körperpartie	25
D_W	Weichteilenergiedosis	25
d_x	Anzahl von Voxel in Richtung der X-Achse im gesamten SIScaR-GPU Simulationsvolumen	90
$d_{x,CT}$	Anzahl von Voxel längs der x-Achse im eingelesenen CT-Volumen	98
$d_{x,CT}^*$	Anzahl von Voxel im Simulationsvolumen längs der x-Achse, die vom eingelesenen CT-Volumen beeinflusst werden	98
$d_{x,CT,cm}$	Seitenlänge in Zentimeter des eingelesenen CT-Volumens längs der x-Achse	98
d_y	Anzahl von Voxel in Richtung der Y-Achse im gesamten SIScaR-GPU Simulationsvolumen	90
$d_{y,CT}$	Anzahl von Voxel längs der y-Achse im eingelesenen CT-Volumen	98
$d_{y,CT}^*$	Anzahl von Voxel im Simulationsvolumen längs der y-Achse, die vom eingelesenen CT-Volumen beeinflusst werden	98
$d_{y,CT,cm}$	Seitenlänge in Zentimeter des eingelesenen CT-Volumens längs der y-Achse	98
d_z	Anzahl von Voxel in Richtung der Z-Achse im gesamten SIScaR-GPU Simulationsvolumen	90
$d_Z^{\rightarrow}$	normierter Richtungsvektor (direction) für Strahlkegel	65
$d_{z,CT}$	Anzahl von Voxel längs der z-Achse im eingelesenen CT-Volumen	98
$d_{z,CT}^*$	Anzahl von Voxel im Simulationsvolumen längs der z-Achse, die vom eingelesenen CT-Volumen beeinflusst werden	98
$d_{z,CT,cm}$	Seitenlänge in Zentimeter des eingelesenen CT-Volumens längs der z-Achse	98
$d_{Z0}^{\rightarrow}$	normierter unrotierter Richtungsvektor (direction) für Strahlkegel	65
e	Elementarladung des Elektrons	6
E_A	Anfangsbindungsenergie des Elektrons	10
E_{abs}	absorbierte Energie	24
E_b	Bindungsenergie eines Elektrons	15
E_{Brems}	Energie der Bremsstrahlung	7
E_{DV}	Durchschnittliche auftreffende Photonenenergie pro nicht abgeschattetem Dominantvoxel	93
E_E	Bindungsenergie des Elektrons nach Schalenwechsel	10
E_{kin}	kinetische Energie	6
$E_{Rö}$	Energie der abgestrahlten Strahlung	10
E_{tran}	übertragene Energie	24

Symbole, Variablen, Konstanten und Einheiten

Symbol	Beschreibung	Seite
E_γ	Photonenenergie	15
$_e\sigma$	integraler Compton-Stoßquerschnitt	21
$_e\sigma_s$	totaler Compton-Streuquerschnitt	21
f_{grenz}	Grenzfrequenz	8
F_{ik}, F_i	Verteilungsfunktion der Variable ΔW_{St} in der Gruppe k und dem Kurs i	164
G_A	Gruppe der Probanden eines Strahlenschutzkurses, welche als erstes den Fragebogen FB1 und als zweites FB2 erhalten haben	136
G_B	Gruppe der Probanden eines Strahlenschutzkurses, welche als erstes den Fragebogen FB2 und als zweites FB1 erhalten haben	136
$G_{i,j,k}$	Gütefaktor der Antwortkombination k, der Positionierungsfrage j des Fragebogens i	138
$G_{i,j,max}$	Größter Gütefaktor einer Antwortkombination bezüglich der Positionierungsfrage j des Fragebogens i	138
G_{IV}	Menge der Probanden der Interventionsgruppe	159
G_K	Menge der Probanden der Kontrollgruppe	159
H	Äquivalentdosis	24
H_0	Null-Hypothese des Testproblems	143
H_1	Alternativ-Hypothese des Testproblems	143
H_T	Organdosis	25
i	Index des untersuchten Kurses einer speziellen Kursart	163
I_0	initiale Strahlungsintensität	14
I_R	Röhrenstrom	6
i_{Vox}	Voxel-Index im Simulationsvolumen	90
$i_{Vox,ID}$	Voxel-Index im kombinierten ID-Volumen	98
k	Index der verwendeten Methode (Interventions-, Kontrollgruppe) in der Hauptstudie	163
$K_{\alpha 1}, K_{\alpha 2}$	Charakteristische Röntgenstrahlung durch Besetzen eines Elektronenloches in der K-Schale durch Elektron der L Schale (zwei Verschiedene Elektronzustände)	10
$K_{\beta 1}, K_{\beta 2}$	Charakteristische Röntgenstrahlung durch Besetzen eines Elektronenloches in der K-Schale durch Elektron der M Schale (zwei Verschiedene Elektronzustände)	10
$K_{K,i}$	Kernelkonfiguration für die Thread-Block-Konfiguration $K_{TB,i}$	80
K_{med}	Kerma eines Mediums	24
$K_{TB,i}$	Thread-Block-Konfiguration mit Index i	79
$l_{ID,max}$	Label-ID mit der größten Häufigkeit für die Erzeugung eines kombinierten ID-Volumens	98
m_0	Ruhemasse des Elektrons ($9{,}109 \cdot 10^{-31}$ kg)	18
m_{HV}	Mittlerer Hounsfield-Wert für die Konvertierung eines CT-Datensatzes zu einem kombinierten ID Volumen	98
m_{med}	Masse eines Mediums	24
M_{shared}	belegter Shared-Memory durch den Einsatz der Thread-Block-Konfiguration i	79
$M_{shared,Block}$	verwendeter Shared-Memory eines Blockes	79
$M_{shared,max}$	maximal verfügbarer Shared-Memory auf dem SM	79
n_A	Anzahl Probanden in Gruppe G_A des Strahlenschutzkurses	143
n_a	Atomzahldichte	14
n_B	Anzahl Probanden in Gruppe G_B des Strahlenschutzkurses i	143
$n_{B,S}$	Anzahl von Einfahrpositionen der Schlitzblende	70
n_{BK}	Anzahl von Blöcken pro Kernel	80
n_{DV}	Anzahl der Dominantenvoxel	93
n_{DV}^*	Anzahl der von den Blenden abgeschatteten Dominantenvoxel	93
n_{ik}	Anzahl Probanden eines Kurses i in der Gruppe k	163
$n_{max,shared}$	maximal Anzahl von residenten Blöcken auf einem SM ohne Überschreitung des verfügbaren Shared-Memory-Speicherplatzes	79
n_{PH}	Anzahl zu simulierender Photonenhistorien pro Kernel	80

Symbole, Variablen, Konstanten und Einheiten

$n_{PH,T}$ - zu simulierende Photonenhistorien pro Thread — 80
n_{PP} - Anzahl der Antwortmöglichkeiten bezüglich des Aufenthaltsortes einer Positionierungsaufgabe — 137
$n_{RB,i}$ - Anzahl von Blöcken in Thread-Block-Konfiguration mit dem Index i — 79
$n_{RB,max}$ - maximal mögliche Anzahl residenter Blöcke pro SM — 79
n_{RT} - maximale Anzahl von residenten Threads pro SM — 79
$n_{RT,i}$ - Anzahl von Threads pro Block in Thread-Block-Konfiguration mit dem Index i — 79
nRT, max - maximale mögliche Anzahl von residenten Threads pro SM nach Hardwarespezifikation — 79
n_{TBK} - Anzahl möglicher Thread-Block-Konfigurationen — 79
n_{Teiler} - Anzahl der ganzzahligen Teilder von n_{RT} — 79
p - Impuls — 17
$P_{B,I}$ - Rotationspunkt der Geraden für die Simulation der Irisblende — 68
$\vec{p_{CB}}$ - Vektor vom C-Bogen-Rotationszentrum zum Brennfleck der Röntgenquelle bei rotiertem C-Bogen — 74
$\vec{p_{CB,0}}$ - Vektor vom C-Bogen-Rotationszentrum zum Brennfleck der Röntgenquelle bei unrotiertem C-Bogen — 74
$\vec{p_{RZ}}$ - Vektor vom Mittelpunkt des Simulationsvolumens zum Rotationszentrum der C-Konstruktion — 74
$\vec{p_S}$ - Position der Strahlenquelle und somit Startposition der primären Photonen — 74
$p_{x,Mat}$ - x-Position des einzufügenden Material-ID-Arrays im Simulationsvolumen — 99
$p_{y,Mat}$ - y-Position des einzufügenden Material-ID-Arrays im Simulationsvolumen — 99
$\vec{p_z}$ - Vektor vom Nullpunkt des Simulationsvolumens zum Mittelpunkt — 74
$p_{z,Mat}$ - z-Position des einzufügenden Material-ID-Arrays im Simulationsvolumen — 99
q - Nummer des Probanden eines Strahlenschutzkurses der Stichprobe — 138
Q - Qualitätsfaktor für Strahlung — 25
q_{CB} - Rotation des C-Bogens in Quaternionen — 65
$q_{w,Mat}$ - w-Komponente des Rotationsquaternion für das einzufügende Material-ID-Array — 99
$q_{x,Mat}$ - x-Komponente des Rotationsquaternion für das einzufügende Material-ID-Array — 99
$q_{y,Mat}$ - y-Komponente des Rotationsquaternion für das einzufügende Material-ID-Array — 99
$q_{z,Mat}$ - z-Komponente des Rotationsquaternion für das einzufügende Material-ID-Array — 99
r_0 - klassischer Elektronenradius ($r_0 = 2,818 \cdot 10^{-13}$ cm) — 19
$r_{B,I}$ - Radius des von der Irisblende eingeschlossenen Kreises — 68
r_{BV} - Radius der bestrahlten Bildverstärkerfläche — 65
$r_{BV,L}$ - Radius der bestrahlten Bildverstärkerfläche bei eingeschalteter elektronischer Lupe — 67
r_D - Radius der Dominante — 92
R_{ikq} - Rang der Ausprägung der Zufallszahl X_{ikq} — 164
rnd_1 und rnd_2 - Pseudozufallszahlen für das Sampling der initialen Photonenflugrichtung — 66
s - zurückgelegter Weg — 24
s_{ADR} - Photonenflussskalierungsfaktor aus der ADR-Simulation — 94
s_{dosis} - Skalierungsfaktor des oberen und unteren Schwellwertes für die Ortsdosiskonvertierung durch den FDRR-Kernel — 108
s_{verl} - energie- und materialabhängige Intensitätsschwächung der Strahlung — 63
$s_{x,CT}$ - Skalierungswert in x-Richtung für eingelesenes CT-Volumen aus VM2-Datei — 98
$s_{y,CT}$ - Skalierungswert in y-Richtung für eingelesenes CT-Volumen aus VM2-Datei — 98
$s_{z,CT}$ - Skalierungswert in z-Richtung für eingelesenes CT-Volumen aus VM2-Datei — 98
t_{BG} - Bleigleichwert in Millimeter (Abschirmungsverhalten für hochenergetische Strahlen vergleichbar mit Bleiobjekt entsprechender Dicke) — 100
t_o - Oberer Schwellwert für den FDRR-Kernel — 107
T^R - Prüfwert des Rangtestes für vollständige Blockpläne ohne Gewichtungen — 164
t_u - Unterer Schwellwert für den FDRR-Kernel — 107
$\vec{u}$ - Richtungsvektor der Geraden für die Simulation der Irisblende (Nullstellung) — 68
$\vec{u}^*$ - Richtungsvektor der Geraden für die Simulation der Irisblende — 68
U_R - Röhrenspannung — 6

Symbole, Variablen, Konstanten und Einheiten

w_R	- Strahlungs-Wichtungsfaktor für die Organdosis	25
$W_{St,n}$	- Wissensstand im Bereich der Streustrahlenfakten und der Verhaltensweisen zur Vermeidung unnötiger Strahlenbelastungen nach Absolvierung eines Kurses	134
$W_{St,n,q}$	- Wissensstand des Probanden q im Bereich der Streustrahlenfakten und der Verhaltensweisen zur Vermeidung unnötiger Strahlenbelastungen nach Absolvierung eines Kurses	138
$W_{St,v}$	- Wissensstand bezüglich Verhaltensweisen zur Vermeidung unnötiger Strahlenbelastungen vor Absolvierung eines Kurses	134
$W_{St,v,q}$	- Wissensstand des Probanden q im Bereich der Streustrahlenfakten und der Verhaltensweisen zur Vermeidung unnötiger Strahlenbelastungen vor Absolvierung eines Kurses	138
x	- Position der Strahlenintensitätsmessung bezüglich des Ursprunges	14
X_{ikq}	- Zufallsvariable des Wissenszuwachses für die Hauptstudie	163
Z	- Ordnungszahl eines Atoms	8
α	- statistischer Fehler erster Art	142
$\alpha_{B,I}$	- Drehwinkel der Blendenteile bei der Irisblende	68
$\alpha_{B,S}$	- Drehwinkel der Schlitzblende	70
α_K	- Öffnungswinkel des Strahlenkegels	65
$\alpha_{K,I}$	- Schwellwinkel für die Bestimmung der Absorption von Photonen durch die Irisblende	69
$\alpha_{K,L}$	- Öffnungswinkel des Strahlenkegels bei eingeschalteter elektronischer Lupe	67
$\alpha_{K,S}$	- Schwellwinkel für die Bestimmung der Absorption von Photonen durch die Schlitzblende	71
$\gamma_{B,S}$	- Winkel zwischen Abstand der Schlitzblende zum Strahlenzentrum und Geraden durch Strahlenzentrum und Schnittpunkt der Blende mit Kreis	70
$\gamma_{B,S1}, \gamma_{B,S2}, \gamma_{B,S3}, \gamma_{B,S4}$	- Hilfswinkel zur Bestimmung der Abdeckung durch die Schlitzblende	70
δ	- zufälliger Rotationswinkel für das Sampling der initialen Photonenflugrichtung	66
δ_c	- Vergleichswinkel für die Simulation der Schlitzblende	70
$\Delta d_{x,CT}$	- Voxelanzahl in Richtung der x-Achse, welche im CT-Datensatzvolumen zu einem Materialwert zusammengefasst werden	98
$\Delta d_{y,CT}$	- Voxelanzahl in Richtung der y-Achse, welche im CT-Datensatzvolumen zu einem Materialwert zusammengefasst werden	98
δ_T	- tollerierte Differenz für eine Äquivalenz der Fragebögen FB1 und FB2	143
ΔW_{St}	- Wissenszuwachs durch einen Strahlenschutz- oder Weiterbildungskurs bezüglich Verhaltensweisen zur Vermeidung unnötiger Strahlenbelastungen	134
$\Delta W_{ST,max}$	- maximal möglicher Wissenszuwachs	139
$\Delta W_{St,q}$	- Wissenszuwachs des Probanden q durch einen Strahlenschutz- oder Weiterbildungskurs im Bereich der Streustrahlenfakten und der Verhaltensweisen zur Vermeidung unnötiger Strahlenbelastungen	138
ϑ	- Elektronenstreuwinkel	20
θ_k	- Verschiebung der Verteilung der Variable ΔW_{St} bei Gruppe k	164
κ_{Paar}	- Interaktionswahrscheinlichkeit für den Paarbildungseffekt pro Streckeneinheit	14
λ_{grenz}	- Grenzwellenlänge	8
μ_A	- Mittelwert der Differenz der Antwortgüte der Fragebögen aus der Gruppe G_A	143
μ_B	- Mittelwert der Differenz der Antwortgüte der Fragebögen aus der Gruppe G_B	143
μ_{en}/ρ	- Masse-Energieabsorptionskoeffizient	63
μ_s	- linearer Schwächungskoeffizient	14
ρ	- Massendichte	14
ρ_{Pb}	- Dichte von Blei 11,35 g/cm³	100
ρ_{SK}	- Dichtewert der Strahlenschutzkleidung für das Simulationsvolumen	100
$\sigma_{Compton}$	- Compton-Wechselwirkungskoeffizient, Interaktionswahrscheinlichkeit für die Compton-Streuung pro Streckeneinheit	14
$\sigma_{Rayleigh}$	- Rayleigh Streukoeffizient, Interaktionswahrscheinlichkeit für die Rayleigh-Streuung pro Streckeneinheit	14
σ_{streu}	- Compton-Streukoeffizient	18

Symbole, Variablen, Konstanten und Einheiten

σ_{tr} - Compton-Energieübertragungskoeffizient	18
$\sigma_{\Delta W,A}$ - Standardabweichung Wissenszuwachs in Gruppe G_A	143
$\sigma_{\Delta W,B}$ - Standardabweichung Wissenszuwachs in Gruppe G_B	143
τ_{Photo} - Photoabsorptionskoeffizient, Interaktionswahrscheinlichkeit für die Photoabsorption pro Streckeneinheit	14
Φ - Emmisionswinkel der Photoelektronen	15
ϕ - Photonenstreuwinkel	17
χ^2 - Chiquadratverteilung	164
ω_K - zufälliger Wert zwischen 1 und $\cos(\alpha_K)$ für das Sampling der initialen Photonenflugrichtung	66

Einheiten

erste Erwähnung auf Seite

°C - Grad Celsius	6
C - Coulomb (1 C := 1 V·A)	6
eV - Elektronvolt (1 eV := $1{,}602 \cdot 10^{-19}$ J)	6
g - Gramm	18
Hz - Hertz (1 Hz := 1 s^{-1})	5
J - Joule (1 J := 1 V·A·s)	6
Sv - Sievert (1 Sv = 1 J/kg)	25
V - Volt	6

Tabellenverzeichnis

Tabelle 1: Simulationszeiten des erweiterten MC-GPU Algorithmus für spezielle Szenarien in Sekunden. 16 kB und 48 kB stehen für die eingesetzte Größe des Shared-Memory. Init beschreibt hier die benötigte Zeit, um alle Simulationsparameter auf der Grafikkarte vorzubereiten. Sim entspricht der benötigten Berechnungszeit, um $9{,}6 \cdot 10^7$ Photonenhistorien zu simulieren. 77

Tabelle 2: Simulationszeiten von SIScaR-GPU nach Anpassung für verschiedene Konfiguration der Kernelaufrufe: jeweils 150 Thread-Blöcke, $K_{K,1}$. 1024 Threads pro Block, 625 Historien; $K_{K,2}$. 512 Threads pro Block, 1250 Historien; $K_{K,4}$. 256 Threads pro Block, 2500 Historien; $K_{K,8}$. 128 Threads pro Block, 5000 Historien . 16 kB und 48 kB stehen für die eingesetzte Größe des Shared-Memory. Init beschreibt hier die benötigte Zeit, um alle Simulationsparameter auf der Grafikkarte vorzubereiten. Sim entspricht der benötigten Berechnungszeit, um $9{,}6 \cdot 10^7$ Photonenhistorien zu simulieren. 81

Tabelle 3: Simulationszeiten von SIScaR-GPU für verschiedene Konfigurationen des Kernelaufrufs unter der Verwendung eines 16 kB Shared-Memory. Es wurden jeweils $9{,}6 \cdot 10^7$ Photonenhistorien (bzw. weniger bei 312 Historien pro Thread und bei einer Anzahl von 37 sowie 18 Thread-Blöcken) simuliert (Wasser, keine Blenden). 82

Tabelle 4: Pro Block verfügbarer Shared-Memory bei 1, 2, 4 und 8 Thread-Blöcken pro SM bei dem erweiterten track_particles-Kernel (3,768 kB durch Compton-Tabellen und Spektrumswerte belegt). 83

Tabelle 5: Parametertabellen der Rayleigh-Streuung, welche beim track_particles-Kernel verwendet werden und im erweiterten MC-GPU-Paket im globalen Grafikkartenspeicher hinterlegt sind 83

Tabelle 6: Simulationszeiten für verschiedene Kernelkonfigurationen und Shared-Memory Nutzungen 84

Tabelle 7: Simulationszeiten bei der Verwendung des Konstantenspeichers für verschiedene Datentabellen. K steht hierbei für die Speicherung der Daten im Konstantenspeicher und G für die Speicherung im globalen Grafikkartenspeicher. 85

Tabelle 8: Codierung der verwendeten Label in eine positive ganzzahlige ID für die Speicherung in der Label-Datei. ... 97

Tabelle 9: Exemplarische Berechnungszeiten der Streustrahlensimulation unter Verwendung von unterschiedlichen Grenzwerten für die iterative ADR-Simulation bei der anterior-posterior Durchleuchtung der linken Hüfte (vgl. Abbildung 47). 111

Tabelle 10: Eingesetzten Gewebe-Gewichtungsfaktoren für die Bestimmung der gewichteten Organdosen und der effektiven Dosis des virtuellen OP-Personals. 112

Tabelle 11: Benötigte Laufzeiten des erweiterten virtX-Systems für die Simulation und Darstellung der Streustrahlenausbreitung und Personendosen für ausgewählte C-Bogen-Einstellungen. Anzahl der simulierten Photonen lag bei der Skalierungs-Methode konstant bei $2{,}88 \cdot 10^6$. 123

Tabelle 12: Simulierte Strahlenschwächung durch Schutzkleidung in SIScaR-GPU im Vergleich zu Werten nach DIN 2813 [2]. 125

Tabelle 13: Reihenfolge der Fragebögen FB1 und FB2 für die beiden Teilgruppen des Strahlenschutzkurses. 136

Tabelle 14: Allgemeine Strahlenbelastungen für die auswählbaren C-Bogen-Einstellungen der Positionierungsfragen. Pro Aufgabe und Fragebogen ist die C-Bogen-Einstellung mit geringster allgemeiner Strahlenbelastung durch eine Einfärbung markiert. 141

Tabelle 15: Angaben der Probanden zu den ausgeübten Berufen beim Strahlenschutzkurs der Studie A. 144

Tabelle 16: Häufigkeiten der gewählten C-Bogen-Positionen vor Absolvierung des Strahlenschutzkurses. 145

Tabelle 17: Arithmetische Mittelwerte und Standardabweichungen der Rangnummern bezüglich der einzelnen Fragen sowie für die gesamten Fragebögen vor dem Strahlenschutzkurs. 146

Tabelle 18: Häufigkeiten der gewählten C-Bogen-Positionen nach Absolvierung des Strahlenschutzkurses. 148

Tabelle 19: Aufschlüsselung der Differenz der Anzahl gewählter zu präferierender C-Bogen-Einstellungen vor und nach dem Strahlenschutzkurs 149

Tabelle 20: Arithmetische Mittelwerte und Standardabweichungen der Rangnummern bezüglich der einzelnen Fragen, für die Fragebögen an sich sowie für die gesamte Stichprobe nach dem Strahlenschutzkurs. 149

Tabellenverzeichnis

Tabelle 21: Arithmetische Mittelwerte und Standardabweichungen des Wertes ΔWSt, Q in den Studiengruppen GA und GB sowie in der gesamten Stichprobe. ... 151
Tabelle 22: Blockplan der Studie bezüglich einer Kursart. ... 164
Tabelle 23: Blockplan der Studie mit Rängen, korrespondierenden Rangsummen und Stichprobenumfängen. ... 165
Tabelle 24: Zeitliche Daten der im Prinzipienkurs für OP-Personal angebotenen C-Bogen-Schulungen sowie deren Zuteilung zu Kontroll- und Interventionsgruppen der Studie. ... 166
Tabelle 25: Angaben der Probanden zu den ausgeübten Berufen beim Strahlenschutzkurs der Studie B. ... 169

1 Einleitung

1.1 Gegenstand und Motivation

Radiologisch bildgebende Verfahren sind seit Jahrzehnten fester Bestandteil der klinischen Diagnostik [1]. Unter Verwendung von Röntgenstrahlen sind sie in der Lage, den behandelnden Ärzten Einblicke in die Anatomie der menschlichen oder tierischen Patienten zu geben und ermöglichen dadurch eine nichtinvasive makroskopische Transparenz der untersuchten Körperregion. Neben der konventionellen Radiografie, bei welcher mit stationären oder mobilen Röntgengeräten ein dichteabhängiges Projektionsbild des durchleuchteten Bereiches erzeugt wird, ist auch die Röntgen-Computertomografie fest in den Klinikalltag integriert. Durch den Einsatz von Kontrastmitteln während der Bildgenerierung ist zudem die Bandbreite der diagnostischen Nutzung von Röntgen- und CT-Geräten noch erweiterbar [2].

Trotz der diagnostischen Vorteile durch diese röntgentechnischen Modalitäten birgt die von ihnen ausgehende Strahlung ein potenzielles Gesundheitsrisiko für Patient und Personal [3]. Jede noch so kleine unnötige Strahlendosis kann im ungünstigsten Fall eine krankhafte Veränderung des getroffenen Gewebes hervorrufen [4]. Neben der energiereichen Strahlung des Hauptstrahlenganges eines Röntgengerätes trägt die bei der Durchleuchtung auftretende Streustrahlung teilweise zur Strahlenbelastung des Patienten [5] und fast hauptsächlich zur Strahlenbelastung des Personals bei [6-9]. Die Intensität und Ausbreitung der Streustrahlung, welche beim Durchtritt von energiereicher Strahlung durch Materie entsteht, hängt von mehreren Faktoren ab. So wird sie z. B. durch den Abstand zwischen Strahlenquelle und durchstrahltem Objekt, der Strahlenenergie, der Dichteverteilung der durchstrahlten Materie und dem Einsatz von Blenden beeinflusst [2,10-11]. Bei stationären radiologischen Modalitäten kann die Belastung durch Streustrahlung für das Personal durch den Einsatz von abschirmenden Maßnahmen, ein Verlassen des Röntgenraumes oder durch einen ausreichenden Abstand gering gehalten werden [12,13]. Bei mobilen Röntgengeräten, C-Bögen oder Bildverstärker (BV) genannt, sind derartige Maßnahmen in diesem Umfang nicht zu realisieren. Aufgrund ihrer Mobilität und Beweglichkeit können diese Geräte zwar intraoperativ Röntgenbilder aus jeder Blickrichtung generieren, wodurch sie sich in Unfallchirurgie und Orthopädie zu einem essenziellen Werkzeug in der Versorgung von Trauma- und Notfallpatienten etablieren konnten, jedoch sind hier metallische Abschirmungsvorrichtungen aus Praktikabilitätsgründen schwer zu ermöglichen. Auch können der Chirurg und das OP-Personal während der Röntgenbilderzeugung nicht den Operationssaal verlassen, wodurch sie bei jeder Durchleuchtung der Streustrahlung ausgesetzt sind. Daher ist für alle im Operationssaal arbeitenden Personen bei derartigen OPs das Tragen von Strahlenschutzkleidung, wie Röntgenschürzen, Schilddrüsen- und Sternumschutz, Strahlenschutzbrillen und Röntgenschutzhandschuhen, vorgeschrieben (RöV §21 und Ausführungsbestimmungen nach DIN EN 6133-1 zum §15 RöV) [14-15]. Diese schützen allerdings bei den angewendeten Strahlenenergien nicht vollkommen vor der auftretenden Strahlung [13].

Metallische Abschirmungen, technische Verbesserungen der Röntgengeräte, Strahlenschutzkleidung und ein ausreichender Abstand des Personals zur Modalität während der Bildgenerierung sind zwar Maßnahmen, mit welchen die Strahlenbelastung aller Beteiligten reduziert werden kann, doch vor allem ist ein professioneller und bedachter Umgang mit dem Röntgengerät unabdingbar, um die Belastung minimal zu halten [10]. Die korrekte Einstellung des Röntgengerätes und dessen radiologischer Parameter für die entsprechende diagnostische Fragestellung sind essenziell für ein aussagekräftiges Röntgenbild und die Vermeidung unnötiger Strahlenbelastung für Patient und Personal durch Primär- und Streustrahlung.

Um ein problembewusstes Verhalten und einen fachgerechten Umgang mit den Röntgengeräten sowie Grundlagen der Röntgenstrahlung zu erlernen, verpflichtet in der Bundesrepublik Deutschland und in anderen europäischen Ländern der Gesetzgeber jeden, der im medizinischen Bereich mit Strahlungseinrichtungen umgeht, zur regelmäßigen Teilnahme an anerkannten Strahlenschutzkursen (RöV §18a) [14]. Da Strahlung im Bereich des Röntgenspektrums durch keinen der menschlichen Sinne wahrgenommen werden kann, eine Erfassung und Darstellung der Strahlungswerte in der Umgebung der Röntgengeräte nur über aufwendige Messverfahren möglich ist und sich aufgrund der potenziellen Gesundheitsgefährdung ein Trainieren mit echter Strahlung von selbst verbietet, sind diese Schulungen bisher weitestgehend theoretisch ausgelegt. Hierbei sind ein strahlungsfreies praktisches Üben der Röntgengeräteeinstellung und das Darlegen des Strahlenverhaltens mittels schematischem Bild- und Videomaterial Stand der Technik [16]. Auf diese Art und Weise können den Teilnehmern der Kurse nur für sehr definierte Einstellungen der Röntgengeräte und Untersuchungsszenarien das Verhalten der Strahlung und die dadurch entstehenden Gefahrenbereiche nahegebracht werden. Diese didaktische Lücke in den Strahlenschutzkursen könnte dazu führen, dass für die Teilnehmer die Streustrahleneffekte nicht ausreichend verständlich und begreifbar dargelegt werden [17].

Somit stellt sich die Frage, ob die Strahlenschutzausbildung bei der Vermittlung der Streustrahlenaspekte durch ein computerbasiertes Trainingssystem (CBT) mit integrierter frei parametrisierbarer Simulation und Visualisierung der bei der intraoperativen Röntgenbildgenerierung entstehenden Streustrahlung unterstützt werden kann, um die derzeitige Strahlenbelastung des Patienten und des Personals zu verringern [6-8].

1.2 Problemstellung

Vor dem geschilderten Hintergrund liegt dieser Dissertation folgende Problemstellung zugrunde:

P1   Derzeit kann in Strahlenschutzkursen das Verhalten der bei der intraoperativen Durchleuchtung entstehenden Streustrahlung nur theoretisch oder nicht interaktiv über Bilder und Videomaterial erläutert werden.

P2   Es existiert zurzeit kein rechnerbasiertes Modell, welches die Ausbreitung und Intensität der Streustrahlung basierend auf der Situation im Operationssaal in vertretbarer Zeit simulieren und visualisieren kann.

1.3 Zielsetzung

Um zur Lösung der dargestellten Probleme beizutragen, sollen im Rahmen dieser Dissertation folgende Ziele erreicht werden:

Ziel der Arbeit ist es,

Z1   ein Modell zu entwickeln, welches das Verhalten der Streustrahlung bei der intraoperativen Durchleuchtung für definierte OP-Szenarien in weniger als 30 Sekunden simuliert.

Z2   ein Modell zur Visualisierung der simulierten Streustrahlung zu entwickeln, welches in der Strahlenschutzausbildung eingesetzt werden kann.

Z3   ein Modell zu entwickeln, das aus den simulierten Strahlenwerten die resultierenden Strahlenbelastungen für den virtuellen Patienten und das OP-Personal bestimmt.

Z4   die in Z1 bis Z3 entwickelten Modelle exemplarisch anzuwenden und sie in Bezug auf deren Eignung, die Strahlenschutzausbildung zu verbessern, zu evaluieren.

1.4 Gliederung der Arbeit

Zu Beginn dieser Arbeit werden in Kapitel 2 Grundlagen beschrieben, welche für das Verständnis des entwickelten Modells zur Simulation und Visualisierung der intraoperativen Streustrahlenausbreitung im Kontext der Strahlenschutzausbildung, notwendig sind. Hierzu zählen einerseits die allgemeinen physikalischen Grundlagen bezüglich hochenergetischer elektromagnetischer Strahlung als auch andererseits die spezifischen Fakten bezüglich diagnostischer Röntgenstrahlung. Es wird allgemein erläutert, wie Röntgenstrahlung erzeugt wird, wie diese mit Materie interagiert und wie im speziellen mobile Bildverstärkersysteme konzipiert sind. Zusätzlich zu diesen Punkten wird im Grundlagenkapitel auf gesetzliche Vorschriften zum Schutz vor ionisierender Strahlung, Verfahren zur graphischen Darstellung von Bereichen gleicher Strahlenintensität, Grundlagen des computerbasierten Lernens sowie auf computerbasierte Verfahren eingegangen, welche in der Lage sind, den Durchtritt von Strahlung durch Materie zu simulieren. Bezüglich dieser Verfahren zur Strahlungstransportsimulation wird des Weiteren speziell auf Ansätze eingegangen, welche für die Berechnungen Grafikprozessoren einsetzen.

In Kapitel 3 werden die entwickelten Methoden zur Simulation und Visualisierung der intraoperativen Streustrahlung für die Strahlenschutzausbildung vorgestellt. Durch durch den Einsatz von Grafikprozessoren wird die Strahlenausbreitung in akzeptabler Zeit berechnet und dargestellt. Zudem beschreibt dieses Kapitel die erzeugten Komponenten zur Nachbildung der Eigenschaften und Funktionen eines C-Bogens. Weiterhin werden implementierte Elemente zur Generierung eines Simulationsvolumens für beliebige OP-Szenarien sowie Visualisierungskomponenten vorgestellt, welche die berechnete Strahlungsausbreitung sowie die resultierenden Dosiswerte des Patienten und virtuellen Personals für den Ausbildungszweck angemessen präsentieren.

Kapitel 4 beschreibt die exemplarische Integration der entwickelten Simulations- und Visualisierungskomponenten in das C-Bogen Schulungssystem virtX. Zu Beginn wird für das zur Erprobung ausgewählte CBT-System ein Überblick über dessen Funktionalitäten gegeben. Anschließend werden die vollzogenen Anpassungen am Systemkonzept dargelegt.

Kapitel 5 schildert den Einsatz und die Evaluation des erweiterten virtX-Systems. Im ersten Abschnitt des Kapitels, werden Ansätze und Ergebnisse zur Validierung der berechneten Strahlungswerte des entwickelten Simulationssystems dargelegt. Weitere Abschnitte von Kapitel 5 beinhalten Beschreibungen und Ergebnisse von Studien, welche zur Erfassung des Einflusses des entwickelten Lehr- und Lernwerkzeuges auf den Lernerfolg in Strahlenschutz- und Weiterbildungskursen durchgeführt wurden. Der Fokus der Ermittlung des Lernerfolges dieser Studien lag auf dem Wissenszuwachs bezüglich Verhaltensweisen zur Minimierung der intraoperativen Strahlenbelastung.

Im abschließenden Kapitel 6 werden die Resultate dieser Arbeit mit den Ergebnissen der durchgeführten Studien nochmals zusammenfassend dargelegt und diskutiert. Zusätzlich wird ein Ausblick auf mögliche Erweiterungen der entwickelten Systemkomponenten sowie des CBT-Systems und hieraus resultierende zukünftige Forschungsfragen und -arbeiten gegeben.

2 Grundlagen

Die medizinisch radiologische Bildgebung ist ein alltägliches Instrument der klinischen Diagnostik. Im folgenden Kapitel sollen die physikalischen, technischen und gesetzlichen Grundlagen der medizinischen Radiologie dargelegt werden. Hierbei liegt der Schwerpunkt der Beschreibung auf der intraoperativen Röntgenbilderzeugung, der Entstehung und dem Verhalten von Streustrahlung sowie der Strahlenschutzausbildung in diesem speziellen Bereich.

Zusätzlich geben die nachfolgenden Kapitel, zum besseren Verständnis der im Hauptteil dieser Arbeit angewendeten Methoden, einen Überblick über derzeit angewendete Verfahren zur Simulation der Strahleninteraktion mit Materie, aktuelle grafische Darstellungsvarianten von Dosisbereichen sowie über die Grundlagen des computerbasierten Trainings.

2.1 Röntgenstrahlung in der diagnostischen Bildgebung

2.1.1 Erzeugung von Röntgenstrahlung

Die 1985 von Wilhelm Conrad Röntgen entdeckte Röntgenstrahlung ist eine elektromagnetische Strahlung, deren Spektrum von weicher (Frequenz $f \approx 3 \cdot 10^{16}$ Hz) bis harter Röntgenstrahlung (Frequenz $f \approx 6 \cdot 10^{19}$ Hz) reicht (vgl. Abbildung 1). Die von den menschlichen Sinnen nicht wahrnehmbare Röntgenstrahlung gehört zur Gruppe der ionisierenden Strahlungen, da sie aufgrund ihrer hohen Wellenenergien in der Lage ist, Elektronen aus der Hülle von Atomen herauszulösen.

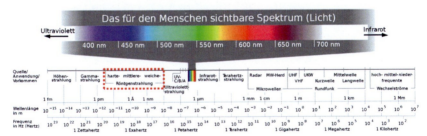

Abbildung 1: Spektrum elektromagnetischer Wellen [18]

Um in der medizinischen Anwendung für diagnostische Zwecke eine makroskopische Transparenz der strukturellen und funktionalen Anatomie des Patienten zu erlangen, wird die Fähigkeit der Röntgenstrahlung, Materie ungehindert zu durchdringen, ausgenutzt. Zur Generierung der hochenergetischen Strahlung in diesem Kontext werden Röntgenröhren eingesetzt. Eine solche Röntgenröhre besteht aus

- einer Kathode und
- einer Anode, welche in

- einem evakuierten Behälter (meist Glasröhre) einander gegenüber positioniert sind (siehe Abbildung 2).

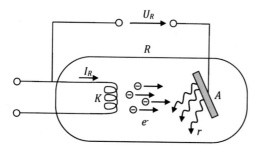

K: Kathode
A: Anode
R: evakuierte Röhre
e⁻: beschleunigte Elektronen
r: Röntgenstrahlung
U_R: Röhrenspannung
I_R: Röhrenstrom

Abbildung 2: Schematischer Aufbau einer Röntgenröhre

Bei der Röntgenröhre ist die Kathode ein Glühfaden, der aus einem spiralförmigen Wolframdraht besteht und im sogenannten Wehneltzylinder eingebettet ist. Der Glühfaden wird über den Röhrenstrom (I_R) auf über 2000 °C aufgeheizt, wodurch er Elektronen emittiert. Die von I_R abhängige Anzahl emittierter Elektronen bildet eine negative Raumladung um den Glühfaden. Zur Fokussierung der in alle Raumrichtungen austretenden Elektronen in Richtung der Anode wird der Wehneltzylinder eingesetzt. Dieser besteht aus einer schalenförmigen Metallhülle, die ein negatives Potenzial bezüglich der Kathode aufweist und somit die Elektronen wie eine elektrostatische Linse bündelt. Durch die Hochspannung U_R (Röhrenspannung) zwischen Kathode und Anode werden die so fokussierten Elektronen stark in Richtung der Anode beschleunigt, wodurch die Raumladung um den Glühfaden abgebaut wird [19]. Die in der medizinischen Röntgendiagnostik eingesetzten Spannungswerte reichen typischerweise von 25 kV bis 150 kV [15]. Im Bereich der Anodenoberfläche besitzen die beschleunigten Elektronen aufgrund der Luftleere innerhalb der Röntgenröhre eine kinetische Energie (E_{kin}), die gleich dem Produkt der Elementarladung des Elektrons $e = 1{,}602 \cdot 10^{-19}$ C und der Röhrenspannung U_R ist (siehe *(1)*).

$$E_{kin} := e \cdot U_R \quad (1)$$

Beim Auftreffen der hochenergetischen Elektronen auf der Anodenoberfläche tritt Röntgenstrahlung in Form von

- Röntgenbremsstrahlung und
- charakteristischer Röntgenstrahlung auf.

Beide Strahlungsarten, aus denen sich das Spektrum einer Röntgenröhre zusammensetzt, werden in den folgenden Kapiteln weiter erläutert. Den dargelegten Beschreibungen liegen jeweils die Annahmen des Bohrschen Atommodells zugrunde [20].

Die Energie der an der Anode der Röntgenröhre entstehenden elektromagnetischen Wellen wird häufig mit der Einheit Elektronvolt (*eV*) anstelle der gebräuchlichen SI-Einheit Joule (*J*) angegeben [19]. Diese Einheit ist an die kinetische Energie eines Elektrons angelehnt, das in einem elektromagnetischen Feld durch eine Spannung von 1 V beschleunigt wird. Der für eine Umrechnung der Einheiten Joule und Elektronvolt benötigte Faktor ist in Formel *(2)* dargelegt.

$$1 eV := 1{,}602 \cdot 10^{-19} \, C \cdot 1 \, V = 1{,}602 \cdot 10^{-19} \, J \qquad (2)$$

Einzelne Wellen der erzeugten Röntgenstrahlung, können im Rahmen der Theorie des Welle-Teilchen-Dualismus [13,21] auch als Elementarteilen angesehen werden. Diese werden dann als Photonen oder Quanten bezeichnet und können als zeitlich begrenzte elektromagnetische Wellenpakete beschrieben werden [13]. Aufgrund dieses Dualismus wird elektromagnetische Strahlung häufig auch als Photonenstrahlung bezeichnet [19].

2.1.1.1 Röntgenbremsstrahlung

Treffen die von der Röhrenspannung beschleunigten Elektronen auf der Anode auf, kommt es zu Wechselwirkungen mit den Atomen des Anodenmaterials. Durchdringt ein solches Elektron die gesamte Hülle eines Atoms und fliegt in unmittelbarer Nähe am Atomkern vorbei, so wird es durch das Coulombfeld des Atomkerns von seiner Flugbahn abgelenkt sowie abgebremst (siehe Abbildung 3 (a)). Diese Ablenkung und Abbremsung ist umso stärker, je näher das beschleunigte Elektron am Atomkern vorbeifliegt. Des Weiteren ist sie abhängig von der Protonenanzahl (Ordnungszahl) des Atoms [1,19]. Der Verlust an kinetischer Energie des beschleunigten Elektrons wird in Form von Röntgenbremsstrahlung abgegeben. Kommt ein Elektron dem Atomkern so nahe, dass es komplett abgebremst wird, so wird seine komplette kinetische Energie in Röntgenbremsstrahlung umgewandelt (siehe Abbildung 3 (b)).

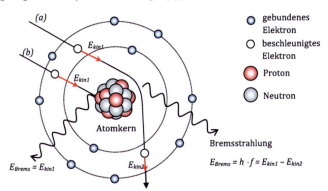

Abbildung 3: Erzeugung von Röntgenbremsstrahlung mit der Energie E_{Brems} durch Abbremsen eines beschleunigten Elektrons im Coulombfeld (a) oder durch direkte Kollision mit dem Kern (b)

Der Abstrahlwinkel der erzeugten Röntgenbremsstrahlung ist abhängig von der Flugrichtung des Elektrons, der Protonenanzahl des Kerns, der kinetischen Energie des Elektrons sowie weiteren Parametern [22].

Somit entsteht durch die Abbremsung und Kollision der Elektronen mit den Atomkernen des Anodenmaterials elektromagnetische Strahlung mit verschiedenen Energien bzw. Frequenzen, je nachdem wie viel der kinetischen Energie umgewandelt wird. Die Grenzfrequenz (f_{grenz}) und Grenzwellenlänge (λ_{grenz}) ist die maximale Frequenz bzw. Wellenlänge im Spektrum der Röntgenbremsstrahlung. Sie lässt sich über die Röhrenspannung U_R bestimmen (siehe Gleichung *(3)*) [1]. Eine Welle mit Grenzfrequenz entsteht bei der Kollision des Elektrons mit dem Atomkern und der kompletten Umwandlung der kinetischen Energie des beschleunigten Elektrons in elektromagnetische Strahlung.

$$f_{grenz} := \frac{e \cdot U_R}{h} \quad \text{und} \quad \lambda_{grenz} := \frac{c \cdot h}{e \cdot U_R} = \frac{12{,}34}{U_R[in\,kV]} \cdot 10^{-10}\, m \qquad (3)$$

(Duane-Hunt-Gesetz)

Die Intensität der Röntgenbremsstrahlung mit niedrigeren Frequenzen als der Grenzfrequenz ist abhängig von der Ordnungszahl des Anodenmaterials Z, der Röhrenspannung U_R, der jeweils betrachteten Energie E und einer für jede Röhre speziellen Konstante C. Die Intensitäten spezieller Photonenenergien lassen sich über Gleichung *(4)* bestimmen [19]. Die höhere Anzahl von niederfrequenten Wellen lässt sich durch die Tatsache erklären, dass ein energiereiches Elektron durch eine Aufeinanderfolge von Interaktionen mehrfach eine kleine Menge Energie in Form von niederfrequenten Wellen abgeben kann, bevor seine komplette kinetische Energie umgewandelt wurde.

$$I(E) := C \cdot Z \cdot (e \cdot U_R - E) \qquad (4)$$

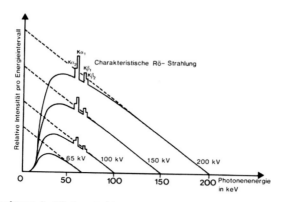

Abbildung 4: Spektrum der Röntgenstrahlung; zusammengesetzt aus charakteristischer Röntgenstrahlung und Röntgenbremsstrahlung. Gestrichelte Linie beschreibt theoretischen Intensitätsverlauf nach Gleichung *(4)* [19]

Die durch Gleichung *(4)* beschriebene Funktion ist in Abbildung 4 für verschiedene Röhrenspannungen mittels einer gestrichelten Linie dargestellt. Die Intensität von Wellen mit spezieller Energie, welche am Detektor gemessen werden kann, ist durch die entsprechenden Kurven unterhalb der gestrichelten Funktionsgeraden dargestellt. Die Schwächung in den unteren Frequenzbereichen lässt sich durch die stärkere Absorption der weichen Strahlung in Luft auf dem Weg zum Detektor im Vergleich zu höher energetischer Strahlung erklären.

Die in Abbildung 4 dargestellte kontinuierliche Verteilung der Strahlung auf Wellen mit sehr kleiner bis maximaler Energie wird auch als kontinuierliches Spektrum der Röntgenbremsstrahlung bezeichnet [19].

2.1.1.2 Charakteristische Röntgenstrahlung

Durch den Aufprall der vom Röhrenstrom beschleunigten Elektronen auf Atome des Anodenmaterials können nebst der Abbremsung auch Elektronen aus der Hülle der Atome herausgeschlagen werden. Auf diese Weise entstehen Elektronenlöcher in den Schalen der Atomhülle, welche in weniger als 10^{-8} Sekunden durch Elektronen aus höheren Bahnen besetzt werden [1]. Wechselt ein Elektron von einer energiereicheren höheren Schale auf eine energieärmere niedrigere Schale, kann dieses die diskrete Energiedifferenz in Form von elektromagnetischer Strahlung abgeben (siehe Abbildung 5). Hierbei entsteht charakteristische Röntgenstrahlung, sofern ein Elektron auf die innere K-Schale der Atomhülle wechselt.

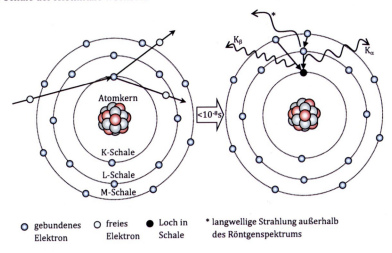

Abbildung 5: Entstehung von charakteristischer Röntgenstrahlung; energiereiches Elektron schlägt Hüllenelektron aus der K-Schale, Besetzung des Elektronenloches durch Elektron aus der L-Schale → K_α-Strahlung, Besetzung des Elektronenloches durch Elektron der M-Schale → K_β-Strahlung

Mithilfe der Gleichung (5) lässt sich die Energie der entstehenden charakteristischen Röntgenstrahlung bestimmen [2].

Die Energieniveaus der einzelnen Schalen sind von Element zu Element unterschiedlich und hängen hauptsächlich von der Protonenzahl des Atoms ab. Auf diese Weise besitzt jedes Element eine charakteristische Energiedifferenz für die Übergänge von Elektronen zwischen den verschiedenen Schalen. In Abbildung 6 ist der Schalenaufbau samt Energieniveaus und Bezeichnung der charakteristischen Strahlung für die einzelnen Elektronen-Schalenübergänge von Wolfram dargelegt.

$$E_{R\ddot{o}} := E_E - E_A \quad (5)$$

$E_{R\ddot{o}} :=$ Energie der abgegebenen Strahlung

$E_A :=$ Anfangsbindungsenergie des Elektrons

$E_E :=$ Bindungsenergie des Elektrons nach Schalenwechsel

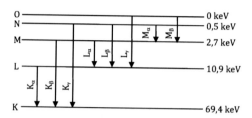

Abbildung 6: Energiediagramm von Wolfram mit Beschreibung der entstehenden Strahlung bei Schalenübergängen von Elektronen. Energieangaben beschreibt Energiedifferenz der Schale zu O-Schale (angelehnt an [1])

Aufgrund der Koinzidenz der beiden Interaktionsmöglichkeiten der beschleunigten Elektronen mit dem Anodenmaterial wird das kontinuierliche Röntgenbremsspektrum durch diskrete vom Anodenmaterial abhängigen Intensitätsanstiegen (Röntgenlinien) überlagert. In Abbildung 4 sind diese Überlagerungen für eine Wolframanode und verschiedene Röhrenspannungen dargelegt.

Im Bohrschen Atommodell besitzt gemäß des Pauli-Prinzips jedes Elektron der Atomhülle einen definierten Zustand, welcher durch kein weiteres Elektron eingenommen werden kann. Dieser Zustand ist durch verschiedene Quantenzahlen eindeutig definiert. Die K-Schale eines Atoms, welche für die Entstehung der charakteristischen Röntgenstrahlung am relevantesten ist, beinhaltet maximal 2 Elektronen, die sich nur durch ihren Spin unterscheiden. Je nachdem welchen Zustand das herausgeschlagene Elektron der K-Schale besaß, wird eine charakteristische Energiemenge beim Besetzen des Elektronenloches durch ein Elektron der L-Schale ($K_{\alpha 1}$ und $K_{\alpha 2}$) bzw. der M-Schale ($K_{\beta 1}$ und $K_{\beta 2}$) abgestrahlt. Hieraus ergeben sich die gepaarten K_α und K_β Röntgenlinien im diskreten Röntgenspektrum (siehe Abbildung 4).

2.1.1.3 Röntgenstrahlung bei mobilen Röntgengeräten

Bei der Erzeugung der Röntgenstrahlung an der Anode der Röntgenröhre wird nur ein sehr geringer Prozentsatz (ca. 1%) der kinetischen Energie der beschleunigten Elektronen in Strahlung umgewandelt. Der größte Teil der Energiemenge wird in der Anode in Wärmeenergie umgesetzt [19], wodurch der Auftreffpunkt des Elektronenstrahls auch als Brennfleck bezeichnet wird. Um diese enorme thermische Energie von der Anode zur

Steigerung der Effizienz der Röntgenröhre optimal ableiten zu können, setzt man derzeit bei mobilen Röntgengeräten Drehanoden ein. Bei diesem Anodentyp ist das Anodenmaterial kreisförmig auf dem Anodenteller angebracht (siehe Abbildung 7). Im Vergleich zu Festanoden, bei welchen stets der gleiche Bereich von beschleunigten Elektronen getroffen wird, werden bei Drehanoden durch permanente Rotation des Anodentellers nacheinander unterschiedliche Bereiche dem Elektronenbeschuss preisgegeben. In diesem Zeitraum haben die übrigen Bereiche der Brennfleckbahn die Möglichkeit sich abzukühlen. Durch die Rotation der Anode im Elektronenstrahl lässt sich auch die Lebensdauer der Röntgenröhre erhöhen, da sich der Verschleiß auf den kompletten Ring des Anodenmaterials verteilt und nicht in einem Brennfleck konzentriert ist.

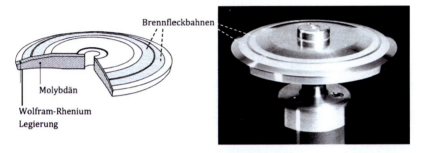

Abbildung 7: Beispielhafter Aufbau einer Drehanode einer Doppelfokusröhre mit zwei getrennten Brennfleckbahnen (Biangulix) [19]

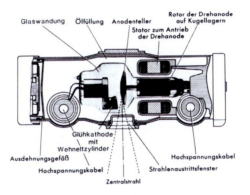

Abbildung 8: Schematischer Aufbau eines Röntgenstrahlers mit Drehanode [19]

Die Drehanode ist so gegenüber der Glühkathode angebracht, dass der durch den Wehneltzylinder gebündelte Elektronenstrahl direkt auf den abgewinkelten Brennfleckbereich des Anodentellers auftrifft (siehe Abbildung 8). Diese direkt von den Elektronen getroffene Fläche des Anodentellers bezeichnet man auch als elektronischen Brennfleck. Projiziert man den elektronischen Brennfleck auf eine dem Zentralstrahl senkrecht stehende Ebene, so erhält man den optischen Brennfleck (siehe Abbildung 9). Die Größe des optischen Brennflecks ist wiederum ein Maß für die mögliche Schärfe des erzeugten

Röntgenbildes. Je kleiner die Abmessung desto schärfer ist die Darstellung [19]. Durch eine stärkere Abschrägung bzw. einen kleineren Anodenwinkel des Anodentellers kann somit bei gleichbleibender Größe des optischen Brennfleckes die Abmessung des elektronischen Brennfleckes erhöht werden. Hierdurch ist es möglich, die entstehende thermische Energie durch den Elektronenbeschuss auf eine größere Fläche zu verteilen.

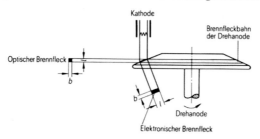

Abbildung 9: Zusammenhang von elektronischen und optischen Brennfleck, sowie Vergrößerung der elektronischen Brennfleckgröße bei gleichbleibendem optischen Brennfleck durch Verringerung des Anodenwinkels von c nach a [1].

Je stärker die Anode abgewinkelt ist, desto stärker tritt der so genannte Heel-Effekt auf. Der Heel-Effekt beschreibt die Abschwächung der entstehenden Strahlung bereits innerhalb der Anode, wodurch die Photonenflussdichte im Strahlenbündel und somit auch auf der Bildauffangebene nicht homogen ist (siehe Abbildung 10). Des Weiteren wird durch einen zu kleinen Anodenwinkel die mögliche Bildbreite sehr gering. Auf diese Weise beeinflusst der Winkel des Brennfleckbereiches bezüglich des Elektronenstrahles die Ausbreitung und Intensitätsverteilung der entstehenden Röntgenstrahlung. Meist wird ein Anodenwinkel zwischen 10 bis 20° bei den gebräuchlichen Röntgenröhren angewendet [12].

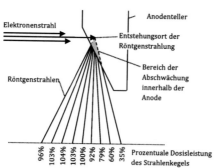

Abbildung 10: Heel-Effekt: Abschwächung der entstehenden Röntgenstrahlung bereits im Anodenmaterial führt zum Abfall der Photonen-Flussdichte in Richtung der Anode (angelehnt an [2])

Energiearme, weiche, Strahlung aus dem Röntgenspektrum trägt kaum zur medizinischen Bildgebung bei, da diese bereits in den ersten Gewebeschichten des durchstrahlten Körperteils absorbiert wird. Hierdurch trägt sie wesentlich zur Strahlenbelastung der Haut bei. Um diese Belastung zu verringern, wird aus dem erzeugten Strahlenspektrum mit Hilfe von speziellen Filtern die weichen Strahlungsanteile herausgefiltert und somit eine Aufhärtung der Strahlung erreicht. Gleichzeitig wird die Strahlung im Nutzstrahlenbündel homogenisiert und abgeschwächt. Als Filter für diese Zwecke fungieren einerseits die Struktur der Röntgenröhre (siehe Abbildung 8), wodurch die sogenannte Eigenfilterung erreicht wird, und andererseits weitere Zusatzfilter aus Aluminium und Kupfer mit verschiedenen Schichtdicken, welche in den Zentralstrahl eingebracht werden. Die Gesamtfilterung ergibt sich aus der Summe der Eigenfilterung, welche in Millimeter Aluminium-Gleichwert angegeben wird, und den Zusatzfiltern.

2.1.2 Interaktion von Röntgenstrahlung mit Materie

Trifft Röntgenstrahlung auf Materie, können die Photonen auf unterschiedliche Weise mit den Atomen des durchstrahlten Stoffes interagieren. Die Interaktionen basieren auf verschiedenen Prozessen, deren Eintrittswahrscheinlichkeiten von der Zusammensetzung des durchstrahlten Materials, der Strahlungsenergie und der im Material zurückgelegten Strecke abhängen. Jede auftretende Interaktion führt zu einer abrupten Zustandsänderung des betroffenen Photons. Hierzu zählen

- die Ablenkung von der bisherigen Fortbewegungsrichtung bzw. Streuung des Photons, welche mit
- einer Reduktion der Photonenenergie einhergehen kann,
- und die komplette Absorption des Photons.

Des Weiteren können die Photoneninteraktionen zu

- einer lokalen Energiedeponierung (siehe Dosisbegriff Kapitel 2.1.3),
- einer Ionisierung des getroffenen Atoms oder
- sekundärer Strahlung durch bereits in Kapitel 2.1.1.1 und 2.1.1.2 beschriebene Effekte bzw.
- Strahlung durch Annihilation führen.

Da der Prozess der Paarbildung und die darauf folgende Strahlung durch Annihilation erst ab Photonenenergien größer 1,02 MeV auftritt, ist dieser für die diagnostische Radiologie vernachlässigbar und wird daher im Weiteren nicht genauer behandelt. Die folgenden Kapitel beschreiben im Detail die drei Interaktionsmechanismen von Photonen mit Materie, welche bei den Strahlungsenergien der diagnostischen Radiologie relevant sind:

- die *Photoabsorption*,
- die *Compton-Streuung* und
- die *Rayleigh-Streuung*.

Alle drei Mechanismen führen in der Summe dazu, dass Photonen aus dem Hauptstrahlengang entfernt werden und nicht die Bildebene erreichen. Diese Abschwächung der

Strahlenintensität wird letztendlich zur Erzeugung des gewünschten Röntgenbildes ausgenutzt und kann als Funktion $I(x)$ nach dem Lambert-Beer-Gesetz über die Position x der Intensitätsmessung bzw. der durchlaufenen Strecke der Strahlung im Absorber und dem linearem Schwächungskoeffizienten μ_s ausgedrückt werden (siehe Gleichung *(6)*) [11].

$$I(x) := I_0 \cdot e^{-\int_0^x \mu_s(x')dx'} \qquad (6)$$

$$\mu_s := \rho \cdot n_a \cdot {}_a\sigma \qquad (7)$$

Bei dieser Gleichung ist I_0 die initiale Strahlungsintensität bzw. Anzahl von Photonen im Strahlengang an der Ursprungsposition der Strahlung. Der lineare Schwächungskoeffizient $\mu_s(x')$, welcher vom durchstrahlten Medium und der Strahlungsenergie abhängig ist, wird hierbei für jedes Intervall dx' unterschiedlicher Materie bestimmt. Er setzt sich aus der Anzahl von Atomen pro Volumeneinheit, welche beschrieben ist als Produkt der Massendichte ρ und der Atomzahldichte n_a, sowie dem atomaren Wirkungsquerschnitt ${}_a\sigma$ nach Formel *(7)* zusammen [13]. Der lineare Schwächungskoeffizient beschreibt die Summe der verschiedenen Wechselwirkungswahrscheinlichkeiten der Photonen mit den Atomen der Materie. Daher lässt sich μ_s auch wie in Formel *(8)* dargelegt ausdrücken. Hierbei stehen τ_{Photo}, $\sigma_{Compton}$, $\sigma_{Rayleigh}$ und κ_{Paar} für die individuellen Wechselwirkungswahrscheinlichkeiten (Wechselwirkungskoeffizienten, siehe folgende Kapitel) der Photonen mit den Atomen der durchstrahlten Materie pro Streckeneinheit für die Photoabsorption, die Compton-Streuung, die Rayleigh-Streuung und die Paarbildung. Letztere wurde aufgrund ihrer Irrelevanz für die radiologische Diagnostik in der Formel in Klammern gesetzt [11].

$$\mu_s := \tau_{Photo} + \sigma_{Compton} + \sigma_{Rayleigh}(+\kappa_{Paar}) \qquad (8)$$

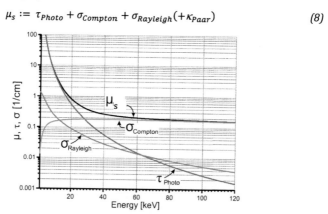

Abbildung 11: Individuelle Interaktionswahrscheinlichkeiten für die Photoabsorption, die Rayleigh-Streuung sowie die Compton-Streuung und der daraus resultierende lineare Schwächungskoeffizient für Wasser bei Raumtemperatur als Funktion der Photonenenergie (angelehnt an [11])

Abbildung 11 zeigt exemplarisch für verschiedene Photonenenergien die individuellen Interaktionswahrscheinlichkeiten pro Streckeneinheit und den daraus resultierenden linearen Schwächungskoeffizienten für Wasser bei Raumtemperatur [11].

2.1.2.1 Photoabsorption

Wie aus Abbildung 11 ersichtlich, ist die Photoabsorption im Bereich der geringen Photonenenergien (unterhalb von 30keV) der dominante Interaktionsprozess. Bei diesem Prozess, der auch Photoelektrischer Effekt, Photoeffekt oder Photoionisation genannt wird, stößt ein Photon ein Elektron aus der Atomhülle heraus. Hierbei wird die gesamte Energie des stoßenden Photons auf das Elektron übertragen. Vorwiegend interagieren bei der Photoabsorption die Photonen mit Elektronen der inneren Schalen der Atomhülle (K-, L- oder M-Schale). Das herausgelöste Elektron erhält die Differenz zwischen der Photonenenergie E_γ und der spezifischen Bindungsenergie des Elektrons E_b als Bewegungsenergie E_{kin} (siehe Gleichung (9)) und verlässt als sogenanntes Photoelektron die Atomhülle (illustriert in Abbildung 12) [13]. Hieraus ergibt sich die Voraussetzung für das Auftreten der Photoabsorption: Das auftreffende Photon muss eine größere Energie besitzen als die Bindungsenergie des gestoßenen Elektrons.

$$E_{kin} := E_\gamma - E_b(K, L, M, \dots) \qquad (9)$$

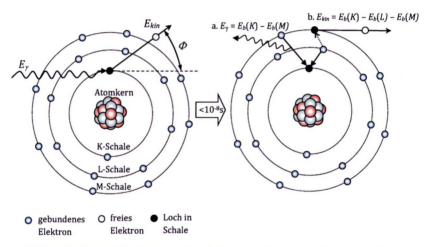

Abbildung 12: Schematische Darstellung der Photoabsorption an einem Elektron der K-Schale. Links: Absorption des Photons mit Ionisierung der Atomhülle. Photoelektron verlässt Atomhülle im Emissionswinkel Φ zur Einfallrichtung des Photons mit der Energie E_{kin} nach Formel (9). Rechts: Verschiedene Varianten der Abregung des Atoms durch Füllen des Elektronenloches mit einem Elektron aus der M-Schale. a. Fluoreszenz b. Emission eines Augerelektrons aus der M-Schale wodurch ein doppelt ionisierter Kern zurückbleibt

In Folge der Photoabsorption verbleibt der Atomkern ionisiert mit einem Elektronenloch in der entsprechenden Schale des Stoßes. Bei der Auffüllung dieser Defektstelle durch ein Elektron einer höheren Schale kann es zur Emission charakteristischer Photonenstrahlung kommen (Fluoreszenz, vgl. auch Kapitel 2.1.1.2) oder die Energiedifferenz wird direkt auf weitere Hüllenelektronen übertragen. Diese Hüllenelektronen verlassen ebenfalls mit entsprechender kinetischer Energie als sogenannte Augerelektronen die Atomhülle (siehe Abbildung 12). In menschlichem Weichteilgewebe, welches im Mittel eine Ordnungszahl von $Z \approx 7$ besitzt, überwiegt bei der Aussendung der Rekombinationsenergie der Effekt der Emission von Augerelektronen, wodurch hoch ionisierte Atome entstehen können. Die hohe Energiedichte, die durch Absorption dieser Sekundärstrahlung und durch sie entstehende Tertiärstrahlung (Bremsstrahlung durch Photoelektronen) entsteht, ist von wesentlicher Bedeutung für die strahlenbiologischen Effekte im menschlichen Gewebe (siehe auch Kapitel 2.1.3) [13].

Die Wahrscheinlichkeit des Eintretens einer Photoabsorption bei der Interaktion des Photons mit Atomen eines Absorbermaterials wird durch den Photoabsorptionskoeffizienten τ_{Photo} beschrieben. Dieser hängt von der Ordnungszahl Z, der Dichte ρ des Absorbers sowie der Energie des stoßenden Photons E_γ ab. Gleichung *(10)* (angelehnt an [13]) beschreibt eine grobe Annäherung der Proportionalität des Koeffizienten zu den entsprechenden Faktoren für Photonenenergien unterhalb der Elektronenruheenergie (511keV).

$$\tau_{Photo} \sim \rho \cdot \frac{Z^{n-1}}{E_\gamma^3} \quad (E_\gamma \ll 511 keV) \tag{10}$$

mit $n = 4$ bis $4{,}5$

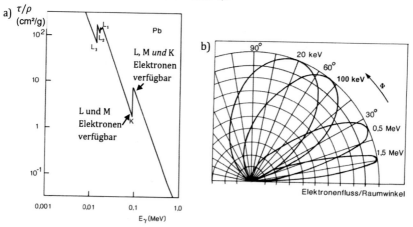

Abbildung 13: a) Energieabhängigkeit des Masse-Photoabsorptionskoeffizienten für Blei mit spezifischen Absorptionskanten **b)** Energieabhängige Verteilung der Photoelektronen für den Emissionswinkel Φ bei Einschussrichtung des Photons von links (angelehnt an [13])

Aufgrund dieser Proportionalität basiert die Strahlenschutzwirkung von Blei bei niedrigen Photonenenergien in der diagnostischen Radiologie überwiegend auf dem Effekt der Photoabsorption. Abbildung 13 verdeutlicht nochmals die Energieabhängigkeit des Photoabsorptionskoeffizienten durch die Darstellung des Masse-Photoabsorptionskoeffizienten für Blei. Dieser Koeffizient wird aus dem Quotienten von τ_{Photo}/ρ gebildet und ist eine von der Art des Materials weitgehend unabhängige Kenngröße. Es ist deutlich zu erkennen, dass mit steigender Photonenenergie τ_{Photo} bis auf diskrete Sprünge stetig abnimmt. Die diskreten Sprünge (Absorptionskanten) in der Koeffizientenkurve sind durch die Elektronenbindungsenergien des Nuklids begründet. Wird die Photonenenergie geringer als die Bindungsenergie der Elektronen einer Schale, so stehen diese Elektronen nicht mehr für den Effekt der Photoabsorption zur Verfügung, wodurch wiederum die Wahrscheinlichkeit ihres Auftretens abrupt verringert wird.

Die beim Stoß aus der Hülle entfernten Elektronen weisen eine energieabhängige Winkelverteilung relativ zur Einfallrichtung des Photons auf (siehe Abbildung 13). Bei geringen Photonenenergien werden die meisten Photoelektronen fast senkrecht zur Einstrahlrichtung des Photons emittiert. Steigt die Photonenenergie, so wird das Elektronenmaximum immer weiter zur Flugrichtung des stoßenden Photons verschoben [13].

2.1.2.2 Compton-Streuung (inkohärente Streuung)

Bei der Compton-Streuung, auch als Comptoneffekt oder inkohärente Streuung bezeichnet, wird ähnlich wie bei der Photoabsorption durch die Wechselwirkung eines Photons mit einem Atom ein Elektron aus der Atomhülle herausgelöst und dieses ionisiert. Die Abregung des ionisierten Atoms führt zu den bereits in Kapitel 2.1.2.1 beschriebenen Folgeeffekten.

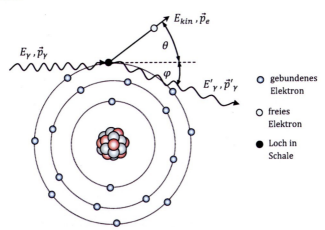

Abbildung 14: Schematische Darstellung der Compton-Streuung. Der Stoßprozess löst ein schwach gebundenes äußeres Elektron aus der Atomhülle. Abhängig vom Photonenstreuwinkel φ wird die Photonenenergie E_γ und der Impuls p auf das Comptonelektron und das gestreute Photon verteilt.

Anders als bei der Photoabsorption ist das herausgelöste Elektron, welches als Comptonelektron die Atomhülle verlässt, jedoch meist ein äußeres, schwach gebundenes Hüllenelektron. Zudem überträgt das Photon bei der Compton-Streuung nur einen Teil seiner Energie und seines Impulses auf den Stoßpartner. Nach der Interaktion verlässt das Photon mit abgelenkter Bewegungsrichtung (Streuung), verringerter Energie und verändertem Impuls den Ort des Stoßes (siehe Abbildung 14).

Bei Substanzen mit niedriger Ordnungszahl (z. B. menschlichem Weichteilgewebe) ist bei Photonenenergien im Bereich von 30 keV bis 30 MeV die Compton-Streuung der dominierende Wechselwirkungsprozess.

Die Wahrscheinlichkeit des Eintretens einer Compton-Streuung wird durch den Compton-Wechselwirkungskoeffizienten $\sigma_{Compton}$, häufig auch als Comptonstoßkoeffizient bezeichnet, beschrieben. Dieser Koeffizient ist auch als Summe des Compton-Streukoeffizienten σ_{streu} und des Compton-Energieübertragungs-koeffizienten σ_{tr} darstellbar (siehe Gleichung *(11)*). Hierbei bezieht sich σ_{streu} auf die inkohärente Photonenstreuung und σ_{tr} auf den Energietransfer des Photons auf das Comptonelektron. Die Unterteilung des Wechselwirkungskoeffizienten in diese beiden Komponenten ist für die Beschreibung von dosimetrischen Größen (Kerma und Energiedosis, siehe Kapitel 2.1.3) sowie für die Beschreibung des Strahlungsfeldes der Photonen von Vorteil. Wie die anderen Photonenwechselwirkungskoeffizienten ist auch der Compton-Wechselwirkungskoeffizient proportional zur Dichte des Absorbers. Zusätzlich mit der vorhandenen Proportionalität zum Verhältnis der Ordnungszahl und Massezahl Z/A ergibt sich als grobe Näherung für die Energieabhängigkeit des Koeffizienten Gleichung *(12)*. Da bei den meisten stabilen leichten Elementen die Neutronenanzahl ungefähr gleich der Protonenzahl ist, ergibt sich für den Quotienten $Z/A \approx 1/2$ [13].

$$\sigma_{Compton} := \sigma_{streu} + \sigma_{tr} \qquad (11)$$

$$\sigma_{Compton} \sim \rho \cdot \frac{Z}{A} \cdot \frac{1}{E_\gamma{}^n} \approx \frac{\rho}{2 \cdot E_\gamma{}^n} \quad (n = 0{,}5 \text{ bis } 1;\ 200\ keV < E_\gamma < 10\ MeV) \qquad (12)$$

Zu welchen Teilen die Energie und der Impuls des einfallenden Photons auf das gestreute Photon und das Comptonelektron aufgeteilt werden, hängt von der Einschussenergie E_γ des Photons und dem Photonenstreuwinkel φ ab. Die Restenergie E'_γ des gestreuten Photons kann unter der Voraussetzung, dass das getroffene äußere Hüllenelektron als quasi frei und ruhend angesehen wird, mithilfe der klassischen Theorie des Impuls- und Energiesatzes nach Formel *(13)* berechnet werden [13]. In dieser Gleichung steht m_0 für die Ruhemasse des getroffenen Elektrons ($m_0 := 9{,}109 \cdot 10^{-31}$ kg). Exemplarische Energien der gestreuten Photonen sind für verschiedene Streuwinkel abhängig von der Einschussenergie in Abbildung 15 dargestellt. Aus diesem Diagramm ist ersichtlich, dass neben der möglichen Streuung der Comptonphotonen in alle Raumrichtungen ihre Energie E'_γ für das Spektrum der diagnostischen Röntgenstrahlung nur wenig verschieden von der ursprünglichen Photonenenergie E_γ und nur schwach abhängig vom Streuwinkel ist. Da somit bei der Röntgenbilderzeugung die vom durchstrahlten Objekt ausgehende gestreute Strahlung nur geringfügig weicher ist als die Primärstrahlung, muss ihr beim Strahlenschutz besonderes Augenmerk geschenkt werden.

Die Bewegungsenergie der aus der Hülle herausgelösten Comptonelektronen ergibt sich aufgrund des Energieerhaltungssatzes aus der Energie des stoßenden Photons vermindert um die Energie des gestreuten Photons und der Elektronenbindungsenergie (siehe Gleichung *(14)*). Da die äußeren Hüllenelektronen, welche beim Comptoneffekt herausgelöst werden, nur eine sehr geringe Bindungsenergie (wenige eV) besitzen, kann man diese in der Berechnung der Bewegungsenergie vernachlässigen. Aufgrund der Tatsache, dass die gestreuten Photonen bei diagnostischer Röntgenstrahlung nur eine geringe Energiedifferenz zu den einfallenden Photonen besitzen, sind die Comptonelektronen nach Gleichung *(14)* energiearm und haben somit in menschlichem Gewebe nur eine geringe Reichweite.

$$E'_\gamma := \frac{E_\gamma}{1 + \frac{E_\gamma}{m_0 \cdot c} \cdot (1 - \cos\varphi)} \quad (13)$$

$$E_{kin} := E_\gamma - E'_\gamma - E_b \approx E_\gamma - E'_\gamma \quad (14)$$

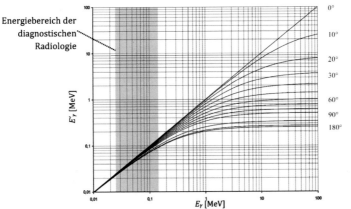

Abbildung 15: Energie des gestreuten Photons abhängig von der ursprünglichen Photonenenergie E_γ und des Photonenstreuwinkels φ. Hierbei bedeutet ein Streuwinkel von 0° die Einschussrichtung und 180° die komplette Rückstreuung. Werte für die Streuwinkel zwischen 0° und 90° sind in 10° Schritten angegeben, danach für 120°, 150° und 180° (angelehnt an [13])

Die Winkelverteilungen der Comptonphotonen und -elektronen sowie die entsprechenden Wechselwirkungswahrscheinlichkeiten lassen sich mit Hilfe der Klein-Nishina-Formel bestimmen. Aus ihr ergibt sich für den differenziellen Compton-Stoßquerschnitt $d(_e\sigma)$ nach Gleichung *(15)* (r_0 repräsentiert hierbei den klassischen Elektronenradius). Dieser Wert steht für den Quotienten aus der Anzahl der Photonen, die pro Elektron des Absorbers und pro Sekunde in das Raumwinkelelement $d\Omega$ gestreut werden, und der auftreffenden Zahl der primären Photonen pro Zeit und Fläche. Aus dem Compton-Stoßquerschnitt lässt sich die Winkelverteilung der gestreuten Photonen (Gleichung *(16)*), der differenzielle Compton-Streuquerschnitt $d(_e\sigma_s)$ (Gleichung *(17)*) und die Winkelverteilung der gestreuten Energie (Gleichung *(18)*) herleiten. Der differenzielle Compton-Streuquerschnitt beschreibt hierbei die energiegewichtete Compton-Streuwahrscheinlichkeit für Photonen in einen vorgegebenen Winkelbereich pro Raumwinkelelement und freiem Elektron. In Abbildung 16 ist für verschiedene Photonenenergien die Winkelverteilung der gestreuten Photonen (dicke Kurve) sowie deren Energie nach der Streuung (dünne Kurve) dargestellt. Aus ihr ist ersichtlich, dass bei geringen Photonenenergien die Rückstreuung fast den gleichen Anteil annimmt wie die Vorwärtsstreuung der Photonen. Im Vergleich zu vorwärts gestreuten Photonen besitzen die rückgestreuten Photonen weniger Energie (vgl. dünne Kurven in Abbildung 16). Bei der Zunahme der Energie des stoßenden Photons verschieben sich die Streukurven immer mehr zur Vorwärtsrichtung. [13]

$$d(_e\sigma) := \frac{r_0^2}{2} \cdot d\Omega \cdot \left(\frac{E'_\gamma}{E_\gamma}\right)^2 \cdot \left(\frac{E'_\gamma}{E_\gamma} + \frac{E_\gamma}{E'_\gamma} - \sin^2\varphi\right) \quad (15)$$

$$\frac{d(_e\sigma)}{d\varphi} := 2\pi \cdot \sin\varphi \cdot \frac{d(_e\sigma)}{d\Omega} \quad (16)$$

$$d(_e\sigma_s) := \frac{r_0^2}{2} \cdot d\Omega \cdot \left(\frac{E'_\gamma}{E_\gamma}\right)^3 \cdot \left(\frac{E'_\gamma}{E_\gamma} + \frac{E_\gamma}{E'_\gamma} - \sin^2\varphi\right) \quad (17)$$

$$\frac{d(_e\sigma_s)}{d\varphi} := 2\pi \cdot \sin\varphi \cdot \frac{d(_e\sigma_s)}{d\Omega} \quad (18)$$

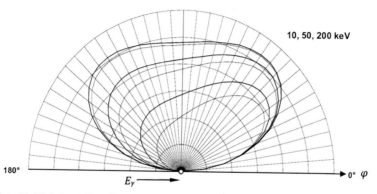

Abbildung 16: Winkelverteilung der gestreuten Photonen (dicke Kurve) und der Photonenenergie nach der Streuung in Polarkoordinaten nach Gleichungen (16) und (18) für verschiedene primäre Photonenenergien (10, 50 und 200 keV von außen nach innen) (angelehnt an [13])

Für die Energie- und Winkelverteilung der Comptonelektronen ergeben sich nach der Klein-Nishina-Theorie die Gleichungen *(19)* und *(20)* (hierbei beschreibt E_{kin} die winkelabhängige Bewegungsenergie des Comptonelektrons, siehe Gleichung *(14)*). Abbildung 17 zeigt basierend auf diesen Gleichungen beispielhaft Winkelverteilung der Comptonelektronen für verschiedene Energien des stoßenden Photons. Aus dieser Abbildung ist auch die Tatsache ersichtlich, dass aufgrund der Impulserhaltung der Streuwinkel θ der Comptonelektronen zwischen 0° und 90° liegt, wobei die Vorwärtsstreuung bei steigender Photonenenergie zunimmt.

$$\frac{d(_e\sigma)}{dE_{kin}} := \frac{2\pi \cdot r_0^2}{\varepsilon^2 \cdot m_0 \cdot c^2} \cdot \left(2 + \left(\frac{E_{kin}}{E_\gamma - E_{kin}}\right)^2 \cdot \left(\frac{1}{\varepsilon^2} + \frac{E_\gamma - E_{kin}}{E_\gamma} - \frac{2}{\varepsilon} \cdot \frac{E_\gamma - E_{kin}}{E_{kin}}\right)\right) \quad (19)$$

$$\text{mit } \varepsilon := \frac{E_\gamma}{m_0 \cdot c^2}$$

$$\frac{d(_e\sigma)}{d\theta} := \frac{d(_e\sigma)}{d\Omega} \cdot \frac{2\pi \cdot (1 + \cos\varphi) \cdot \sin\varphi}{\left(1 + \frac{E_\gamma - E_{kin}}{m_0 \cdot c^2}\right) \cdot \sin^2\theta} \qquad (20)$$

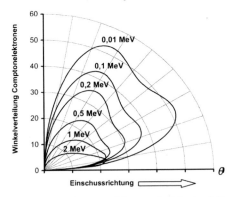

Abbildung 17: Winkelverteilung der Comptonelektronen in Polardarstellung für verschiedene Energien des stoßenden Photons [13]

Aus dem differenziellen Stoß- und Streuquerschnitt $d(_e\sigma)$ und $d(_e\sigma_s)$ lassen sich nach Gleichung *(21)* und *(22)* durch Integration über alle möglichen Photonen-Streuwinkel φ der jeweils auf ein Elektron des Absorbers bezogene integrale Compton-Stoßquerschnitt $_e\sigma$ und der totale Compton-Streuquerschnitt $_e\sigma_s$ ableiten. Durch die Multiplikation mit dem Produkt aus der Zahl der Elektronen pro Gramm und Dichte des Absorbermaterials ist aus diesen Wirkungsquerschnitten wiederum der Comptonstoßkoeffizient $\sigma_{Compton}$ sowie der Compton-Streukoeffizienten σ_{streu} bestimmbar. Der verbleibende Energieübertragungskoeffizient σ_{tr} lässt sich dann nach Formel *(11)* berechnen.

$$_e\sigma(E_\gamma) := \int_{\varphi=0}^{\pi} \frac{d(_e\sigma)}{d\Omega} \cdot 2\pi \cdot \sin\varphi \cdot d\varphi \qquad (21)$$

$$_e\sigma_s(E_\gamma) := \int_{\varphi=0}^{\pi} \frac{d(_e\sigma_s)}{d\Omega} \cdot 2\pi \cdot \sin\varphi \cdot d\varphi \qquad (22)$$

Das Vorherrschen der Compton-Streuung bei den Strahlungsenergien der diagnostischen Radiologie, die Streuung der Photonen in alle Raumrichtungen und die geringe Abschwächung der Energie der gestreuten Photonen führen dazu, dass die Comptonphotonen maßgeblich zur Streustrahlenbelastung des Personals beitragen.

2.1.2.3 Rayleigh-Streuung (kohärente Streuung)

Bei der Rayleigh-Streuung, welche auch als kohärente oder klassische Streuung bezeichnet wird, trifft das stoßende Photon auf ein fest gebundenes Hüllenelektron. Anders als bei der Photoabsorption wird bei der Rayleigh-Streuung das Elektron nicht aus der Hülle herausgelöst, sondern das gesamte Atom nimmt die Rückstoßenergie des eintreffenden Photons auf (siehe Abbildung 18). Durch diese Energieaufnahme wird das wechselwirkende Elektron zusammen mit den anderen Elektronen der Hülle kurzfristig zu einer erzwungenen kollektiven Schwingung angeregt. Hierbei ist die Frequenz der Elektronenschwingungen gleich der Frequenz des stoßenden Photons. Durch die Schwingungen fungieren die Elektronen wiederum wie ein Sender und strahlen die absorbierte Energie vollständig als Photon ab. Dieses abgestrahlte Photon besitzt die gleiche Wellenlänge bzw. Energie wie das stoßende Photon jedoch eine abweichende Bewegungsrichtung. Somit verliert das Photon durch die Interaktion mit dem Atomkern zwar keine Energie, was zu keiner lokalen Energiedeponierung im Absorber führt, wird jedoch von seiner Flugbahn abgelenkt und dieses bevorzugt in Vorwärts- und geringfügig in Rückwärtsrichtung.

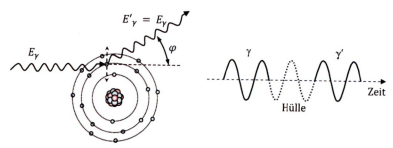

Abbildung 18: Links: Schematische Darstellung der Rayleigh-Streuung an gebundenen Elektronen. Rechts: Schwingungsübergang zwischen einfallenden Photon γ, Elektronenhülle und gestreutem Photon γ'

Die Wahrscheinlichkeit, dass die Photoneninteraktion mit den Atomen des Absorbermaterials zu einer Rayleigh-Streuung führt, nimmt für Photonenenergien oberhalb von ca. 10keV mit dem Quadrat der Photonenenergie ab. Für den Rayleigh-Streukoeffizienten $\sigma_{Rayleigh}$ ergibt sich unter dieser Voraussetzung ungefähr die Proportionalität nach Gleichung *(23)*.

$$\sigma_{Rayleigh} \sim \rho \cdot \frac{Z^{2,5}}{A \cdot E_\gamma^2} \approx \rho \cdot \frac{Z^{1,5}}{E_\gamma^2} \quad (10keV < E_\gamma) \qquad (23)$$

Aus dieser Gleichung ist ersichtlich, dass für Elemente mit niedrigen Ordnungszahlen, wie menschliches Gewebe und Wasser, die Rayleigh-Streuung nur für geringere Photonenenergien als 20keV von Bedeutung ist (siehe auch Abbildung 11). Des Weiteren ist der Photonenstreuwinkel φ für die in der diagnostischen Radiologie verwendeten Photonenenergien sehr klein (siehe Abbildung 19). Die Winkelverteilung der Streuphotonen, welche sich nach Gleichung *(24)* bestimmen lässt, verschiebt sich bei steigenden Photonenenergien noch weiter in Vorwärtsrichtung [11,13]. Ausdruck $F(q,Z)$ in Gleichung *(24)* steht für einen atomspezifischen Formfaktor, der die spezifischen Elektronenkonfigurationen und -bindungsenergien widerspiegelt. Numerische Werte für $F(q,Z)$ sind für alle Elemente tabellarisiert in der Literatur zu finden [11,22].

$$\frac{d\sigma_{Rayleigh}}{d\Omega} := \frac{r_0^2}{2} \cdot (1 + \cos^2 \varphi) \cdot F^2(q,Z) \qquad (24)$$

mit $q := 2 \cdot \frac{E_\gamma}{c} \cdot \sin\frac{\varphi}{2}$ (Größe des Impulstransfers)

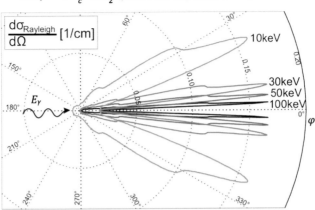

Abbildung 19: Polardarstellung des differenziellen Wirkungsquerschnitts der Rayleigh-Streuung bei Wasser (Raumtemperatur) als Funktion des Photonenstreuwinkels φ für verschiedene Photonenenergien [11]

Aufgrund der oben genannten Tatsachen trifft bei diagnostischen Röntgenstrahlern der Großteil der durch einmalige Rayleigh-Streuung abgelenkten Photonen auf den Detektorbereich. Dies kann zwar zu einer Minderung der Bildqualität führen, jedoch nicht die Belastung durch Streustrahlung für die Umgebung erhöhen. Allerdings ist durch eine Aufeinanderfolge von verschiedenen Photoneninteraktionen trotzdem eine Streustrahlenbelastung durch Rayleigh-Streuung möglich.

2.1.3 Dosisbegriffe und Wirkung ionisierender Strahlung auf menschliches Gewebe

Durch die in Kapitel 2.1.2 beschriebenen Interaktionsprozesse der primären Photonen im Absorber können sekundäre Photonen und Elektronen erzeugt sowie lokal Energie auf den Absorber übertragen werden. Diese sekundären Elektronen und Photonen können wiederum mit den umgebenden Atomen am Ort des Stoßes interagieren und so über mehrere Stufen hinweg weiter ihre Energie an den Absorber abgeben. Elektronen legen bis zur kompletten Übertragung ihrer Energie eine kürzere Strecke vom Interaktionsort zurück als die gestreuten Photonen. Diese können sogar den Absorber ohne weiteren Energieverlust in abgelenkter Richtung verlassen. Die lokale Energieübertragung auf die Atome des Absorbers vollzieht sich somit hauptsächlich durch mehrstufige kontinuierliche Abbremsung der bei der Ionisation freigesetzten sekundären Elektronen. Dieses geschieht über Interaktionen der Elektronen mit den Atomhüllen der Absorberatome, den Atomkernen oder deren Coulombfeld. Hierbei können wiederum Elektronen durch Ionisation aus den Atomhüllen herausgelöst werden.

Die Zahl der durch Bestrahlung entstehenden elektrischen Ladungen in einem Medium wird durch die Ionisierungsdichte bzw. das Ionisierungsvermögen der Strahlung beschrieben. Um die eventuellen biologischen Wirkungen einer ionisierenden Strahlung auf die Zellen eines Organismus abschätzen zu können, sind neben der räumlichen Verteilung der Energieübertragungen vor allem Informationen über die Menge der übertragenen Energie des Strahlenbündels auf das bestrahlte Material notwendig. Diese Faktoren können durch die physikalischen Größen des linearen Energieübertragungsvermögens (LET) und der Energiedosis beschrieben werden. Hierbei steht der LET geladener Teilchen in einem Medium für den Quotienten aus dem mittleren Energieverlust dE der Teilchen, bei denen der Verlust kleiner als eine vorgegebene Energie Δ ist, und dem dabei zurückgelegten Weg des Teilchens ds im Absorber (vergl. Formel *(25)*). [13]

$$LET = L_\Delta := \left(\frac{dE}{ds}\right)_\Delta \qquad (25)$$

Die Energiedosis D_{med} wiederum ist definiert als Quotient der lokal von einem Absorber der Dichte ρ_{med} absorbierten Energie dE_{abs} und der Masse dm_{med} des bestrahlten Volumenelements (vergl. Formel *(26)*). Die Dosisgröße D_{med}, welche die internationale Einheit (SI-Einheit) Gray (1 Gy = 1 J/kg) besitzt, verhält sich bei der Exposition von Lebewesen proportional zur biologischen Wirkung. Den größten Beitrag zur Energiedosis in menschlichem Gewebe und damit zu den biologischen Strahlenwirkungen liefern die Comptonelektronen nach dem im Kapitel 2.1.2.2 beschriebenen Compton-Effekt. [13]

$$D_{med} := \frac{dE_{abs}}{dm_{med}} = \frac{dE_{abs}}{\rho_{med} \cdot dV} \qquad (26)$$

Bei niederenergetischen Photonen- und Teilchenstrahlungen wird häufig aufgrund von messtechnischen und rechnerischen Erwägungen die Kerma der Energiedosis vorgezogen. Die Kerma in einem Medium K_{med} beschreibt hierbei den Quotienten aus der durch indirekt ionisierende Strahlung auf geladene Teilchen der ersten Generation übertragene Bewegungsenergie dE_{tran} und der Masse dm_{med} des bestrahlten Volumenelements (siehe Formel *(27)*). [13]

$$K_{med} := \frac{dE_{tran}}{dm_{med}} = \frac{dE_{tran}}{\rho_{med} \cdot dV} \qquad (27)$$

Bezieht man die Dosisangaben auf ein bestimmtes Zeitintervall, so spricht man von der Dosisleistung (Energiedosisleistung und Kermaleistung mit der Einheit Watt/kg), welche als Differenzialquotient der Dosen nach der Zeit definiert ist. [13]

Bei gleicher Energiedosis bergen dicht ionisierende Strahlungen (α-Teilchen oder langsame Protonen) ein höheres Gesundheitsrisiko als locker ionisierende Strahlungen (Photonen, Elektronen und β-Teilchen). Dieses ist durch die Tatsache begründet, dass sie ihre Bewegungsenergie auf kürzerer Strecke an den Absorber bzw. die Zelle abgeben und somit eine höhere lokale Schadensdichte erzeugen. Damit verschiedene Strahlungsarten trotz gleicher Energiedosis in ihrer Schadenswirkung verglichen werden können, führte man als operative Dosismessgröße die Äquivalentdosis H ein. Die Äquivalentdosis ist als Produkt der Weichteilenergiedosis D_w mit einem strahlungsabhängigen Wichtungsfaktor Q definiert (siehe Formel *(28)*). Für Röntgen- und Gammastrahlung sowie für Elektronen ist dieser Wichtungsfaktor, welcher vom LET der Strahlung abhängig ist, gleich eins. Hierdurch entspricht die Äquivalentdosis zahlenmäßig der Energiedosis. Zur Unterscheidung der Äquivalentdosis von der Energiedosis und der Kerma besitzt diese die Einheit Sievert (1 Sv = 1 J/kg).

$$H := Q \cdot D_w \quad \text{(Äquivalentdosis)} \quad (28)$$

Aus der Äquivalentdosis lassen sich weitere für den Strahlenschutz relevante und experimentell bestimmbare Dosismessgrößen ableiten:

- Die Ortsdosen und
- die Personendosen.

Ortsdosen beschreiben die Äquivalentdosen im Weichteilgewebe an einem bestimmten Punkt im Raum. Sie werden zur konservativen Abschätzung der Effektiven Dosis einer exponierten Person und somit zur Festlegung von Strahlenschutzbereichen verwendet. Ortsdosen werden je nach Strahlungsart und Durchdringungsfähigkeit der Strahlung mit Hilfe von Kugel- oder Zylinderionisationskammern oder mit Hilfe von anthropomorphen Phantomen (z. B. der ICRU-Kugel (siehe [13])) gemessen.

Die Personendosis beschreibt als personenbezogenes, individuelles Maß die Strahlenbelastung einer bestimmten Person. Personendosen werden in der Praxis durch ein kleines kalibriertes Messgerät erfasst, welches von der zu vermessenden Person an repräsentativer Position an der Kleidung bzw. Körperoberfläche über einen gewissen Zeitraum getragen wird.

Über die gewonnenen Werte der Personendosis können Abschätzungen über meist nicht messbare Dosisgrößen gemacht werden. Zu diesen zählen

- die Organdosen und
- die bereits erwähnte Effektive Dosis.

Die Organdosis H_T steht hierbei für das Produkt aus der mittleren Energiedosis D_T des jeweils bestrahlten Organs bzw. der Körperpartie (T für Gewebeart: engl. *tissue*) und einem Strahlungs-Wichtungsfaktor w_R (vgl. Formel *(29)*). Mit Hilfe dieser Dosisgröße können die Strahlengefährdungen für verschiedene Organe unter Berücksichtigung ihrer Strahlensensibilität vergleichbar angegeben werden.

$$H_T := w_R \cdot D_T \quad \text{(Organdosis)} \quad (29)$$

Aus der Summe der Produkte der Organdosen einer festgelegten Anzahl relevanter Organe und Gewebe sowie einem Gewebe-Wichtungsfaktor w_T ist die Effektive Dosis E ableitbar (siehe Gleichung *(30)*). Durch die organspezifische Gewichtung der Dosen kann mit dieser wichtigen Dosisgröße eine einheitliche Beurteilung des Gesamtrisikos für eine Person nach einer Strahlenexposition durchgeführt werden. Die relevanten Organ- und Gewebetypen sowie deren Wichtungsfaktoren für die Berechnung der Effektiven Dosis werden von der International Commission on Radiological Protection (ICRP) aus epidemiologischen Studien abgeleitet und sind in den Empfehlungen der ICRP [23] zu finden. Die Effektive Dosis wird vor allem herangezogen, um das hereditäre Risiko und das Krebs-Morbiditäts-Risiko eines Individuums bestimmen zu können. [13]

$$E := \sum_T (w_T \cdot H_T) \qquad \text{(Effektive Dosis)} \qquad (30)$$

Die Strahlenwirkungen bzw. biologischen Effekte bei einem Individuum nach einer Exponierung mit einer gewissen Strahlendosis werden abhängig von der Dosis in zwei Gruppen eingeteilt: Die stochastischen Strahlenwirkungen und die deterministischen Strahlenwirkungen. Die Definitionen dieser beiden Wirkungsgruppen ist nach ICRP [23] sinngemäß wie folgt:

- "Stochastische Strahlenwirkungen sind solche, bei denen die Eintrittswahrscheinlichkeit für einen Straleneffekt, nicht aber dessen Schweregrad von der Energiedosis abhängt" [13]

- "Deterministische Strahlenwirkungen sind solche Wirkungen, bei denen der Schweregrad des Strahlenschadens eine Funktion der Dosis ist. Bei vielen deterministischen Wirkungen besteht eine Dosisschwelle, unterhalb derer keine klinischen Symptome auftreten" [13]

Somit beschreiben stochastische Strahlenwirkungen zufällig auftretende Veränderungen in einer Zelle, welche bereits durch ein einzelnes Photon auftreten und zu Tumoren oder vererbbaren Schäden führen können. Bis zu einer gewissen Schwellendosis, ab der die deterministischen Strahlenwirkungen auftreten, beschreibt somit eine höhere Dosis nur eine höhere Eintrittswahrscheinlichkeit eines Strahlenschadens. Bei den deterministischen Strahlenwirkungen sind die Schwere der Strahlenschäden und die daraus resultierenden Folgen für den Organismus direkt abhängig von der Dosis. Zu den deterministischen Strahlenwirkungen, welche in der diagnostischen Radiologie aufgrund ihrer geringen Dosen nicht anzutreffen sind, zählen neben dem lokalen und regionalen vorhersagbarem Niedergang von Zellen auch die Strahlenkrankheit und der Strahlentod. In der Radioonkologie wird bei der Bestrahlung von Tumoren die deterministische Strahlenwirkung ausgenutzt, um gezielt den Untergang der Tumorzellen zu forcieren. Die niedrigste Schwellendosis, ab welcher deterministische Strahlenwirkungen beobachtet wurden, liegt zwischen 0,1 und 0,5 Gy. [13]

Die negativen Wirkungen auf lebende Zellen und Gewebe durch ionisierende Strahlung basieren auf verschiedenen Phasen, welche dem bereits beschriebenen primären physikalischen Wechselwirkungsakt und der Erzeugung von Ionen oder angeregten Atomen folgen. Zu diesen Phasen, welche Veränderungen des Erbgutes oder bei Schadenshäufungen zu einem Zell- oder Gewebeuntergang führen können, gehören die physikalisch-chemische, die biochemische und die biologische Wechselwirkungsphase. In den direkt auf die physikalische Phase folgenden physikalisch-chemischen und biochemischen Phasen kommt es zu einer Verteilung der Energie durch thermodynamischen Ausgleich im Bereich des physikalischen Wechselwirkungsortes. Durch den hierbei auftretenden intramolekularen Energietransport können durch Abspaltung von funktionalen Gruppen oder Brüchen in Kettenmolekülen Biomoleküle zerstört oder strukturell und funktionell verändert werden. Auf diese Weise entstehen Radikale der Biomoleküle, welche in der nachfolgenden biologischen Phase zu einer Beeinflussung des Zellstoffwechsels, zur Veränderung der Erbsubstanz der Zelle oder zur Veränderung der Proteinsynthese führen können. Diese Abweichungen können submikroskopische (z. B. Mutationen der Erbsubstanz, Denaturierung von Proteinen) oder sichtbare Veränderungen (z. B. Zerstörung der Kernmembran, maligne Entartungen, Zellteilungshemmungen) der Zelle zur Folge haben. [13]

Entstehen durch die ionisierende Strahlung direkt Radikale von Biomolekülen, so wird dieses als direkte Strahlenwirkung bezeichnet. Im Gegensatz dazu bezeichnet man die Bildung von Biomolekülradikalen auf dem Umweg über die Oxidierung durch Wasserradikale des Zellwassers als indirekte Strahlenwirkung. Durch chemische Substanzen in der Zelle kann die negative Wirkung ionisierender Strahlung vermindert (Radioprotektoren) oder verstärkt (Radiosensitizer) werden. Gewisse Mechanismen in den Zellen sind in der Lage, durch Strahlung verursachte Schäden, z. B. am Erbgut, wieder reparieren zu können, sodass nicht jede Strahlenwirkung zu permanenten Zellschäden oder Beeinträchtigungen führt. Aufgrund dieser Tatsache ist die Bestrahlungszeit ein wichtiger Faktor, der über die Überlebensrate von Zellkulturen entscheidet. [13]

Betrachtet man die jährliche individuelle Strahlenbelastung durch die Umwelt, so erkennt man die Effizienz der Reparaturmechanismen in der menschlichen Zelle. Beispielsweise umfasst die natürliche externe und interne jährliche Strahlenexposition eines Bewohners der westlichen Industrienationen im Mittel 2,4 mSv/a, woraus ungefähr $3,5 \cdot 10^{16}$ Ionisationen hervorgehen. Die daraus entstehenden Strahlenschäden werden vom menschlichen Körper meist ohne weitere Komplikationen repariert. Jedoch bleibt bei jedem Photon das Risiko einer nicht reparablen Entartung. Den Großteil der jährlichen Strahlenexposition für Bewohner der BRD und jeder anderen westlichen Industrienation nimmt die Belastung durch den diagnostischen und interventionellen Einsatz von Röntgenstrahlung ein: "Über die gesamte Population gemittelte effektive Dosis im Jahr 2002 von etwa 2,0 mSv/a" [13], was 83% der Gesamtbelastung entspricht. Insbesondere durch die hohen Durchleuchtungszeiten in der interventionellen Radiologie kommen hohe effektive Dosiswerte zustande. So wird der Patient durch eine 30-minütige intraoperative Durchleuchtung bereits mit einer Dosis von 30mSv belastet und die dabei entstehende Streustrahlung ist die Hauptbelastungsquelle für das im OP arbeitende Personal.

Ein direkter Nachweis eines Zusammenhanges zwischen Strahlenbelastung im OP und krankhaften Veränderungen des Körpers ist allerdings schwer zu erbringen. Dieses ist hauptsächlich durch die stochastische Natur der Strahlungsfolgen in den im OP auftretenden Dosisbereichen begründet. Es ist somit ebenfalls diffizil, konkrete Häufigkeiten für die durch Strahlung im OP induzierten Körperschädigungen innerhalb der betroffenen Berufsgruppen anzugeben. Nach [24] und [6] kann es jedoch als statistisch gesichert angesehen werden, dass die Inzidenz von Schilddrüsenkarzinomen durch eine jährliche Strahlenexposition von mehr als 65 µSv steigt. Laut Messungen von Fuchs et al. [6] wird diese Dosis bereits bei einigen operativen Eingriffen überschritten, wodurch eine konkrete gesundheitliche Gefährdung des Personals gegeben ist. Des Weiteren reagiert die beim OP-Personal meist ungeschützte Augenlinse empfindlich auf hochenergetische Strahlung. Hier kann bereits eine Bestrahlung der Linse mit kleinsten Strahlendosen über Jahre hinweg einen Strahlenstar auslösen, welcher im fortgeschrittenen Stadium nicht mehr vom senilen Katarakt unterschieden werden kann [6].

Obwohl nach den Messungen von Fuchs et al. die gesetzlichen Dosis-Grenzwerte bei den untersuchten Behandlungsarten für den Chirurgen im OP nicht überschritten wurden, kann aufgrund des stochastischen Strahlenschadens und den weitgehend unerforschten Langzeitfolgen von Strahleneinwirkungen mit geringer Dosis trotzdem eine gesundheitliche Schädigung durch die im OP auftretende Streustrahlung nicht ausgeschlossen werden. Aufgrund dieser Tatsache sollte jede unnötige Strahlenbelastung für das Personal, vor allem im Schilddrüsen-, Augen- und Keimzellenbereich, möglichst vermieden werden.

2.1.4 Mobile Röntgengeräte

Um bei operativen Eingriffen Röntgenbilder vom narkotisierten Patienten zur Unterstützung, Kontrolle und Dokumentation des chirurgischen Vorgehens machen zu können, ist ein Röntgengerät notwendig, welches in jede Ausrichtung um den meist statisch gelagerten Patienten positioniert werden kann. Bereits in den 30er Jahren des zwanzigsten Jahrhunderts wurde die von der Firma Siemens entwickelte Röntgenkugel als mobiles Röntgengerät während Operationen für diese Zwecke eingesetzt. Bei diesem Gerät und allen anderen Geräten, die kein elektronisches Bilderzeugungsverfahren verwenden, wurden Röntgenplatten unter oder neben den Patienten gelegt. Aus diesen gewann man nach fototechnischer Entwicklung anschließend das gewünschte Röntgenbild. Im Jahre 1955 führte die Firma Phillips den Röntgenbildverstärker, auch kurz Bildverstärker oder BV, ein [25,26]. Durch diese Technik ist es seither möglich, auf einem Bildschirm sofort ein Röntgenbild zu erhalten. Seit Mitte der 60er Jahre sind mobile Röntgengeräte mit Bildverstärker und angeschlossener Anzeigeeinheit in der Konstruktionsform des sogenannten C-Bogens, auch mobiler Bildverstärker genannt, in der Unfall-Diagnostik, Chirurgie und Orthopädie im Einsatz (siehe Abbildung 20). Da diese Variante der mobilen Röntgengeräte heutzutage die am weitesten verbreitete im OP-Bereich ist und sie somit die häufigste Quelle der Streustrahlenbelastung für das Personal darstellt, soll im Folgenden genauer auf ihren Aufbau eingegangen werden.

Beim C-Bogen Typ von mobilen Röntgengeräten sind die Röntgenröhre und der Bildverstärker diametral an einer metallischen C-Konstruktion angebracht (siehe Abbildung 21). Die C-Konstruktion ist in 2 Achsen schwenkbar an einem horizontalen Ausleger befestigt. Dieser Ausleger kann in die Vorwärts- und Rückwärtsrichtung bewegt sowie um die senkrechte Achse geschwenkt werden. Über eine vertikale Hubvorrichtung ist der Ausleger mit dem fahrbaren Steuerungswagen des C-Bogens verbunden. Aus dieser Konstruktion ergeben sich 7 Bewegungsmöglichkeiten zur Positionierung des Strahlenganges im Raum (vgl. Abbildung 21). Über ein Versorgungs- und Datenkabel ist der C-Bogen mit einem Monitorwagen verbunden. Dieser verfügt meist über 2 Monitore zur

Darstellung der Röntgenbilder, sowie einem Rechnersystem zur Bildverarbeitung und -archivierung.

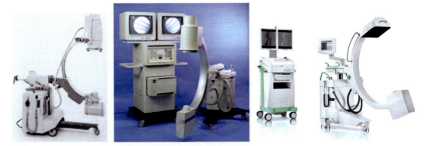

Abbildung 20: Varianten von verschiedenen C-Bögen. Von links nach rechts: Siemens System Siremobil (ab 1965), Philips BV-25 (ca. 1983), Ziehm Vision FD (ab 2007) [27, 28, 29]

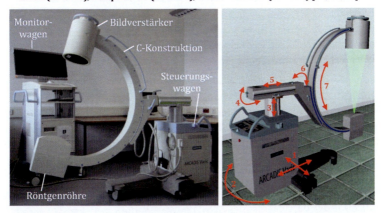

Abbildung 21: Bestandteile eines C-Bogens (Siemens Arcadis Varic) und schematische Darstellung seiner Bewegungsmöglichkeiten mit eingeblendetem kegelförmigem Hauptstrahlengang (grün). Bewegungsrichtungen: 1 Verschiebung Steuerungswagen, 2 Drehung Steuerungswagen, 3 vertikaler Hub, 4 Schwenk horizontaler Aufleger, 5 Verschiebung horizontaler Aufleger, 6 seitliches Kippen C-Konstruktion, 7 Orbitalbewegung C-Konstruktion

Am unteren Teil der C-Konstruktion befindet sich die Röntgenröhre, welche die von ihr erzeugten Röntgenstrahlen in einem kegelförmigen Hauptstrahlengang in Richtung des Bildverstärkers aussendet (vgl. Kapitel 2.1.1.3). Zur Eingrenzung des Hauptstrahlenganges auf einen Bereich von Interesse besitzen die meisten C-Bögen Blenden aus Strahlen abschwächendem Material (z. B. Iris- und Schlitzblende). Durch Einfahren dieser Blenden kann die Strahlenbelastung verringert und die Bildqualität im ausgewählten Bereich verbessert werden. Die Blenden befinden sich meist direkt hinter dem Strahlenaustrittsfenster der Röntgenröhre und sind über ein Bedienfeld am Steuerwagen des C-Bogens einstellbar. Die Ausbreitung der Streustrahlung im Raum ist unter anderem von den Einstellungen der Blenden abhängig.

Am Bedienfeld des Steuerwagens bestehen im Regelfall noch weitere Einstellungsmöglichkeiten für die Parameter der Röntgenröhre:

- Röhrenspannung,
- Röhrenstrom,
- Betriebsarten und meist auch
- die Steuerung für die automatische Dosisleistungsregelung (ADR).

Bei der automatischen Dosisleistungsregelung versucht ein Regelkreis über die Steuerung der Röhrenspannung und des Röhrenstromes, die Dosisleistung der aus dem Patienten austretenden Strahlen und somit die allgemeine Helligkeit des entstehenden Röntgenbildes für eine optimale Begutachtung konstant zu halten. Diese Automatik ist laut Röntgenverordnung (RöV) §26 [14] für alle aktuellen Röntgengeräte vorgeschrieben. Ist strahlenundurchlässiges Material, z. B. metallische Implantate, Operationsbesteck oder Strahlenschutzhandschuhe, im Strahlengang, versucht die ADR zum Helligkeitsausgleich diese Objekte zu durchstrahlen. Dieses führt zu einem starken Anstieg der Strahlenintensität sowie der Streustrahlenbelastung und muss vom bedienenden Personal in entsprechenden Situationen berücksichtigt werden.

Aktuelle C-Bögen verfügen meist über verschiedene Betriebsarten für die Erstellung der Röntgenbilder. Zu diesen zählen Einzelbild, gepulste Durchleuchtung und kontinuierliche Durchleuchtung. Sie unterscheiden sich hauptsächlich durch die Anzahl der Aufnahmepulse pro Zeiteinheit. So wird bei aktiver Durchleuchtung permanent eine gewisse Anzahl von Aufnahmen pro Minute erstellt – bei kontinuierlicher Durchleuchtung mehr als bei gepulster Durchleuchtung, wodurch eine höhere Strahlenbelastung resultiert – und beim Einzelbildverfahren jeweils nur eins pro Auslösung.

Der Abstand vom Fokus der Röntgenquelle zum Bildverstärker (Fokus-Bildverstärker-Abstand) sowie der Durchmesser des Bildverstärkers variiert zwischen den verschiedenen C-Bogen Modellen der unterschiedlichen Hersteller. Je nach Ausprägung dieser geometrischen Daten des C-Bogens wird der Hauptstrahlengang des Röntgengerätes ausgerichtet. Somit variiert auch das resultierende Röntgenbild in seiner Schärfe und der dargestellten Objekte basierend auf den Projektionsgesetzen durch die unterschiedlichen Abstands- und Durchmesserwerte, wodurch wiederum die Ausprägung des Streustrahlenfeldes beeinflusst wird.

Viele C-Bogen Modelle verfügen des Weiteren über die Funktion der sogenannten „elektronischen Lupe", bei welcher der Hauptstrahlengang zusätzlich auf einen kleineren Bereich in der Mitte des Bildverstärkers fokussiert werden kann. Durch diese Technik, die bei Bildverstärkern mit Röhrentechnik (siehe [2]) eingesetzt wird, ist eine Bildvergrößerung ohne Auflösungsverlust erzielbar. Jedoch geht diese Vergrößerung durch die Verschmälerung des Hauptstrahlenkegels auch mit einer Steigerung der Strahlendosis für den Patienten, bis zu einer Vervielfachung mit dem Faktor 3,5 [13], und einer Veränderung der entstehenden Streustrahlung einher [30].

Der gegenüber der Röntgenröhre an der C-Konstruktion angebrachte Bildverstärker ist bei C-Bögen für die Messung der Strahlungswerte und somit für die Bilderzeugung verantwortlich. Seit Anfang 2000 wird für diese Messungen die digitale Flächendetektorradiografie (DR) eingesetzt [15], welche die Röntgenfernsehkette mit Analog-Digitalwandler (genauere Beschreibung siehe [2]) in der Praxis ablöst. Bei der DR existieren derzeit zwei verschiedene Varianten der Detektortechnologie:

- Die indirekte Messung der Strahlenintensität über einen Szintillator und lichtempfindliche Fotodioden und
- die direkte Messung der Röntgenstrahlen durch einen selenbasierten Detektor [15].

Bei der Variante der indirekten Messung trifft die zu messende Röntgenstrahlung auf einen Szintillator und regt in der kristallinen Struktur Atome an. Beim Rückfall der Atome in ihren Ausgangszustand emittieren diese sichtbares Licht, welches an eine angrenzende Detektorschicht weitergeleitet wird. Die Detektorschicht ist als Matrix aus Photodioden aufgebaut, die Lichtimpulse des Szintillators registrieren und in elektrische Signale umwandeln. Aus der Gesamtheit der gemessenen Lichtimpulse pro Photodiode über die gesamte Matrix resultiert die Grundlage für das Röntgenbild. Je nach Abmessung der Photodioden und deren Anzahl in der Matrix variieren die Auflösung des Bildverstärkers und seine Ausmaße.

Bei der zweiten direkten Variante der Messung erfolgt die Umwandlung der Röntgenstrahlung in ein messbares elektrisches Signal, ohne den Umweg über die Lichterzeugung, direkt in einer auf Selen basierenden Halbleiterschicht [31].

Beide Detektorvarianten generieren eine Matrix von Messwerten, aus welcher nach verschiedenen Aufbereitungsschritten und einer Bildoptimierung ein digitales Röntgenbild mit der gleichen Pixel-Auflösung wie die Detektormatrix gewonnen wird. Diese Optimierungsschritte gehören zu den größten Vorteilen der digitalen Röntgenverfahren. Sie können z. B. die Erzeugung von über oder unterbelichteten Röntgenbildern minimieren, gewisse Strukturen durch nachträgliches Scharfzeichnen oder Kantenanhebungen besser darstellen und ermöglichen erst die Erstellung von Digitalen Subtraktionsröntgenbildern (z. B. bei der Digitalen Subtraktionsangiografie).

Bedingt durch die Streuung der Röntgenstrahlung aufgrund der bereits beschriebenen Interaktionen in der durchstrahlten Materie treffen Röntgenstrahlen auf den Bildverstärker, welche von ihrer direkten Bewegungsrichtung abgelenkt wurden. Dieses führt zu einer Kontrastminderung im erzeugten Röntgenbild durch eine Überlagerung der Streu- und nicht absorbierten Primärstrahlung. Zur Verringerung des Streuanteils im Röntgenbild und der daraus resultierenden Verbesserung der Bildqualität werden Streustrahlenraster eingesetzt. Diese Raster, welche aus dünnen strahlenundurchlässigen Lamellen bestehen, werden dem Röntgenfilm bzw. dem Bildverstärker vorgelagert. Die Lamellen sind in einem bestimmten Abstand und einer bestimmten Ausrichtung (fokussiert divergente Anordnung siehe Abbildung 22) in einem strahlendurchlässigen Material eingebettet. Diese Konstruktion führt dazu, dass die Primärstrahlung die Schächte zwischen den Lamellen passieren und auf die Bildebene treffen kann aber andererseits die gestreute Strahlung von den Lamellen absorbiert bzw. abgeschwächt wird (siehe Abbildung 22).

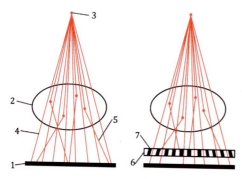

1 Bildebene (BV oder Film)
2 Objekt / Patient
3 Strahlungsquelle
4 Primärstrahlung
5 Streustrahlung
6 Streustrahlenraster
7 Fokussierte divergente Lamellenanordnung

Abbildung 22: Verringerung des Streustrahlenanteils auf der Bildebene durch den Einsatz eines Streustrahlenrasters. Die Neigung der Lamellen des Rasters stimmt mit der Divergenz der Primärstrahlung überein

Über die Angabe von rasterspezifischen Konstruktionsfaktoren kann man die Wirksamkeit eines Streustrahlenrasters definieren. Hierzu zählen z. B. die Anzahl der Absorberlamellen pro Zentimeter Rasterebene (Linienzahl) und das Verhältnis von Lamellenhöhe zu Lamellenabstand (Schachtverhältnis). Obwohl das Material zwischen den Lamellen sehr strahlendurchlässig ist, wird dadurch und aufgrund der Abschattung durch die Lamellendicke die auf die Bildebene gelangende Primärstrahlung geschwächt. Bei den meisten Rastern liegt eine Primärstrahlendurchlässigkeit von 60-70% vor [2,15]. Dies führt dazu, dass beim Einsatz von Streustrahlenrastern die Belichtungszeiten verlängert werden müssen, um ein Röntgenbild mit gleicher Helligkeit jedoch besserem Kontrast zu erhalten wie ohne Raster. Sofern dieser Helligkeitsverlust nicht über eine nachgeschaltete digitale Bildoptimierung ausgeglichen werden kann, führt die verlängerte Belichtungszeit zu einer Steigerung der Streustrahlenbelastung im Untersuchungsumfeld.

2.2 Strahlenschutz

Aufgrund möglicher negativer Wirkungen durch ionisierende Strahlung ist es notwendig, sowohl Patienten als auch Personal vor unnötiger Strahlenbelastung zu schützen und, wo dies nicht möglich ist, zumindest die berufliche und diagnostische Belastung durch Strahlung zu minimieren. Alle Maßnahmen, die man hierbei zum Schutz von Mensch und Umwelt vor der schädlichen Wirkung ionisierender Strahlung ergreift, werden durch den Oberbegriff des Strahlenschutzes zusammengefasst. In Deutschland, der Europäischen Union und in vielen weiteren Ländern existieren eine Reihe von Gesetzen, Verordnungen und Richtlinien, um den Strahlenschutz bei Einsatz von künstlichen Strahlungsquellen zu regeln. Im Folgenden sollen Regelungen für den Einsatz von Röntgenstrahlern in der Medizin im Geltungsbereich der Bundesrepublik Deutschland vorgestellt werden. Hierbei liegt der Fokus auf einer Beschreibung der Maßnahmen zum Strahlenschutz bei der intraoperativen Röntgenbilderzeugung.

2.2.1 Gesetzliche Grundlagen

Die gesetzliche Grundlage des Strahlenschutzes in Deutschland bildet das "Gesetz über die friedliche Verwendung der Kernenergie und den Schutz gegen ihre Gefahren" vom 23.12.1959 (Atomgesetz: AtG) [13]. Dieses Gesetz wird durch zahlreiche Rechtsverordnungen konkretisiert, die zum Schutz der Bevölkerung, der Umwelt und Sachgüter vor den Gefahren durch künstliche Quellen ionisierender Strahlung erlassen wurden.

Zu den wichtigsten Verordnungen im zivilen Bereich zählen die Strahlenschutzverordnung (StrlSchV) [32] und die Röntgenverordnung (RöV) [14]. Beide Verordnungen enthalten Regelungen für den Umgang und den Verkehr mit radioaktiven Stoffen, den Betrieb von Anlagen zur Erzeugung von ionisierender Strahlung und den Betrieb von Störstrahlern. Für Röntgeneinrichtungen und Störstrahlen, welche Strahlungen im Energiespektrum von 5 keV bis 1 MeV erzeugen, ist in diesem Kontext die in der geänderten Fassung von 1987 und 1990 seit dem 01.07.2001 in Kraft getretene RöV gültig. Hierdurch sind für die Anwendung von Röntgenstrahlung im medizinischen Sektor hauptsächlich und im Bereich der diagnostischen Radiologie ausschließlich die Regelungen der RöV gültig.

Neben diesen Gesetzen und Verordnungen existieren nationale Richtlinien die ein einheitliches Vorgehen der Behörden und Verwaltungen erleichtern sollen. Hierzu zählt z. B. die Richtlinie "Strahlenschutz in der Medizin" [33] bezüglich der erforderlichen Fachkunde und Kenntnisse bei der Anwendung von Röntgenstrahlung beim Menschen. Diese beschreibt unter anderem, wie die in der RöV geforderten Strahlenschutzkurse durchzuführen sind (siehe auch Kapitel 2.2.2.2).

Verschiedene Normierungsgremien, nationale und internationale wissenschaftliche Fachgremien sowie nationale Fachgesellschaften arbeiten zusätzlich zu den gesetzlichen Regelungen teilweise länderübergreifende Normen, Richtlinien, Empfehlungen und Reports aus. Diese sind zwar nicht rechtsverbindlich, dienen jedoch als wissenschaftliche Grundlage für die Ausarbeitung von Gesetzen, untermauern fachliche Gutachten bei Rechtsstreitigkeiten oder werden als informative Hilfe für die praktische Arbeit benutzt. [13]

2.2.2 Strahlenschutzmaßnahmen

Die aus der RöV für den medizinischen Einsatz von Röntgenstrahlung am Menschen resultierenden Maßnahmen für den Strahlenschutz sollen in folgenden Unterkapiteln genauer beleuchtet werden.

2.2.2.1 Strahlenschutzverantwortlicher und -beauftragter

Nach §13 der RöV ist jeder der eine genehmigungspflichtige Röntgeneinrichtung oder einen Störstrahler betreibt der Strahlenschutzverantwortliche für diese Anlage. Die Aufgabe des Strahlenschutzverantwortlichen nach §15 der RöV ist, "unter Beachtung des Standes der Technik [...] zum Schutz Einzelner und der Allgemeinheit dafür zu sorgen, dass alle einschlägigen Schutzvorschriften" [13] der RöV eingehalten werden. Hierzu zählen z. B. die Bereitstellung von geeigneten Räumlichkeiten, Schutzvorrichtungen und -ausrüstungen sowie die Berufung von einem oder mehreren Strahlenschutzbeauftragten innerhalb des Betriebes. Die Pflichten dieses Strahlenschutzbeauftragen finden sich im gleichen Paragrafen (§15) der RöV wieder, wie die des Strahlenschutzverantwortlichen [13]. Der Strahlenschutzbeauftragte, welcher nicht weisungsgebunden ist, sondern direkt den Vorschriften der RöV unterliegt, ist somit wesentlich für die Minimierung der Strahlenbelastung bzw. Einhaltung der maximal zulässigen Strahlenexpositionen der Anwender verantwortlich. [13]

2.2.2.2 Fachkunde im Strahlenschutz

In der RöV wird in §§23-25 ausführlich die Anwendung von Röntgenstrahlung am Menschen geregelt und hierbei auch für das ausführende medizinisch ausgebildete Personal die Fachkunde im Strahlenschutz gefordert. Nach der Verordnung besteht diese Fachkunde aus drei Teilen:

- einer geeigneten Berufsausbildung,
- praktischer Erfahrung im entsprechenden Tätigkeitsfeld (Sachkunde) und
- Strahlenschutzkenntnissen vermittelt durch Kurse.

Zu den anerkannten Ausbildungen für das Erlangen der Fachkunde im Strahlenschutz zählen die Approbation als Arzt, das Physikexamen, das Staatsexamen für Medizinisch-technische Radiologieassistenten (MTRA) sowie sonstige medizinische Ausbildungen. Praktische Erfahrungen im Bereich der Radiologie sind z. B. bei Ärzten zu dokumentieren und zu testieren. Weitere Anforderungen für andere betroffene Berufsgruppen bezüglich der praktischen Erfahrungen sind in der Richtlinie "Strahlenschutz in der Medizin" [33] detailliert beschrieben. Die von der Verordnung geforderten Strahlenschutzkenntnisse sollen durch die Teilnahme an anerkannten Strahlenschutzkursen vermittelt werden. Der Inhalt dieser Kurse ist ebenfalls durch die Richtlinie "Strahlenschutz in der Medizin" [33] festgelegt. Die laut Verordnung und Richtlinie zu absolvierenden Kurse sind je nach Beruf und Einsatzbereich unterschiedlich. So existieren z. B. ein Kenntniskurs, welcher am Ort der praktischen Tätigkeit durchgeführt wird, ein Grundkurs, ein Spezialkurs sowie weitere Kurse je nach Anwendungsgebiet. Besonders der Strahlenschutzkurs für das interventionelle Röntgen ist für die in dieser Arbeit entwickelten Ansätze von Interesse. Die durch Kurse erlangte Fachkunde muss laut Verordnung alle 5 Jahre durch eine erfolgreiche Teilnahme an anerkannten Auffrischungskursen ("Refresherkurse") aktualisiert werden. Die Inhalte dieser Kurse sind in einer gesonderten

Richtlinie festgelegt: der Richtlinie zur Fachkunde für die Anwendung von Röntgenstrahlung am Menschen. [13]

2.2.2.3 Strahlenschutzbereiche und bauliche Maßnahmen

Durch Fachkunde im Strahlenschutz und durch korrektes Verhalten und Handhabung der Röntgeneinrichtungen und Störstrahler kann zwar die Belastung durch Strahlung gering gehalten, jedoch nicht komplett eliminiert werden. Zur besseren Organisation und Verwaltbarkeit der somit auftretenden Gefahrenbereiche sind daher in der RöV bestimmte Gebiete von unterschiedlicher Strahlenbelastung zu sogenannten Strahlenschutzbereichen zusammengefasst. Nach den §§19-20 der RöV ist ein solcher Strahlenschutzbereich definiert als "räumlicher Bereich, in denen entweder eine bestimmte Ortsdosisleistung überschritten wird, oder in denen Personen beim Aufenthalt bestimmte Körperdosen erhalten können" [13]. In der Verordnung unterscheidet man hierbei zwei Strahlenschutzbereichen in der medizinischen Anwendung:

- dem Überwachungsbereich und
- dem Kontrollbereich.

Neben den gesetzlichen Grenzwerten für die Einteilung der Strahlenschutzbereiche schreibt die RöV auch Grenzwerte für die individuelle Strahlenbelastung von beruflich strahlenexponierten Personen vor, um die Gefahr der stochastischen Strahlenwirkungen auf ein vertretbares Maß zu beschränken. Seit 2001 ist nach §31 der RöV ein Grenzwert von 20 mSv Effektiver Dosis pro Jahr bei beruflicher Strahlenexposition und 1 mSv Effektive Dosis pro Jahr bei bestimmten Einzelpersonen der Bevölkerung (Jugendliche oder Schwangere) maßgeblich. Des Weiteren wird in der Verordnung eine Berufslebensdosis von 400 mSv bezogen auf 40 Jahre festgelegt (§31b). Diese Grenzwerte definieren nicht die Grenze zwischen gefährlicher und ungefährlicher Strahlenexpositionen, sondern sind nur Orientierungshilfen für „wissenschaftlich und gesellschaftlich anerkannte Beeinträchtigungen von Mitgliedern der Gesellschaft durch die Folgen des Umgangs mit ionisierender Strahlung" [13]. In diesem Zusammenhang soll hier ein Stichwort der derzeitigen internationalen Strahlenschutzphilosophie genannt werden, welches die Abwägung wirtschaftlicher, technischer und sozialer Argumente umschreibt und als Maßstab für einen sinnvollen Umgang mit Röntgenstrahlung angesehen werden kann: das ALARA-Prinzip (as low as reasonably achievable). [13]

2.2.2.4 Strahlenschutzkleidung und Strahlenabschirmungen

Sofern sich Personal innerhalb des Kontrollbereichs und somit innerhalb der baulichen Strahlenschutzmaßnahmen aufhält, sollte es zur Minimierung der eigenen Strahlenexposition

- die Aufenthaltsdauer im Kontrollbereich gering halten,
- den Abstand zwischen sich und der Strahlenquelle möglichst groß wählen

- sowie abschirmende Maßnahmen ergreifen.

Diese drei Grundregeln des praktischen Strahlenschutzes werden auch mit "AAA" bezeichnet.

Die Strahlenabschirmungen, welche das Personal zum Schutz für sich und den Patienten möglichst einsetzen sollte, können ortsfest oder ortsveränderlich gestaltet sein. Zu den ortsfesten zählt z. B. das Strahlenschutzgehäuse an stationären Röntgenanlagen oder andere bautechnische Maßnahmen. Ortsveränderliche Strahlenabschirmungen werden auch als Strahlenschutzzubehör bezeichnet und z. B. bei der intraoperativen Durchleuchtung verwendet. Zu ihnen zählen Strahlenschutzkleidungen wie Bleischürzen, Bleihandschuhe, Schutzbrillen, Gonadenabdeckungen und Halsmanschetten (siehe auch Abbildung 23) sowie Strahlenschutzwände, Strahlenschutzkanzeln und Strahlenschutzvorhänge.

Abbildung 23: Beispiele für Strahlenschutzzubehör (Firma Siemens Medical). Von links oben nach rechts unten: Bleischürzen, Halsmanschette, Bleiglasbrille, Bleihandschuhe, Gonadenabdeckungen, fahrbare Strahlenschutzwand [34]

Die Abschirmungsfähigkeit und Funktion der Strahlenschutzkleidung für beruflich strahlenexponiertes Personal sowie für den Patienten ist in den Ausführungsbestimmungen nach DIN EN 6133-1 zum §15 der RöV festgelegt [13]. Aus diesen Bestimmungen geht hervor, dass Bleischürzen für das Personal auf der Vorderseite einen bleiäquivalenten Schutz von 0,35 mm und auf der strahlenabgewandten Seite von 0,25 mm aufzuweisen haben. Weitere Bleigleichwerte für Strahlenschutzzubehör sind in den entsprechenden Normen zu finden (DIN EN 6133-1).

Um die Funktionsfähigkeit der Schutzkleidung permanent überwachen zu können und zur Dokumentation der persönlichen Strahlenexposition, ist das Personal verpflichtet unter der Schutzkleidung Dosimeter zu tragen. Diese Messgeräte werden in definierten Abständen ausgewertet. Die hieraus resultierenden Daten der Personendosimetrie bilden ein Maß für die korrekte Ausführung aller Strahlenschutzmaßnahmen und werden für die vorgeschriebenen Dokumentations- und Überwachungspflichten verwendet.

2.3 Grafische Darstellungen von Bereichen gleicher Dosis

Durch Messungen der Ortsdosen an verschiedenen Punkten in der Umgebung des Röntgenstrahlers können Daten über den Weg des Primärstrahlenganges und über die Ausbreitung der Streustrahlung bei eingeschalteter Röntgenquelle praktisch ermittelt werden. Je nach Verteilung der Messgeräte im Röntgenraum wird hierdurch eine spezielle Momentaufnahme der räumlichen Strahlungsverteilung erzeugt. Die Ausbreitung der Strahlung in einem individuellen Patienten kann im Vergleich zur Strahlungsverteilung im Raum nur aus Messreihen basierend auf Versuchen mit menschenähnlichen Phantomen oder basierend auf Computersimulationen (siehe auch Kapitel 2.5) antizipiert werden.

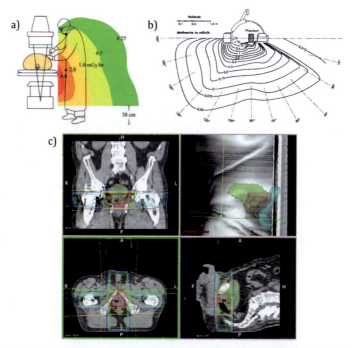

Abbildung 24: Beispiele für Isodosenkurven; a: Streustrahlungsbelastungen bei der Durchleuchtung der Leber (33mGy/min am Phantom durch Primärstrahlung) [35], b: Streustrahlung beim C-Bogen bei Durchleuchtung eines Phantoms, Primärstrahlung nicht bekannt [36], c: Simulierte Isodosenkurven basierend auf CT-Datensatz für die Planung einer 3D-konformalen Bestrahlung der Prostata [37]

Für die bessere Auswertbarkeit der Mess- bzw. Simulationsdaten vom menschlichen Betrachter werden die Dosiswerte im Raum meist durch Isodosenkurven dargestellt. Isodosenkurven oder auch kurz Isodosen sind eine spezielle Form von Isolinien, welche Orte von gleicher Energiedosis in einer Ebene durch Linienzüge verbinden (siehe Abbildung 24). Auf diese Art und Weise zeigen Isodosen ein Schnittbild der Strahlungssituation für eine gewisse Zeitspanne. Die Dosiswerte, welche die Isodosenkurven darstellen, können bei dieser grafischen Darlegungsform der Strahlungsverteilung in Textform direkt an der Linie vermerkt sein oder über die Farbe der Linie codiert werden. Bei der computerbasierten Strahlungssimulation unter Verwendung von CT-Datensätzen, welche in der Radioonkologie zur Planung der Bestrahlungsrichtungen und Strahlenintensitäten häufig Einsatz findet, kann man Isodosenkurven für beliebige Schnittebenen durch das Simulationsvolumen erzeugen (siehe Abbildung 24 c). Aufgrund der vergleichbaren Darstellungsform der Isodosenkurven zu Landschafts- oder Wetterkarten mit anderen Varianten von Isolinien (Isohypse und Isobare) ist der Informationsgehalt des Diagramms für den Betrachter intuitiv erfassbar. Hierdurch würde sich diese Darstellungsform auch für die Strahlenschutzausbildung zur Visualisierung der Streustrahlenverteilung anbieten. Jedoch ist mit Isodosen eine Darstellung der kompletten räumlichen Dosisverteilung nur schwer möglich.

2.4 Computer Based Training

Computer Based Training (CBT) bzw. computerunterstütztes Lernen beschreibt eine spezielle Form des Lernens und Trainierens von Sachverhalten oder Handlungsweisen unter Zuhilfenahme von Rechnersystemen, welche eine Ergänzung zu den traditionellen Lehr- und Lernmitteln darstellt. Ein CBT-System kann aus einer Zusammenstellung von teilweise interaktiven, elektronischen Dokumenten oder einer eigenständigen Softwarekomponente bestehen, welche durch weiteres Zubehör zu einer der Realität angenäherten Simulationsumgebung erweitert werden kann (z. B. Operationssimulator).

Je nach Interaktionsgrad kann man so verschiedene Varianten von CBT-Systemen unterscheiden:

- Präsentationssysteme,
- Tutorielle Systeme und
- Simulationssysteme.

Präsentationssysteme haben hierbei den geringsten Grad an Interaktivität. Mit ihnen hat der Lernende die Möglichkeit, mit einer fest definierten Menge an evtl. multimedial angereicherten (z. B. Video, Ton oder dynamische Diagramme) und verlinkten Dokumenten den zu lernenden Sachverhalt zu erfahren. Tutorielle Systeme fügen diesem Konzept noch die Möglichkeit hinzu, dass der Lernende basierend auf gestellten Fragen und Aufgaben Eingaben in das CBT-System tätigen kann, welche dann von diesem bewertet und evtl. korrigiert werden. Den höchsten Grad an Interaktivität bei CBT-Systemen bieten die Simulationssysteme. Je nach Simulationsgenauigkeit hat der Lernende bei dieser Systemvariante die Möglichkeit, für die Erreichung eines Aufgabenzieles aus der Realität abgebildete Abläufe und Tätigkeiten direkt zu beeinflussen und zu steuern. Ein häufiges Konzept von CBT-Systemen ist die aufgabenbasierte Vermittlung der zu lernenden Sachverhalte.

Bereits in den 70er Jahren wurden Computersysteme eingesetzt, um die Lehre in vielen Bereichen zu unterstützen [38] und CBT-Systeme sind auch heute noch ein viel diskutiertes Thema. Im Bereich der Medizin finden verschiedene Varianten von CBT-Systemen Anwendung zur Ausbildung von Studenten und zur Weiterbildung des Personals. In diesem Kontext werden der Nutzen und die Zukunft dieser Systeme immer wieder diskutiert und die verschiedenen Ansätze evaluiert (siehe z. B. [39-45]). Wie auch andere identifizierten hierbei Maleck et al. in ihrer Arbeit als potenziellen Erfolgsfaktor beim Lernen mit CBT-Systemen die bereits oben erwähnte Interaktivität [41].

Auch im Bereich der diagnostischen und praktischen radiologischen Aus- und Weiterbildung finden viele Systeme für das computerunterstützte Lernen Anwendung. Die meisten konzentrieren sich hierbei auf durch den Lernenden zu bewertende Fallbeispiele sowie Wissenszusammenstellungen und in diesem Kontext häufig auf den Spezialfall des webbasierten Lernens [46-48]. Hierbei werden im Wesentlichen für studentische Kurse die Lehrinhalte zusätzlich durch Internetseiten ergänzt. Im Vergleich zu der Anzahl derartiger CBT-Systeme ist die Anzahl der simulationsbasierten CBT-Systeme im Bereich der Radiologie eher gering. Als Beispiele für simulationsbasierte CBT-Systeme in der Radiologie können hier folgende Programme und Projekte genannt werden:

- Training der Einstellung stationärer Röntgengeräte: ProjectionVR, LectureVR und TechnicVR der Firma Shaderware Limited [49] (derzeit wird Lernerfolg in klinischer Studie überprüft [50])
- Training für die interventionelle Kardiografie: NeuroCath [51], ICTS [52], CathI [53] sowie die Arbeiten von Wang et al. [54-55]
- Training der Einstellung eines chirurgischen Bildverstärkers: virtX (genauere Beschreibung siehe Kapitel 4)

```
(computer based training OR
 CBT OR
 e-Learning OR
 computer learning)

AND

(radiation protection OR
 radiological protection OR
 stray radiation OR
 scattered radiation)
```

Abbildung 25: Suchanfrage der Recherche in den online Literaturdatenbanken

Um herauszufinden, ob interaktive CBT-Systeme existieren, welche für den Einsatz in der Strahlenschutzausbildung eine Komponente zur Simulation der Streustrahlung bereitstellen, wurde eine Recherche in verschiedenen Literaturdatenbanken durchgeführt. Aus den existierenden online verfügbaren Datenbanken wurden hierfür, basierend auf dem untersuchten Themenbereich, PubMed [56], IEEE Xplore [57] und Scopus [58] ausgewählt. In jeder dieser Datenbanken wurde bezüglich des Titels, der Schlagwörter und des Abstracts eine Suchanfrage entsprechend der in Abbildung 25 dargestellten Begriffskombination gestellt.

Entsprechend dieser Anfrage ergab die Suche in den Datenbanken am 30.09.2011 folgende Trefferzahlen: PubMed 32 Dokumente, IEEE Xplore 11 Dokumente und Scopus 63. Nach Sichtung der Titel und Kurzbeschreibungen der Suchergebnisse wurden diejenigen Elemente aus der Ergebnisliste ausgeschlossen, welche entweder nicht in den gesuchten Themenbereich passten, doppelt in den Ergebnislisten der Datenbanken auftauchten oder eigene Veröffentlichungen des Autors waren. Entsprechende Filterung ergab eine Anzahl von 12 verbleibenden Artikeln. Sechs dieser Artikel [48,59-63] befassen sich mit webbasierten Trainingssystemen für medizinisches Personal, in welchen Fakten bezüglich Strahlung und Strahlenschutz mittels verlinkten Texten, Bildern und Videos dargelegt werden. Die restlichen sechs Artikel beschreiben eigenständige Computerprogramme. Zu diesen gehören:

- ein Trainingsprogramm, welches mittels E-Books, einer Bilddatenbank und online Material die allgemeine Ausbildung von medizinischen Physikern unterstützen soll [64],
- ein fallbasiertes Trainingsprogramm mit Referenzliteratur für die Lehre des Schutzes vor ionisierender Strahlung [65],
- ein Programm für die Schulung von zivilen und militärischen Rettungseinheiten bei radioaktiven Unfällen in einer Cave Automatic Virtual Environment (CAVE) [66] sowie
- zwei Programme für das virtuelle Training von korrekten Verhaltensweisen in einem Atomkraftwerk [67-68].

In keinem der gefundenen zwölf Artikel wurde ein Trainingsprogramm beschrieben, welches die im Operationssaal auftretende Strahlenbelastung für die Strahlenschutzausbildung simulieren und visualisieren kann. Daher werden in dieser Arbeit entsprechende Ansätze entwickelt, exemplarisch in das bereits existierende CBT-System virtX integriert sowie evaluiert.

2.5 Methoden zur Simulation der Interaktion von Photonenstrahlung mit Materie

2.5.1 Überblick über Simulationsverfahren

Wie bereits in Kapitel 2.1.2 beschrieben, kann energiereiche elektromagnetische Strahlung Materie ungehindert durchdringen oder durch Interaktionsprozesse mit Atomen der Materie absorbiert oder gestreut werden. Hierdurch ergibt sich ein situativ individuelles Ausbreitungsmuster der Strahlung. Der gesamte Prozess dieser Strahlungsausbreitung in einem Medium wird auch durch den Begriff des Strahlungstransportes umschrieben. Um derartige Strahlungstransporte für spezielle Strahlungsenergien und Medien rechnerbasiert simulierbar zu gestalten, ist ein mathematisches Modell des Strahlungstransportes notwendig. Seit bereits über 50 Jahren sind numerische Methoden zur Lösung des Strahlungstransport-Problems und somit zur Simulation der Ausbreitung der Strahlung und ihrer lokalen Energiedeponierung Gegenstand der Forschung. Aus diesen Bestrebungen resultieren zwei primäre Ansätze, um die Transportprozesse zu modellieren:

- deterministische und
- stochastische Methoden.

Zusätzlich existieren hybride Varianten, welche deterministische und stochastische Modelle kombinieren, um das Gesamtproblem des Strahlungstransportes zu lösen. Auf die zwei primären Ansätze sowie das hybride Modell soll im Folgenden genauer eingegangen werden. [22,69]

2.5.1.1 Deterministische Ansätze

Deterministische Ansätze verwenden zur Simulation des Strahlungstransportes als fundamentales physikalisches Modell meist die Boltzmann Transportgleichung (auch Boltzmann-Gleichung). Diese Differenzialgleichung, welche für Photonen und Elektronen bei der Bestimmung des gekoppelten Elektronen-Photonen-Transports separat formuliert werden kann, beschreibt die statistische Verteilung von Teilchen in einem Medium. Da sie für die rechnerbasierte Lösung des Problems zu komplex und somit nicht praktikabel ist, soll in dieser Arbeit nicht genauer auf sie eingegangen werden. Für eine Herleitung der Gleichung sowie weitere Informationen siehe z. B. [69] oder einschlägige Fachliteratur zur Transporttheorie [70-73]. Aufgrund des Komplexitätsproblems verwenden die meisten deterministischen Ansätze zur numerischen Lösung des Strahlungstransport-Problems diskrete Approximationen der Boltzmann Transportgleichung. Zu den am häufigsten verwendeten Approximationsvarianten gehören:

- die diskrete Ordinaten oder S_N-Methode (engl.: Discrete Ordinates): die Richtungsvariable der Teilchen in der Boltzmann-Gleichung wird durch eine Menge diskreter Teilchenrichtungen bzw. Ordinaten approximiert. Bei kleinen Ordinatenmengen kann diese Methode zu unerwünschten Abweichungen führen, den sogenannten ray effects. Als Beispiel eines Code-Systems, welches die diskrete Ordinatenmethode zur Simulation des Neutronen- und Photonentransports in ein-, zwei- und dreidimensionalen Szenarien einsetzt, kann das am Oak Ridge National Laboratory entwickelt und in Fortran und C geschriebene CCC-0650 DOORS in der Version 3.2. [74] genannt werden. [69]

- die Kugelflächenfunktion oder P_N-Methode (engl.: Spherical Harmonics): Approximation mittels einer endlichen Reihe von Kugelflächenfunktionen. Die P_N-Methode ist im Vergleich zur S_N-Methode rotationsinvariant und führt somit zu keinen ray effects. Jedoch sind die entstehenden Gleichungen für multidimensionale Systeme sehr komplex und numerisch schwer zu handhaben, wodurch diese Methode für die dreidimensionale Simulation des Strahlungstransportes eher ungeeignet ist. [69]

- die vereinfachte P_N- oder SP_N-Methode (engl.: Simplified P_N): ist eine heuristische Vereinfachung der P_N-Methode. Die SP_N-Methode ist weniger rechenintensiv als

S_N- oder vollständige P_N-Methoden. Für die SP_N-Methode existieren des Weiteren noch verschiedene Optimierungsansätze zur schnelleren Lösbarkeit. So beschreiben z. B. Kotiluoto et al. [75] eine erweiterte SP_3-Approximation zur Simulation des gekoppelten Elektronen-Photonen-Transports in dreidimensionalen Objekten. Die SP_N-Methode hat den Nachteil, dass sie nur für optisch dichte sowie homogene Medien ausreichend genaue Simulationsergebnisse liefert. So ist diese Methode für Simulationsszenarien mit häufigen Luft-Materie/Materie-Luft Übergängen ungeeignet. [69,75]

- die Fokker-Planck Gleichung: diese Gleichung wird aus der linearen Boltzmann-Gleichung durch die Einschränkung gewonnen, dass die Streuung vorwärtsgerichtet und der Energieverlust durch die Streuung gering ist. Diese Gleichung ist hauptsächlich für den Elektronentransport einsetzbar und nur als Annäherung für den Photonentransport zu nutzen. Eine weitere Einschränkung ist, wie bei der SP_N-Methode, die steigende Fehlerrate bei inhomogenen Medien. [76]

- die Point-Kernel-Integrationsmethode mit Aufbau-Faktoren (engl. *point-kernel integration method with build-up factors*): bei dieser Methode wird die Ausbreitung der Partikel von der Quelle strahlenförmig angenommen [77]. Durch die Rückverfolgung der Strahlung (engl. *ray tracing*) von einem Raumpunkt zu den einzelnen definierten Raumelementen der Strahlenquelle kann mit Hilfe der linearen Schwächungskoeffizienten (vgl. Kapitel 2.1.2) der passierten Materialien, deren Dicke und den Parametern der Strahlenquelle der ungestreute Partikelfluss für den entsprechenden Raumpunkt bestimmt werden. Zur Berücksichtigung des Streustrahlungsanteils wird ein multiplikatorischer Korrekturfaktor, der sogenannte Aufbau-Faktor, bestimmt. Dieser wird mittels semi-empirischer Relationen, wie der Berger-Formel, der Taylor-Formel oder geometrischer Progression, für jeden Raumpunkt ermittelt [77-79]. Unsicherheiten bei der Bestimmung der Aufbau-Faktoren führen bei der Point-Kernel-Integrationsmethode dazu, dass die Genauigkeit der Berechnung, vor allem in Bezug auf den Streustrahlungsanteil, essenziell limitiert ist [77] und somit die Streustrahlung nicht effektiv simuliert werden kann [80]. Es existieren verschiedene Ansätze, welche diese Nachteile teilweise kompensieren (vgl. [80-83]), jedoch ist diese Simulationsvariante aufgrund dieses Schwachpunktes für die reine Streustrahlensimulation ungeeignet. Des Weiteren kann bei der Point-Kernel-Integrationsmethode nur aufwendig ein Strahlenspektrum für die Strahlenquelle simuliert werden [82]. Als Beispiele für Code-Systeme, welche den Strahlungstransport unter Verwendung des beschriebenen Ansatzes vor allem im Bereich der Abschirmungsberechnung für Kernkraftwerke und Brennelemente einsetzen, sollen folgende genannt werden: RANKERN [84], QAD [85], ISOSHLD [86], MERCURE-3 [87] und MARMER [78].

Bezüglich der genauen Formulierung und der Herleitung der hier aufgelisteten Approximationsvarianten sei ebenfalls auf entsprechende Literatur verwiesen (z. B. [69] und [82]).

Die meisten deterministischen Ansätze liefern bei der zweidimensionalen Simulation des Strahlungstransportes für homogene Medien gute Ergebnisse mit einer geringeren Berechnungszeit als stochastische Ansätze. Jedoch können sie bei dreidimensionalen Simulationsszenarien mit vielen Übergängen zwischen sich stark in der Dichte unterscheidenden Materialien und verschiedenen Strahlenspektren hohe Fehlerraten aufweisen. [75]

2.5.1.2 Stochastische Ansätze (Monte-Carlo-Methode)

Im Gegensatz zu den deterministischen werden bei den stochastischen Ansätzen die physikalischen Prozesse direkt mittels statistischer Methoden (Monte-Carlo-Methoden) modelliert [69]. Hierbei nutzt man die bekannten physikalischen Eigenschaften des streuenden Mediums und der Strahlung, um den Weg (track) von individuellen Photonen oder anderen Teilchen durch einen virtuellen Aufbau von Objekten durch sukzessive Zufallsexperimente zu berechnen. Der Weg ist charakterisiert durch

- Interaktionspunkte, an welchen das Teilchen mit einem etwaigen Energieverlust abgelenkt oder komplett absorbiert bzw. abgebremst wird, sowie
- den Wegstrecken zwischen den Interaktionspunkten.

Für die Modellierung der physikalischen Eigenschaften verwendet man für die relevanten Interaktionsmechanismen eine Zusammenstellung von differenziellen Wirkungsquerschnitten (differential cross section: DCS) (siehe auch Kapitel 2.1.2). Diese Wirkungsquerschnitte bestimmen die Wahrscheinlichkeitsverteilungsfunktionen (probability distribution function: PDF) der Zufallsvariablen, welche den Weg des Photons im Medium bestimmen. Zu den entsprechenden Zufallsvariablen gehören [22]:

- Die durchschnittliche freie Bahn zwischen aufeinanderfolgenden Interaktionen (mean free path: MFP).
- Der Typ der eintretenden Interaktion.
- Der Energieverlust und der Ablenkungswinkel des Teilchens durch eine bestimmte Interaktion, sowie der initiale Zustand von etwaigen sekundären Teilchen.

Sind die PDFs der Zufallsvariablen für die Materialien, Interaktionsmechanismen und Photonenenergien einer angestrebten Simulation festgelegt, wird der zufallsabhängige Weg jedes einzelnen Partikels im Medium bis zu seiner vollständigen Absorption durch wiederholtes Würfeln von Zufallszahlen und Auswählen der assoziierten Aktionen aus den PDFs bestimmt. Durch den Einsatz von geeigneten Methoden zur Stichprobenentnahme und einer genügend großen Anzahl von simulierten Teilchenhistorien ist mit diesem Verfahren eine quantitative Aussage über den Strahlungstransportprozess durch eine Mittelung über die simulierten Wege möglich. Durch diese Art der Approximation ist auch eine Simulation des Strahlungstransportes für dreidimensionale Objekte mit komplexer Geometrie und häufigen Dichteunterschieden, welche durch deterministische

Ansätze nur schwer erreicht werden kann, durchführbar. Um bei einer auf Monte-Carlo-Methoden basierten Simulation die statistische Unsicherheit zu verringern, sind große Anzahlen von simulierten Historien nötig (nach [11] z. B. $5 \cdot 10^8$ Photonenpfade). Dieses führt bei sequenzieller Ausführung zu einer langen Berechnungszeit. Bei gewissen Simulationsszenarien kann die Berechnungszeit durch die Verwendung von speziellen Techniken der Varianzreduktion verkürzt werden (z. B. durch splitting und Russian roulette). Für eine ausführliche Beschreibung des Einsatzes von Monte-Carlo-Methoden zur Simulation des Strahlungstransportes, weiterer Varianzreduktionsverfahren sowie der stochastischen Grundlagen von Monte-Carlo-Methoden sei auf entsprechende Fachliteratur verwiesen (z. B. [22,88-90]). [11,22]

Ein großer Teil des Berechnungsaufwandes bei der stochastischen Strahlungstransportsimulation wird neben der Zufallszahlenberechnung auf die Ermittlung der Materialgrenzen, welche vom Teilchenpfad getroffen werden, verwendet. Beim Einsatz von voxelisierten[2] Volumendatensätzen (z. B. CT-Datensätze) im Simulationsaufbau kann hierbei die Anzahl der benötigten Berechnungen eine große Anzahl annehmen. Auf diese Weise müssten bereits bei einem kleinen Simulationsvolumen mit 256^3 Voxeln ca. 16,7 Millionen Objekte als Parameter bei Abgrenzungsberechnung berücksichtigt werde. Zur Optimierung und somit Beschleunigung dieser Berechnung bei voxelisierten Simulationsvolumina existieren bereits verschiedene Ansätze (siehe z. B. [11]).

Nachfolgend sind einige aktuelle Programme und Toolkits aufgelistet, welche Monte-Carlo-Simulationsmethoden zur universellen Berechnung des Strahlungstransportes einsetzen:

- GEANT4 (**Ge**ometry and **T**racking): In C++ geschriebene objektorientierte Klassenbibliothek. Verfügt über die Möglichkeit, komplexe und verschachtelte Objekte (unter anderem auch voxelisierte Volumina) zu modellieren und die Historie der Teilchen sowie den Kontakt mit speziell definierbaren Detektorobjekten zu simulieren. Hierbei berechnet GEANT4 die elektromagnetischen, hadronischen[3] und optischen Prozesse der Teilchen in beliebigen Materialien. Die Energie der simulierten Teilchen kann bei GEANT4 zwischen 250 eV und dem TeV-Energiebereich liegen. Das Toolkit wird von einer weltweiten Kollaboration von Wissenschaftlern entwickelt und kann über die Europäische Organisation für Kernforschung (CERN) kostenfrei bezogen und für wissenschaftliche als auch kommerzielle Zwecke verwendet werden. [91-93]

- MCNP/MCNPX (**M**onte **C**arlo **N**-**P**article Transport Code): Softwarepaket mit dem Neutronen, Photonen, Elektronen und der gekoppelte Transport dieser Teilchen mit Monte-Carlo-Methoden simuliert werden kann. Das vom Los Alamos National

---

[2] Voxelisieren beschreibt die vollständige räumliche Unterteilung eines quaderförmigen Volumens in eine Menge identischer quaderförmiger Subelemente. Diese quaderförmigen Subelemente werden angelehnt an die Bezeichnung Pixel (*picture element*) als Voxel (*volume element*) bezeichnet.
[3] Hadronische Prozesse beschreiben die Wechselwirkungen zwischen Teilchen der Klasse der Hadronen sowie Wechselwirkungen zwischen deren Bestandteilen, den sogenannten Quarks und Gluonen. Neben verschiedenen kurzlebigen Teilchen gehören auch die Nukleonen (Proton, Neutron) zur Klasse der Hadronen. [217]

Laboratory in den USA entwickelte Simulationssystem kann für Neutronen im Energiebereich von 10^{-5} eV bis 20 MeV, für Photonen im Bereich 1 keV bis 100 GeV und für Elektronen im Bereich von 1 keV bis 1 GeV eingesetzt werden. MCNP ist in Fortran 90 und C geschrieben und kann vom Radiation Safety Information Computational Center (RSICC) unter einer strikten Lizenz und Entrichtung einer Schutzgebühr bezogen werden. [88,94]

- EGSnrc (**E**lectron **G**amma **S**hower, **N**ational **R**esearch **C**ouncil of Canada): Codesystem für die Simulation des gekoppelten Elektronen-Photonen-Transports, welches eine Weiterentwicklung des am Stanford Linear Accelerator (SLAC) entwickelten EGS4-Paketes ist. Das System, welches größtenteils in der Fortran Erweiterungssprache Mortran geschrieben ist und seit kurzem eine C++-Klassenbibliothek als Schnittstelle bereitstellt, unterstützt Teilchenenergien von wenigen keV bis mehreren hundert GeV. EGSnrc ist vom Institute for National Measurement Standards des National Research Council Canada für nicht kommerzielle Forschungs- und Lehrprojekte kostenlos zu beziehen. [95-96]

- PENELOPE (**Pen**etration and **E**nergy **Lo**ss of **P**ositrons, **E**lectrons and **P**hotons): An der Universität von Barcelona entwickeltes Codesystem für die Simulation des gekoppelten Elektronen-Photonen-Transports. Es ist in Fortran 77 geschrieben und kann Teilchenenergien von einigen hundert eV bis ca. 1 GeV simulieren. PENELOPE kann zusammen mit dem Geometriepaket PENGEOM, welches die Erstellung von einfachen Objekten in der Simulationsszenerie unterstützt, von der Datenbank der Nuclear Energy Agency (NEA) kostenlos bezogen werden, sofern man zu einer speziell zugelassenen Gruppe gehört. Eine kommerzielle Nutzung ist gegen eine Gebühr möglich. [22,97]

- TRIPOLI-4: Simulationssystem für das Verhalten von Neutronen, Elektronen und Photonen in dreidimensionalen Objekten. Die unterstützen Teilchenenergien liegen für Neutronen zwischen 0 und 150 MeV, für Photonen zwischen 0 und 100 MeV und für Elektronen zwischen 1 MeV und mehreren GeV. Das am Commissariat à l'Énergie Atomique (CEA) entwickelte System ist in Fortran, C und C++ geschrieben und kann ebenso wie PENELOPE unter gleichen Voraussetzungen über die Datenbank der NEA bezogen werden. [98-99]

- MARS: Ein vom Fermi National Accelerator Laboratory entwickeltes System zur Simulation von dreidimensionalen elektromagnetischen und hadronischen Kaskaden. Die Energie der Partikel kann zwischen Bruchteilen von einem eV bis zu 100 TeV liegen. Die Subroutinen von MARS sind in Fortran verfasst und das System verweist teilweise auf Funktionen aus dem MCNP Paket. Für nicht kommerzielle Projekte ist es kostenlos zu erhalten. [90,100]

Es existieren noch zahlreiche weitere Codesysteme zur Monte-Carlo-basierten Berechnung des Strahlungstransportes, von denen hier nur einige kurz erwähnt sein sollen: VMC++ [101-103], DPM [104], ITS [105] und FLUKA [106].

2.5.1.3 Hybride Varianten

Bei der hybriden Variante der Strahlungstransportsimulation werden deterministische und stochastische Methoden kombiniert, um das Gesamtproblem der Simulation in geringerer Berechnungszeit zu lösen. Bei dieser Kombination können entweder die deterministischen Berechnungen oder die stochastischen an zeitlich erster Stelle stehen. So können z. B. der Monte-Carlo-Simulation deterministische Berechnungen vorgelagert sein, welche Parameter bestimmen, die die Simulationszeit durch Varianzreduktion verkürzen. [107] Andersherum können Monte-Carlo-Methoden zuerst den Strahlungstransport für eine komplexe Umgebung vornehmen, welche für deterministische Methoden schwer zu lösen ist. Nachgeschaltete deterministische Simulationsmethoden berechnen anschließend die Strahlungsausbreitung in dichten und dicken homogenen Materialien, welche wiederum für stochastische Methoden sehr zeitaufwendig wären. Die zuletzt genannte hybride Simulationsvariante findet z. B. bei der Abschirmungsberechnung bei beschleunigergetriebenen Neutronenquellen oder Fusionsreaktoren des Tokamaktyps Anwendung [108]. Bei dieser Simulation wird die Strahlungsausbreitung erst durch Methoden von MCNP stochastisch simuliert und anschließend mit Hilfe von S_N-Verfahren deterministisch verfeinert. Ein weiteres Beispiel einer hybriden Simulation ist das MAX Modul in der WIMS Umgebung für die physikalische Simulation von Reaktoren [109].

2.5.2 Verfahren zur Simulation des Strahlungstransportes unter Verwendung der GPU

Bei der Simulation des Strahlungstransportes und der Dosisverteilung wird die Berechnung mittels Monte-Carlo-Methoden (MC-Methoden) als Gold-Standard angesehen [110-112]. Dieses liegt hauptsächlich daran, dass die entsprechenden Verfahren direkt die physikalischen Interaktionsprozesse für einzelne Photonen oder Partikel mit der umgebenden Materie nachahmen [110]. Aus diesem Grund und der Tatsache, dass MC-Methoden besser als andere Methoden die Strahlungsausbreitung in beliebig geformten oder voxelisierten Objekten mit häufig wechselnden Materialien simulieren können (s. Kapitel 2.5.1), wurden sie als geeignetste Herangehensweise zur Erreichung der Ziele dieser Arbeit ausgewählt. Daher soll im Weiteren hauptsächlich auf MC-Verfahren eingegangen werden.

2.5.2.1 Der Grafikprozessor als Recheneinheit für die MC-Simulation

Die statistische Genauigkeit des Strahlentransportes durch MC-Verfahren ist stark abhängig von der Anzahl der berechneten Photonenpfade (s. Kapitel 2.5.1.2.). Je größer die Anzahl der Photonenhistorien, umso besser die Approximation der realen Strahlungsverteilung und Energiedeponierung in der Materie. Diese Voraussetzung für eine gute Approximation beschreibt gleichzeitig den größten Nachteil der MC-Methoden: die Berechnungskomplexität und die dadurch resultierende lange Berechnungszeit bei sequenzieller Simulation der einzelnen Photonenpfade.

Da sich die einzelnen Photonen untereinander nicht beeinflussen, bietet sich zur Verkürzung der Simulationszeit eine parallele Berechnung der Photonenhistorien zur Lösung des Gesamtproblems an. Die Parallelisierung kann hierbei durch die verteilte Berechnung der Historien auf mehreren virtuell (Techniken wie Hyper-Threading bei Intel-CPUs [113]) oder physikalisch vorhandenen CPUs erfolgen. Die Verteilung der Teilprobleme auf die in einem Rechner oder einem Rechnerverbund vorhandene Anzahl von CPUs erfolgt hierbei unter Verwendung verschiedener Techniken, die sich im Zeitaufwand der Verteilung der Aufgabenpakete, der Speichernutzung sowie der Kumulation der Berechnungsergebnisse unterscheiden. Hierzu zählen z. B. das Threading für die parallele Aufgabenausführung auf einem Rechner mit mehreren lokal verfügbaren Prozessoren sowie gemeinsamen Speicher und das Message Passing Interface (MPI) für den Nachrichtenaustausch bei der parallelen Berechnung im Rechnerverbund [114].

Die Verwendung von Rechnerverbünden (Computer Cluster) ist ein häufig verwendeter Ansatz bei der Photonentransportsimulation mittels MC-Methoden [103,111,115-119]. Jedoch ist die Bereitstellung dieser Rechnerverbünde meist mit großem administrativen und finanziellen Aufwand verbunden [120-121], was sie als beschleunigenden Faktor für die MC-Simulation im Rahmen der Strahlenschutzausbildung unpraktikabel macht. Für die nicht verteilte parallele Berechnung auf Desktop-PCs, die im Rahmen der Strahlenschutzausbildung flexibel und kostengünstig eingesetzt werden könnten, stehen auf dem Markt derzeit (Stand Dezember 2011) Multiprozessor-CPUs mit bis zu 12 dedizierten Rechenkernen zur Verfügung [122]. Mit diesen ist eine parallele Ausführung von bis zu 16 Threads (bei 8 Kernprozessor mit Hyper Threading), welche jeweils einen Anteil der zu simulierenden Photonenhistorien bearbeiten, möglich. Trotz Varianzreduktionstechniken ist auf diesen derzeit noch hochpreisigen Prozessoren eine ausreichend genaue Approximation der Strahlenausbreitung für das zu simulierende Szenario mit einer Berechnungszeit von mehreren Minuten oder Stunden verbunden [101,110,115,123]. Berechnungszeiten eines Simulationssystems in dieser Größenordnung würden dessen Einsetzbarkeit im geplanten Umfeld stark verringern, da die resultierende Zeitspanne zwischen Änderung der Parameter und Darstellung der Strahlverteilung die Assoziation zwischen verändertem Parameter und Auswirkung auf die Ergebnisse stark erschwert.

Durch die Einführung von Grafikkarten, welche durch die Verwendung von programmierbaren Shadern[4] beliebige arithmetische Berechnungen durchführen können, wurde dem Desktop-PC eine stark auf parallele Berechnungen optimierte Einheit hinzugefügt, welche nicht mehr nur auf Grafikberechnungen beschränkt ist [124-128]. Die Nutzung der Grafikkarte als einen derartigen speziellen Co-Prozessor (programmierbarer Stre-

---

[4] Im Kontext der Computergrafik beschreiben Shader Abfolgen von Instruktionen (Programme), deren Ausführung während der Berechnung einer 3D-Szene (*Rendering*) in der Rendering-Pipeline die Eigenschaften (z.B. Position, Texturkoordinaten) der durch Oberflächenpunkte repräsentierten 3D-Objekte und deren Darstellung (z.B. Farbe, Textur, Transparenz) bestimmt. Für weitere Informationen sei auf [216] und [21] verwiesen. [214]

am-Prozessor [129]) bezeichnet man auch als General Purpose Computation on Graphics Processing Unit (GPGPU).

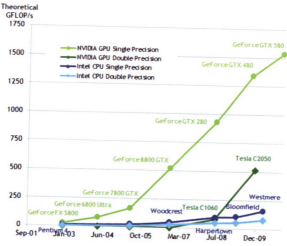

Abbildung 26: Anzahl von Gleitkommaoperationen pro Sekunde (FLOPS) für eine Auswahl von CPUs und GPUs aus den Jahren 2003 bis 2009 [130]

Bereits 2004 veröffentlichte eine Arbeitsgruppe der Stanford University zur einfacheren Nutzung von Grafikkarten für beliebige Berechnungen das "Brook Stream Programming Model". Dieses umfasste eine Erweiterung der Programmiersprache C, einen speziellen Compiler und eine Laufzeitumgebung für die Grafikkartenprogrammierung (BrookGPU) [131-132]. Die Grafikkartenhersteller ATI und NVIDIA folgten mit eigenen Entwicklungen in den darauffolgenden Jahren:

- ATI 2006 mit CTM (Close To Metal) und 2007 mit der ATI Stream SDK [133-134] sowie
- NVIDIA 2006 mit der Compute Unified Device Architecture (CUDA™) [125,135].

ATI Stream SDK sowie CUDA™ stellen dem Benutzer ein Programmiermodell mit speziellem Befehlssatz sowie Softwareumgebungen bereit, die es erlauben, Programme für die Grafikkarte in einer höheren Programmiersprache wie z. B. C oder OpenCL™ [136] zu entwickeln. Durch die Grafikkartenarchitektur kann mittels dieser Techniken und einer datenparallelen Berechnung eine im Vergleich zu CPUs hohe theoretische Anzahl von Gleitkommaoperationen pro Sekunde (Floating Point Operations Per Second: FLOPS) erreicht werden (siehe Abbildung 26) [125]. Datenparallele Berechnung beschreibt hierbei, dass mehrere Instanzen des gleichen Programms parallel auf den gleichen Daten ausgeführt werden und bei der Berechnung das Verhältnis zwischen arithmetischen und Speicheroperationen stark Richtung der arithmetischen Operationen verschoben ist [125]. Je nach Parallelisierbarkeit des Grundproblems sowie dem Verhältnis zwischen arithmetischen Operationen zur Anzahl von Speicherzugriffen ist mit Hilfe dieser Softwarewerkzeuge eine Beschleunigung (Speedup) der Berechnung im Vergleich zu aktuellen CPUs bis zu einem Faktor von 2600-fach [137] möglich. Da bei MC-Simulationen des Strahlungstransportes die Berechnung der einzelnen Photonenhistorien jeweils die gleichen Daten als Grundlage verwendet, z. B. Form und Position der Objekte im Simulationsaufbau, Dichtewerte der Objekte und die energieabhängigen differenziellen Wirkungsquerschnitte der einzelnen Interaktionsmechanismen (vergl. Kapitel 2.1.2 und 2.5.1.2), verspricht die Benutzung von GPUs als Recheneinheit einen signifikanten Speedup im Vergleich zur iterativen Berechnung auf der CPU. Zur Nutzung dieses potenziellen Geschwindigkeitsgewinns sollen für die Berechnung der Streustrahlungsausbreitung im Rahmen dieser Arbeit NVIDIA Grafikkarten in Kombination mit CUDA™ in der Version 3.2 eingesetzt werden.

2.5.2.2 Überblick über Fermi Architektur, Hardware-Multithreading und das CUDA™ Programmiermodell

Basis für die Erreichung der größtmöglichen Performance einer Berechnung auf der Grafikkarte ist die Beachtung der vorhandenen Grafikkartenarchitektur. Es ist z. B. nötig, dass bei der Entwicklung nicht nur die Parallelisierung des Gesamtproblems betrachtet wird, sondern auch der Aufbau der Speicherhierarchie der Grafikkarte und die Art und Weise der Threadausführung auf den Streaming-Prozessoren. Daher soll im Folgenden kurz die Architektur aktueller NVIDIA Grafikkarten dargelegt werden.

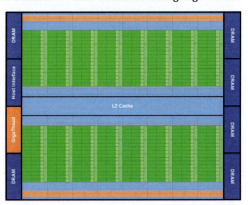

Abbildung 27: Aufbau eines auf der Fermi-Architektur beruhenden Grafikprozessors. 16 Streaming-Multiprozessoren (grün) sind um den gemeinsamen Level 2 Cache (blau) angeordnet. [138]

Für die Berechnung der Streustrahlenausbreitung wurde in dieser Arbeit eine NVIDIA GeForce™ GTX 570 der Firma Zotac verwendet, welche wie alle NVIDIA Grafikkarten der 400er und 500er Serie auf der Fermi-Architektur basiert. Bei der Fermi-Architektur sind bis zu 16 Streaming-Multiprozessoren (SMen) um einen gemeinsamen, 768 kB großen Level 2 Cache angeordnet (vgl. Abbildung 27).

Jeder dieser SMen besitzt 32 Streaming-Prozessoren, welche von NVIDIA auch CUDA-Cores genannt werden. Auf diese Weise bietet eine GPU nach Fermi-Architektur maximal 512 Streaming-Prozessoren (480 CUDA-Cores verteilt auf 15 SM bei einer GeForce™ GTX 570). Jeder CUDA-Core verfügt über eine Ganzzahlen-Arithmetik-Logik-Einheit (arithmetic logical unit: ALU) sowie einen Gleitkommaprozessor (floating point unit: FPU), welcher Berechnungen in einfacher und doppelter Gleitkommagenauigkeit durchführen kann (vgl. Abbildung 28). Die ALU eines Fermi-CUDA-Cores unterstützt für alle Operationen 32-Bit Genauigkeit. [138]

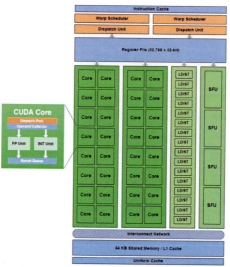

Abbildung 28: Aufbau eines Streaming-Multiprozessors einer Grafikkarte nach Fermi Architektur. [138]

Jeder SM besitzt 16 Load/Store-Einheiten, welche pro Grafikkartentakt für 16 Threads des SMs Quell- oder Zieladressen für den Cache oder den DRAM berechnen können. Des Weiteren beinhaltet jeder SM vier Recheneinheiten für spezielle Funktionen (Special Function Units: SFUs), welche pro Takt für einen Thread eine komplexe Instruktion wie z. B. Sinus, Kosinus oder Quadratwurzel berechnen können. [138]

Threads, die zur parallelen Ausführung einem SM zugewiesen sind, werden in Gruppen, den sogenannten Thread-Blocks, zusammengefasst. Die maximale Anzahl von Threads in diesen Thread-Blocks ist bei der Fermi-Architektur auf 1024 festgesetzt. Jeder Thread-Block ist wiederum in Gruppen zu je 32 Threads partitioniert. In diesen als Warps bezeichneten Untergruppen führen die zugewiesenen Threads pro Takt jeweils eine einzelne gemeinsame Instruktion aus. Somit erreicht ein SM die höchste Effizienz sofern alle Threads eines Warps zu jedem Zeitpunkt die gleichen Instruktionen abarbeiten. Diese Architektur wird in Anlehnung an die SIMD-Architektur (Single Instruction Multiple Data) der Flynnschen Klassifikation [139] auch als SIMT-Architektur (Single Instruction Multiple Thread) bezeichnet. Vollzieht ein oder mehre Threads in einem Warp eine datenabhängige Verzweigung, so werden alle anderen Threads, die nicht diese Verzweigung vollzogen haben, angehalten und seriell die genommenen Verzweigungen abgearbeitet. Anschließend nehmen alle Threads den darauf folgenden Instruktionsablauf wieder auf. Eine solche Verzweigungsdivergenz der Threads eines Warps resultiert somit in einem Performanceverlust des SMs. Innerhalb eines SMs können Warps unabhängig voneinander ausgeführt werden. Für jede Threaduntergruppe ist während ihrer gesamten Lebenszeit der Ausführungskontext im SM abgespeichert, wodurch der Kontextwechsel von einem Warp zu einem beliebigen anderen mit keinem Zeitverlust verbunden ist. Hierdurch ergibt sich die Möglichkeit, dass während Threads eines Warps auf die Ergebnisse einer zeitaufwendigen Instruktion warten, der SM bereitstehende Instruktionen von Threads eines anderen Warps ausführen kann. Die Ablaufkoordination (engl. scheduling) der Instruktionen der einzelnen Warps wird vom sogenannten Warp Scheduler vollzogen. Bei der Fermi-Architektur besitzt jeder SM zwei Warp Scheduler (vgl. Abbildung 28), welche jeweils eine aktive Instruktion eines beliebigen Warps einer Gruppe von 16 CUDA-Cores, 16 Load/Store-Einheiten oder vier SFUs zuweisen. [125,138]

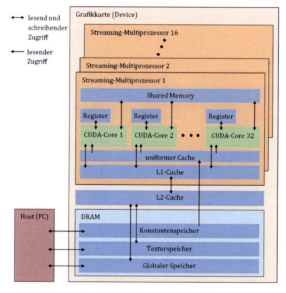

Abbildung 29: Allgemeine Speicherhierarchie der Fermi-Architektur (SFUs und Load/Store-Einheiten wurden vernachlässigt)

Bei der Fermi-Architektur verfügt jeder SM über einen 12 kB großen nur lesbaren uniformen Cache sowie einen 64 kB großen konfigurierbaren Speicher. Der uniforme Cache ermöglicht durch das Zwischenspeichern von Konstanten aus dem globalen Konstantenspeicher (engl. constant memory) einen schnelleren Zugriff auf diese Werte. Der konfigurierbare Speicher kann vom Benutzer je nach Anforderung entweder in einen 48 kB großen gemeinsamen Speicher (engl. Shared-Memory) und einen 16 kB großen Level 1 Cache oder umgekehrt aufgeteilt werden. Der Level 1 Cache stellt hierbei, ebenso wie der allgemeine Level 2 Cache, jedem SM zwischengespeicherte Werte des lokalen und globalen Speichers zur Verfügung. Auf den Shared-Memory kann von den Threads eines Thread-Blocks lesend und schreibend zugegriffen werden und er ermöglicht somit einen Speicherzugriff sowie Datenaustausch zwischen den Threads ohne große Latenz.

Jeder SM besitzt des Weiteren eine Menge an 32-Bit-Registern (vgl. Abbildung 28 Register File), welche unter den Warps aufgeteilt werden. Die verfügbare Anzahl an diesen Registern bestimmt unter anderem die maximale Anzahl an residenten Warps, Threads und Thread-Blöcken auf einem SM. Bei der Fermi-Architektur liegt diese bei maximal 8 Thread-Blöcken, 48 Warps und 1536 Threads pro SM. Der Gerätespeicher der Grafikkarte (vgl. Abbildung 29 DRAM) ist in verschiedene Speicherbereiche unterteilt und kann von allen Threads beliebiger SMen adressiert werden.

Zu den verschiedenen Bereichen des bis zu mehreren GB großen Gerätespeichers (1,2 GB bei der in dieser Arbeit verwendeten GeForce™ GTX 570) zählt

- der Konstantenspeicher (engl. constant memory),
- der Texturspeicher (engl. texture memory) sowie
- der globale Speicher (engl. global memory).

Der Konstantenspeicher, welcher bei der Fermi-Architektur 64 kB umfasst, beinhaltet für die gesamte Berechnung konstante Werte und kann somit von den Threads nur gelesen werden. Werte aus dem Konstantenspeicher werden im oben bereits erwähnten uniformen Cache des SM zwischengespeichert, wodurch ein schneller Zugriff auf die Werte gewährleistet wird.

Der Texturspeicher, dessen Größe nicht festgelegt sondern geräteabhängig ist, hält 1D-, 2D- oder 3D-Texturen für alle Threads einer Berechnung bereit. Diese nur lesbaren Texturwerte werden nach dem ersten Zugriff zur Verringerung der Latenz im L1- und L2-Cache der Speicherhierarchie vorgehalten.

Der globale Speicher, dessen Größe ebenfalls wie der Texturspeicher geräteabhängig ist, kann von allen Threads beliebig gelesen und geschrieben werden. Zugriffe auf den globalen Speicher werden anders als bei vorhergehenden Grafikkartengenerationen bei der Fermi-Architektur ebenfalls in den L1- und L2-Caches zwischengespeichert. Durch sogenannte Bankkonflikte bei gleichzeitigem Zugriff von mehreren Threads auf die gleiche Speicherstelle des globalen Speichers kann die Ausführungszeit einer Lese- oder Schreiboperation verlängert werden.

Um den größtmöglichen Datendurchsatz beim Lesen und Schreiben des globalen Speichers zu erreichen, ist außerdem eine sogenannte Ausrichtung (engl. Alignment) der Daten erforderlich. Dieses ist notwendig, da die globalen Speicheroperationen nur Daten der Größe 1, 2, 4, 8 oder 16 Byte unterstützen. Alle Schreib- oder Leseoperationen von Daten, deren Größe nicht ein Vielfaches dieser Werte ist, resultiert in einer Aufteilung in mehrere Operationen und somit in einer Verlängerung der Ausführungsdauer. Das Alignment der Daten fügt bei den Datenstrukturen ungenutzte Speicherbereiche hinzu (engl. Padding), damit die Gesamtgröße der Daten einem Vielfachen von 8 oder 16 Byte entspricht. Hierdurch ist eine schnellere Ausführung der Speicheroperationen möglich.

Vor der Ausführung des Programms auf der Grafikkarte müssen benötigte Daten vom Speicher des Host-PCs über das Host-Interface (vgl. Abbildung 27) in den Konstanten-, Textur- und globalen Speicher der Grafikkarte übertragen werden. In Abbildung 29 ist die allgemeine Speicherhierarchie der Fermi-Architektur nochmals detailliert dargelegt. Die Zugriffszeiten auf die einzelnen dargestellten Speicherbereiche werden angefangen bei den im SM-Chip integrierten Registern, dem Shared Memory, dem uniformen und L1-Cache über den L2-Cache hin zum Texturen-, Konstanten- und globalen Speicher immer größer. [125,138]

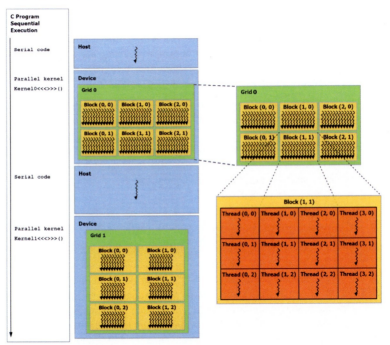

Abbildung 30: Beispiel eines zweidimensionalen Grids von zweidimensionalen Thread-Blöcken sowie der synchronen Ausführung von zwei Kernels [125]

Im CUDA™ Programmiermodell der Version 3.2 definiert der Entwickler im Programmcode mit Hilfe einer speziellen Syntax eine Funktion, einen sogenannten Kernel, welcher von einer definierten Anzahl von Threads auf der Grafikkarte ausgeführt werden soll. Die Gesamtzahl der gewünschten Threads wird hierbei auf gleich große Blöcke aufgeteilt. Beim Aufruf des Kernels legt der Benutzer entsprechend fest, wie viele Thread-Blöcke der Kernel abarbeiten soll und wie viele Threads innerhalb eines jeden Blocks vorhanden sind. Im Programmiermodell ist hierbei die Dimensionsangabe der Blöcke ein-, zwei- oder dreidimensional möglich. Die resultierende Matrix der Thread-Blöcke wird auch als Grid bezeichnet. Mit Hilfe dieser Art der Größendefinition eines Grids oder Blocks erhält jeder Block und jeder Thread eindeutige dreidimensionale Koordinaten (Block- und Thread-ID), welche während der Thread-Ausführung jederzeit abrufbar sind. Hierdurch ist z. B. für jeden Thread eine einfache Berechnung von individuellen Speicheradressen für Lese- und Schreiboperationen möglich. Abbildung 30 zeigt ein Beispiel für ein zweidimensionales Grid mit zweidimensionalen Thread-Blöcken inklusive entsprechenden IDs.

Im CUDA™ Programmiermodell wird, wie bereits oben angedeutet, eine heterogene Programmierung für getrennte Geräte (CPU und GPU) mit eigenem Speicher angenommen. Diese Annahme beinhaltet, dass der Programmierer in einem CUDA-Programm dedizierte Methoden zum Transfer von Daten zwischen den getrennten Speicherbereichen aufruft und bestimmt, welche Methoden auf der CPU und welche auf der GPU ausgeführt werden. Je nach Unterstützung durch die Grafikkarte sind diese Methodenaufrufe synchron – das Programm auf dem Host wartet auf die Vollendung der Operation auf der Grafikkarte – oder asynchron. In Abbildung 30 ist als Beispiel ein synchroner Aufruf von zwei Kernels mit entsprechendem Kontextwechsel dargelegt.

Die Verteilung der Blöcke auf die einzelnen SMen wird bei der Fermi-Architektur von der GigaThread™ Engine (vgl. Abbildung 27) koordiniert und kann vom Entwickler nicht gesteuert werden. Im Vergleich zu vorhergehenden Grafikkartenarchitekturen erlaubt die GigaThread™-Engine der Fermi-Architektur des Weiteren das gleichzeitige Ausführen von mehreren Kernels bei asynchronem Aufruf. Die Koordination hierbei wird ebenfalls von der GigaThread™-Engine übernommen. [125,138]

2.5.2.3 MC-Simulationspakete unter Verwendung der GPU

Eine allgemeine Herausforderung bei MC-Simulationen auf GPUs ist vor allem die Bereitstellung von Zufallszahlen für die separat agierenden Threads sowie die optimale Nutzung der verschiedenen Komponenten der Speicherhierarchie der Grafikkarte. Im Folgenden soll ein kurzer Überblick über bereits existierende Programmpakete gegeben werden, welche unter Verwendung von MC-Methoden auf Grafikhardware den dreidimensionalen Strahlungstransport und die Dosisverteilung für in der Medizin angewendete Strahlenenergien berechnen und diese Problematiken adressieren. Für jedes Projekt werden die bereitgestellten Funktionen in Bezug auf die Einsetzbarkeit im geplanten Umfeld dieser Arbeit bewertet und sofern möglich der Aufwand für eine etwaige Erweiterung und Anpassung abgeschätzt.

- Bakhtiari et al. von der Universität von Buffalo stellen in ihrer Technical Note [111] ein einfaches MC-Programm für den Photonentransport vor, welches sie unter Verwendung von CUDA™ für die Grafikkarte entwickelt haben. Dieses Programm dient den Autoren zum Vergleich des Rechenpotenzials der getesteten GPU bezüglich einer CPU für den allgemeinen Bereich des MC-Strahlentransportes. Für diese allgemeine Betrachtung wurden für die MC-Simulation nur ein isotropes Medium vorgesehen, keine sekundäre Streuung betrachtet und die simulierten Photonen auf einen speziellen Eintreffpunkt und eine spezielle Anfangsenergie beschränkt. Aufgrund dieser Einschränkungen und der Aussage der Autoren, dass sie in ihrer Veröffentlichung keinen physikalisch genauen MC-Code beschreiben, erscheint dieses Programm für die Streustrahlensimulation im Rahmen dieser Arbeit ungeeignet.

- Xun Jia et al. beschreiben in ihrem Paper [120] die Erweiterung des MC-Simulations-Paketes DPM (Dose Planning Module) [104] mittels CUDA™ zur Berechnung des Strahlentransportes auf preiswerten und leicht erhältlichen Grafikkarten. Das DPM-Paket simuliert den gekoppelten Elektronen-Photonen-Transport und benutzt das Woodcock-Tracking [140], welches die Anzahl der Grenzflächenübergangsbestimmung (z. B. in voxelisierten Volumina) verringern kann. Für die benötigten Zufallszahlen setzen die Autoren den Pseudozufallszahlen-Generator RANECU [141] ein, welcher jeweils in den Grafikkarten-Threads ausgeführt und mit unterschiedlichen zufälligen Startparametern (Seeds) durch die CPU initialisiert wird. Somit ist sichergestellt, dass jeder Thread eine andere Abfolge von Zahlen aus der ca. $2 \cdot 10^{18}$ großen Periode des Zufallszahlengenerators erhält. Die Portierung des DPM Simulationssystems von CPU auf GPU Code erzielt laut Jia et al. einen Speedup von 4.5-5.5 (GPU: NVIDIA Tesla™ C1060, CPU: 2.27GHz Intel Xeon™). Da das DPM für die Strahlentherapieplanung entwickelt wurde, ist es nur im Energiespektrum von 6-50 MeV validiert [142-143] und somit für den Einsatz im niedrigen Energiespektrum der diagnostischen Röntgenstrahlung ungeeignet. Des Weiteren steht der Quellcode für eine etwaige aufwendige Anpassung nicht frei zur Verfügung.

- Lennard Jahnke et al. beschreiben in einem Abstract und einem Poster [144-145] die erfolgreiche Anpassung des GEANT4 Simulationscodes für die Nutzung der Grafikkarte unter Verwendung von CUDA™. Hierbei soll laut den Autoren eine parallele Variante des Mersenne Twister Zufallszahlengenerators [146] zum Einsatz gekommen sein. Durch die Anpassung des Universal-MC-Simulationscodes GEANT4 (vgl. Kapitel 2.5.1.2) seien die Berechnungen auf einer NVIDIA GeForce™ GTX 8800 10- bis 30-mal schneller durchführbar als auf einem Einkern-Prozessor (ausgeführt auf einem Kern eines 2.13 GHz Intel Dual-Core). Da der entsprechend angepasste Quellcode des GEANT4 Paketes nicht frei zur Verfügung steht, ist eine Verwendung in dieser Arbeit nicht möglich.

- Balázs Tóth und Milán Magdics präsentieren in ihrem Paper [123] eine weitere parallele MC-Methode zur Lösung des Strahlungstransportes in einem inhomogenen voxelisierten Medium unter Verwendung von CUDA™. Die Autoren portierten hierzu kein vorhandenes Simulationspaket auf die GPU, sondern bauten ihre Implementierung direkt auf die allgemeine Strahlungstransportgleichung für Lichtphotonen sowie die Klein-Nishina Formel auf. Der Schwerpunkt des beschriebenen Simulationsalgorithmus liegt in der Generierung von Projektionsbildern, welche den Strahlungstransport von Lichtphotonen für eine spezielle Kamerasicht auf das voxelisierte Simulationsvolumen farbig darstellen. Der Strahlungstransport von Gammaphotonen wurde in der Publikation als Erweiterung angegeben. Für die parallele Erzeugung der entsprechenden Darstellung teilten die Autoren den Algorithmus, welcher jeweils in einem einzelnen Grafikkartenthread ausgeführt wurde, in einen stochastischen Teil für die Erstellung von zufälligen Photonenpfaden und einen deterministischen Teil für die Berechnung der Radianzwerte der Pixel des resultierenden Projektionsbildes. Neben dem Woodcock-Tracking verwendeten die Autoren als Alternative auch eine Inversionsmethode zur effizienten Erzeugung der Photonenpfade. Über den verwendeten Zufallszahlengenerator machten die Autoren keine Angaben. Die Geschwindigkeit des Algorithmus wurde nicht mit der Berechnung auf einer CPU verglichen, sondern nur für eine NVIDIA GeForce™ 9600 GPU angegeben: ein Projektionsbild mit einer Auflösung von 600×600 Pixeln und 10^6 simulierten Gammaphotonen benötigte 24 Sekunden Berechnungszeit. Eine Validierung der Simulationsergebnisse bezüglich der Korrektheit der Strahlenausbreitung führten die Autoren nicht durch. Der Quellcode ist mit bestehendem Copyright bei der Technischen Universität Budapest unter der Bezeichnung mcrad frei im Internet verfügbar [147]. Aufgrund der fehlenden Validierung und der Schwerpunktlegung auf die Projektionsbildberechnung ist das Simulationssystem von Tóth et al. für den Einsatz in dieser Arbeit nicht praktikabel.

- James Tickner beschreibt in seinem Paper [115] ein Universal-MC-Programm für die Transportsimulation von Röntgen- und Gammastrahlen unter Verwendung der Grafikkarte. Das dargelegte Simulationspaket benutzt CUDA™ und ist in der Lage, den Photonentransport im Energiebereich von 1 keV bis 100 MeV in einem beliebigen Simulationsaufbau zu berechnen. Hierzu benutzt es einen speziellen "particle-per-block" Tracking Algorithmus sowie eine spezielle Berechnung für Grenzflächenübergänge. Der Aufbau der Simulationsszene erfolgt über die Definition von Regionen gleichen Materials, welche durch Ebenen oder quadratische Flächen abgegrenzt werden. Eine Möglichkeit der Voxelisierung des Simulationsvolumens ist nicht erwähnt. Des Weiteren beschreibt der Autor spezielle Ansätze für die Simulation der physikalischen Interaktionsprozesse. Für die Erzeugung von Zufallszahlen wurde L'Ecuyers kombinierter Tausworthe-Generator taus88 [148] eingesetzt (Periode von ca. $3·10^{26}$), von welchem je eine durch die CPU initialisierte Instanz in einem Grafikkartenthread ausgeführt wird. Zur Validierung des Simulationspaketes verglich die Arbeitsgruppe um Tickner die Ergebnisse mit Simulationswerten aus dem EGSnrc Paket (vgl. Kapitel 2.5.1.2). Durch den Vergleich der Berechnungszeit des vorgestellten Simulationspaketes mit einem äquivalenten CPU-basierten Systems ermittelten die Autoren einen 35-fachen Speedup (GPU: NVIDIA Tesla™ C1070 Quad-GPU, CPU: Intel Core™2 CPU 6400 2.13 GHz). Aufgrund der fehlenden Voxelisierung des Simulationsvolumens ist das beschriebene Simulationspaket nicht für den Einsatz in dieser Arbeit geeignet.

- Andreu Badal und Aldo Badano von der U.S. Food and Drug Administration stellen in ihrem Paper [149] einen GPU-basierten MC-Simulationscode vor, der den

Photonentransport in einer voxelisierten Geometrie unter Verwendung der validierten [150] physikalischen Modelle des PENELOPE-2006-Paketes (vgl. Kapitel 2.5.1.2) berechnet. Wie bei Jia et al. [120] verwenden die Autoren ebenfalls in jedem Berechnungsthread den Zufallszahlengenerator RANECU, welcher am Anfang von der CPU mit Startwerten initialisiert wird, sowie das Woodcock-Tracking. Das Simulationssystem, welches CUDA™ verwendet, wurde von den Autoren hauptsächlich zur Studie des Streuanteils bei Röntgenbildern entwickelt und ist somit auf das entsprechende Strahlenenergiespektrum (5 – 120 keV) optimiert. Des Weiteren werden zur Beschleunigung der Simulation sekundäre Elektronen bei der Photoabsorption und dem Comptoneffekt nicht berücksichtigt (Es wird angenommen, dass die Elektronen lokal absorbiert werden. Jedoch wird die deponierte Energie nicht aufgezeichnet). Die Autoren berichten von einer 27-fachen Beschleunigung der MC-Simulation unter Verwendung einer NVIDIA GeForce™ GTX 295 Dual-GPU Grafikkarte im Vergleich zur Benutzung eines Kerns einer 2.66 GHz Intel Quad Core™ CPU (ca. 3.600.384 Photonenhistorien pro Sekunde). Unter der Bezeichnung MC-GPU ist der Simulationscode von Badal et al. im Internet [151] unter einer Public-Domain-Lizenz verfügbar und kann somit ohne jede Einschränkung verwendet werden. In der herunterladbaren Softwareversion (Version 1.1 vom 08.07.2010) haben die Autoren eine Fortran-Datei hinzugefügt, mit welcher PENELOPE-2006 Materialdateien für frei definierbare Energiebereiche in ein Dateiformat für MC-GPU umgewandelt werden können. Um CT-Projektionen schneller simulieren zu können, ist in der aktuellen Version 1.1 mit Hilfe der MPI-Bibliothek auch die Nutzung von mehreren GPUs der möglich. Derzeit unterstützt das Simulationssystem nur eine monoenergetische Strahlenquelle, welche zur Nutzung in dieser Arbeit noch durch eine Strahlenquelle mit korrektem Röntgenspektrum ausgetauscht werden müsste.

Des Weiteren existieren einige Simulationspakete, welche unter Verwendung des FSPB-Algorithmus (Finite-Size Pencil Beam) [152] oder des Superpositions-/Faltungs-Algorithmus (superposition/convolution) [153] auf der Grafikkarte Dosisverteilungen im menschlichen Körper bei Planung der Intensitätsmodulierten Strahlentherapie (IMRT) berechnen. Obwohl diese Art der Strahlensimulation aufgrund der schlechten Simulationsresultate bei inhomogenen Dichteverteilungen im Simulationsvolumen und der Optimierung auf die bei der IMRT verwendeten Strahlenenergien nicht für die Streustrahlensimulation im Operationssaal geeignet ist, sollen hier der Vollständigkeit halber eine Auswahl von Arbeitsgruppen und Projekte erwähnt werden:

- Robert Jacques et al. [154]: Digital Mars D und CUDA™
- Sami Hissoiny et al. [155]: public domain treatment planning system (PlanUNC) und CUDA™
- Xuejun Gu et al. [156]: FSPB-Algorithmus und CUDA™ zur Entwicklung von SCORE (Supercomputing Online Re-planning Environment)
- Yugang Min et al. [157]: "separable 3D dose convolution" und CUDA™

2.5.2.3.1 Struktur und Funktion des Simulationspakets MC-GPU

Aufgrund des Funktionsumfangs, des Speedup-Faktors sowie der freien Verfügbarkeit des MC-GPU-Paketes von Badal et al. [151] wurde dieses als Grundlage für die GPU-basierte Streustrahlensimulation in der Strahlenschutzausbildung ausgewählt und für die speziellen Bedürfnisse angepasst. Zur besseren Hervorhebung der vollzogenen Änderungen (vgl. Kapitel 3) soll im Weiteren kurz der genutzte Algorithmus des in CUDA™ C verfassten MC-GPU-Paketes erläutert werden.

MC-GPU in der Version 1.1 ist als Kommandozeilenprogramm konzipiert. Beim Aufruf kann als Parameter der Pfad zu einer Konfigurationsdatei angegeben werden, in welcher verschiedenste Einstellungen für die Simulation hinterlegt sind:

- Gesamtanzahl zu simulierender Photonenhistorien
- Photonenhistorien pro Thread
- Anzahl von Threads pro Block
- Anzahl zu benutzender GPUs (sofern MPI verwendet wird)
- Startparameter für den Zufallszahlengenerator
- Start-Position, -Richtung und -Energie der Photonen (monoenergetisch)
- Öffnungswinkel des simulierten Fächerstrahls der Röntgenquelle
- Parameter für das Ausgabebild mit gemessenen Strahlenwerten
- Anzahl von zu simulierenden Projektionsbilder inklusive Winkelpositionen der Strahlenquelle (sofern CT-Projektionen simuliert werden sollen)
- Pfad zu Geometriedatei, welche Größe und Aufteilung des voxelisierten Simulationsvolumens beschreibt. Geometriedatei beinhaltet des Weiteren für jeden Voxel einen Materialindex sowie eine Dichteangabe.
- Auflistung von maximal 9 Materialdateien. Jede Materialdatei beschreibt energiebezogene MFPs für die möglichen Interaktionsprozesse bei einer definierten Materialzusammensetzung und Dichte. Außerdem enthält eine Materialdatei Informationen über die Elektronenschalenkonfigurationen sowie Parameter für die Simulation der Rayleigh-Streuung.

Nach dem Programmstart von MC-GPU wird, sofern mehrere GPUs für die Berechnung verwendet werden sollen, als Erstes die MPI-Bibliothek initialisiert (der Programmablauf ist nochmals in Abbildung 85 und Abbildung 86 im Anhang dargelegt). Anschließend werden alle Daten aus den Konfigurationsdateien eingelesen und in entsprechenden Variablen und Datenstrukturen im Hauptspeicher der CPU abgespeichert. Im nächsten Schritt wird das voxelisierte Simulationsvolumen entsprechend der in der Geometriedatei definierten Dimension erzeugt und die eingelesenen Materialindizes und Dichtewerte in der Datenstruktur abgespeichert. Darauf folgend werden für jedes in der Simulation vorkommende Material die für die Berechnung notwendigen Werte eingelesen und in entsprechenden Tabellen im Hauptspeicher abgelegt.

Nachdem alle Simulationsparameter geladen sind, wird die ausgewählte GPU initialisiert und die benötigten Daten in die verschiedenen Bereiche des Grafikkartenspeichers transferiert. Nachfolgend wird das Array des Ausgabebildes initialisiert, welches die eintreffenden Photonen entsprechend ihres Streustatus aufzeichnet.

Danach startet die Simulation der einzelnen Projektionsbilder, sofern durch die CT-Simulation mehrere gefordert sind. Für jede Projektion wird der track_particles-Kernel synchron mit Verweisen auf die Datenstrukturen im Grafikkartenspeicher ausgeführt. Nachdem der Kernel alle Photonenhistorien simuliert hat, werden die Werte des Bildarrays vom Grafikkartenspeicher in den Arbeitsspeicher der CPU zurücktransferiert und pro Projektionsbild alle Simulationsergebnisse inklusive der verwendeten Parameter in eine Ausgabedatei geschrieben. Zum Abschluss des Simulationsschrittes wird das Bildarray erneut initialisiert. Sind alle Positionen der Strahlenquelle für die CT-Simulation abgearbeitet stoppt das Programm.

Der Kern des MC-GPU-Programms ist der track_particles-Kernel, welcher mit einem eindimensionalen Grid von eindimensionalen Thread-Blöcken aufgerufen wird (vgl. auch Abbildung 86 im Anhang). Im ersten Schritt dieses Kernels initialisiert der Thread mit der ID null eines jeden Blocks stellvertretend für die restlichen Threads die benötigten Berechnungsparameter. Anschließend wird pro Thread ein RANECU-Pseudo-Zufallszahlengenerator mit Hilfe der eindeutigen Blockkoordinaten und den Startparametern der Konfigurationsdatei parametrisiert. Hierdurch wird sichergestellt, dass jeder Thread eine unabhängige Zufallszahlenreihenfolge besitzt. Danach vollzieht jeder Thread für die angegebene Anzahl an Photonenhistorien die nachfolgend beschriebene Abfolge von Instruktionen.

Als erstes wird ein primäres Photon mit Anfangsposition, -energie und -flugrichtung erzeugt und dessen Streustatus initialisiert. In der Version 1.1 von MC-GPU besitzt jedes Photon anfangs die gleiche Energie. Die Flugrichtung des Photons wird mit Hilfe der Parameter der Fächerstrahlenquelle errechnet. Basierend auf den Positions- und Energiewerten des Photons werden die Startwerte für das Woodcock-Tracking gesetzt (Material- und MFP-Daten). Dann beginnt die Interaktionsschleife für das erzeugte Photon, welche solange ausgeführt wird, bis das Photon das Simulationsvolumen verlässt oder absorbiert wird. Unter Verwendung des Woodcock-Trackings wird hierbei iterativ die aktuelle Schrittweite (step), welche das Photon im Simulationsvolumen zurücklegt, bestimmt. Mit dieser Schrittweite, der aktuellen Position und der Flugrichtung wird die neue Photonenposition und der korrespondierende Voxelindex im Simulationsvolumen berechnet.

Hat das Photon das Simulationsvolumen durch den step verlassen, so wird überprüft, ob es sich in Richtung des Detektors bewegt. Falls ja, wird entsprechend dem Streustatus die Photonenenergie dem getroffenen Pixel des Detektors hinzugefügt. Befindet sich das Photon nach dem step noch im Simulationsvolumen bestimmt das Programm das für den Voxel hinterlegte Material und die Dichte. Mit diesen Werten werden die neuen MFP-Daten für das Woodcock-Tracking bestimmt und mittels einer linearen Interpolation die energieabhängige Wahrscheinlichkeit für eine Interaktion berechnet. Entsprechend dieses Wahrscheinlichkeitswertes wird entweder eine definierte Interaktion des Photons mit der Materie ausgewählt und simuliert oder keine Aktion durchgeführt. Sofern das Photon nach der durchgeführten Interaktion nicht absorbiert ist, wird die Interaktionsschleife fortgesetzt. Diese Interaktionsschleife wird in jedem Thread solange durchgeführt, bis die gewünschte Anzahl an zu simulierenden Photonenhistorien erreicht ist. Das Bildarray enthält nach Ende der Simulation für den entsprechenden Simulationsaufbau, die nach dem Streustatus aufgeteilten aufsummierten Energien der auf den Detektor aufgetroffenen Photonen.

3 SIScaR-GPU: Eine GPU-optimierte Methode zur zeitminimierten Simulation und Visualisierung von intraoperativer Streustrahlung

Wie bereits im Einleitungskapitel erwähnt, wird dem OP-Personal und den Chirurgen derzeit während der Strahlenschutzausbildung das Verhalten und die Ausbreitung der intraoperativ auftretenden Streustrahlung nur statisch mit Diagrammen, Bildern, Texten oder vorgefertigten Videos dargelegt. Das hierbei vermittelte Wissen über Vorgehensweisen zur Verringerung der Intensität der Streustrahlung sowie Wissen über Bereiche von hoher Strahlenbelastung bei bestimmten C-Bogen Einstellungen sind essenziell für die Minimierung der individuellen Strahlenbelastung im Arbeitsalltag.

Eine interaktive Simulation und Visualisierung der Strahlenausbreitung im Rahmen der Strahlenschutzausbildung könnte die Vermittlung dieses Wissens im Vergleich zur derzeitigen Lehre verbessern und durch die Interaktivität den Lerneffekt erhöhen.

Ziel dieser Arbeit ist es, ein Werkzeug zu entwickeln, welches diese Möglichkeiten der Lernstoffvermittlung für Strahlenschutzkurse bietet. Zudem soll ermittelt werden, welchen Effekt der Einsatz eines derartigen Schulungssystems auf die Ausbildung hat.

Im angestrebten Schulungssystem soll die Berechnungszeit der Simulation so kurz sein, dass durch die interaktive Visualisierung der Streustrahlung eine optimale Vermittlung der Zusammenhänge gewährleistet werden kann. Die nachfolgenden Kapitel beschreiben in Hinblick auf diese Anforderung eine Methode, welche unter Verwendung von MC-Methoden und einer GPU die Ausbreitung der Streustrahlung in weniger als 30 Sekunden simuliert und für den Einsatz in der Lehre angemessen darstellt. Diese Methode wird im Weiteren als SIScaR-GPU (fast **S**imulation and visualization of **I**ntraoperative **Sca**ttered **R**adiation using **G**raphics **P**rocessing **U**nits) bezeichnet.

3.1 Streustrahlensimulation für die Strahlenschutzausbildung

Als Grundlage für SIScaR-GPU wird das MC-GPU-Paket von Badal et. al [151] eingesetzt (vgl. Kapitel 2.5.2.3.1). In den folgenden Kapiteln sollen die zur Erreichung der Ziele dieser Arbeit vollzogenen Änderungen und Anpassungen an diesem dargelegt werden.

3.1.1 Erfassung der ortsspezifischen Energiedosiswerte

Das MC-GPU-Paket wurde mit dem Hauptziel entwickelt, mittels MC-Simulationen den Streuanteil in Röntgenbildern zu studieren. Aufgrund dieser Tatsache protokolliert das Simulationspaket nur die auf dem Detektor eintreffenden Photonen mit ihrem Ort, ihrer Energie sowie dem Streustatus. Die in den einzelnen Voxeln des Simulationsvolumens deponierten Energien, welche für die Bestimmung der Energiedosiswerte relevant wären, werden beim MC-GPU-Paket nicht erfasst. Zur Bestimmung dieser benötigten Werte wurden im ersten Schritt der Anpassung des Simulationsalgorithmus zwei 32Bit (float) Gleitkommazahlen-Arrays mit der gleichen Auflösung wie das voxelisierte Simulationsvolumen angelegt. Eines dieser Arrays nimmt während der Berechnung die direkt über die Monte-Carlo-Simulation bestimmten deponierten Energiewerte pro Voxel auf. Das andere speichert die aus dem simulierten Energiefluss pro Voxel abgeleiteten Dosiswerte. Diese doppelte Erfassung mittels zwei unterschiedlicher Mechanismen wird in SI-ScaR-GPU angewendet, da eine Bestimmung der Dosiswerte über die direkte Simulation der Strahlungsinteraktionen zwar qualitativ gute Resultate für Dosisabschätzungen bietet, jedoch für eine aussagekräftige Visualisierung zu wenige Werte liefert. Die Herleitung der Dosisdaten aus den Energieflusswerten hingegen stellt ausreichend Daten für eine Visualisierung zur Verfügung. Jedoch erreicht diese Approximationsvariante nicht die Güte der direkten Bestimmung der deponierten Energien.

Für die Dosis-Arrays der beiden Approximationsvarianten (dose_direct_results (kurz dd) und dose_from_flux_results (kurz df)) wurden aufgrund der heterogenen Programmierung sowohl auf der Grafikkarte als auch im Hauptspeicher der CPU entsprechender Speicherplatz allokiert. Zur Initialisierung der Arraywerte im Grafikkartenspeicher vor dem Simulationsstart wurde der init_dose_results-Kernel implementiert. Dieser setzt entsprechend der z-Dimension des Simulationsvolumens (dimZ) und der aktuellen Thread- und Block-ID für jeweils einen Teil der Dosis-Arrays die gewünschten Werte. Der Kernel wird hierbei mit einem eindimensionalen Grid von eindimensionalen Thread-Blöcken aufgerufen, deren Größe der x- und y-Dimension des Simulationsvolumens (dimX und dimY) entsprechen.

Zur Bestimmung der Werte für das dd-Array wurden anschließend innerhalb des track_particles-Kernels die Positionen identifiziert, an welchen während der Simulation durch ein Photon Energie lokal deponiert wird. Da bei der Simulation die Erzeugung von sekundären Elektronen und somit auch sekundäre Strahlungserzeugung zur Verringerung der Berechnungszeit nicht berücksichtigt werden, wurde jeder Energieverlust des Photons als lokale Energiedeponierung angesehen. Nach Kapitel 2.1.2.1 und 2.1.2.2 geschieht dieses bei den vorliegenden Strahlenenergien nur bei der Compton-Streuung und der Photoabsorption. Aufgrund der Tatsache, dass das Simulationspaket nur Materialdaten für eine minimale Photonenenergie von 5 keV bereitstellt, wird die Historie für jedes Photon mit einer geringeren Energie nicht weiter simuliert und dessen Restenergie ebenfalls lokal deponiert. Da bei der Photoabsorption das Photon seine komplette Bewegungsenergie verliert, kann dieser Fall nur bei der Compton-Streuung auftreten.

Unter diesen Gesichtspunkten wurde der Photonen-Tracking-Algorithmus derart erweitert, dass an den entsprechenden Stellen der Energieverlust des Photons basierend auf dem Material und Volumen des aktuellen Voxels in eine deponierte Energiedosis umgerechnet und anschließend zur korrespondierenden Position im dd-Array hinzuaddiert wird (vgl. Abbildung 93 im Anhang). Da verschiedene Threads gleichzeitig diese Addition vollziehen könnten, muss die Berechnungsoperation zwischen den aktiven Threads synchronisiert werden. Dieses kann in CUDA™ durch atomare Funktionen erreicht werden, welche eine Speicherstelle während der Modifikation sowohl lesend als auch schreibend für andere Threads sperren. Ein gleichzeitiger Zugriff auf eine Speicherstelle durch atomare Funktionen mehrerer Threads resultiert in einer Serialisierung der einzelnen Operationen.

Da das Volumen jedes Voxels im Simulationsszenario stets gleich ist, wurde ein Konstanten-Array voxel_mass_inverse_CONST angelegt, welches für die in der Simulation vorkommenden Materialien die inverse Masse pro Voxel und einen Umrechnungsfaktor von der Einheit [eV] nach [J] bereitstellt. Die Masse wird hierbei als Produkt der nominellen Dichte des Materials und dem Volumen eines Voxels berechnet (Einheit $\left[\frac{1}{kg}\right]$). Als Umrechnungsfaktor der Dosis-Einheit $\left[\frac{eV}{kg}\right]$ nach Gray $\left[\frac{J}{kg}\right]$ wurde entsprechend Gleichung *(2)* der Wert $1{,}602 \cdot 10^{-19}$ als Multiplikator angewendet. Durch Bestimmung dieser Werte vor Beginn der Simulation und Hinterlegung im Konstantenspeicher der Grafikkarte kann die Berechnung der deponierten Ortsdosis nach Gleichung *(26)* durch einfache Multiplikation der entsprechenden Materialkonstante mit der deponierten Energie beschleunigt werden.

Zur Approximation der Ortsdosis-Werte für das df-Array werden in SIScaR-GPU vor jeder Verschiebung eines Photons im Trackingalgorithmus dessen aktuelle Energie- und Positions-Parameter herangezogen. Nach der an Formel *(6)* aus Kapitel 2.1.2 angelehnten Gleichung *(31)* wird mit der aktuellen Photonenenergie und dem material- und energieabhängigen Masse-Energieabsorptionskoeffizienten μ_{en}/ρ ein Faktor s_{verl} für den theoretischen Intensitätsverlust der Strahlung innerhalb des Voxels bestimmt. Aufgrund der im Simulationsvolumen vordefinierten Voxel-Dimension von 1 cm in alle Raumrichtungen wurde die Massendicke in Gleichung *(31)* ebenfalls auf 1 cm festgelegt. Obwohl sich der Schwächungsfaktor s_{verl} normalerweise auf die Intensität eines Strahlenbündels bezieht, soll er im Rahmen der Ortsdosis-Approximation von SIScaR-GPU auf die Energie des vorliegenden Photons bezogen werden. Durch die Multiplikation von s_{verl} mit der aktuellen Photonenenergie wird so ein Wert bestimmt, welcher die lokale Deponierung von Energie im entsprechenden Voxel repräsentiert. Der aktuelle Voxel-Index des Photons im Simulationsvolumen bestimmt in diesem Kontext die Speicherstelle innerhalb des df-Arrays, zu welcher mittels atomarer CUDA™ Funktionen der aus der Faltung resultierende Energiewert einmalig hinzuaddiert wird. Verlässt das Photon nach einem Verschiebungsschritt (Step) den aktuellen Voxel nicht, so wird kein weiterer Energiewert zum Datenarray hinzugerechnet.

$$s_{verl} := 1 - e^{-\left(\frac{\mu_{en}}{\rho}\right) \cdot \rho \cdot 1\,cm} \qquad (31)$$

Aufgrund der Verwendung des df-Arrays im Rahmen der Strahlungsvisualisierung wurde zur Verringerung der Berechnungskomplexität und der benötigten Speichermenge der verwendete Energieabsorptionskoeffizienten μ_{en}/ρ auf ein einzelnes Material festgelegt: Luft. Dieses Material wurde gewählt, da die Darstellung der Streustrahlung im Kontext der Strahlenschutzausbildung vor allem in Bereichen des virtuellen OPs relevant ist, an denen sich keine Objekte und Personen befinden und somit Luft der vorherrschende Stoff ist. Um die Zugriffszeiten auf die energieabhängigen Werte der Variable μ_{en}/ρ und somit die Simulationszeit möglichst gering zu halten, wurden die benötigten Daten vor Beginn der Simulation in den Konstantenspeicher der Grafikkarte kopiert. Zahlenwerte für μ_{en}/ρ für das Material Luft wurden im Rahmen dieser Arbeit vom National Institute of Standards and Technology (NIST) bezogen [158].

Zur Beschleunigung der gesamten Simulation können bei jedem Step des Photons durch das Woodcock-Tracking mehrere Voxel übersprungen werden. Damit SIScaR-GPU die Dosiswerte für die übersprungenen Voxel dennoch korrekt erfasst, wurde eine Abfrage in den Trackingalgorithmus eingefügt, welche diesen Fall abfängt und die ermittelten Energieschwächungen zu den entsprechenden übersprungenen Stellen im df-Array einmalig hinzuaddiert (vgl. Abbildung 87 im Anhang).

Nachdem der track_particles-Kernel alle Photonenhistorien simuliert hat, werden die Ortsdosiswerte aus dem Grafikkartenspeicher in entsprechende Arrays im Hauptspeicher der CPU kopiert und für die Weiterverarbeitung bereitgestellt.

Da die exakte Protokollierung der Position der auf den Detektor auftreffenden Photonen für die Streustrahlensimulation nicht relevant ist, wurden zur Verringerung des Rechenaufwandes das in MC-GPU verwendete Bildarray und mit diesem in Verbindung stehende Funktionen und Parameter aus dem Projekt entfernt. Anstelle des Bildarrays wurden zwei Gleitkommavariablen angelegt. Eine dieser Variablen beinhaltet die Summe der Energien der Photonen, die während der Simulation ungestreut die Dominante des BVs erreichen. Die andere erfasst die Anzahl der Voxel im Bereich der Dominante. Für eine genauere Beschreibung dieser Variablen, welche für die Nachbildung der automatischen Dosisleistungsregelung im Rahmen der Streustrahlensimulation Verwendung findet, siehe Kapitel 3.1.4.1.

3.1.2 Erzeugung primärer Photonen für die Simulation einer C-Bogen Strahlenquelle

Wie bereits in Kapitel 2.5.2.3.1 beschrieben, stellt das MC-GPU-Paket in der Version 1.1 die Möglichkeit bereit, für beliebige Positionen der Strahlenquelle Projektionsröntgenbilder einer CT-Aufnahme zu simulieren. Aus diesem Grund ist die Strahlenquelle als pyramidenförmiger Fächerstrahler (fan beam) (vgl. Abbildung 31), wie er meist bei CT-Geräten anzufinden ist, modelliert. Diese Form des Hauptstrahlenganges ist bei mobilen Röntgengeräten nur vorhanden, sofern das Gerät einen Flachdetektor zur Bilderzeugung verwendet. Benutzt der C-Bogen eine Bildverstärkereinheit (siehe Kapitel 2.1.4), so ist der Hauptstrahlengang des Röntgengerätes mit Hilfe von Abschirmungen und Blenden kegelförmig gestaltet (cone beam, vgl. Abbildung 31). Der Quellcode des MC-GPU-Paketes enthält auskommentiert eine nicht verwendete Methode zur Erzeugung eines kegelförmigen Hauptstrahlenganges, welcher als Grundlage für SIScaR-GPU eingesetzt wurde.

Alle im Weiteren beschriebenen Berechnungen, welche innerhalb der Kernelausführung vollzogen werden (z. B. Bestimmung der initialen Position, Flugrichtung, Energie und des Startvoxels), sind in SIScaR-GPU in einer Device-Methode namens source gekapselt.

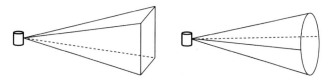

Abbildung 31: Pyramidenförmiger Fächerstrahler (fan beam; links) aus der Computertomografie und kegelförmiger Strahlengang (cone beam; rechts) von C-Bögen mit rundem Bildverstärker.

3.1.2.1 Bestimmung der initialen Photonenflugrichtung

Im ersten Schritt der Modellierung des Strahlenkegels wurde der Heel-Effekt (vgl. Kapitel 2.1.1.3) vernachlässigt und eine gleichförmige Verteilung der von der Strahlenquelle erzeugten Photonen über den Kegelbereich angenommen. Um dieses zu erreichen, wird vor Beginn der Simulation, basierend auf dem gerätespezifischen Fokus-Bildverstärker-Abstand ($|\overrightarrow{FB}|$), der Richtung des Zentralstrahls $\overrightarrow{FB}$ und dem Radius der bestrahlten Fläche auf dem Bildverstärker r_{BV} ein normierter Richtungsvektor $\overrightarrow{d_z}$ und der Kegelöffnungswinkel α_K bestimmt (vgl. Abbildung 32). Den normierten Richtungsvektor $\overrightarrow{d_z}$ erhält man hierbei entweder über den Quotienten von $\overrightarrow{FB}/|\overrightarrow{FB}|$ oder durch die Drehung eines Vektors $\overrightarrow{d_{z0}}$ der Länge 1, welcher parallel zu einer der drei Raumachsen verläuft, um die Rotation des C-Bogens. Die Drehung von $\overrightarrow{d_{z0}}$ erfolgt nach Gleichung *(32)*, wobei die Rotation des C-Bogens $q_{CB} := (x, y, z, w)$ in SIScaR-GPU mit Hilfe von Quaternionen beschrieben wird.

$$\overrightarrow{d_z} := \frac{\begin{pmatrix} w^2 + x^2 - y^2 - z^2 & 2xy - 2zw & 2xz + 2yw \\ 2xy + 2zw & w^2 - x^2 + y^2 - z^2 & 2yz - 2xw \\ 2xz - 2yw & 2yz + 2xw & w^2 - x^2 - y^2 + z^2 \end{pmatrix} \cdot \overrightarrow{d_{z0}}}{w^2 + x^2 + y^2 + z^2} \quad (32)$$

$$\text{mit } q_{CB} := (x, y, z, w)$$

Für den Aufbau der Simulationsumgebung in SIScaR-GPU wurde definiert, dass der normierte Richtungsvektor von der Strahlenquelle zum Bildverstärker bei unrotiertem C-Bogen – alle Gelenke auf Nullstellung – parallel zur y-Achse verläuft und somit die Form $\overrightarrow{d_{z0}} := (0,1,0)$ besitzt. Durch diese Festlegung kann die Gleichung *(32)* für die Richtungsvektordrehung zu Gleichung *(33)* vereinfacht werden.

$$\overrightarrow{d_z} := \frac{1}{w^2 + x^2 + y^2 + z^2} \cdot \begin{pmatrix} 2xy - 2zw \\ w^2 - x^2 + y^2 - z^2 \\ 2yz + 2xw \end{pmatrix} \quad (33)$$

Der Wert des Kegelöffnungswinkels α_K wird nach Formel *(34)* errechnet und zusammen mit den Vektordaten $\vec{d_z}$ im Konstantenspeicher der Grafikkarte abgelegt, um später die Berechnung zu beschleunigen.

$$\alpha_K := \cos^{-1}\left(\frac{|\overrightarrow{FB}|}{\sqrt{|\overrightarrow{FB}|^2 + r_{BV}^2}}\right) \quad (34)$$

Soll nun während des Trackingalgorithmus im track_particles-Kernel ein primäres Photon erzeugt werden, generiert als erstes der RANECU-Algorithmus zwei Pseudozufallszahlen rnd_1 und rnd_2 aus dem offenen Intervall (0,1). Mit diesen Zahlen werden anschließend nach Gleichung *(35)* ein Winkel δ aus dem Intervall (0,2π) und nach Gleichung *(36)* ein Winkel ω_K zwischen 0 und α_k berechnet.

$$\delta := 2 \cdot \pi \cdot rnd_1 \quad (35)$$

$$\omega_K := \alpha_k \cdot rnd_2 \quad (36)$$

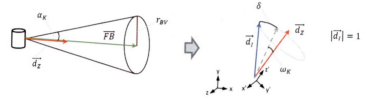

Abbildung 32: Bestimmung des primären Richtungsvektors $\vec{d_I}$ eines Photons zur Simulation eines kegelförmigen Strahlenganges.

δ und ω_K werden nachfolgend eingesetzt, um den Richtungsvektor $\vec{d_z}$ für die gleichmäßige Abdeckung des Kegelbereiches in seinem lokalen Koordinatensystem um zwei Winkel zu drehen (vgl. Abbildung 32). Die z-Achse des lokalen Dreh-Koordinatensystems stimmt hierbei mit dem Vektor $\vec{d_z}$ überein und dessen y-Achse steht senkrecht zur z-Achse des globalen Koordinatensystems.

$$\vec{d_I} := \begin{cases} \begin{pmatrix} a \cdot \cos\omega_K + m \cdot (a \cdot c \cdot \cos\delta - b \cdot \sin\delta) \\ b \cdot \cos\omega_K + m \cdot (b \cdot c \cdot \cos\delta + a \cdot \sin\delta) \\ c \cdot \omega_K - (a^2 + b^2) \cdot m \cdot \cos\delta \end{pmatrix}, \text{wenn } a^2 + b^2 > 0 \\ \begin{pmatrix} \sqrt{1 - (\cos\omega_K)^2} \cdot \cos\delta \\ \sqrt{1 - (\cos\omega_K)^2} \cdot \sin\delta \\ \cos\omega_K \end{pmatrix}, \text{wenn } a^2 + b^2 = 0 \text{ und } z > 0 \\ \begin{pmatrix} -\sqrt{1 - (\cos\omega_K)^2} \cdot \cos\delta \\ \sqrt{1 - (\cos\omega_K)^2} \cdot \sin\delta \\ -\cos\omega_K \end{pmatrix}, \text{wenn } a^2 + b^2 = 0 \text{ und } z \leq 0 \end{cases} \quad (37)$$

$$\text{mit } \vec{d_z} := (a, b, c) \text{ und } m := \sqrt{\frac{1 - (\cos\omega_K)^2}{a^2 + b^2}}$$

Mit Hilfe von Gleichung *(37)* werden die durch die lokale Drehung resultierenden Vektorkoordianten direkt für das globale Koordinatensystem des Simulationsvolumens ermittelt. Die so gewonnenen Werte entsprechen der gewünschten initiale Flugrichtung $\vec{d_I}$ des primären Photons innerhalb des Kegelbereichs.

Viele mobile Röntgengeräte verfügen über die Möglichkeit mithilfe der elektronischen Lupe den zentralen Bildbereich zu vergrößern, ohne das Röntgengerät zu bewegen oder Einbußen in der Bildauflösung durch eine digitale Vergrößerung in Kauf nehmen zu müssen (vgl. Kapitel 2.1.4). Beim Einsatz der elektronischen Lupe wird innerhalb der Röntgenröhre der Elektronenstrahl auf eine andere Brennfleckbahn der Drehanode (vgl. Kapitel 2.1.1.3) gelenkt als im Normalbetrieb. Diese zweite Brennfleckbahn weist einen steileren Anodenwinkel als die primäre Brennfleckbahn auf, wodurch ein kleinerer optischer Brennfleck resultiert (vgl. Abbildung 9). Durch zusätzliche Verwendung von Einblendungen trifft durch diese Technik die gleiche Anzahl von Photonen, welche im Normalbetrieb über die gesamte BV-Fläche verteilt waren, in einem kleineren zentralen Bereich des Bildverstärkers auf. Somit kann der Einsatz der elektronischen Lupe, welcher auch als Formatumschaltung bezeichnet wird, als eine Verschmälerung des Hauptstrahlenkegels bei gleichbleibendem Photonenfluss im Kegelbereich angesehen werden. Um diese Funktion bei der Strahlenquelle in SIScaR-GPU nachzubilden, wird zu Beginn der Simulation mittels des gerätespezifischen Radius des verschmälerten Strahlenkegels $r_{BV,L}$ und dem Fokus-Bildverstärker-Abstand angelehnt an Gleichung *(34)* der Kegelöffnungswinkel $\alpha_{K,L}$ bestimmt. Der berechnete Winkel wird wie die übrigen auf die Strahlenquelle bezogenen Werte im Konstantenspeicher der Grafikkarte hinterlegt. Soll nun während der Streustrahlensimulation die elektronische Lupe verwendet werden, wird bei der oben beschriebenen Berechnung der initialen Photonenflugrichtung in Gleichung *(36)* der kleinere Öffnungswinkel $\alpha_{K,L}$ anstelle von α_K eingesetzt. Hierdurch ist die gleichmäßige Verteilung der zu simulierenden Photonen auf den kleineren Strahlenkegel gewährleistet (vgl. auch Flussdiagramm in Abbildung 88 im Anhang).

3.1.2.2 Simulation von Blenden

Zur Eingrenzung des Hauptstrahlenganges auf ein Gebiet von Interesse besitzen mobile Röntgengeräte meist frei einstellbare Blendenvorrichtungen. Diese sind, wie bereits in Kapitel 2.1.4 beschrieben, direkt hinter dem Strahlenaustrittsfenster angebracht und beeinflussen die Intensität und Ausbreitung der auftretenden Streustrahlung. Um diesem Faktor Rechnung zu tragen, wurden für die Strahlenquelle in SIScaR-GPU zwei verschiedene Blendentypen implementiert:

- eine Irisblende und
- eine drehbare Schlitzblende.

Im Gegensatz zur elektronischen Lupe verringern Blenden beim Einfahren den Photonenfluss im Hauptstrahlengang durch die Abschirmung der Photonen im äußeren Bereich des Strahlenkegels. Aus diesem Grund wird in SIScaR-GPU nach der Bestimmung der initialen Flugrichtung des Photons überprüft, ob es auf Teile der simulierten Blendenvorrichtung trifft. Ist dies der Fall wird zur Vereinfachung der Simulation das Photon als absorbiert angesehen und die Simulation seiner Historie nicht gestartet. Hierdurch verringert sich bei eingefahrenen Blenden die Anzahl der simulierten Photonenhistorien, was mit einer Verringerung des Photonenflusses im Strahlenbereich gleichgesetzt werden kann.

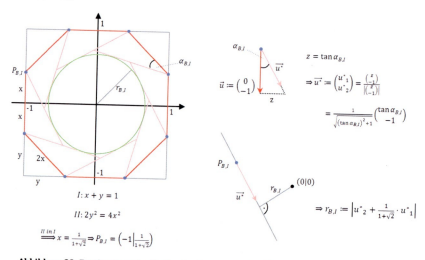

Abbildung 33: Bestimmung des Radius $r_{B,I}$ des von der Irisblende eingeschlossenen Kreises.

Zur Modellierung der Irisblende wurden acht Blendenteile angenommen, welche sich um die Eckpunkte eines gleichmäßigen Achtecks drehen (vgl. Abbildung 33). Zur Vereinfachung der Berechnung wurde die Breite und Höhe des Achtecks auf 2 festgelegt und definiert, dass sich das Zentrum des Achtecks im Ursprung eines zweidimensionalen Koordinatensystems befindet. Hieraus ergibt sich eine Länge von $\frac{2}{1+\sqrt{2}}$ für die Seiten des Achtecks. Das Einfahren der Irisblende wird durch die Drehung der Blendenteile um den Winkel $\alpha_{B,I}$ aus dem Intervall [0°, 42,5°] simuliert. Der von den Blendenteilen eingeschlossene Bereich kann durch einen Kreis mit dem Radius $r_{B,I}$ grob angenähert werden. Der Radius $r_{B,I}$ entspricht hierbei dem Abstand einer Geraden, welche durch einen der acht Drehpunkte verläuft und parallel zum entsprechenden Blendenteil steht, zum Ursprung des Koordinatensystems (vgl. Abbildung 33). Für die Berechnung von $r_{B,I}$ wurde in SIScaR-GPU der Drehpunkt mit den Koordinaten

$$P_{B,I} := \left(-1 \Big| \frac{1}{1+\sqrt{2}}\right) \tag{38}$$

gewählt. Der Richtungsvektor $\vec{u^*}$ der entsprechenden Geraden durch $P_{B,I}$ ergibt sich aus der Drehung des Vektors

$$\vec{u} := \begin{pmatrix} 0 \\ -1 \end{pmatrix} \tag{39}$$

um den Winkel $\alpha_{B,I}$. $\vec{u^*}$ kann aufgrund der festgelegten Werte als Einheitsvektor mit Hilfe von Gleichung *(40)* bestimmt werden (vgl. Abbildung 33).

$$\vec{u^*} := \begin{pmatrix} u^*_1 \\ u^*_2 \end{pmatrix} = \frac{1}{\sqrt{(\tan \alpha_{B,I})^2 + 1}} \begin{pmatrix} \tan \alpha_{B,I} \\ -1 \end{pmatrix} \qquad (40)$$

Durch Erweiterung des Stützvektors der Geraden zu Punkt $P_{B,I}$ und des Richtungsvektors $\vec{u^*}$ ins dreidimensionale kann unter Zuhilfenahme der allgemeinen Punkt-Geraden-Abstandsgleichung der Abstand $d_{B,I}$ der Geraden zum Ursprung durch Gleichung *(41)* ermittelt werden. Hierbei ist der Nenner des Bruchs gleich eins, da der Richtungsvektor als Einheitsvektor angelegt wurde.

$$d_{B,I} := \frac{\left| u^*_2 + \frac{1}{1+\sqrt{2}} \cdot u^*_1 \right|}{\sqrt{{u^*_1}^2 + {u^*_2}^2}} = \left| u^*_2 + \frac{1}{1+\sqrt{2}} \cdot u^*_1 \right| =: r_{B,I} \qquad (41)$$

Da das Modell der Irisblende in SIScaR-GPU mit einer Höhe und Breite von 2 angelegt ist, liegt der Radius des von den Blendenteilen eingeschlossenen Kreises im Intervall von [0,1]. Somit kann dieser Wert auch als Faktor für die Verkleinerung des Strahlenganges eingesetzt werden. Hierbei wird durch die Multiplikation von $r_{B,I}$ mit dem normalen Öffnungswinkel des Strahlenkegels α_K ein Schwellwinkel $\alpha_{K,I}$ berechnet und im Konstantenspeicher der Grafikkarte abgelegt. Während der Bestimmung der initialen Flugrichtung des Photons im Kernel, wird der Wert ω_K mit diesem Schwellwinkel verglichen. Ist ω_K größer als $\alpha_{K,I}$ wird die Simulation des Photons abgebrochen, da es auf seinem weiteren Weg mit größter Wahrscheinlichkeit von den Bauteilen der Irisblende absorbiert werden würde. Ist ω_K kleiner als $\alpha_{K,I}$ wird hingegen die Simulation der Photonenhistorie fortgesetzt, da die initiale Flugrichtung innerhalb des verkleinerten Strahlenkegels liegt.

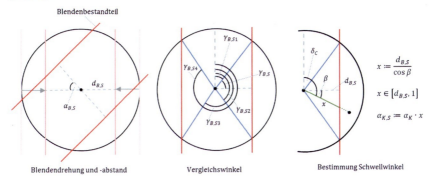

Abbildung 34: Schematische Darstellung des Modells der Schlitzblende in SIScaR-GPU mit Parametern für die Simulation.

Die zweite modellierte Blendenvariante in SIScaR-GPU ist die drehbare Schlitzblende. Beim Einfahren dieser Blende bewegen sich zwei gerade Blendenbestandteile, welche parallel zueinanderstehen, gleichmäßig Richtung Zentrum des Strahlenbereiches (vgl.

Abbildung 34). Des Weiteren können die Blendenbestandteile gemeinsam um das Strahlenzentrum gedreht werden. Im Modell der Blenden wurde definiert, dass die Drehung $\alpha_{B,S}$ der Blendenteile im Intervall $(0,2\pi)$ liegen darf und das Einfahren auf $n_{B,S}$ feste Positionen (Positionsindex $i_P \in \{0,1,\dots,n_{B,S}\}$) beschränkt ist. Wie bei der Irisblende wurde der Radius des nicht eingeblendeten Strahlenbereiches auf eins festgelegt, um über den Abstand $d_{B,S}$ des Blendenbestandteils zum Strahlenzentrum einen Faktor für die Verkleinerung des Strahlenganges zu erhalten. Durch die Festlegung der Einfahrpositionen kann dieser nach Gleichung *(42)* bestimmt werden.

$$d_{B,S} := 1 - \frac{i_P}{n_{B,S}} \qquad (42)$$

Für die Berechnung, ob ein primäres Photon die Schlitzblende trifft und somit nicht weiter simuliert werden muss, wurden neben dem Blendenabstand $d_{B,S}$ vier Winkel $\gamma_{B,S1}$, $\gamma_{B,S2}$, $\gamma_{B,S3}$ und $\gamma_{B,S4}$ nach den Gleichungen unter *(44)* bestimmt. Diese wurden zusammen mit dem Blendenabstand und der Blendendrehung im Konstantenspeicher der Grafikkarte abgelegt. Bei den Gleichungen unter *(44)* entspricht $\gamma_{B,S}$ dem Winkel zwischen dem Blendenabstand $d_{B,S}$ und einer Geraden, welche durch das Strahlenzentrum und dem Schnittpunkt der Blendenkante mit dem Kreis des Strahlenbereiches geht (vgl. Abbildung 34). $\gamma_{B,S}$ wiederum wird nach Gleichung *(43)* aus dem Blendenabstand ermittelt.

$$\gamma_{B,S} := \cos^{-1} d_{B,S} \qquad (43)$$

$$\gamma_{B,S1} := \frac{\pi}{2} - \gamma_{B,S} \qquad \gamma_{B,S2} := \frac{\pi}{2} + \gamma_{B,S}$$
$$\gamma_{B,S3} := \frac{3\pi}{2} - \gamma_{B,S} \qquad \gamma_{B,S2} := \frac{3\pi}{2} + \gamma_{B,S} \qquad (44)$$

Während der Berechnung der initialen Flugrichtung des Photons im Kernel wird, sofern der Abstand der Schlitzblende zum Strahlenzentrum kleiner als eins ist, als Erstes ein Vergleichswinkel δ_c nach Gleichung *(45)* ermittelt.

$$\delta_c := (\delta + \alpha_{B,S}) mod(2\pi) \qquad (45)$$

$$\alpha_{K,S} := \alpha_K \cdot d_{B,S} \cdot \begin{cases} \frac{1}{\cos\left(\frac{\pi}{2} - \delta_c\right)}, wenn\ 0 < \delta_c \leq \frac{\pi}{2} \\ \frac{1}{\cos\left(\delta_c - \frac{\pi}{2}\right)}, wenn\ \frac{\pi}{2} < \delta_c < \pi \\ \frac{1}{\cos\left(\frac{3\pi}{2} - \delta_c\right)}, wenn\ \pi < \delta_c \leq \frac{3\pi}{2} \\ \frac{1}{\cos\left(\delta_c - \frac{3\pi}{2}\right)}, wenn\ \frac{3\pi}{2} < \delta_c < 2\pi \\ 0, sonst \end{cases} \qquad (46)$$

Durch Vergleiche dieses Winkels mit den Winkeln $\gamma_{B,S1}$, $\gamma_{B,S2}$, $\gamma_{B,S3}$ und $\gamma_{B,S4}$ aus dem Konstantenspeicher der Grafikkarte wird entschieden, ob sich das Photon in einem Kreisabschnitt befindet, in welchem ein Blendenteil vorhanden ist, oder nicht. Gilt für den Vergleichswinkel δ_c eine der folgenden Aussagen

A₁: ($\delta_c < \gamma_{B,S1}$ oder $\delta_c > \gamma_{B,S4}$)   oder   A₂: ($\delta_c > \gamma_{B,S2}$ und $\delta_c < \gamma_{B,S3}$)

so befindet sich das Photon in einem Bereich ohne Blende und die Simulation der Historie wird ohne Änderungen fortgesetzt. Trifft keine dieser Aussagen zu, so muss überprüft werden, ob das Photon die Blende trifft oder nicht. Hierzu wird nach Gleichung *(46)* aus dem Vergleichswinkel δ_c, dem normalen Öffnungswinkel des Strahlenkegels α_K und dem Abstand der Schlitzblende zum Strahlenzentrum $d_{B,S}$ ein Schwellwinkel $\alpha_{K,S}$ generiert. Dieser wird anschließend mit dem Winkel ω_K verglichen. Ist ω_K kleiner als $\alpha_{K,S}$ so trifft das Photon die Blende nicht und die Simulation der Historie wird fortgesetzt. Ist ω_K größer als $\alpha_{K,S}$ wird das Photon als absorbiert angesehen und die Simulation für dieses Photon abgebrochen. Auf diese Weise werden die durch die rotierte Schlitzblende abgeschirmten Photonen aus dem Strahlenbereich entfernt (vgl. auch Flussdiagramm in Abbildung 88 im Anhang).

3.1.2.3 Festlegung der initialen Photonenenergien

Nach Bestimmung der initialen Flugrichtung des Photons wird diesem seine initiale Energie zugewiesen. Im MC-GPU-Paket erhält jedes primäre Photon die gleiche initiale Energie, wodurch ein monoenergetischer Strahlengang modelliert wird. Hierdurch können zu Beginn der Simulation die MFP- und Energiebereich-Werte einmalig für alle Photonen bestimmt werden. Dieses soll laut den Autoren von MC-GPU einen Geschwindigkeitsgewinn bei der Simulation von ca. 10% ermöglichen. Ein monoenergetischer Strahlengang entspricht jedoch keinesfalls einem realen Strahlengang einer Röntgenquelle. Wie bereits in Kapitel 2.1.1 beschrieben, weist jede Röntgenquelle je nach angelegter Röhrenspannung und Röhrenstrom ein individuelles Strahlenspektrum auf, in welchem entsprechend der Filterung Photonenenergien größer null bis zur Grenzfrequenz auftreten. Da das Verhalten der Streustrahlung stark von der Energieverteilung des Strahlenganges abhängt (z. B. stärkere Rückstreuung bei geringen Photonenenergien) ist ein monoenergetischer Strahlengang für eine korrekte Streustrahlensimulation unzureichend. Aus diesem Grund wurde in SIScaR-GPU eine Simulation des Strahlenspektrums für die bessere Modellierung der Strahlenquelle integriert.

Wie in Kapitel 2.1.1.3 erwähnt, verwenden mobile Röntgengeräte hauptsächlich Röntgenanoden auf Wolframbasis. Um das Spektrum für beliebige Röhrenspannungen einer derartigen Röntgenröhre bestimmen zu können, wurde für SIScaR-GPU der TASMIP-Algorithmus (**t**ungsten **a**node **s**pectral **m**odel using **i**nterpolating **p**olynomials) von Boone und Seibert ausgewählt [159]. Dieser in C geschriebene empirische Algorithmus ist in der Lage, von Fewell et al. [160] gemessene Röntgenspektren in 1 kV Schritten für den Röhrenspannungsbereich von 30 bis 140 kV mit Hilfe von 131 Polynomialfunktionen zu interpolieren. TASMIP, dessen Quellcode von den Internetseiten des American Institute of Physics heruntergeladen werden kann [161], wurde von Meyer et al. [162] mit 5 weiteren Programmen zur Röntgenspektrum-Simulation verglichen und lieferte innerhalb des Vergleichsszenarios akzeptable Ergebnisse.

Für die Berechnung verwendet der Algorithmus

- die gewünschte Röhrenspannung,

- die zusätzliche Filterung der Röntgenröhre in Millimeter Aluminium sowie
- die Restwelligkeit der Röhrenspannung in Prozent

als Eingangsparameter. Als Ausgabe produziert TASMIP bei einem angenommenen Röhrenstrom von 1 mA und Messabstand von 1m zur Röntgenröhre ein Float-Array, welches in jedem Array-Feld x den Photonenfluss pro mm² für Photonen der Energie x ± 0.5 keV enthält. Um nun in SIScaR-GPU Röntgenspektren simulieren zu können, wurden mit Hilfe von TASMIP 91 Spektren für Röhrenspannungen von 30 bis 120 kV (je 1kV Schritte, mit 1 mm Aluminiumfilter und 0% Restwelligkeit) berechnet und die Ergebnisse in einer XML-Datei hinterlegt. Hierzu wurde der TASMIP-Quellcode so erweitert, dass dieser die ermittelten Ergebnisse direkt nach der Berechnung basierend auf der in Abbildung 35 dargelegten Struktur in eine XML-Datei schreibt. Diese Spektrum-XML-Datei bildet die Basis für die Bestimmung der initialen Photonenenergien in SIScaR-GPU. Der Umweg der Wertübergabe der einzelnen Spektren über eine XML-Datei ermöglicht es SIScaR-GPU, zukünftig den Algorithmus für die Erzeugung der Spektren einfach auszutauschen. Abbildung 36 zeigt exemplarisch 19 dieser simulierten Spektren in jeweils 5 kV Röhrenspannungs-Abständen.

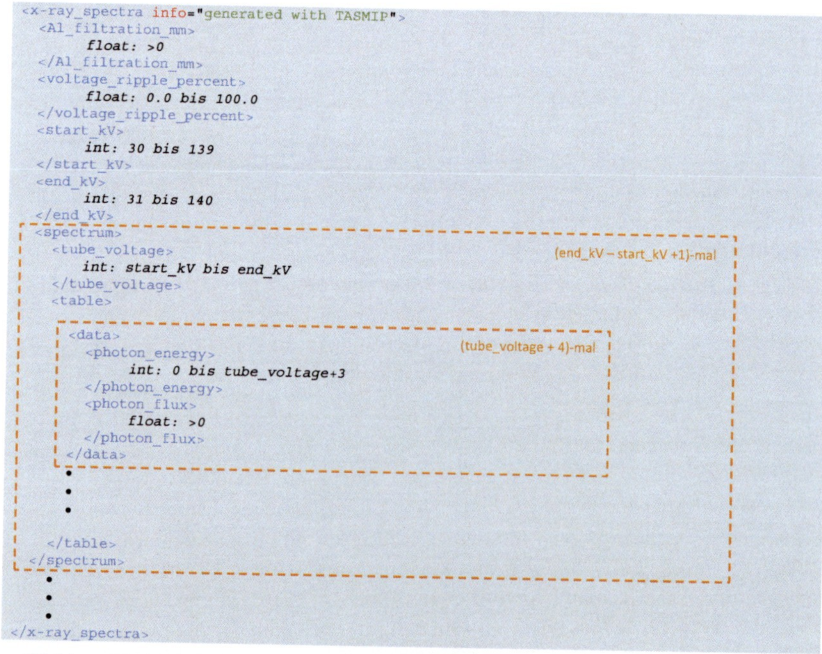

```
<x-ray_spectra info="generated with TASMIP">
  <Al_filtration_mm>
      float: >0
  </Al_filtration_mm>
  <voltage_ripple_percent>
      float: 0.0 bis 100.0
  </voltage_ripple_percent>
  <start_kV>
      int: 30 bis 139
  </start_kV>
  <end_kV>
      int: 31 bis 140
  </end_kV>
  <spectrum>
      <tube_voltage>
          int: start_kV bis end_kV                    (end_kV - start_kV +1)-mal
      </tube_voltage>
      <table>
          <data>
              <photon_energy>                         (tube_voltage + 4)-mal
                  int: 0 bis tube_voltage+3
              </photon_energy>
              <photon_flux>
                  float: >0
              </photon_flux>
          </data>
          .
          .
          .
      </table>
  </spectrum>
  .
  .
  .
</x-ray_spectra>
```

Abbildung 35: Struktur der Spektrum-XML-Datei für die Simulation des Röntgenspektrums in SIScaR-GPU

Während der Initialisierungsphase von SIScaR-GPU werden die in der Spektrum-XML-Datei hinterlegten Werte unter Verwendung des Xerces-C++ XML-Parsers (Version 3.1.1 [163]) eingelesen und in entsprechende Float-Arrays im Hauptspeicher der CPU geschrieben (spectraValues). Hierbei wird bei jeder Spektrum-Tabelle der gesamte Photonenfluss des Spektrums aufsummiert und abschließend alle Werte einer Tabelle durch diese Summe geteilt. Durch dieses Vorgehen beinhaltet jeder Eintrag in einer Spektrum-Tabelle den relativen Anteil an Photonen im Energiebereich von x ± 0.5 keV, wobei x den Index des Eintrags in der Tabelle beschreibt.

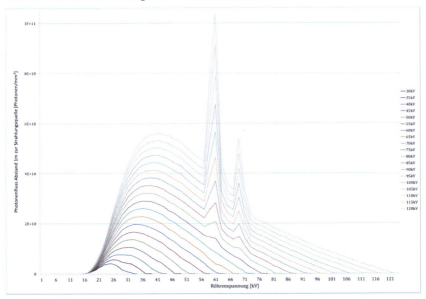

Abbildung 36: Mithilfe des erweiterten TASMIP-Programms erzeugte Röntgenspektren für Röhrenspannungen von 30 bis 120 kV (zur Übersichtlichkeit nur Auswahl der erstellten Spektren in Abständen von 5 kV).

Nachdem in SIScaR-GPU die Dimension des Grids, der Blöcke und die Anzahl der Photonenhistorien pro Thread für den track_particles-Kernel festgelegt wurden, wird aus dem Produkt all dieser Werte die Gesamtzahl der zu simulierenden Photonenhistorien bestimmt. Zusammen mit der Photonenanzahl wird für jede eingelesene Spektrum-Tabelle nach dem in Abbildung 89 im Anhang dargelegten Algorithmus ein Integer-Array (spectraPhotonNumberValues) erstellt. Diese Arrays enthalten in jedem Feld, dessen Index wiederum als Photonenenergie interpretiert wird, die Anzahl von Photonen für einen Simulationsdurchlauf mit entsprechender oder geringerer Energie basierend auf der eingestellten Röhrenspannung. So enthält z. B. das Feld mit dem Index 25 der Spektrum-Tabelle für die Röhrenspannung 50kV die Anzahl von Photonen im Simulationsdurchlauf mit einer Energie kleiner 25.5keV.

Nach der Verarbeitung der Spektrum-XML-Datei wird innerhalb der Initialisierungsphase von SIScaR-GPU die für die Simulation gewünschte ganzzahlige Röhrenspannung tube_voltage festgelegt. Basierend auf diesem Wert wird auf der Grafikkarte ein Integer-Array erzeugt (spectrumNumberArray_device) und in dieses die zuvor für die entsprechende Röhrenspannung berechneten Daten des spectraPhotonNumberValues übertragen. Des Weiteren wird der Wert der Röhrenspannung im Konstantenspeicher der Grafikkarte hinterlegt. Unter Verwendung dieser Daten wird während der Ausführung des track_particles-Kernels die initiale Energie eines neu erzeugten Photons bestimmt. Dieses erfolgt nach dem in Abbildung 90 im Anhang dargelegten Algorithmus. Eine Abfrage, ob die bestimmte Energie kleiner als 5000 ist, wird benötigt, da die Simulationstabellen aus den MC-GPU-Materialdateien nur eine minimale Photonenenergie von 5 keV zulassen. Um die Anzahl der Zugriffe auf den globalen Grafikkartenspeicher während dieser Berechnungsphase zu minimieren, werden von jedem ersten Thread eines Blocks zu Beginn der Kernelausführung die Spektrum-Werte in den schnelleren Shared Memory des SM kopiert. Dieses Vorgehen sichert einen schnellen Speicherzugriff auf die Spektrum-Werte ohne den L1- und L2-Cache für andere Daten zu blockieren.

Eine übergreifende Berechnung der anfänglichen MFP- und Energiebereich-Werte für alle simulierten Photonen ist bei der Verwendung der Strahlenspektrum-Simulation nicht mehr anzuwenden. Deswegen wurden korrespondierende Variablen aus dem Projekt entfernt und Instruktionen eingefügt, welche die Werte basierend auf der initialen Photonenenergie und dem Material des Startvoxels individuell bestimmen (vgl. auch Flussdiagramm in Abbildung 93).

3.1.2.4 Bestimmung der Photonenstartposition im Simulationsvolumen

Neben der initialen Flugrichtung und Energie ist die letzte Eigenschaft, die für ein neu erzeugtes Photon der zu modellierenden Strahlenquelle festgelegt werden muss, die Startposition. Als Startposition der primären Photonen einer Röntgenröhre kann als grobe Näherung die Position des Brennflecks auf der Röntgenanode angenommen werden (vgl. Kapitel 2.1.1.3). In SISCaR-GPU wurde zur Definition dieser Position ein gerätespezifischer Vektor $\vec{p_{CB,0}}$ festgelegt, welcher bei unrotiertem C-Bogen vom Rotationszentrum der C-Konstruktion zum virtuellen Brennfleck weist (vgl. Abbildung 37). Um für einen speziellen Simulationsaufbau die Startposition des Brennflecks und somit auch die Startposition $\vec{p_S}$ der simulierten Photonen innerhalb des Simulationsvolumens bestimmen zu können, wird als erstes dieser Vektor $\vec{p_{CB,0}}$ angelehnt an Gleichung (32) um die C-Bogen-Rotation $q_{CB} := (x, y, z, w)$ gedreht (vgl. Abbildung 37). Anschließend kann der gewonnene Vektor $\vec{p_{CB}}$ zur Summe der Vektoren $\vec{p_Z}$ und $\vec{p_{RZ}}$ hinzuaddiert und die Startposition der Photonen $\vec{p_S}$ gewonnen werden. Hierbei weist der Vektor $\vec{p_Z}$ vom Ursprung des globalen Koordinatensystems zum Zentrum des Simulationsvolumens ($\vec{p_Z} := (dimX/2, dimY/2, dimZ/2)$) und $\vec{p_{RZ}}$ entspricht der Position des C-Bogen-Rotationszentrums relativ zum Zentrum des Simulationsvolumens (vgl. Abbildung 37). Die derart vor Beginn der Simulation ermittelte Position der Strahlenquelle im Simulationsvolumen $\vec{p_S}$ wird zusammen mit dem korrespondieren Voxelindex im Konstantenspeicher der Grafikkarte hinterlegt. Während der Ausführung des Tracking-Kernels werden diese Werte als Startposition und Start-Voxelindex für jedes neu erzeugte Photon gesetzt.

Die in Abbildung 93 und Abbildung 91 im Anhang dargestellten Flussdiagramme zeigen eine Übersicht über den erweiterten Simulationsalgorithmus sowie eine Detailansicht des track_particles-Kernels des MC-GPU-Paketes nach der Erweiterung mit den in Kapiteln 3.1.2.1 bis 3.1.2.4 beschriebenen Komponenten.

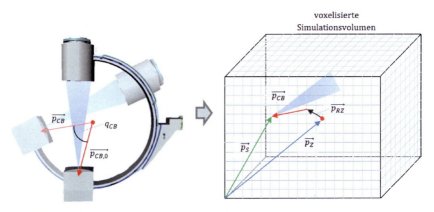

Abbildung 37: Bestimmung der Startposition und des Startvoxels der primären Photonen.

3.1.3 Laufzeitoptimierung der Strahlungstransportsimulation

Wie bereits Maleck et al. [41], Issing und Klimsa [164] und weitere Arbeitsgruppen beschrieben haben (vgl. auch Kapitel 2.4), kann durch den Einsatz von computerbasierten Lehr- und Lernwerkzeugen der Lehrstoff in vielen Bereichen effektiver vermittelt werden als mit klassischen Lernformen. Als wichtige Faktoren für den Erfolg eines CBT-Systems werden hierbei immer wieder die Interaktivität und auch die Qualität der Interaktivität genannt [164].

Nach Robert Stzebkowski und Nicole Kleeberg kann die Interaktivität eines Lernprogrammes, welche allgemein als Steuerung des Informationsaustausches zwischen Lernendem und Lernprogramm durch den Benutzer angesehen werden kann, in Steuerungsinteraktionen und didaktische Interaktionen unterteilt werden [164]. Die Steuerungsinteraktion beschreibt hierbei die allgemeine Steuerung des Programmablaufes, wohingegen die didaktischen Interaktionen die direkte Eingabe und Steuerung von Parametern für Simulationen, Animationen und Modelle sowie die Eingabe von komplexen Antworten auf Fragestellungen im Lernkontext spezifiziert [164]. Im allgemeinen Fall wird durch die Angabe der Interaktivität keine Aussage über die Zeitspanne zwischen Änderung der Parameter und Reaktion des CBT-Systems gemacht. Um jedoch während des Lernprozesses mittels einer Simulation den Zusammenhang zwischen der Veränderung der Parameter und die daraus resultierenden Auswirkungen optimal vermitteln zu können, sollte die Zeitspanne zwischen Änderung und Reaktion durch das System nicht zu lang sein. Während einer langen Wartezeit kann die Fokussierung des Lernenden auf die Problem- oder Fragestellung schwinden und somit das Verstehen der Zusammenhänge behindert werden. Eine allgemeine Aussage über die maximale Zeitspanne zwischen Aktion des Benutzers und Reaktion des CBT-Systems zur Vermeidung dieses negativen Effekts ist schwer zu treffen, da sie stark vom Lernenden und dem Lehrstoff abhängt. Als optimale Zeitspanne kann hierbei die Warte- bzw. Simulationszeit angenommen werden, welche vom Lernenden nicht wahrgenommen wird. Dieses Optimum soll in dieser Arbeit in Anlehnung an die zeitliche Wahrnehmungsschwelle des menschlichen Auges bei schwacher Raumbeleuchtung auf 0,04 Sekunden (1/25 s) festgelegt werden [165]. Aufgrund der bereits beschriebenen Komplexität der Streustrahlensimulation ist dieser Idealwert schwer zu erreichen, soll aber als Optimierungsendpunkt bei der Minimierung der Simulationszeit herangezogen werden.

Bei der Entwicklung von SIScaR-GPU stand im Vordergrund, die Streustrahlensimulation mit einem hohen Grad an Interaktivität auszustatten. Zum Grad der Interaktivität wurde hierbei, aus den oben genannten Gründen, neben der Steuerbarkeit der Simulationsparameter auch die Dauer der Simulationszeit hinzugerechnet. Um die kausale Verknüpfung der Parameteränderung mit den Simulationsergebnissen für den Lernenden zu erleichtern, wurde SIScaR-GPU dahin gehend optimiert, die Simulationszeit möglichst gering zu halten. Zur Erreichung einer akzeptablen Simulationszeit unterhalb von 30 Sekunden musste, neben der im Weiteren noch genauer erläuterten Optimierung des Simulationsalgorithmus, auch eine Abwägung zwischen Ergebnisgüte der Simulation und der Simulationszeit vorgenommen werden. Diese Abwägung wurde auf Basis der Visualisierung der Simulationsergebnisse durchgeführt und wird in Kapitel 3.2.1 noch genauer erläutert.

3.1.3.1 Bestimmung eines Vergleichspunktes für die Berechnungszeiten

Als erster Schritt für die Laufzeitoptimierung des Simulationsalgorithmus wurde ein Vergleichspunkt für die Berechnungszeiten bestimmt. Hierzu wurden exemplarisch Berechnungszeiten des MC-GPU-Paketes, welches mit den im Kapiteln 3.1.2 beschriebenen Algorithmen erweitert wurde, für definierte Simulationsszenarien einmal unter Verwendung der GPU und einmal als iterativer Algorithmus auf der CPU ermittelt. Bei diesen Berechnungen wurden, wie im Paper von Badal et al. [149] beschrieben und in den Beispielen von MC-GPU [151] angewendet, eine große Anzahl von Photonenhistorien (10.000) pro GPU-Thread simuliert. Ebenfalls wurde, wie im MC-GPU-Paket enthaltenem Beispiel, ein eindimensionaler Thread-Block der Größe 64 für die Messung verwendet. Da die in dieser Arbeit eingesetzte Grafikkarte (Zotac GeForce™ GTX 570 mit 1,2GB Speicher) über 15 SMen verfügt, wurde ein eindimensionales Grid von 150 Blöcken angelegt, sodass jedem SM im Durchschnitt 10 Thread-Blöcke zugewiesen werden konnten. Aus dieser Festlegung ergibt sich für die Vergleichssimulation eine Anzahl von $9{,}6 \cdot 10^7$ Photonenhistorien.

Für die iterative Simulation der Historien wurde der für die CPU modifizierte Simulationsalgorithmus entsprechend dieser Anzahl n-mal aufgerufen. Das voxelisierte Simulationsvolumen besaß eine Größe von 300x300x300, wobei jeder Voxel eine gleichmäßige Kantenlänge von 1cm aufwies. In einem Beispielszenario wurde jedem Voxel das Material *Wasser* zugewiesen, um die maximale Beschleunigung durch das Woodcock-Tracking zu ermitteln. In einem weiteren Szenario wurde den Voxeln abwechselnd in allen drei Raumrichtungen die Materialien *Wasser* und *Muskel* zugewiesen, um die Performance bei einer für das Woodcock-Tracking ungünstigen Materialverteilung im Simulationsvolumen ermitteln zu können. Die Röhrenspannung der Strahlenquelle, deren Startposition (0,40,0) mit der Strahlrichtung (0,1,0) war, entsprach bei allen Beispielsimulationen 80 kV.

Um den Einfluss der Blendeneinstellungen auf die Simulationszeiten zu ermitteln, wurden für die jeweiligen Materialverteilungen Simulationen mit unterschiedlichen Blendeneinstellungen durchgeführt:

- keine Blende,
- Irisblende halb eingefahren und
- Schlitzblende halb eingefahren und um 45° gedreht.

Für jedes Szenario wurden zehn Simulationen durchgeführt und die gemessenen Berechnungszeiten gemittelt. Hierbei fand ein Rechner mit oben erwähnter Grafikkarte, Intel Core™ i5 K 655 CPU (3,2GHz), 8GB RAM und Windows 7 64-bit Betriebssystem Einsatz. Die CPU-basierte iterative Simulation verwendete nur einen Kern der Intel-CPU. Die GPU basierte Variante wurde mit der Einstellung -use_fast_math kompiliert, damit die arithmetischen Funktionen innerhalb der Kernels möglichst als intrinsische Varianten kompiliert werden.

Simulationszeiten in Sekunden		ohne Blenden				Irisblende halb eingefahren				Schlitzblende halb eingefahren und 45° gedreht			
		16 kB		48 kB		16 kB		48 kB		16 kB		48 kB	
		Init	Sim	Init	Sim	Init	Sim	Init	Sim	Init	Sim	Init	Sim
GPU	nur Wasser	0,06	27,1	0,06	22,9	0,06	23,6	0,06	20,1	0,06	24,1	0,06	20,4
GPU	Gemisch	0,06	40,0	0,06	32,3	0,06	34,6	0,06	28,1	0,06	35,0	0,06	28,3
		Init		Sim		Init		Si		Init		Sim	
CPU	nur Wasser	1,76		760,6		1,70		585,9		1,70		615,1	
CPU	Gemisch	1,70		747,5		1,70		585,0		1,70		607,6	

Tabelle 1: Simulationszeiten des erweiterten MC-GPU Algorithmus für spezielle Szenarien in Sekunden. 16 kB und 48 kB stehen für die eingesetzte Größe des Shared-Memory. Init Beschreibt hier die benötigte Zeit, um alle Simulationsparameter auf der Grafikkarte vorzubereiten. Sim entspricht der benötigten Berechnungszeit, um $9{,}6 \cdot 10^7$ Photonenhistorien zu simulieren.

Die Simulationszeiten der erweiterten MC-GPU-Variante wurden sowohl für den Einsatz eines 16 kB großen Shared-Memory für alle Kernel gemessen, als auch für den Einsatz eines 48 kB großen Shared-Memory. Tabelle 1 zeigt diese gemittelten Simulationszeiten für die einzelnen Szenarien im Vergleich. Aus dieser Tabelle ist zu erkennen, dass bereits die nicht optimierte Version des erweiterten MC-GPU-Paketes die Simulation für ein homogenes Wasservolumen bei Einsatz eines 16 kB großen Shared-Memory im Durchschnitt 26,1-mal schneller durchführt als die CPU-Version. Wird ein Shared-Memory von

48 kB verwendet, so liegt der durchschnittliche Speedup bei 30,8. Bei Einsatz eines Simulationsvolumens mit dem oben beschriebenen Materialgemisch und kleiner Shared-Memory Größe sinkt der Speedup der GPU Variante auf durchschnittlich 17,7. Bei großem Shared-Memory auf einen Speedup von 21,8. Die gemessenen Zeiten zeigen auch, dass der Einsatz des Woodcock-Trackings bei einem homogenen Simulationsszenario in der GPU-Variante bei kleinem Shared-Memory einen Speedup von durchschnittlich 1,5 bewirkt und bei großem Shared-Memory von durchschnittlich 1,4. Dass die Simulationen mit eingefahrenen Blenden schneller berechnet werden, ist durch die Absorption der Photonen an den Blendenteilen begründet.

3.1.3.2 Optimierung des Kernelaufrufes und der Kernelkonfiguration

Mit Hilfe des Visual Profilers von NVIDIA [166] wurden die einzelnen Simulationsvarianten in Bezug auf die Auslastung der SMen analysiert. Hierbei wurde der Wert der Occupancy herangezogen, welcher den Quotienten aus der Anzahl aktiver Warps pro SM durch die maximal mögliche Anzahl aktiver Warps pro SM beschreibt. Aktiv sind in diesem Kontext Warps, sofern sie auf dem SM resident sind und Threads enthalten, deren nächste Instruktion bereit zur Ausführung ist. In inaktiven Warps hingegen warten alle Threads auf Ergebnisse einer Lese-, Schreib- oder arithmetischen Operation, wodurch der gesamte Warp blockiert ist. Die Latenz eines inaktiven Warps kann durch das Wechseln zu einem aktiven Warp eines beliebigen auf dem SM residenten Blocks durch den Warp-Scheduler überbrückt werden.

Sind genügend aktive Warps auf dem SM resident, kann die gesamte Latenz "verborgen" werden und der Wert der Occupancy ist hoch. Jedoch ist ein größerer Occupancy-Wert nicht immer gleichzusetzen mit einer größeren Performance [167]. Ab einem gewissen Punkt bleibt die Performance trotz steigender Occupancy gleich (meist ab 0,6) [167]. Der Occupancy-Wert für die oben beschriebenen Simulationsvarianten des erweiterten MC-GPU-Paketes betrug bei kleinem Shared-Memory jeweils 0,167 und bei großem Shared-Memory 0,333. Diese geringe Occupancy ist unter anderem dadurch begründet, dass die Blockgröße nur auf 64 Threads pro Block festgelegt wurde. Dieses entspricht einer Anzahl von 2 Warps pro Block, was dem Scheduler wenig Möglichkeiten zum Wechseln zwischen den Warps innerhalb eines Blocks gibt. Es ist dem Scheduler dann nur noch möglich zu einem anderen aktiven Thread-Block zu wechseln, welcher auch auf dem SM resident sein muss. Wie viele Thread-Blöcke und Warps maximal auf einem SM resident sein können, hängt neben einer hardwarespezifischen Obergrenze davon ab,

- wie viele Register von einem Thread eines Kernels verwendet werden,
- wie viel Shared-Memory ein Thread-Block benutzt und
- wie viele Register und Shared-Memory ein SM bereitstellt [125].

Letztere Daten werden mit Hilfe des Wertes der Compute Capability des Grafikchips angegeben und können in [125] nachgeschlagen werden. Die in dieser Arbeit verwendete Grafikkarte besitzt die Compute Capability 2.0, was mit einer Anzahl von 32.768 32-Bit Registern, einer maximalen Größe des Shared-Memory von 48 kB und einer Obergrenze von 8 residenten Blöcken pro SM gleichzusetzen ist. Der modifizierte `track_particles`-Kernel benötigt pro Block 3,768 kB Shared-Memory und verwendet pro Thread 32 Register. Basierend auf der definierten eindimensionalen Blockgröße von 64 benötigt somit ein Thread-Block 2.048 Register. Aufgrund der Registergrenze könnten somit maximal 16 Blöcke auf dem SM resident sein. Jedoch wird die maximale Anzahl der residenten Blöcke bei den verwendeten Simulationseinstellungen durch zwei weitere Beschränkungen weiter herabgesetzt. Einerseits durch die Größe des benutzten Shared-Memory pro Block, welche bei 48 kB Shared-Memory die maximale Anzahl auf 12 und bei 16 kB Shared-Memory auf 4 residente Blöcke herabsetzt. Andererseits durch die hardwarespezifische Obergrenze von 8 residenten Blöcken. Hieraus ergibt sich, dass durch die verwendeten Kernelaufrufe der Warp-Scheduler bei einer Shared-Memory Größe von 48 kB nur zwischen 16 und bei 16 kB Shared-Memory nur zwischen 8 residenten Warps zur "Verbergung" der Latenz wechseln kann. Dieses bedingt wiederum den geringen Occupancy-Wert.

Zur Verbesserung der Laufzeit des Simulationsalgorithmus wurde aufgrund der oben genannten Probleme der Kernelaufruf derart abgeändert, dass möglichst viele Warps und Thread-Blöcke auf dem SM resident sind. Hierbei wurde eher Wert auf eine größere Anzahl von residenten Warps als auf eine große Anzahl von residenten Blöcken gelegt, da innerhalb des Simulationskernels keine relevanten Synchronisationspunkte vorliegen, die die Arbeit eines Thread-Blocks ausbremsen könnten. Die maximale Anzahl von residenten Threads pro SM n_{RT} ergibt sich entsprechend der vorliegenden Hardwarekonfiguration nach Gleichung *(47)*.

$$n_{RT} \coloneqq min\left(\left\lfloor \frac{Größe\ Registerspeicher\ des\ SM\ in\ Bit}{Anzahl\ Register\ pro\ Thread \cdot Bitbreite\ der\ Register} \right\rfloor, n_{RT,max}\right) \quad (47)$$

unter der Bedingung

$$n_{RT,max} \coloneqq maximal\ mögliche\ Anzahl\ residenter\ Threads$$

Bei der verwendeten Grafikkarte ($n_{RT,max} \coloneqq 1024$) lag der Wert der Gesamtzahl residenter Threads aufgrund der im Simulationsalgorithmus benötigten 32 Register pro Thread bei 1024. Die Anzahl der residenten Threads kann unter der Voraussetzung, dass alle resultierenden Thread-Blöcke ebenfalls resident sein müssen, und mit Rücksichtnahme auf den verfügbaren Shared-Memory sowie der maximalen Anzahl von Blöcken pro SM entsprechend Gleichung *(48)* zu i Thread-Block-Konfigurationen $K_{TB,i}$ aufgeteilt werden:

$$K_{TB,i} \coloneqq \begin{pmatrix} n_{RB,i} \\ n_{RT,i} \\ M_{shared,i} \end{pmatrix} \quad (48)$$

mit

$$i \coloneqq Konfigurationsindex,\ i \in \{1, \dots, n_{TBK}\ |\ i\ Teiler\ von\ n_{RT}\}$$

$$n_{TBK} \coloneqq min\ (n_{max,shared}, min\ (n_{Teiler}, n_{RB,max}))$$

$$n_{RB,i} \coloneqq i \coloneqq Anzahl\ von\ Blöcken\ in\ Konfiguration\ i$$

$n_{RT,i} := \frac{n_{RT}}{i} :=$ Anzahl von Threads pro Block in Konfiguration i

$M_{shared,i} := i \cdot M_{shared,Block} :=$ belegter Shared – Memory des SM

unter den Bedingungen

$n_{Teiler} :=$ Anzahl der ganzzahligen Teiler von n_{RT}

$n_{RB,max} :=$ maximal mögliche Anzahl residenter Blöcke

$M_{shared,max} :=$ maximal verfügbarer Shared – Memory auf SM

$M_{shared,Block} :=$ verwendeter Shared – Memory pro Block

$n_{max,shared} :=$ größte Teiler x von n_{RT} für den gilt

$$x \cdot M_{shared,Block} \leq M_{shared,max}$$

Bezogen auf die in dieser Arbeit verwendete Grafikhardware ($M_{shared,max} = 48\ KB$, $n_{RB,max} = 8$) und den Parametern des Simulationsalgorithmus ($M_{shared,Block} = 3{,}768\ KB$, $n_{max,shared} = 8$, $n_{Teiler} = 11$) resultieren folgende vier mögliche Thread-Block-Kombinationen zur Aufteilung aller residenter Threads auf residente Thread-Blöcke:

$$K_{TB,1} = \begin{pmatrix} 1 \\ 1024 \\ 3{,}768\ KB \end{pmatrix}, K_{TB,2} = \begin{pmatrix} 2 \\ 512 \\ 7{,}536\ KB \end{pmatrix}, K_{TB,4} = \begin{pmatrix} 4 \\ 256 \\ 15{,}072\ KB \end{pmatrix}, K_{TB,8} = \begin{pmatrix} 8 \\ 128 \\ 30{,}144 KB \end{pmatrix}$$

Basierend auf der ermittelten Anzahl von Threads pro Block $n_{RT,i}$ in den jeweiligen Thread-Block-Konfigurationen $K_{TB,i}$, der Anzahl der zu simulierenden Photonenhistorien n_{PH} sowie der gewünschten Anzahl von Blöcken pro Kernel n_{BK} können nach Gleichung *(49)* die korrespondierenden Kernelkonfigurationen $K_{K,i}$ für die Simulation bestimmt werden.

$$K_{K,i} := \begin{pmatrix} n_{BK} \\ n_{RT,i} \\ n_{PH,T} \end{pmatrix} \tag{49}$$

mit $n_{PH,T} := \frac{n_{PH}}{n_{BK} \cdot n_{RT,i}} :=$ Photonenhistorien pro Thread

Entsprechend der für die verwendete Hardware bestimmten Thread-Block-Konfigurationen $K_{TB,1}$ bis $K_{TB,8}$ und der Anzahl der Historien in der Vergleichssimulation (9,6·10⁷ Historien), ergeben sich bei einer festgelegten Gesamtzahl von $n_{BK} = 150$ Blöcken nachfolgende Kernel-Konfigurationen:

$$K_{K,1} := \begin{pmatrix} 150 \\ 1024 \\ 625 \end{pmatrix}, K_{K,2} := \begin{pmatrix} 150 \\ 512 \\ 1250 \end{pmatrix}, K_{K,4} := \begin{pmatrix} 150 \\ 256 \\ 2500 \end{pmatrix}, K_{K,8} := \begin{pmatrix} 150 \\ 128 \\ 5000 \end{pmatrix}$$

Für diese vier Varianten wurden exemplarisch die Occupancy-Werte und die durchschnittlichen Simulationszeiten aus 10 Simulationsdurchläufen mit den gleichen Einstellungen wie für die Vergleichsmessung ermittelt. Für alle Konfigurationen wurden die Simulationszeiten einmal mit einem kleinen Shared-Memory gemessen und einmal mit einem großen. Bei der Ausführung von Konfiguration $K_{K,8}$ mit einem kleinen Shared-

Memory sind, anders als oben aufgeführt, nicht mehr 8 sondern nur noch 4 Thread-Blöcke resident. Die Ergebnisse der Messungen sind in Tabelle 2 dargelegt. Die mit Hilfe des Visual-Profilers ermittelten Occupancy-Werte lagen bis auf eine Ausnahme bei einem Wert von 0,667. Nur Konfiguration $K_{K,8}$ besaß bei Benutzung eines 16 kB Shared Memory einen Occupancy-Wert von 0,333, was sich entsprechend in den Simulationszeiten niederschlug.

Simulationszeiten in Sekunden		ohne Blenden				Irisblende halb eingefahren				Schlitzblende halb eingefahren und 45° gedreht			
		16 kB		48 kB		16 kB		48 kB		16 kB		48 kB	
		Init	Sim	Init	Sim	Init	Sim	Init	Sim	Init	Sim	Init	Sim
$K_{K,1}$	nur Wasser	0,06	14,5	0,06	16,2	0,06	12,6	0,06	14,1	0,06	12,9	0,06	14,1
	Gemisch	0,06	19,7	0,06	22,4	0,06	17,0	0,06	19,4	0,06	17,2	0,06	19,3
$K_{K,2}$	nur Wasser	0,06	14,6	0,06	16,1	0,06	12,8	0,06	14,1	0,06	13,0	0,06	14,1
	Gemisch	0,06	19,8	0,06	22,6	0,06	17,1	0,06	19,6	0,06	17,3	0,06	19,4
$K_{K,4}$	nur Wasser	0,06	15,1	0,06	16,6	0,06	13,2	0,06	14,6	0,06	13,4	0,06	14,4
	Gemisch	0,06	20,5	0,06	23,2	0,06	17,8	0,06	20,0	0,06	17,9	0,06	19,9
$K_{K,8}$	nur Wasser	0,06	17,5	0,06	18,1	0,06	15,3	0,06	15,8	0,06	15,6	0,06	15,9
	Gemisch	0,06	24,6	0,06	25,6	0,06	21,3	0,06	22,2	0,06	21,5	0,06	22,2

Tabelle 2: Simulationszeiten von SIScaR-GPU nach Anpassung für verschiedene Konfigurationen der Kernelaufrufe: jeweils 150 Thread-Blöcke, $K_{K,1}$: 1024 Threads pro Block, 625 Historien; $K_{K,2}$: 512 Threads pro Block, 1250 Historien; $K_{K,4}$: 256 Threads pro Block, 2500 Historien; $K_{K,8}$: 128 Threads pro Block, 5000 Historien. 16 kB und 48 kB stehen für die eingesetzte Größe des Shared-Memory. Init Beschreibt hier die benötigte Zeit, um alle Simulationsparameter auf der Grafikkarte vorzubereiten. Sim entspricht der benötigten Berechnungszeit, um $9{,}6 \cdot 10^7$ Photonenhistorien zu simulieren.

Aus den Werten von Tabelle 2 ist ersichtlich, dass bei den verwendeten Einstellungen mit Ausnahme von Konfiguration $K_{K,8}$ der Einsatz eines größeren Shared-Memory die Laufzeit der Simulation verlängert hat. Dieses liegt vermutlich an den im Tracking-Algorithmus häufig vorkommenden Lese- und Schreibzugriffen auf Stellen im globalen Grafikkartenspeicher, welche durch einen größeren L1-Cache und somit kleinerem Shared-Memory besser beschleunigt werden können. Des Weiteren zeigt die Tabelle, dass bei der Verwendung von 150 Blöcken und variabler Anzahl von Photonenhistorien Konfiguration $K_{K,1}$ die besten Laufzeiten aufweist.

Um die Auswirkung verschiedener Blockgrößen und einer davon abhängigen Anzahl von zu simulierenden Photonenhistorien auf die Laufzeit der Simulation bestimmen zu können, wurden exemplarisch Laufzeiten von ausgewählten Kombinationen gemessen und verglichen. Hierzu fand der oben beschriebene Simulationsaufbau mit einem Simulationsvolumen aus Wasser, ohne eingefahrene Blenden und einem 16 kB Shared-Memory Einsatz. Die gemessenen durchschnittlichen Simulationszeiten sind in Tabelle 3 dargelegt.

Tabelle 3 zeigt, genau wie Tabelle 2, dass bei einer Anzahl von 150 Thread-Blöcken, die Konfiguration mit der Blockgröße 1024 die schnellste Simulationszeit bietet. Von den 38 gemessenen Laufzeiten belegt diese Konfiguration jedoch nur den 20. Platz. Aus der Tabelle ist zu erkennen, dass bis zu einem gewissen Punkt die Berechnungszeit mit der Verringerung der Historien pro Thread respektive Erhöhung der Blockzahl sinkt. Wird die Blockzahl weiter erhöht steigt die Simulationszeit wieder. Diese Steigerung der Laufzeit ab einem bestimmten Punkt könnte mit dem auftretenden Overhead beim Wechsel zwischen verschiedenen Blöcken zusammenhängen. Der gleiche Effekt ist bei der Verringerung der Blockgröße zu erkennen, welche mit einer Erhöhung der Blockanzahl einhergeht. Die besten Laufzeiten für die Simulation von $9,6 \cdot 10^7$ erreichten bei den Messungen die Konfigurationen mit 256 Threads pro Block mit entweder 5.000 Thread-Blöcken, wobei jeder Thread 75 Photonenhistorien bestimmt, oder 7500 Thread-Blöcken mit 50 Historien pro Thread.

Simulationszeiten in Sekunden (Anzahl Blöcke n_{BK})	Threads pro Block $n_{RT,i}$			
Historien pro Thread $n_{PH,T}$	128**	256	512	1024
5	-* (150000)	-* (75000)	14,430 (37500)	14,836 (18750)
25	15,069/15,444 (30000)	13,868 (15000)	13,884 (7500)	14,040 (3750)
50	14,976/15,475 (15000)	**13,790 (7500)**	13,837 (3750)	13,962 (1875)
75	14,945/15,522 (10000)	**13,775 (5000)**	13,822 (2500)	13,978 (1250)
150	14,944/15,569 (5000)	13,821 (2500)	13,869 (1250)	14,009 (625)
312	15,023/15,693 (2403)	13,900 (1201)	13,900 (600)	14,087 (300)
625	15,195/15,803 (1200)	14,087 (600)	14,149 (300)	14,476 (150)
1250	15,568/15,990 (600)	14,367 (300)	14,617 (150)	15,163 (75)
2500	16,130/16,598 (300)	15,117 (150)	15,460 (75)	17,862 (37)
5000	17,503/18,065 (150)	16,567 (75)	18,533 (37)***	22,870 (18)

* eine Simulation war nicht möglich, da sonst die maximale Anzahl von Blöcken pro Grid (65535) überschritten würde
** Konfiguration wurde mit 16 kB und 48 kB Shared-Memory simuliert, da diese Einstellung aufgrund der höheren Anzahl von residenten Blöcken bei den vorigen Messungen eine geringere Laufzeit aufwies (16 kB/48 kB)
*** nicht als optimale Zeit ausgewählt, da nur $9,4 \cdot 10^7$ Photonen simuliert. $9,7 \cdot 10^7$ Photonen bei 38 Blöcken benötigen 15,325 Sekunden

Tabelle 3: Simulationszeiten von SIScaR-GPU für verschiedene Konfigurationen des Kernelaufrufs unter der Verwendung eines 16 kB Shared-Memory. Es wurden jeweils $9,6 \cdot 10^7$ Photonenhistorien (bzw. weniger bei 312 Historien pro Thread und bei einer Anzahl von 37 sowie 18 Thread-Blöcken) simuliert (Wasser, keine Blenden).

Der NVCC Compiler der CUDA™ Programmierumgebung bietet die Möglichkeit, über die Compileroption -maxrregcount die für einen Thread bereitgestellten Register individuell festzulegen. Durch die manuelle Verringerung der benötigten Register pro Thread, können mehr Warps auf dem SM resident sein. Durch die Verkleinerung der Registerzahl kann es jedoch bei der Kernelausführung häufiger zu einer Auslagerung von Registerwerten in den L1-Cache kommen, was wiederum zu einem Geschwindigkeitsverlust führen kann. Für SIScaR-GPU wurde diese manuelle Festlegung der Registeranzahl exemplarisch getestet, um die Auswirkung auf die Simulationszeit zu ermitteln:

- 28 Register pro Thread,
- 288 Threads pro Block mit
- jeweils 75 Photonenhistorien und
- 4444 Thread-Blöcken,
- Simulationsvolumen bestehend nur aus Wasser und ohne eingefahrene Blenden.

Die gemessene Simulationszeit betrug bei einem Occupancy-Wert von 0,75 für die Anzahl von 95.990.400 simulierten Photonenhistorien 22,729 Sekunden. Basierend auf diesem Wert wurde eine manuelle Verringerung der Registerzahl zur weiteren Erhöhung des Occupancy-Wertes als ungeeignet für SIScaR-GPU eingestuft.

Ausgehend von diesen Ergebnissen kann abschließend statuiert werden, dass für den betrachteten Simulationsalgorithmus eine Konfiguration gewählt werden sollte, welche entsprechend der Parameter der verwendeten Grafikhardware die größte Anzahl residenter Blöcke pro SM bei gleichzeitiger Bereitstellung eines möglichst großen L1-Caches bietet. Zusätzlich sollte eine geringe Anzahl von Historien pro Thread (50 bis 75) eingesetzt werden, um genügend Blöcke zur optimalen Auslastung aller SMs zur Verfügung zu haben.

3.1.3.3 Nutzung des Grafikkartenspeichers

Als nächster Schritt der Laufzeitoptimierung wurde untersucht, inwieweit die Simulation durch weitere Verlagerung von Berechnungsparameter aus dem globalen Grafikkartenspeicher in den Shared-Memory beschleunigt werden kann. Tabelle 4 zeigt die Größe des Shared-Memory für die einzelnen Konfigurationen, welcher noch verwendet werden kann, ohne den Occupancy-Wert zu verringern. Eine Analyse des Simulationsalgorithmus basierend auf diesen verfügbaren Speichergrößen ergab die in Tabelle 5 dargelegten Parameter mit entsprechenden Größenwerten und Aufrufhäufigkeiten, die sich im erweiterten MC-GPU-Algorithmus im globalen Grafikkartenspeicher befinden.

Verfügbarer Speicher in kB	Blockgröße			
Gesamtgröße Shared-Memory	128	256	512	1024
16 kB	0,328 (4 Blöcke)	0,328 (4 Blöcke)	4,424 (2 Blöcke)	12,616 (1 Block)
48 kB	4,752 (8 Blöcke)	8,520 (4 Blöcke)	20,808 (2 Blöcke)	45,384 (1 Block)

Tabelle 4: Pro Block verfügbarer Shared-Memory bei 1, 2, 4 und 8 Thread-Blöcken pro SM bei dem erweiterten track_particles-Kernel (3,768 kB durch Compton-Tabellen und Spektrumswerte belegt).

Parametername	Benötigter Speicher	Aufrufe im Algorithmus
xco	5,12 kB	4
pco	5,12 kB	4
aco	5,12 kB	1
bco	5,12 kB	1
ituco	2,56 kB	1
itlco	2,56 kB	1

Tabelle 5: Parametertabellen der Rayleigh-Streuung, welche beim `track_particles`-Kernel verwendet werden und im erweiterten MC-GPU-Paket im globalen Grafikkartenspeicher hinterlegt sind

Wie aus Tabelle 4 ersichtlich, bieten die Konfigurationen mit einer Blockgröße von 128 und 256 beim Einsatz eines 16 kB Shared-Memory zu wenig restlichen Shared-Memory, um noch weitere Parameter aufzunehmen. Aus diesem Grund sollen diese beiden Konfigurationen im folgenden Vergleich der Laufzeiten nicht weiter betrachtet werden. Für die übrigen Varianten wurden die Laufzeiten für verschiedene mögliche Parameterkombinationen bestimmt (siehe Tabelle 6). Hierbei hat man Parameter mit häufiger Verwendung im Algorithmus bevorzugt behandelt und versucht, den verfügbaren Speicher vollständig auszunutzen. Das Simulationsszenario wurde genau wie bei den vorherigen Messungen gewählt: Wasservolumen ohne eingefahrene Blenden und $9{,}6 \cdot 10^7$ zu simulierende Photonenhistorien mit 5 Simulationsdurchläufen. Basierend auf den Werten aus Tabelle 3 wurden für die einzelnen Blockgrößen die Kombinationen aus Blockanzahl und Historien pro Thread ausgewählt, welche die geringste Berechnungszeit aufwiesen.

Blockgröße	Shared-Memory	Anzahl Blöcke	Historien pro Block	verfügbarer Shared-Memory	Zusätzliche Parameter im Shared-Memory	Laufzeit der Simulation (s)
128	48 kB	10.000	75	4,752 kB	ituco	15,132
128	48 kB	10.000	75	4,752 kB	itlco	15,039
512	16 kB	2.500	75	4,424 kB	ituco	**13,853**
512	16 kB	2.500	75	4,424 kB	itlco	**13,853**
256	48 kB	5.000	75	8,520 kB	xco, ituco	14,945
256	48 kB	5.000	75	8,520 kB	xco, itlco	14,960
256	48 kB	5.000	75	8,520 kB	pco, ituco	14,992
256	48 kB	5.000	75	8,520 kB	pco, itlco	15,008
1024	16 kB	1875	50	12,616 kB	xco, pco	13,916
1024	16 kB	1875	50	12,616 kB	xco, ituco, itlco	13,868
1024	16 kB	1875	50	12,616 kB	pco, ituco, itlco	13,884
512	48 kB	2500	75	20,808 kB	xco, pco, aco	15,164
512	48 kB	2500	75	20,808 kB	xco, pco, bco	15,241
512	48 kB	2500	75	20,808 kB	xco, pco, ituco, itlco	15,584
1024	48 kB	1875	50	45,384 kB	xco, pco, aco, bco, ituco, itlco	15,756

Tabelle 6: Simulationszeiten für verschiedene Kernelkonfigurationen und Shared-Memory Nutzungen

Aus den in Tabelle 6 dargestellten Simulationszeiten ist zu erkennen, dass beim Einsatz eines 16 kB Shared-Memory die Nutzung des verbleibenden Shared-Memory eine Verringerung der Berechnungszeit bewirkt. Jedoch ist die schnellste Berechnungszeit, welche bei einer Blockgröße von 512 und einem kleinen Shared-Memory gemessen wurde, länger als die schnellste Simulationszeit ohne weitere Nutzung des Shared-Memory. Simulationsdurchläufe mit einem 48 kB Shared-Memory wiesen alle eine noch längere Laufzeit auf. Die geringe Beschleunigung der Berechnung durch die weitere Nutzung des Shared-Memory, kann durch etwaige Bankkonflikte beim Zugriff auf die Datentabellen begründet sein. Da die Zugriffe nicht von den Thread-IDs abhängen, sondern von den generierten Zufallszahlen ist eine Vermeidung dieser evtl. auftretenden Konflikte schwer möglich. Des Weiteren vermindert die benötigte Zeit zum Kopieren der Daten vom globalen Grafikkartenspeicher in den Shared-Memory, die insgesamt erreichbare Beschleunigung durch die Shared-Memory-Nutzung. Basierend auf diesen Daten wurde die Verwendung des verbleibenden Shared-Memory als beschleunigenden Faktor verworfen.

Als weitere Möglichkeit der Optimierung der Speichernutzung und dadurch etwaige Beschleunigung der Simulation wurde nach dem Shared-Memory der Konstantenspeicher untersucht. Bei der verwendeten Grafikkarte lag die maximale Größe des verfügbaren Konstantenspeichers bei 64 kB, wobei dieser im globalen Grafikkartenspeicher liegt und pro SM ein 12 kB großer Cache vorhanden ist. Vom Konstantenspeicher verwendet der erweiterte MC-GPU-Algorithmus bei einer maximalen Anzahl von zehn verschiedenen Materialien im Simulationsvolumen 0,21 kB. Aufgrund dieser Tatsache wurden verschiedene Kombinationen der in Tabelle 5 aufgeführten Datentabellen anstatt in den globalen Grafikkartenspeicher direkt in den Konstantenspeicher der Grafikkarte kopiert. Hierbei wurden zuerst die am häufigsten benutzten Tabellen in den Konstantenspeicher transferiert. Mit entsprechender Abänderung wurden die Simulationszeiten mit der bisher schnellsten Kernelkonfiguration – 16 kB Shared-Memory, 5000 Thread-Blöcke mit

256 Threads pro Block und 75 Historien pro Thread – bei gleichem Simulationsaufbau bestimmt (vgl. Tabelle 7).

xco	pco	aco	bco	ituco	itlco	Simulationszeit (s)
K	G	G	G	G	G	13,775
K	K	G	G	G	G	13,767
K	K	K	G	G	G	**13,759**
K	K	K	K	G	G	13,790
K	K	K	K	K	G	13,790
K	K	K	K	K	K	13,791

Tabelle 7: Simulationszeiten bei der Verwendung des Konstantenspeichers für verschiedene Datentabellen. K steht hierbei für die Speicherung der Daten im Konstantenspeicher und G für die Speicherung im globalen Grafikkartenspeicher.

Tabelle 7 zeigt, dass die Nutzung von 15,5 kB Konstantenspeicher die bislang schnellste ermittelte Simulationszeit von 13,759 Sekunden aufzeigt. Wird mehr Konstantenspeicher belegt, verlängert sich die Laufzeit wieder. Dieses liegt vermutlich an dem 12 kB großen uniformen Cache für die konstanten Werte auf dem SM (vgl. Kapitel 2.5.2.2). Wird deutlich mehr Konstantenspeicher als 12 kB verwendet, scheint die Speicherhierarchie zwischen SM und globalen Speicher mit einem großen L1 Cache effizienter zu arbeiten. Aufgrund der schnellen Simulationszeit soll die in Zeile 3 von Tabelle 7 beschriebene Konfiguration des Konstantenspeichers für die weiteren Laufzeitoptimierungen verwendet werden.

Ein verschmolzener (engl. coalesced) Speicherzugriff der Threads auf den globalen Grafikkartenspeicher ist ein weiteres Mittel der Laufzeitoptimierung [125,167]. Da die Speicherzugriffe der Threads im angewendeten Simulationsalgorithmus nicht von ihren Thread- oder Block-IDs abhängen, sondern im weitesten Sinne von den Ausgaben des Pseudozufallszahlengenerators, kann diese Optimierung für den vorliegenden Algorithmus nicht vorgenommen werden.

3.1.3.4 Optimierung der arithmetischen Operationen

Durch den Einsatz der Compileroption -use_fast_math wurde bereits bei der Erfassung des Vergleichspunktes für die Laufzeiten festgelegt, dass möglichst alle arithmetischen Funktionen als intrinsische Varianten kompiliert werden sollen. Diese Einstellung bietet bereits einen gewissen Performancegewinn, jedoch auch einen Genauigkeitsverlust. Die Laufzeit der Simulation ohne die Compileroption -use_fast_math mit gleichen Einstellungen wie die in Kapitel 3.1.3.3 beschriebene schnellste Konfiguration war mit 17,737 Sekunden 3,978 Sekunden länger als ohne Benutzung der intrinsischen Funktionen. Um die Unterschiede in den simulierten Ergebnissen durch diese Compileroption bestimmen zu können, wurde ohne die Compileroption ein Referenzdatensatz mit Dosiswerten (df-Array) unter Verwendung der in den vorherigen Kapiteln bestimmten optimalen Einstellungen für die Simulation von $9,6 \cdot 10^7$ Photonenhistorien erzeugt und in eine Datei abgespeichert. Anschließend wurden Simulationen mit der Compileroption -use_fast_math durchgeführt und die bestimmten Dosiswerte, sofern sie größer als Null waren, mit dieser Referenz verglichen. Hierbei wurde als Wert die durchschnittliche prozentuale Abweichung der Daten in Bezug auf die Referenzdosiswerte ermittelt (100% Abweichung sofern Referenzwert Null war). Bei fünf vollzogenen Simulationen betrug die durchschnittliche prozentuale Abweichung der Ergebnisse durch den Einsatz der intrinsischen Funktionen für die visuelle Darstellung vernachlässigbare 0,046%.

Als nächster Schritt der Laufzeitoptimierung wurde der Simulationsalgorithmus unter dem Aspekt untersucht, welche weiteren arithmetische Operationen zu Gunsten der Laufzeit abgeändert werden können und wie sich diese Änderung auf die Berechnungsergebnisse auswirkt. Zum Vergleich der Berechnungsergebnisse wurde, wie zuvor ein Datensatz mit Dosiswerten (df-Array) als Referenz in eine Datei gespeichert. Nach jeder Anpassung im Algorithmus wurden die resultierenden Werte mit dieser Referenz verglichen, und die durchschnittlichen prozentualen Abweichungen erfasst. Das gewählte Simulationssetting war, wie bereits in den vorherigen Kapiteln, ein Simulationsvolumen aus Wasser ohne eingefahrene Blenden.

Als vielversprechendste Option der Laufzeitverbesserung boten sich die arithmetischen 64Bit Gleitkommaoperationen (Benutzung des Datentyps double) an, welche bei der eingesetzten Grafikhardware einen nur halb so großen Durchsatz aufweisen wie 32Bit Gleitkommaoperationen (Benutzung des Datentyps float) [125]. Aufgrund dieses Beschleunigungspotenzials wurde als Erstes die Erzeugung der Pseudozufallszahlen auf die Nutzung von 32Bit Gleitkommazahlen umgestellt. Hierdurch konnte die Laufzeit von fünf Testsimulationen auf durchschnittlich 12,745 Sekunden gesenkt werden. Diese Änderung bewirkte eine Abweichung der Dosiswerte von durchschnittlich 0,0063% im Vergleich zu den gemessenen Referenzwerten.

Anschließend wurde die Methode zur Rotation eines Vektors um zwei Winkel im lokalen Koordinatensystem (vgl. Kapitel 3.1.2.1) auf die Nutzung von 32Bit Gleitkommazahlen abgeändert. Durch diese Änderungen konnte die durchschnittliche Laufzeit weiter auf 9,688 Sekunden gesenkt werden. Die durchschnittliche prozentuale Abweichung im Vergleich zur 64Bit Variante erhöhte sich auf 0,028%.

Als nächster Schritt wurden in der Methode zur Simulation der Rayleigh-Interaktion alle lokalen Variablen, bis auf eine, von 64Bit- auf 32-Bit-Gleitkommazahlen abgeändert. Die verbleibende Double-Variable (ru) konnte nicht verändert werden, da ansonsten aufgrund von Rundungsfehlern eine Endlosschleife in der Methode auftrat. Die Änderungen in der Rayleigh-Methode führten zu einer weiteren Herabsetzung der Laufzeit auf durchschnittlich 9,236 Sekunden. Die durchschnittliche prozentuale Abweichung betrug trotz der Änderung noch 0,028%. Ebenso führte die Ersetzung der einzigen Double-Variable in der Simulationsmethode für die Compton-Interaktion zu einer weiteren Verringerung der Laufzeit auf durchschnittlich 7,597 Sekunden bei einer durchschnittlichen prozentualen Abweichung von 0,028%.

Das CUDA™ Framework bietet für verschiedene arithmetische Funktionen und Datentypumwandlungen intrinsische Funktionen. Diese Funktionen führen die gewünschte Operation schneller aus als die Standardfunktionen, sind jedoch weniger genau [125]. Durch die bereits beschriebene Compileroption -use_fast_math versucht der Compiler alle Funktionen durch ihr intrinsisches Pendant zu ersetzen. Bei Konvertierungen von Datentypen (explizites und implizites Casting) werden jedoch nicht automatisch die intrinsischen Varianten eingesetzt. Aus diesem Grund wurde der Simulationsalgorithmus nach entsprechenden Typumwandlungen untersucht und explizit durch intrinsische Typkonvertierungsfunktionen ausgetauscht. Diese Änderungen, welche hauptsächlich Typkonvertierungen von float zu int betrafen, verkürzten die Simulationszeit um weitere 0,343 Sekunden auf durchschnittlich 7,254 Sekunden. Die durchschnittliche prozentuale Abweichung blieb mit 0,028% konstant. Die explizite Ersetzung der restlichen vorhandenen 64Bit Additionen, Multiplikationen und Divisionen durch korrespondierende intrinsische Funktionen brachte keinen weiteren Performancegewinn und wurde somit in SIScaR-GPU nicht angewendet. Durch die Entfernung von drei Multiplikationen in der Methode zur Bestimmung des aktuellen Voxelindex konnte die Laufzeit weiter auf 7,176 Sekunden gesenkt werden.

Zusammenfassend konnte durch die Änderungen der arithmetischen Operationen auf möglichst 32Bit und die Nutzung von intrinsischen Funktionen die Laufzeit im Vergleich zur Variante aus Kapitel 3.1.3.3 um insgesamt 6,583 Sekunden auf 7,176 Sekunden verringert werden. Die Modifikationen veränderten die Ergebnisse im Vergleich zur Variante aus Kapitel 3.1.3.3 um durchschnittlich 0,028% (im Vergleich zur Variante ohne die Compileroption -use_fast_math um durchschnittlich 0,066%). Da die simulierten Dosisergebnisse von SIScaR-GPU hauptsächlich für eine Abschätzung der individuellen Strahlenbelastungen des medizinischen Personals und für die Visualisierung der Strahlenausbreitung herangezogen werden sollen, ist eine Abweichung in dieser Größenordnung zu Gunsten der kürzeren Laufzeit tolerierbar.

3.1.3.5 Analyse der Verzweigungsdivergenzen

Wie bereits in Kapitel 2.5.2.2 erwähnt, führt die unterschiedliche Verzweigung von Threads innerhalb eines Warps zu einer Verringerung der Performance des SMs, da die einzelnen Verzweigungspfade seriell abgearbeitet werden müssen. Um das Maß der Verzweigungsdivergenz für SIScaR-GPU zu ermitteln, wurde mit dem NVIDIA Visual Profiler für die aus Kapitel 3.1.3.4 resultierende Konfigurationsvariante ein Berechnungsprofil ermittelt. Aus diesem Profil war ersichtlich, dass bei der Simulation von $9,6 \cdot 10^7$ Photonenhistorien unter Verwendung des gleichen Simulationsaufbaus wie in den vorherigen Kapiteln $3,16 \cdot 10^7$ Verzweigungspfade aufgrund einer Divergenz im Warp serialisiert werden mussten. Diese häufige Serialisierung ist unter anderem durch den Simulationsalgorithmus an sich begründet. Wie in Kapitel 2.5.2.3.1 dargelegt sind die Verzweigungen häufig von Zufallswerten abhängig, was schnell dazu führt, dass die Threads innerhalb eines Warps unterschiedlichen Programmcode ausführen.

Eine Möglichkeit, die performanceverringernde Serialisierung zu vermeiden, ist für alle Threads eines Warps eine dedizierte Interaktionsberechnung (Rayleigh, Compton, Photoeffekt oder keine Interaktion) durchzuführen. Eine Variante, um dies zu erreichen, ist die Gruppierung der Photonen mit gleicher durchzuführender Interaktion in einem Warp durch den Austausch von Daten der simulierten Photonen zwischen den Threads eines Blocks. Der Datenaustausch ist hierbei am schnellsten über den Shared-Memory vollziehbar. Eine Testimplementierung für diese Vorgehensweise zeigte, ebenfalls wie die gemessenen Werte in Kapitel 3.1.3.3, dass durch die weitere Nutzung des Shared-Memory die Laufzeit negativ beeinflusst wird. Somit ist dieses Vorgehen für den vorliegenden Anwendungsfall ungeeignet. Alternativ können für die Gruppierung von Historien mit gleicher geplanter Interaktion, pro Thread mehrere Historien gleichzeitig simuliert werden. Bei der Interaktionsberechnung werden anschließend aus diesen Historienlisten nach einem Mehrheitswahlverfahren Photonen mit passender Interaktionsart ausgewählt (sofern vorhanden) und die Interaktionsresultate bestimmt. Diese Variante führt durch die starke Nutzung der vorhandenen Register zu häufigen Registerauslagerungen in den L1-Cache. Eine Testimplementierung zeigte ebenfalls keinen weiteren Performancegewinn sondern eine Laufzeitverlängerung.

Eine weitere Möglichkeit zur Verringerung des Performanceverlustes durch Verzweigungsdivergenz, ist das von Han und Abdelrahman beschriebene branch-delaying [168]. Hierbei wird basierend auf einem Mehrheitswahlverfahren oder einem Rundlaufverfahren die Ausführung von Entscheidungszweigen einer If-Then-Else-Anweisung innerhalb einer Schleife auf spätere Schleifendurchläufe verzögert. Durch dieses Verfahren ist es möglich, die Wartezeit von Threads zu verringern und den Durchsatz des SMs durch das gleichzeitige Ausführen der Instruktionen zu erhöhen. Testimplementierungen für SIScaR-GPU, welche das branch-delaying-Verfahren für die Berechnungen des Compton-, Rayleigh- und Photoeffektes einsetzten (Majority-Vote mit verschiedenen Schwellwerten und Round-Robin mit unterschiedlichen Aufteilungen), zeigten keinen Performancegewinn sondern eine geringe Erhöhung der Laufzeit. Die Laufzeitverlängerungen beim branch-delaying-Verfahren als auch bei der im vorigen Abschnitt beschriebenen Verteilung der heterogenen Berechnungen auf unterschiedliche Warps könnte durch den zusätzlichen Berechnungs-Overhead der eingesetzten Verfahren begründet sein. Als weitere Erklärungsmöglichkeit für die verlängerte Simulationszeit wäre die begrenzte Anzahl von SFUs für die Quadratwurzel-, Sinus- und Kosinus-Berechnungen denkbar. Denn selbst, wenn alle 32 Threads eines Warps die gleiche komplexe Instruktion ausführen, können bei der verwendeten Grafikkarte mit vier SFUs maximal vier Threads pro Takt diese Instruktion abarbeiten.

Laut [125] optimiert der NVCC Compiler der CUDA™ Programmierumgebung zur Vermeidung von Divergenzen automatisch Schleifen einer gewissen Länge mittels sogenannter predicated instructions, sofern die Tiefe der Kontrollfluss-Verschachtelungen nicht zu groß ist. Um diese automatische Optimierung auszunutzen, wurde der Simulationsalgorithmus von SIScaR-GPU hinsichtlich passender Stellen analysiert. Als optimierbare Stellen wurden die geschachtelten For-Schleifen der Simulation der Photonenhistorien sowie die geschachtelten If-Then-Else-Anweisungen für die Bestimmung und Berechnung der Interaktion mit der Materie ermittelt (vgl. Abbildung 94 im Anhang). Diese Bereiche des Simulationsalgorithmus wurden wie folgt abgeändert:

1. Die zwei geschachtelten For-Schleifen wurden zu einer zusammengefasst und entsprechend die Erzeugung des ersten Photons zusammen mit der Bestimmung der initialen vom Photon abhängigen Parameter vor die Schleife verschoben.

2. Die vor die Schleife migrierten Instruktionen wurden zu einer neuen Methode zusammengefasst (`generate_particle`), welche weiterführend im Simulationsalgorithmus zur Erzeugung eines neuen Photons aufgerufen wird (vgl. Flussdiagramm Abbildung 94 im Anhang).
3. Die Bestimmung der auszuführenden Interaktion und die Berechnung der Interaktionsergebnisse wurden schrittweise voneinander getrennt. Hierzu wird in den geschachtelten If-Then-Else-Anweisungen die Kennung der auszuführenden Interaktion in einem Integer-Parameter hinterlegt. Nachfolgend werden über iterative Vergleiche mit diesem Parameter die durchzuführenden Berechnungen ausgewählt.
4. Die iterativen Vergleiche mit der in 3. beschriebenen Kennung wurden basierend auf der Anzahl der für die Interaktion durchzuführenden Instruktionen sowie der Wahrscheinlichkeit des Auftretens der Interaktion im Bereich der medizinischen Strahlenenergien (vgl. Kapitel 2.1.2) umgestellt.

Laufzeitmessungen nach den einzelnen Veränderungsschritten zeigten unterschiedliche Ergebnisse bezüglich der Performance (Simulationsszenario und Konfiguration wurden wie in Kapitel 3.1.3.4 gewählt). Änderungen 1., 2. und 3. verringerten zusammen die Laufzeit auf durchschnittlich 6,443 Sekunden. Durch Änderung 4. konnte die Simulationszeit nicht weiter verringert werden, wodurch sie in SIScaR-GPU keine Anwendung findet.

3.1.3.6 Erreichte Beschleunigung

Im Vergleich zum erweiterten MC-GPU-Paket konnte durch die in den Kapiteln 3.1.3.2 bis 3.1.3.5 beschriebenen Anpassungen die Laufzeit für das untersuchte Simulationsszenario von 22,9 auf durchschnittlich 6,4 Sekunden verringert werden. Diese Reduzierung der Laufzeit entspricht einem Speedup durch SIScaR-GPU von 3,6. Vergleicht man die Laufzeit von SIScaR-GPU mit der CPU-Variante des erweiterten MC-GPU-Paketes, konnte durch den optimierten Algorithmus unter Verwendung des Grafikkartenprozessors der Speedup von 33,2 auf 118,8 erhöht werden.

3.1.4 Aufbau eines OP-Szenarios im voxelisierten Simulationsvolumen

Die Intensität und Ausbreitung der Streustrahlung ist neben den radiologischen Parametern der Röntgenquelle – vorliegendes Röntgenspektrum, Röhrenstrom, Einsatz von Blenden sowie Durchleuchtungszeit – auch abhängig von der Zusammensetzung, Position und Größe der durchstrahlten Materie. Zu dieser zählt nicht nur das Gewebe und die Knochen des Patienten im Hauptstrahlengang, sondern auch das Material jedes anderen Objekts im Operationssaal, das vom Hauptstrahlengang oder der entstehenden Streustrahlung getroffen wird:

- Der OP-Tisch,

- der C-Bogen mit seinem Monitorwagen,
- das Anästhesiegerät,
- die Deckenbeleuchtung,
- das OP-Personal samt Strahlenschutzkleidung,
- usw.

So ist die Strahlen abschirmende Wirkung verschiedener Gegenstände auch ein wichtiger Punkt der Strahlenschutzausbildung. Damit SIScaR-GPU die Streustrahlenausbreitung während der intraoperativen Röntgenbilderzeugung für den Einsatz in der Strahlenschutzausbildung realitätsnah simulieren kann, wurden aus diesen Gründen neben den Werten für den durchleuchteten Patienten die Material- und Dichtewerte von ausgewählten Objekten des OP-Saals und des OP-Personals in die Simulation integriert.

Das durch die Anordnung der ausgewählten Objekte resultierende OP-Szenario, für welches durch SIScaR-GPU das Verhalten der Streustrahlung simuliert werden soll, wird im Rechner durch ein voxelisiertes Volumen nachgebildet. Hierbei sind die Ausmaße des Volumens, dessen würfelförmige Raumelemente (Voxel) alle die Kantenlängen von 1cm haben, im ganzzahligen Zentimeterbereich frei wählbar. Aufgrund der festgelegten Größe der Voxel ergibt sich somit auch die Anzahl der Voxel in Breite, Länge und Höhe (d_x, d_y und d_z) aus der Zentimeterzahl der entsprechenden Kantenlänge des Simulationsvolumens. Jeder Voxel hat neben seiner Position noch zwei weitere Eigenschaften:

- das im Voxel vorliegende Material und
- dessen Dichte.

In SIScaR-GPU werden diese beiden Parameter genau wie in MC-GPU durch eine Material-ID und einen Gleitkommawert mit der Einheit g/cm³ angegeben. Im Speicher der Grafikkarte ist das Voxelvolumen als eindimensionales Array von Float-Paaren (`float2`) dieser beider Werte repräsentiert. Der Index i_{Vox} eines Datenpaares für einen Voxels im Simulationsarray ist nach Gleichung *(50)* mittels der Dimension des Simulationsvolumens und der Position (x_v, y_v, z_v) des Voxels innerhalb des Volumens bestimmbar.

$$i_{Vox} := z_v \cdot d_x \cdot d_y + y_v \cdot d_x + x_v \qquad (50)$$

Im Gegensatz zu MC-GPU werden in SIScaR-GPU die Material- und Dichtedaten des Voxelarrays nicht komplett aus einer Datei eingelesen und in den Grafikkartenspeicher kopiert, sondern dynamisch während des Programmablaufes in das Array im globalen Grafikkartenspeicher integriert. Auf diese Art und Weise brauchen für verschiedene Objektkonstellationen im virtuellen OP-Saal nicht einzelne Simulationsdateien vorliegen und der Benutzer kann frei die Position, Rotation und Ausmaße von Objekten während des Programmablaufes anpassen. Die dynamische Generierung des individuellen Simulationsszenarios im Voxelvolumen wird hierbei jeweils mit der Initialisierung aller Voxelwerte im Grafikkartenspeicher auf das Material *Luft* mit entsprechender Dichte durch den Aufruf des `init_voxel_array`-Kernels gestartet. Die darauf folgende Integration von Material-IDs und Dichtewerten des C-Bogens, des Patienten, des OP-Personals und weiterer Objekte in das Voxel-Array soll zusammen mit der Simulation der automatischen Dosisleistungsregelung in den folgenden Kapiteln im Detail erläutert werden.

3.1.4.1 Repräsentation des mobilen Röntgengeräts

Um die Geometrie des C-Bogens im Operationsszenario nachzubilden, wurden vereinfacht vier Quader, ein Zylinder und eine Tubussektion zu einem stilisierten C-Bogen zusammengefügt (vgl. Abbildung 38).

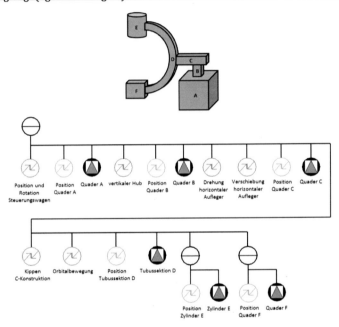

Abbildung 38: Repräsentation und Bewegungshierarchie des C-Bogen-Modells im Simulationsvolumen von SIScaR-GPU

Je nach geometrischer Beschaffenheit des nachzubildenden C-Bogens können die Ausmaße und die Positionen dieser sechs Objekte zueinander beliebig angepasst werden. Basierend auf den möglichen Gelenkpunkten eines C-Bogens wurde für die sechs Geometrieobjekte eine Bewegungshierarchie konstruiert, sodass jede mögliche Einstellung im Modell abgebildet werden kann. Diese Bewegungshierarchie (vgl. auch Abbildung 21) ist mittels der Open Inventor Szenengrafen-Notation in Abbildung 38 dargestellt (für weiterführende Informationen zu Open Inventor sei auf [169] verwiesen). Als geometrische Daten (grüne Transformationsknoten und Geometrieknoten in genannter Abbildung) wurden in dieser Arbeit exemplarisch die Ausmaße sowie Gelenkpunkte eines Siemens Arcadis Varic C-Bogens eingesetzt. Zu Beginn einer Streustrahlensimulation mit SIScaR-GPU werden durch den Benutzer die Gelenkstellungen des C-Bogens aus der nachzubildenden OP-Situation in die Bewegungshierarchie der Geometrieobjekte (rote

Transformationsknoten in Abbildung 38) übertragen. Basierend auf der so resultierenden Objektkonstellation sowie der C-Bogen Position und Drehung im gesamten Operationsszenario werden Material- und Dichtewerte für die von den Objekten eingeschlossenen Voxel im Simulationsvolumen gesetzt. Für die Bestimmung der entsprechenden Voxel-Indices und das Einfügen der Werte in die Felder des im Grafikkartenspeicher befindlichen Datenarrays wurden drei CUDA-Kernel implementiert. Zur Reduzierung der Simulationskomplexität und somit der Rechenzeit wird beim Setzen der Werte für jeden Voxel das gleiche Material – *Eisen* mit entsprechender Dichte – eingesetzt.

Die bereits in Kapitel 2.1.4 erwähnte automatische Dosisleistungsregelung (ADR) eines C-Bogens versucht die Dosisleistung am Bildverstärkereingang bei der Röntgenbilderzeugung konstant zu halten, um ein aussagekräftiges Röntgenbild unter Verwendung von möglichst wenig Strahlung zu generieren. Hierbei wird ein Regelkreis eingesetzt, der in einem zentralen Bereich des Bildverstärkers, der sogenannten Dominante, die Dosisleistung misst und entsprechend dieses Wertes den Röhrenstrom und/oder die Röhrenspannung steuert. Für den Regelkreis einer ADR werden hierbei häufig Grenzwerte für die Dosisleistung zwischen 0,05 und 0,06 µG/s eingesetzt [2]. Da die Veränderung der radiologischen Werte durch die Regelung die Energieverteilung und/oder die Anzahl der von der Röntgenquelle emittierten Photonen und dadurch auch den Photonenfluss und die Dosiswerte stark beeinflusst, wurde die ADR für die realitätsnahe Simulation der Streustrahlung in SIScaR-GPU nachgebildet.

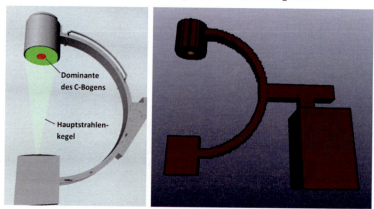

Abbildung 39: In SIScaR-GPU verwendeter Bereich der Dominante und Visualisierung der für den C-Bogen gesetzten Material-Voxel im Simulationsvolumen (braun: Eisen, weiß: Dominantenvoxel)

Zur Ermittlung der an der Dominante gemessenen Dosisleistung im ADR-Modell von SIScaR-GPU wurde ein zentraler kreisförmiger Bereich am unteren Teil des zylindrischen Bildverstärkers innerhalb des voxelisierten Simulationsvolumen speziell markiert (vgl. Abbildung 39). Diese Markierung erfolgte durch die Zuweisung des sonst nicht möglichen Materialindex -1 zu den von der Dominante eingeschlossenen Voxel. Welche Voxel diese Dominantenmarkierung erhalten, wird während des Setzens der C-Bogenmaterialdaten unter Berücksichtigung des Dominantenradius r_D – in SIScaR-GPU exemplarisch auf ¼ des Bildverstärkerradius festgelegt – berechnet. Hierbei wird des Weiteren die Anzahl der derart markierten Voxel n_{DV} aufsummiert.

Zur Vereinfachung der Simulation wurde ein der Dominante vorgelagertes optimales Streustrahlenraster modelliert, welches nur ungestreute Photonen zu den "messenden" Dominantenvoxel passieren lässt. Dieses wurde dadurch realisiert, dass im track_particles-Kernel eine boolesche Variable hinzugefügt wurde, welche beim Auftreten einer Compton- oder Rayleigh-Streuung den Wert true erhält. Erreicht beim Tracking ein ungestreutes Photon einen markierten Dominantenvoxel, so wird die Energie des Photons mittels einer atomaren Addition zur Gleitkomma-Variable sum_dominant_energy hinzugerechnet und es anschließend als absorbiert betrachtet.

Nach der Simulation aller Photonenhistorien wird über den Quotienten aus sum_dominant_energy und n_{DV} die durchschnittliche Energie pro Dominantenvoxel E_{DV} ermittelt. Da das Volumen und das Material der gesamten Dominante bei jeder Messung gleich ist, kann der Wert E_{DV} für den Regelkreis der ADR-Simulation in SIScaR-GPU als Anhaltspunkt für die Dosisleistung an der Dominante herangezogen werden. Durch das Einfahren von Blenden ist es möglich, dass der zentrale Strahlenkegel derart verschmälert wird, dass die direkte Strahlung nicht mehr alle Dominantenvoxel trifft. Um die Beeinflussung von E_{DV} durch diesen Effekt zu verhindern, wird während der Bestimmung der Blendenwerte (vgl. Kapitel 3.1.2.2) die Anzahl der von der Iris- und Schlitzblende abgeschatteten Voxel n_{DV}^* nach Gleichung *(51)* bestimmt und der Nenner des Quotienten für die Bestimmung der durschnittlichen Energie um diese Zahl verringert (vgl. Gleichung *(52)*).

$$n_{DV}^* := n_{DV} \cdot \frac{r_D^2 - r_{B,I}^2}{r_D^2} + \begin{cases} 0 & \text{wenn } d_{B,S} \geq r_{B,I} \\ n_{DV} \cdot \frac{2\gamma_{DV} - \sin(2\gamma_{DV})}{\pi} & \text{sonst} \end{cases} \quad (51)$$

$$\text{mit } \gamma_{DV} := \begin{cases} \cos^{-1} \frac{d_{B,S}}{r_{B,I}}, \text{wenn } r_{B,I} < r_D \\ \cos^{-1} \frac{d_{B,S}}{r_D}, \text{sonst} \end{cases}$$

$$E_{DV} := \frac{sum\_dominant\_energy}{n_{DV} - n_{DV}^*} \quad (52)$$

Die Berechnung von n_{DV}^* ist hierbei nur nötig, sofern $d_{B,S}$ oder $r_{B,I}$ kleiner als der Dominantenradius r_D sind. Ist dies nicht der Fall ist $n_{DV}^* := 0$.

Basierend auf der Messung der an der Dominante auftreffenden Energie alteriert anschließend der Regelkreis die radiologischen Parameter. Für die Modellierung der ADR in SIScaR-GPU wurde hierfür ein Regelkreis gewählt, welcher basierend auf der gemessenen Dosisleistung bei gleichbleibender Röhrenspannung den Röhrenstrom anpasst. Diese Steuerung des Röhrenstroms kann mit der Steuerung der Anzahl von emmitierten Photonen pro Zeiteinheit gleichgesetzt werden. Entsprechend dieser Annahme wurden zwei Möglichkeiten die Regelung in SIScaR-GPU nachzubilden identifiziert:

- Iterativ eine kleine Anzahl von Photonenhistorien simulieren und die pro Durchgang an der Dominante gemessene durchschnittliche Energie pro Voxel aufsummieren bis die Energiesumme einen gewissen Grenzwert erreicht hat. (Iterative-Methode)
- Einmalig eine feste Anzahl von Photonenhistorien simulieren und basierend auf der ermittelten durchschnittlichen Energie pro Voxel und einem Grenzwert einen Skalierungsfaktor s_{ADR} für die simulierten Dosiswerte bestimmen. (Skalierungs-Methode)

Beide Regelungs-Varianten wurden für SIScaR-GPU implementiert sowie die Simulationsergebnisse mit den Dosiswerten einer einzelnen Simulation mit entsprechend gleicher Anzahl von berechneten Photonenhistorien verglichen. Für die Skalierungsmethode ergab sich die Anzahl der Photonenhistorien hierbei aus der Multiplikation des ermittelten Skalierungsfaktors mit der Anzahl der simulierten Photonen. Als Grenzwert der durchschnittlichen Energie pro Dominantenvoxel wurde für die ADR-Regelung in SIScaR-GPU basierend auf Abwägungen zwischen Simulationszeit und akzeptabler Visualisierung ein Wert von 10 GeV festgelegt (vgl. Kapitel 3.2.1). Der Vergleich der Simulationsergebnisse zeigte, dass sich bei Verwendung einer monoenergetischen Strahlenquelle und der iterativen Regelungs-Variante die Photonenflusswerte nicht von der einmaligen Simulation aller Historien unterscheidet. Wird für die Strahlenquelle ein Strahlenspektrum eingesetzt, so variieren die Daten. Diese Unterschiede, welche in der Visualisierung der Simulationsergebnisse kaum wahrgenommen werden können, sind durch die abweichende Aufteilung der pro Durchgang zu simulierenden Photonen auf das gesamte Strahlenspektrum begründet. Da zu Beginn der Simulation nicht vorausgesagt werden kann, wie viele Iterationen basierend auf der Regelung durchgeführt werden, sind diese Abweichungen nicht zu eliminieren. Im Vergleich zu einer einmaligen Simulation der Historien steigt bei der Skalierungs-Methode die durchschnittliche Abweichung mit dem Skalierungsfaktor. Bereits bei der Verwendung einer monoenergetischen Strahlenquelle sind diese Abweichungen, welche durch die insgesamt geringere Anzahl von vorhandenen Dosiswerten begründet werden können, zu beobachten. Durch den Einsatz eines Strahlenspektrums werden sie noch weiter verstärkt. Im Gegensatz zur iterativen Regelungs-Variante ist hierdurch ein Unterschied in den Visualisierungsergebnissen zu erkennen. Die Skalierungs-Methode bietet jedoch im Vergleich zur Iterativen-Methode eine um den Faktor der Skalierung kürzere Berechnungszeit. Um dem Benutzer von SIScaR-GPU die Wahl zwischen schneller Simulation mit Einbußen in der Genauigkeit und langsamerer Simulation mit genaueren Ergebnissen zu ermöglichen, wurden beide Regelungsvarianten frei wählbar in das Simulationssystem integriert.

3.1.4.2 Repräsentation des OP-Personals und des Chirurgen

Jede Person, welche sich während der Röntgenbildgenerierung im Operationssaal aufhält, beeinflusst mit ihrem Körper und ihrer Kleidung durch Absorption und weitere Streuung das Ausbreitungsverhalten der intraoperativen Streustrahlung. Je nachdem wo sich eine Person bezüglich der Hauptquelle der Streustrahlung befindet, wie ihre Ausrichtung zu diesem Raumpunkt ist und welche Strahlenschutzkleidung sie trägt entstehen teilweise abgeschattete Bereich im Streustrahlungsfeld des Operationssaals. Durch die auftretende Interaktion der Strahlung mit dem Körpergewebe erfährt jedes Mitglied des OP-Teams zudem eine individuelle Strahlenbelastung. Um die Strahlendosen des OP-Personals pro Individuum und Körperbereich sowie die Beeinflussung des Strahlungsfeldes für beliebige Situationen des OP-Alltages in SIScaR-GPU simulieren und für die Strahlenschutzausbildung visualisieren zu können, wurde ein parametrisierbares Modell eines OP-Mitarbeiters generiert, in das Simulationsvolumen integriert und der Algorithmus der Strahlungstransportsimulation für die Handhabung dieses Modells angepasst.

Das in dieser Arbeit entwickelte Personalmodell basiert auf einem voxelisierten Volumen mit Material- und Dichtewerten eines menschlichen Körpers sowie einem Kennzeichnungsvolumen (engl. Label-Volume), welches für jeden Voxel einen positiven ganzzahligen Kennzeichnungswert (Label) vorhält. Mit Hilfe des Label-Volumens ist es möglich, für jeden Voxel des Material- und Dichtevolumens eine Zugehörigkeit zu einem bestimmten Organ oder einer Struktur festzulegen. Dieses Prinzip der Segmentierung und Markierung (Labeling) wird bereits bei vielen computerbasierten anatomischen Modellen für die Ausbildung oder die Strahlungssimulation eingesetzt (vgl. [170-172]). Bei der Strahlungstransportsimulation kann durch das Labeling eines Voxels bei einer auftretenden Deponierung von Strahlungsenergie in selbigem eine Verknüpfung zu einem Organ bzw. einer Struktur hergestellt werden. Um dieses während der Streustrahlensimulation zu ermöglichen und zusätzlich noch eine Zuordnung zu einer speziellen Person herstellen zu können, müssen in der Datenstruktur eines Voxels zusätzlich zu den bisher als Float-Werte vorgehaltenen Material-ID- und Dichtedaten noch eine Personal-Kennnummer (orStaffID mit einem Wert größer oder gleich 1) und die Label-Kennnummer (labelID) vorgehalten werden. Da der Speicherplatz auf der Grafikkarte sehr beschränkt ist und zusätzliche Speicherzugriffe auf den globalen Grafikkartenspeicher die Simulation stark verlangsamen würden, wurden die drei ID-Werte in einer einzelnen Float-Variable kombiniert. Dieses ist in dem vorliegenden Fall möglich, da der Wertebereich der einzelnen IDs recht klein ist. Durch die Zusammenfassung wird erreicht, dass das Simulationsvolumen trotz höherem Informationsgehalt nicht mehr Speicherplatz belegt.

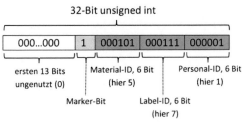

Abbildung 40: Beispielhafte Bit-Formatierung eines kombinierten ID-Wertes bei einer vorzeichenlosen ganzen Zahl mit einer Länge von 4-Byte (unsigned int).

Die Kombination der IDs zu einem Float-Wert sowie die Rückgewinnung erfolgt in SIScaR-GPU mittels schneller bitweiser Operationen auf den als positive ganze Zahlen dargestellten ID-Werten (vgl. Algorithmus in Abbildung 92 im Anhang). Bei diesem Verfahren wird durch einen Bit-Marker am Anfang der in Abbildung 40 exemplarisch gezeigten resultierenden Bitfolge eine kombinierte ID von einer einfachen Material-ID unterschieden. Ob dieser Marker gesetzt ist, kann im Algorithmus durch einen einfachen Vergleich des Wertes mit der Zahl 2^{18} ≙ 1 000000 000000 000000 (*binär*) überprüft werden. Für die Speicherung im `float2`-Simulationsarray konvertiert der Algorithmus zum Ende die kombinierte ID in einen Float-Wert. Bei der Abfrage wird die Variable wiederum als erstes in einen vorzeichenlosen Integer-Wert konvertiert und anschließend durch bitweise Und-Verknüpfungen mit speziellen Bitmasken

- OP-Personal: 63 ≙ 111111 (*binär*)
- Label: 4032 ≙ 111111 000000 (*binär*)
- Material: 258048 ≙ 111111 000000 000000 (*binär*)

sowie Bit-Verschiebungen in die drei ID-Werte aufgeteilt.

Damit die für die Berechnung wichtigen anatomischen Parameter in SIScaR-GPU möglichst gut einer realen Person nachempfunden sind, wurden als Grundlage für das Labeling und für die Material- und Dichteverteilungen im Simulationsvolumen reale CT-Datensätze eingesetzt. Dieses Vorgehen wurde gewählt, da basierend auf den Hounsfield-Werten der einzelnen Bilder eines CT-Datensatzes für jeden Raumpunkt des volumetrischen Datensatzes eine Abschätzung bezüglich der vorliegenden Gewebeart und seiner spezifischen Dichte getroffen werden kann. Des Weiteren ist durch den Gebrauch von realen CT-Datensätzen die anatomisch korrekte Verteilung der Label-, Material- und Dichtewerte im Simulationsvolumen gewährleistet.

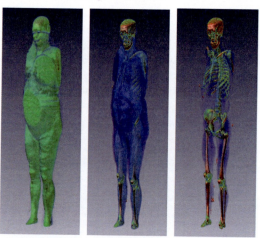

Abbildung 41: Volumenrendering des verwendeten Ganzkörper-CT-Datensatzes als Grundlage für die Material- und Dichtewerte des Personalmodells in SIScaR-GPU

Durch die Fähigkeit von SIScaR-GPU beliebige CT-Datensätze und korrespondierende Label-Volumina für die Generierung des anatomischen Voxelmodells des Personals einzusetzen, können sowohl spezielle humane Voxelmodelle, wie z. B. aus der Virtual Family [172] oder dem Visible Human Project [173], als auch andere Ganzkörper-CTs aus dem klinischen Alltag verwendet werden. In dieser Arbeit wurde für das anatomische Personalmodell exemplarisch ein anonymisierter CT-Datensatz eines Ganzkörper-Trauma-Scans einer Frau eingesetzt (siehe Abbildung 41, 480x326x322 Voxel).

Für die Integration der Material- und Dichtedaten des Personals in das Simulationsvolumen von SIScaR-GPU wurde der als DICOM-Bilder vorliegende CT-Datensatz in das weniger Speicherplatz benötigende VM2-Format konvertiert. Dieses einfache Volumendatensatz-Format, welches am Peter L. Reichertz Institut für Medizinische Informatik für das virtusMED-System [174] entwickelt wurde, hält neben einem Header mit Datensatzinformationen für jeden Voxel einen in den Wertebereich von 0 bis 255 skalierten Hounsfield-Wert des CT-Datensatzes bereit. Dieses komprimierte CT-Datensatz-Format wurde für SIScaR-GPU ausgewählt, da das virtX-Trainingssystem, in welches SIScaR-GPU in dieser Arbeit exemplarisch integriert werden soll (vgl. Kapitel 4.1), für die Simulation von Projektionsröntgenbildern ebenfalls CT-Datensätze im VM2-Format einsetzt. Auf diese Art und Weise können beim erweiterten virtX-System die Softwarekomponenten für die Streustrahlen- und Röntgenbildsimulation die gleichen CT-Daten des virtuellen Patienten (vgl. auch Kapitel 3.1.4.3) für ihre Berechnungen verwenden.

ID	Label	ID	Label	ID	Label
0	Luft	10	Linker Unterschenkel	20	Hals
1	Schilddrüse	11	Rechter Unterschenkel	21	Kopf vorne
2	Augen	12	Linker Oberschenkel	22	Kopf hinten
3	Lunge	13	Rechter Oberschenkel	23	Röntgen-Weste vorne
4	Brust	14	Becken vorne	24	Röntgen-Weste hinten
5	Leber	15	Becken hinten	25	Röntgen-Rock vorne
6	Magen	16	Abdomen vorne	26	Röntgen-Rock hinten
7	Dickdarm	17	Abdomen hinten	27	Schilddrüsenschutz
8	Blase	18	Thorax vorne	28	Bleibrille
9	Keimdrüsen	19	Thorax hinten		

Tabelle 8: Codierung der verwendeten Label in eine positive ganzzahlige ID für die Speicherung in der Label-Datei.

Zur Erzeugung eines Label-Volumens für den gewählten speziellen CT-Datensatz fand in dieser Arbeit das Programm Amira [175] der Firma Visage Imaging in der Version 5.2.1 Einsatz. Mit dieser Software wurden in den einzelnen Schichten des Volumendatensatzes die gewünschten Organe, Strukturen und Körperbereiche segmentiert und zu Labeln hinzugefügt. Des Weiteren wurden Bereiche markiert, in welchen Elemente von Strahlenschutzkleidungen – Schilddrüsenschutz, Bleibrille, Teile von Röntgenschürzen – getragen werden. Die eingesetzte Codierung der einzelnen Bereiche innerhalb des Label-Volumens in positive ganze Zahlen ist in Tabelle 8 dargestellt. Nach der Segmentierung wurden die Werte des Label-Volumens als Byte-Array in eine spezielle Label-Datei zur späteren Verwendung durch SIScaR-GPU abgelegt.

Während der Initialisierungsphase von SIScaR-GPU liest das Programm die Werte aus dem Label- und VM2-Volumen des OP-Personals ein und kopiert diese zusammen mit

Metainformationen für die spätere Weiterverarbeitung in den globalen Grafikartenspeicher. Zu diesen Metainformationen gehören

- die dreidimensionale Datensatzgröße in Zentimeter ($d_{x,CT,cm}$, $d_{y,CT,cm}$, $d_{z,CT,cm}$)
- die Anzahl der Voxel pro Raumachse ($d_{x,CT}$, $d_{y,CT}$, $d_{z,CT}$) sowie
- benutzerdefinierte Skalierungswerte ($s_{x,CT}$, $s_{y,CT}$, $s_{z,CT}$).

Aus diesen Werten wird anschließend nach Gleichung *(53)* die Anzahl von Voxel pro Raumrichtung ($d_{x,CT}^*$, $d_{y,CT}^*$, $d_{z,CT}^*$) berechnet, welche im Simulationsvolumen durch die Werte des CT-Datensatzes beeinflusst werden können.

$$\begin{pmatrix} d_{x,CT}^* \\ d_{y,CT}^* \\ d_{z,CT}^* \end{pmatrix} := \begin{pmatrix} s_{x,CT} \cdot d_{x,CT,cm} \\ s_{y,CT} \cdot d_{y,CT,cm} \\ s_{z,CT} \cdot d_{z,CT,cm} \end{pmatrix} \qquad (53)$$

Entsprechend dieser Werte erzeugt der Algorithmus im Grafikkartenspeicher ein verkleinertes Array mit Integer-Werten (ID-Array) der Größe $d_{x,CT}^* \cdot d_{y,CT}^* \cdot d_{z,CT}^*$, welches die berechneten kombinierten IDs des Datensatzes aufnimmt. Nachfolgend konvertiert der prepareVolume-Kernel, der mit einer eindimensionalen Blockgröße von $d_{y,CT}^*$ und einer Blockanzahl von $d_{z,CT}^*$ aufgerufen wird, auf der Grafikkarte die skalierten Hounsfield-Werte des CT-Datensatzarrays und den Label-Datensatz für SIScaR-GPU. Hierzu wird als erstes bestimmt, wie viele Werte pro Raumrichtung aus den Datensätzen zu einem Wert im verkleinerten ID-Array zusammengefasst werden müssen: $\Delta d_{x,CT}$, $\Delta d_{y,CT}$ und $\Delta d_{z,CT}$ (vgl. Gleichung *(54)*).

$$\Delta d_{x,CT} := \left\lfloor \frac{d_{x,CT}}{d_{x,CT}^*} \right\rfloor \qquad \Delta d_{y,CT} := \left\lfloor \frac{d_{y,CT}}{d_{y,CT}^*} \right\rfloor \qquad \Delta d_{z,CT} := \left\lfloor \frac{d_{z,CT}}{d_{z,CT}^*} \right\rfloor \qquad (54)$$

Für jeden Voxel-Index $i_{Vox,ID}$ des ID-Arrays ermittelt der im prepareVolume-Kernel eingesetzte Algorithmus (vgl. Abbildung 95 im Anhang) einerseits aus den zusammenzufassenden Daten des CT-Datensatzes einen mittleren Hounsfield-Wert m_{HV} und andererseits aus dem entsprechenden Bereich des Label-Datensatz die Label-ID mit der größten Häufigkeit $l_{ID,max}$. Der Wert m_{HV} wird anschließend mit einer einfachen Transferfunktion (siehe Gleichung *(55)*) auf einen ganzzahligen Material-Kennzeichner abgebildet.

$$Material - ID := \begin{cases} 0, wenn\ m_{HV} < 6 \\ 1, wenn\ 6 \leq m_{HV} < 16 \\ 2, wenn\ 16 \leq m_{HV} < 45 \\ 3, wenn\ 45 \leq m_{HV} < 60 \\ 4, wenn\ 60 \leq m_{HV} < 70 \\ 5, wenn\ 70 \leq m_{HV} < 90 \\ 6, wenn\ 90 \leq m_{HV} < 185 \\ 7, sonst \end{cases} \qquad (55)$$

mit 0≙*Luft*, 1≙*Lungengewebe*, 2≙*Fettgewebe*, 3≙*Weichgewebe*,
4≙*Muskelgewebe*, 5≙*poröser Knochen*, 6≙*dichter Knochen*,
7≙*Titan(Implantat)*

Die Transferfunktion wurde hierbei empirisch durch das Vergleichen von Werten aus verschiedenen VM2-Dateien und der vorliegenden Gewebeart der korrespondierenden anatomischen Struktur abgeleitet. Um die Simulationskomplexität zu Gunsten der Simulationszeit nicht zu stark zu erhöhen, beinhaltet die verwendete Abbildungsvorschrift nur eine geringe Anzahl von Gewebearten.

Die Ausprägung von $l_{ID,max}$ entscheidet im Algorithmus, ob ein kombinierter Wert oder eine einzelne Material-ID in das ID-Array geschrieben wird. Ist $l_{ID,max}$ ungleich der Label-ID für Luft, so wird sie mit der berechneten Material-ID kombiniert und als Zwischenwert an Index $i_{Vox,ID}$ in das skalierte ID-Array im Grafikkartenspeicher gesetzt. Ist die Label-ID für Luft die häufigste, schreibt der Algorithmus ohne Kombination die Material-ID für Luft in das Array. Zusätzlich zeichnet der Konvertierungsalgorithmus für die spätere Verwendung in der Visualisierungskomponente (vgl. Kapitel 3.2.2) die Häufigkeit der einzelnen Label-IDs innerhalb des ID-Arrays auf. Sind die Datensätze durch den prepareVolume-Kernel vollständig konvertiert, so werden die korrespondierenden Datenarrays mit den skalierten Hounsfield-Werten und den Label-Informationen aus dem globalen Grafikkartenspeicher gelöscht.

Auf diese Art und Weise erzeugt der prepareVolume-Kernel ein von den übergebenen Größenparametern abhängiges, kombiniertes Material- und Label-Volumen des OP-Personals im Grafikkartenspeicher. Während des Aufbaus des OP-Szenarios in SIScaR-GPU kann der Benutzer dieses mehrfach als Repräsentation eines OP-Mitarbeiters in das Simulationsvolumen integrieren.

Das Einfügen der Daten des erzeugten Personal-Volumens an individueller Stelle in das Simulationsvolumen, welches zuvor auf das Material *Luft* initialisiert wurde und bereits die Material-Werte des C-Bogens enthält (siehe Kapitel 3.1.4.1), erfolgt in SIScaR-GPU zu Beginn jedes Simulationsdurchlaufes über den insert_person_to_voxel_array-Kernel, kurz IPV-Kernel (siehe Flussdiagramm in Abbildung 96 im Anhang). Dieser verwendet zur Bestimmung der benötigten Werte, neben

- der Position $(p_{x,Mat}, p_{y,Mat}, p_{z,Mat})$ und
- Rotation $(q_{x,Mat}, q_{y,Mat}, q_{z,Mat}, q_{w,Mat})$ des virtuellen Mitarbeiters,
- dessen ID und
- die Bleigleichwerte der angelegten Komponenten der Strahlenschutzkleidung in Millimetern.

Zudem ist es beim IPV-Kernel möglich einen Bereich von Interesse (engl. region of interest, kurz ROI) anzugeben, welcher die einzufügenden kombinierten IDs auf ein Subvolumen des Material- und Label-Volumens beschränkt. Bei seiner Ausführung fügt der Algorithmus nicht direkt die Werte aus dem skalierten ID-Volumen in die berechneten Stellen im Simulationsvolumen, sondern führt zuvor Anpassungen der IDs und Dichtewerte durch. Welche Anpassungen stattfinden, hängt von dem vorliegenden Label-Wert ab. Beschreibt ein Label einen Bereich, an dem Strahlenschutzkleidung getragen wird (Label-ID 23 bis 28), so fügt der IPV-Kernel an entsprechender Stelle im Simulationsvolumen die einfache Material-ID für Blei ein. Die Dichte ρ_{SK} für diesen Voxel der Strahlenschutzkleidung wird anschließend nach Gleichung *(56)* mit der nominellen Dichte von Blei ρ_{Pb} und dem Bleigleichwert t_{BG} der Strahlenschutzkleidung berechnet und ebenfalls im Simulationsarray abgespeichert.

$$\rho_{SK} := 0{,}1 \cdot t_{BG} \cdot \rho_{Pb} \qquad (56)$$

Der Multiplikationsfaktor von 0,1 ergibt sich in dieser Gleichung durch die Tatsache, dass der Bleigleichwert in Millimeter angegeben wird und die Simulationsvoxel alle eine Kantenlänge von einem Zentimeter besitzen.

Beschreibt das im kombinierten Wert des skalierten OP-Personal-Volumens vorliegende Label hingegen ein Organ oder eine Körperstruktur (Label-ID 1 bis 22), so wird zur vorgefundenen Material- und Label-ID die aktuelle Personal-ID hinzugefügt. Der Wert der hieraus resultierenden kombinierten ID (vgl. Abbildung 40) wird anschließend in das berechnete Feld des Material- und Dichte-Arrays der Simulation gesetzt. Als zugehöriger Dichtewert für den Simulationsvoxel wird die nominelle Dichte des entsprechenden Materials verwendet.

Bei der letzten möglichen Variante, falls der Wert aus dem Personal-Volumen keinen Bit-Marker aufweist, wird durch den IPV-Kernel keine Änderung an den korrespondierenden Voxel-Daten im Simulationsvolumen vorgenommen.

Durch mehrfaches Ausführen des IPV-Kernels in einem dedizierten Thread kann der Benutzer von SIScaR-GPU bis zu fünf Mitarbeiter des OP-Teams an beliebigen Stellen und mit frei wählbarer Ausrichtung in die Simulationsszenerie einfügen.

Als weiterer Anpassungsschritt wurde der optimierte `track_particles`-Kernel (vgl. Abbildung 94 im Anhang) für die Verarbeitung der kombinierten IDs und die Erfassung der Organdosen der eingefügten OP-Mitarbeiter angepasst. Zur Handhabung der kombinierten IDs wurde der in Abbildung 92 im Anhang auf der rechten Seite dargestellte Algorithmus in den Kernel integriert. Für die Aufzeichnung der einzelnen Organdosen hat man ein spezielles Gleitkomma-Array angelegt, welches für jede Person im OP einen Float-Wert pro segmentierter Organ- und Körperstruktur vorhält. Tritt während der Strahlungstransportsimulation eine lokale Energiedeponierung auf, so addiert der Algorithmus mittels einer atomaren Operation die resultierende Dosis zum Wert im Organdosis-Array. Die Position des Wertes im Array ist durch die Label- und Personal-ID festgelegt. Besitzt die Personal-ID nach der Verarbeitung der kombinierten ID den Wert -1 so ist der vorliegende Voxel keiner Person zugeordnet und die deponierte Dosis wird nur zum allgemeinen Dosis-Array (dd-Array) hinzugerechnet. Nach Beendigung des Simulations-Kernels kopiert SIScaR-GPU die gemessenen Organdosiswerte, welche in der Einheit µGy vorliegen und von der Anzahl der simulierten Photonenhistorien abhängen, aus dem Grafikkartenspeicher in den Hauptspeicher der CPU zur weiteren Aufbereitung für die Visualisierung (siehe Kapitel 3.2.2).

3.1.4.3 Repräsentation des Patienten

Da sich der Patient bei der intraoperativen Röntgenbildgenerierung zwangsläufig direkt im Hauptstrahlengang befindet, sind die Zusammensetzung und Dicke seines durchstrahlten Gewebes neben den durchleuchteten Materialien des Operationstisches die materialspezifischen Hauptparameter für die Simulation der Streustrahlenausbreitung im OP. Damit diese wichtigen Berechnungsparameter in SIScaR-GPU möglichst gut einem realen Patienten nachempfunden sind, wurden als Grundlage seiner Material- und Dichteverteilungen im Simulationsvolumen, aus den gleichen Gründen wie in Kapitel 3.1.4.2 dargelegt, reale CT-Datensätze eingesetzt. Durch dieses Vorgehen ist es zudem möglich beliebige Patientensituationen (z. B. Körpergewicht, Pathologien) in der Simulation nachzubilden, sofern entsprechende Datensätze vorliegen. Durch die Verwendung eines Ganzkörper-CT-Datensatzes oder einer Zusammensetzung aus mehreren einzelnen CT-Datensätzen kann der Benutzer individuell die komplette Patientenstruktur im Simulationsvolumen modellieren. Bei der Verwendung von einzelnen, kleinen Datensätzen ist es zudem möglich, die dargestellten Körperregionen unabhängig voneinander zu bewegen. Hierdurch können beliebige Patientenlagerungen nachgebildet werden. Damit ein CT-Datensatz zu diesen Zwecken in SIScaR-GPU verwendet werden kann, ist er zuvor, aus den bereits in Kapitel 3.1.4.2 angegebenen Gründen, in das VM2 Format zu konvertieren. Soll des Weiteren die Dosisbelastung des Patienten in der Simulation erfasst werden, ist für jeden eingesetzten CT-Datensatz ein Label-Volumen mit der in Tabelle 8 beschriebenen Objektcodierung notwendig.

In dieser Arbeit wurde der virtuelle Patient im OP-Saal exemplarisch mittels einer Zusammenstellung von einzelnen CT-Datensätzen, für die jeweils ein Label-Volumen erzeugt wurde, modelliert (siehe Abbildung 42). Hierbei hat man zur Verringerung des benötigten Speicherplatzes des angestrebten CBT-Systems die gleichen CT-Datensätze gewählt, welche in virtX für die Simulation der Projektionsröntgenbilder Anwendung finden.

Abbildung 42: Volumendarstellungen einer exemplarischen Kombination von CT-Datensätzen zu einem Patientenmodell für SIScaR-GPU.

Nachdem beim Programmstart von SIScaR-GPU die für die Strahlungstransportsimulation relevanten VM2- und Label-Dateien des Patienten eingelesen wurden, konvertiert das System iterativ alle vorhandenen Datensatz-Paare (CT und Label) in ein verkleinertes Array mit kombinierten IDs. Hierzu wird der bereits in Kapitel 3.1.4.2 beschriebene prepareVolume-Kernel eingesetzt. Nach Abschluss dieses Initialisierungsschrittes liegt für jeden Bereich des Patientenkörpers mindestens ein ID-Array im Grafikkartenspeicher vor, während die von den VM2- und Label-Volumina belegten Speicherbereiche wieder freigegeben wurden. Die Patienten-(Teil-)-Volumina werden zu Beginn eines jeden Simulationsdurchlaufes zu einer individuellen Konstellation kombiniert und in das Simulationsvolumen eingefügt.

Die Integration der einzelnen ID-Arrays in das Simulationsszenario erfolgt hierbei mittels des bereits in Kapitel 3.1.4.2 erläuterten IPV-Kernels. Dieser wird im Falle der Patienten-Volumina nebst Positions- und Rotationsdaten mit einer festen Personen-ID (0) und Bleigleichwerten der Strahlenschutzkomponenten von null aufgerufen. Hierdurch existiert nur ein als Patient festgelegtes Individuum im Simulationsvolumen, für das die resultierenden Strahlungswerte an erster Stelle des in Kapitel 3.1.4.2 erwähnten Organdosis-Arrays protokoliert werden.

3.1.4.4 Weitere Objekte im Operationssaal

Genau wie die bereits beschriebenen Elemente, welche als Repräsentationen ihrer realen Pendants in die Szenerie der Streustrahlensimulation von SIScaR-GPU integriert wurden, beeinflussen auch alle anderen Objekte im Operationssaal die Streustrahlenausbreitung. Einige von ihnen weniger stark, wie z. B. das Operationsbesteck oder die Deckenbeleuchtung, andere hingegen haben einen großen Einfluss, wie z. B. der Operationstisch, der Monitorwagen des C-Bogens oder das Anästhesiegerät. Von den zahllosen im realen Operationsalltag vorhandenen Gegenständen sollen in dieser Arbeit exemplarisch der OP-Tisch und der Monitorwagen des C-Bogens als Modelle bereitgestellt werden. Das Konzept von SIScaR-GPU ermöglicht jedoch die Integration von beliebig vielen Objekten im Simulationsszenario, sofern die maximale Anzahl der erlaubten unterschiedlichen Materialien nicht überschritten wird.

Um die Simulationskomplexität zu Gunsten der Simulationszeit möglichst gering zu halten, wurde das Modell des OP-Tisches durch zwei einfache Quader zusammengesetzt. Einer dieser Quader repräsentiert hierbei mit dem Material *Eisen* die massive stark strahlungsabschwächende Tischsäule inklusive Hubmechanismus. Der zweite Quader stellt mit einer Dicke von einem Zentimeter eine starre Liegefläche eines OP-Tisches dar. Da diese Liegefläche bei vielen Einstellungen des mobilen Röntgengerätes direkt durchstrahlt wird, ist die Wahl des Materials wichtig für die Realitätsnähe der resultierenden Simulationsergebnisse. Aufgrund der Tatsache, dass die Liegeflächen der meisten modernen OP-Tische neben einer Polsterung aus Kunststoffschaum aus strahlendurchlässigem und belastbarem Kohlenstofffaserverstärktem Kunststoff (CFK, engl. carbon fibre reinforced plastic CFRP) bestehen, wurde dem Quader der Liegefläche ebenfalls das Material *CFRP* zugewiesen. Die Material-Datei von *CFRP*, welche weder vom MC-GPU-Paket noch von PENELOPE 2006 bereitgestellt wird, wurde hierfür mit Hilfe des material-Programms des PENELOPE 2006 Paketes erzeugt. Als Datengrundlage für die Materialdatei wurde ein CFRP auf Basis von Epoxidharz und Kohlenstofffasern mit einem Volumenanteil von 60% ausgewählt. Als Härter des Epoxidharzes, dessen chemische Formel nach den Angaben des National Center for Biotechnology Information (NCBI) [176] auf $C_{21}H_{25}ClO_5$ festgelegt wurde, ist Triethylentetramin (TETA) mit der chemischen Formel $C_6H_{18}N_4$ [177] und einem Mischverhältnis von 15% [178] angenommen worden. Durch die Festlegung der Dichte des gehärteten Epoxidharzes auf $1,2\frac{g}{cm^3}$ und der Kohlenstofffaser auf $1,8\frac{g}{cm^3}$ ergibt sich aus dem 60% Volumenanteil der Kohlenstofffasern im CFRP ein Gewichtsverhältnis der Faser zum Kunststoff von 69,2% zu 30.8% [179]. Aus diesen Werten wurden die Eingabeparameter – Dichte des CFRP sowie die Massenanteile der einzelnen Elemente – für das material-Programm bestimmt:

- Dichte: $1,56\frac{g}{cm^3}$
- Massenanteil Kohlenstoff (C): 0,854
- Massenanteil Iod (I): 0,067
- Massenanteil Sauerstoff (O): 0,042
- Massenanteil Wasserstoff (H): 0,019
- Massenanteil Stickstoff (N): 0,018.

Die resultierende PENELOPE 2006 Material-Datei wurde anschließend mit einem Programm des MC-GPU-Paketes in das für MC-GPU und somit auch SIScaR-GPU benötigte Format konvertiert. Sowohl der CFRP- als auch der Eisen-Quader der OP-Tisch-Repräsentation können vom Benutzer mittels eines speziellen Kernel mit beliebiger Rotation und Position in das Simulationsvolumen im Grafikkartenspeicher eingefügt werden. Hierdurch kann SIScaR-GPU jede Position des OP-Tisches und Stellung der Tischplatte im virtuellen OP-Saal nachbilden.

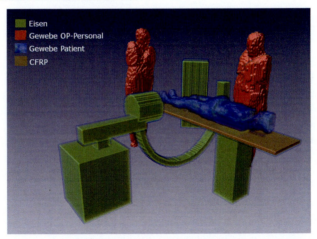

Abbildung 43: Volume-Rendering eines exemplarischen OP-Szenarios im voxelisierten Simulationsvolumen mit Patient, C-Bogen, OP-Tisch, Monitorwagen und zwei OP-Mitarbeitern. Die einzelnen Material-IDs wurden farbig markiert: Eisen grün, CFRP orange, Körpergewebe blau (ID 1 bis 6) und Kombinationen aus Material- und Label-ID rot

Das Modell des Monitorwagens wurde aufgrund der vielen stark abschirmenden metallischen Bauteile als einfacher Quader aus dem Material *Eisen* gestaltet. Genau wie beim OP-Tisch kann der Benutzer die Position und Rotation dieses Quaders beliebig festlegen und mittels eines speziellen Kernels entsprechend in das voxelisierte Simulationsvolumen integrieren. Eine exemplarische Volumen-Darstellung der beiden erstellten Modelle im Simulationsvolumen ist in Abbildung 43 zu sehen.

3.1.5 Zusammenfassende Darstellung des SIScaR-GPU Algorithmus

Dieses Kapitel soll nochmals den entwickelten SIScaR-GPU Algorithmus zusammenfassend beschreiben.

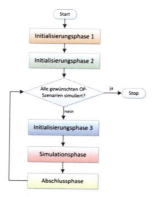

Abbildung 44: Übersicht der einzelnen Phasen des SIScaR-GPU Algorithmus zur Simulation der intraoperativen Streustrahlung

Wie in Abbildung 44 zu sehen, ist der resultierende Algorithmus in drei Initialisierungsphasen, eine Simulationsphase und eine Abschlussphase aufgeteilt.

Die erste Initialisierungsphase (vgl. Abbildung 97 im Anhang) wird einmalig beim Programmstart ausgeführt und ist für das Einlesen und Setzen der allgemeinen Simulationsparameter zuständig. Zu diesen gehören z. B. die Größe des Simulationsvolumens, die Parameter aus den Material-Dateien und die Strahlenspektren für verschiedene Röhrenspannungen (vgl. Kapitel 3.1.2.3). Des Weiteren werden in dieser Phase die Einstellungen für die CUDA™ Berechnungsumgebung festgelegt, Speicherbereiche auf der Grafikkarte allokiert, die eingelesenen Parameter in diese Speichersegmente auf der Grafikkarte kopiert sowie das allgemeine OP-Mitarbeiter-Volumen im Grafikkartenspeicher erzeugt (vgl. Kapitel 3.1.4.2).

In der zweiten Initialisierungsphase (vgl. Abbildung 98 im Anhang) werden die benötigten CT-Volumina für die Simulation aus VM2-Dateien eingelesen und zu Material-ID-Volumina im Grafikkartenspeicher konvertiert (vgl. Kapitel 3.1.4.3).

Die dritte Initialisierungsphase (vgl. Abbildung 99 im Anhang) umfasst den Aufbau des Simulationsvolumens im Grafikkartenspeicher durch das Setzen von ID- und Dichte-

Werten mittels verschiedener Kernel (vgl. Kapitel 3.1.4.1 bis 3.1.4.4), die Initialisierung der Dosis-Arrays sowie das Setzen der Parameter der Strahlenquelle (vgl. Kapitel 3.1.2.2 und 3.1.2.4).

Die auf die drei Initialisierungsphasen folgende Simulationsphase (vgl. Abbildung 100 im Anhang) beinhaltet den Aufruf des in Abbildung 102 im Anhang dargestellten trackParticles-Kernels mit allen in Kapitel 3.1.1 bis 3.1.4 beschriebenen Erweiterungen und Anpassungen als auch die Simulation der automatischen Dosisleistungsregelung.

In der Abschlussphase des SIScaR-GPU Algorithmus (vgl. Abbildung 101 im Anhang) werden die resultierenden Dosis-Arrays vom Grafikkartenspeicher zur Bereitstellung für weitere Verarbeitungen in den Hauptspeicher der CPU kopiert. Das df-Array wird hierbei vor dem Kopiervorgang durch einen Kernel für die spätere Darstellung in einen anderen Wertebereich konvertiert (vgl. Kapitel 3.2.1). Der letzte Schritt der Abschlussphase umfasst die Visualisierung aller Simulationsergebnisse (vgl. Kapitel 3.2). Soll nach der Abschlussphase die Streustrahlenausbreitung für ein weiteres OP-Szenario mit gleichem C-Bogen und gleichen Patientenvolumina durchgeführt werden, so wird der Algorithmus mit den neuen Parametern erneut ab der dritten Initialisierungsphase durchgeführt.

Die Berechnungskomplexität des resultierenden erweiterten Simulationsalgorithmus hängt neben der Anzahl zu bestimmender Photonenhistorien auch von der Größe des Simulationsvolumens, der Art und Anzahl der vorhandenen Materialien, der Röhrenspannung, der Anzahl von Photonenhistorien pro Thread als auch von dem Startparameter des Pseudozufallszahlengenerators ab. Werden all diese Parameter berücksichtigt, so ergibt sich für die asymptotische Komplexität des Simulations-Algorithmus bei iterativer Ausführung

$$O\left(\frac{n}{q}\Big(\log n + o \cdot p + k + q \cdot \big(\max(x,y,z) + \max(O_{Co}(en,mat,seed), O_{Ra}(en,mat,seed))\big)\Big)\right) \quad (57)$$

mit

n: Gesamtzahl zu simulierender Photonenhistorien
q: Photonenhistorien pro Thread
o: Anzahl Materialien in der Simulationsszene
p: maximale Anzahl von Elektronenschalen aller verwendeten Materialien
k: Anzahl möglicher ganzzahliger Strahlenenergien (abgerundete Röhrenspannung)
x,y,z: Dimensionen des voxelisierten Simulationsvolumens
$O_{Co}(en, mat, seed)$: Berechnungsschritte der Simulation der Compton-Interaktion (en: Energie, mat: Material, $seed$: Startwert des Pseudozufallszahlengenerators)
$O_{Ra}(en, mat, seed)$: Berechnungsschritte der Simulation der Rayleigh-Interaktion (en: Energie, mat: Material, $seed$: Startwert des Pseudozufallszahlengenerators)

Da die Berechnungsschritte der Compton- und Rayleigh-Interaktion neben dem vorliegendem Material und der Strahlenenergie stark von den verwendeten Zufallszahlen abhängen, ist eine allgemeine Angabe der asymptotischen Komplexität mittels O-Notation sehr umfangreich und soll daher hier nicht weiter betrachtet werden.

Sofern man außer der Eingabegröße n, sprich der Anzahl der zu simulierenden Photonenhistorien, alle weiteren Parameter als nicht veränderlich ansieht, so kann die asymptotische Komplexität des SIScaR-GPU Simulations-Algorithmus vereinfacht über $O(n \cdot \log n)$ beschrieben werden.

Für die Initialisierungsphase des SIScaR-GPU Algorithmus gilt eine Komplexität von $O(x \cdot y \cdot z + k + o \cdot p)$. Die Aufbereitung der simulierten Werte der Darstellung kann mit einer Komplexität von $O(x \cdot y \cdot z)$ angegeben werden.

3.2 Visualisierung der simulierten Streustrahlungswerte

Nach der Simulation des Strahlungstransportes durch SIScaR-GPU liegen die Dosisverteilungsdaten für das Simulationsszenario als dreidimensionale Gleitkommaarrays vor. Des Weiteren generiert das Simulationsprogramm für den Patienten und jedes Mitglied des OP-Personals eine Liste von Organdosen. Eine rein textuelle Auflistung all dieser Werte ist für den Einsatz in der Strahlenschutzausbildung ungeeignet. Eine didaktisch angemessene grafische Darstellung der Daten ist wünschenswert und würde dem Lernenden und Lehrenden intuitiver und schneller einen Überblick über die Strahlenausbreitung und Gebiete von hoher Strahlenbelastung geben. Aus diesem Grund wurde in dieser Arbeit für das zu entwickelnde Informatikwerkzeug eine derartige Visualisierung der berechneten Daten bereitgestellt.

3.2.1 Dreidimensionale Visualisierung der approximierten Ortsdosiswerte

Als Maß für die Bewertung der Strahlungsintensität in einem Raumpunkt des Simulationsvolumens, wurde in SIScaR-GPU der approximierte Wert der Ortsdosis des korrespondierenden Voxels im df-Array ausgewählt. Um für die Strahlenschutzausbildung die Visualisierung dieser Strahlungsdaten verständlich zu gestalten, wurde eine Darstellung gewählt, welche an die Abbildung von Bereichen gleicher Dosis mittels Isodosenkurven (vgl. Kapitel 2.3) angelehnt ist. In der entwickelten grafischen Repräsentation der Daten werden Bereiche mit gleicher Strahlungsintensität jedoch nicht mittels dedizierter Isolinien im Raum gekennzeichnet sondern farbig markiert. Als Farbskala für die Codierung der Intensitäten wurde der Bereich der Lichtfarben von Rot über Gelb zu Grün gewählt (vgl. Abbildung 45), da diese bereits im alltäglichen Leben als Signalfarben (z. B. Feuerlöscher) und Farben zur Verhaltenssteuerung (z. B. Ampel) bekannt sind und somit das intuitive Verständnis der Streustrahlenvisualisierung unterstützen. Angelehnt an diese allgemeinen Verknüpfungen mit Bedeutungen aus dem Alltag wurden Bereiche mit hoher Strahlenbelastung rot, mit mittlerer gelb und mit geringer grün markiert. Bereiche des Simulationsvolumens, welche keine Belastung durch Streustrahlung bzw. eine Belastung unterhalb eines gewissen Schwellwertes aufweisen, werden in der entwickelten Visualisierung mit keiner Farbe versehen.

Für die Erzeugung der Darstellung der Strahlungsverteilung wurde in dieser Arbeit das 3D Toolkit Open Inventor der Firma VSG [180] in der Version 7.2 zusammen mit dessen Erweiterung VolumeViz eingesetzt. Die Wahl fiel auf dieses objektorientierte Toolkit, mit welchem interaktive dreidimensionale Szenerien in C++, .NET und Java entwickelt werden können, da es bereits im CBT-System virtX Anwendung findet (vgl. Kapitel 4.1). Mit der VolumeViz Erweiterung des Toolkits, welche ebenfalls in virtX eingesetzt wird, können in der dreidimensionalen Open Inventor Szene Volumendatensätze mit verschiedenen Techniken aus beliebigen Blickwinkeln dargestellt werden. Für die Visualisierung der als dreidimensionales Array vorliegenden und somit als Volumendatensatz interpretierbaren Dosisdaten wurde aus dem VolumeViz-Paket das sogenannte Volume-Rendering mit Transferfunktion genutzt. Bei dieser Variante der Volumendarstellung wird mit Hilfe einer Funktion (Transferfunktion) jeder mögliche Wert im Volumendatensatz auf einen Visualisierungswert abgebildet. Dieser Visualisierungswert kann ein beliebiger einzelner Transparenzwert (Alpha-Wert), ein Paar aus Leuchtstärke (Lumineszenz) und Transparenz oder einer Farbe mit Transparenz (Red, Green, Blue, Alpha; kurz RGBA) sein.

Je nach Einstellung des Volume-Renderings und der Blickrichtung auf den Volumendatensatz werden alle Visualisierungswerte eines Datensatzes zu einem zweidimensionalen Projektionsbild zusammengefasst. Die Abbildungsvorschrift der Transferfunktion wird im VolumeViz-Paket mittels sogenannter *colorMaps* definiert, welche als Gleitkommaarrays im Rechner repräsentiert werden. Diese *colorMaps*, die vom Benutzer definiert oder von VolumeViz automatisch erzeugt werden, agieren während des Renderings als Lookup-Tables und halten pro Array-Index, welcher den möglichen Wert im Datensatzvolumen beschreibt, den korrespondierenden Darstellungswert vor.

Da die Verwendung von *colorMaps* für Gleitkommadatensätze sehr ressourcenhungrig und hierdurch die Berechnungszeit der Visualisierung relativ lang ist, wurde vor der Bestimmung der Darstellung durch VolumeViz das Dosisarray in ein Byte-Array konvertiert. Mittels dieser Konvertierung kann das *colorMap*-Array der implementierten Transferfunktion auf 255 Visualisierungswerte beschränkt werden. Hierdurch steigt die Performance der Darstellungsberechnung ohne sichtbaren Verlust an Genauigkeit. Um die Konvertierung möglichst schnell durchführen zu können, wurde der `fill_dose_-results_representation`-Kernel, kurz FDRR-Kernel, implementiert. Dieser Kernel (vgl. Abbildung 103 im Anhang) konvertiert unter Verwendung des ADR-Skalierungsfaktors s_{ADR} (vgl. Kapitel 3.1.4.1) alle Dosiswerte zwischen vom Benutzer frei definierbaren oberen (t_o) und unteren (t_u) Schwellwerten in Bytes aus dem Wertebereich von 1 bis 254. Ist der Photonenfluss unterhalb oder oberhalb der Schwellwerte, ergibt sich ein Wert von 0 respektive 255. Durch die Konvertierung der Simulationsergebnisse in ein derartiges Visualisierungsarray kann das df-Array im Grafikkartenspeicher verbleiben

Visualisierung der simulierten Streustrahlungswerte

und nur das Kopieren des viermal kleineren Byte-Arrays für die folgende Weiterverarbeitung durch das VolumeViz-Paket in den Hauptspeicher ist nötig. Hierdurch wird wiederum Zeit bei der Erstellung eines Visualisierungsergebnisses eingespart. Auch eine Änderung der Visualisierung durch Anpassung der Schwellwerte ist mit Hilfe des FDRR-Kernels ohne neue Strahlungstransportsimulation möglich.

$$(R_i \quad G_i \quad B_i \quad A_i) := \begin{cases} (0 \quad 0 \quad 0 \quad 0) & ,wenn\ i = 0 \\ \left(\frac{i}{128} \quad 1 \quad 0 \quad 0{,}01\right) & ,wenn\ i < 128 \\ \left(1 \quad 1 - \frac{i-128}{128} \quad 0 \quad 0{,}02\right) & ,sonst \end{cases} \quad (58)$$

$$\text{für } i \in \{0,1,2,\dots,255\}$$

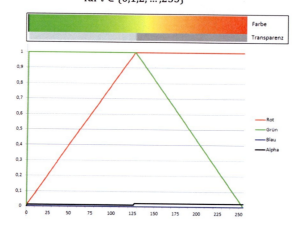

Abbildung 45: Darstellung der verwendeten Transferfunktion für die einzelnen RGBA-Farbkanäle sowie der resultierenden Farb- und Transparenzskala. Bei der Darstellung der Transparenz beschreibt ein kleinerer/hellerer Wert eine größere Transparenz.

Für die angestrebte farbige Volumendarstellung des vom FDRR-Kernel gelieferten Visualisierungsarrays wurde in dieser Arbeit eine RGBA-Transferfunktion erzeugt und als Kompositionsvariante *alpha_blending* (Überlagerung der farbigen Visualisierungswerte entsprechend ihrer Transparenz) eingesetzt. Die 255 RGBA-Werte der verwendeten *colorMap* wurden nach der in Abbildung 45 und Gleichung *(58)* dargestellten Funktion bestimmt, sodass in der Lookup-Table ein Farbübergang von Grün über Gelb zu Rot mit unterschiedlicher Transparenz vorliegt. Der erste Wert der *colorMap* beschreibt hierbei die Darstellung der Datenwerte unterhalb des unteren Schwellwertes: Farbe Schwarz mit 100% Transparenz.

Eine aussagekräftige Darstellung der Strahlungsverteilung mit der implementierten Transferfunktion wurde bei Schwellwerten von $t_u \coloneqq s_{dosis} \cdot 0{,}6$ und $t_o \coloneqq s_{dosis} \cdot 5$ mit jeweils dem gleichen Skalierungsfaktor s_{dosis} erreicht. Je nach Stärke der Streustrahlung ist dieser Skalierungsfaktor zur besseren Bewertbarkeit der Resultate anzupassen (vgl. Abbildung 46). Damit für den Betrachter Visualisierungen mit unterschiedlichen Skalierungsfaktoren vergleichbar bleiben, ist es nötig diesen Faktor stets mit anzugeben (möglichst direkt in der Visualisierung, vgl. Kapitel 4.2). Auch sollten im angestrebten Trainingsprogramm für die Strahlenschutzausbildung die einstellbaren Skalierungsfaktoren auf wenige feste Werte eingegrenzt sein (vgl. ebenfalls Kapitel 4.2), um Missverständnisse und Verwirrung beim Lernenden zu vermeiden. Ebenfalls sollte das CBT-System detaillierte Informationen über die Anzahl der simulierten Photonen und die Farbcodierung der Dosiswerte bereitstellen. Damit der Lernende durch diese für ihn nicht intuitiv verständlichen numerischen Werte abgelenkt oder verunsichert wird, sollten sie erst nach einer expliziten Anforderung in einem separaten Dialog angezeigt werden.

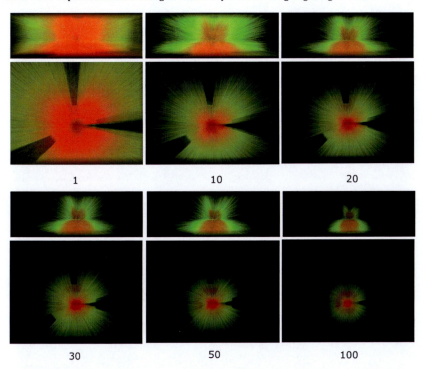

Abbildung 46: Visualisierung einer Streustrahlverteilung (Dosiswerte) für verschiedene Skalierungsfaktoren s_{dosis} unter Verwendung der entwickelten Transferfunktion. Die Dosiswerte wurden für die anterior-posterior Durchleuchtung eines oberen Sprunggelenkes bei einer Röhrenspannung von 80 keV mittels iterativer ADR-Simulation berechnet. Neben Patient und C-Bogen sind OP-Tisch und Monitorwagen in der Simulationsszene integriert. Grenzwert der iterativen ADR-Simulation lag bei 35 GeV.

Wie bereits in Kapitel 3.1.4.1 erwähnt, hängt bei verwendeter iterativer ADR-Simulation die Berechnungszeit stark vom gewählten Grenzwert für die durchschnittliche Energie pro Dominantenvoxel ab. Je größer dieser Grenzwert ist, umso mehr Iterationen müssen durchgeführt werden, bis der gewünschte Grenzwert erreicht ist. Dies führt wiederum zu einer langen Gesamtsimulationszeit. Die Verwendung eines großen ADR-Grenzwertes liefert jedoch aufgrund der großen Anzahl von simulierten Photonenhistorien eine bessere Annäherung der Ergebnisse an die reale Strahlenausbreitung und somit eine bessere Visualisierung der erwarteten Streustrahlensituation. Aufgrund dieser Tatsache wurde zur Optimierung des entwickelten Informatikwerkzeugs für den Einsatz in der Strahlenschutzausbildung eine Abwägung zwischen Simulationszeit und resultierender Visualisierungsqualität vorgenommen. Hierbei wurde versucht, die Simulationszeit von SIScaR-GPU so gering wie möglich zu halten und trotzdem eine aussagekräftige Visualisierung zu generieren.

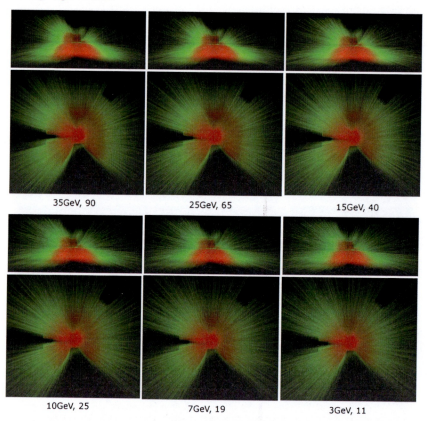

Abbildung 47: Exemplarische Visualisierung der Streustrahlverteilung (Dosiswerte) unter Verwendung von verschiedenen Grenzwerten für die iterative ADR-Simulation (35, 25, 15, 10, 7 und 3 GeV). Pro Visualisierung ist zusätzlich der verwendete Skalierungsfaktor s_{dosis} angegeben. Die Dosiswerte wurden für die anterior-posterior Durchleuchtung der linken Hüfte bei einer Röhrenspannung von 80 keV mittels iterativer ADR-Simulation berechnet. Neben Patient und C-Bogen sind OP-Tisch und Monitorwagen in der Simulationsszene integriert.

Als Vergleichspunkt für ein gutes Visualisierungsergebnis wurde ein ADR-Grenzwert von 35GeV angesetzt (vgl. Abbildung 46). Basierend auf diesen Referenzwerten wurden Simulationen mit gleichen Einstellungen jedoch geringerem ADR-Grenzwert durchgeführt, die resultierenden Visualisierungen unter Verwendung von unterschiedlichen

Skalierungsfaktor s_{dosis} mit der Referenzvisualisierung verglichen sowie die Simulationszeiten erfasst. Eine exemplarische Auswahl dieser Messergebnisse ist in Abbildung 47 dargestellt und einige Simulationszeiten in Tabelle 9 aufgelistet. Nach visueller Auswertung der gewonnenen Daten für verschiedene Simulationsszenarien wurde ein ADR-Grenzwert zwischen 10 und 7 GeV als bester Kompromiss zwischen Simulationszeit und Qualität der Visualisierung ausgewählt.

ADR-Grenzwert	Sim.-Zeit	ADR-Grenzwert	Sim.-Zeit	ADR-Grenzwert	Sim.-Zeit
35 GeV	23,0s	9 GeV	6,7s	5 GeV	3,9s
25 GeV	16,1s	8 GeV	5,8s	4 GeV	2,9s
15 GeV	10,5s	7 GeV	4,8s	3 GeV	2,9s
10 GeV	6,7s	6 GeV	4,8s	2 GeV	2,0s

Tabelle 9: Exemplarische Berechnungszeiten der Streustrahlensimulation unter Verwendung von unterschiedlichen Grenzwerten für die iterative ADR-Simulation bei der anterior-posterior Durchleuchtung der linken Hüfte (vgl. Abbildung 47).

Die entwickelte Visualisierung der simulierten dreidimensionalen Strahlenausbreitung ist als Teilgraph in jeden beliebigen Open Inventor Szenengraphen integrierbar (vgl. exemplarisch Kapitel 4.2).

3.2.2 Visualisierung der Personenbelastung

Als Grundlage für die grafische Aufbereitung der simulierten Strahlenbelastungswerte des virtuellen OP-Personals und des Patienten wurden die Ergebnisse der Diplomarbeit von Christoph-Alexander Ahrens herangezogen [181]. Durch weitere Anpassungen und Erweiterungen der aus dieser Arbeit resultierenden Software-Komponenten wurde ein Dialog-Fenster für C++ Microsoft-Foundation-Classes-Anwendungen (MFC-Anwendungen) entwickelt, welches für den Patienten und pro OP-Mitarbeiter die Strahlenbelastung farbig an einem 3D-Oberflächenmodell visualisiert und zusätzlich die simulierten Dosiswerte tabellarisch auflistet (siehe auch Abbildung 48). Hierzu wurden Bereiche des für die Darstellung eingesetzten dreidimensionalen Oberflächenmodells korrespondierend zu den im Label-Volumen definierten Körperbereichen (siehe Kapitel 3.1.4.2) markiert und diese Zuweisungen in einer XML-Datei hinterlegt. Während des Starts der Anwendung, welche das erweiterte Dialog-Fenster einsetzt, wird diese Datei eingelesen und die Daten für die spätere Verwendung im Dialog vorgehalten.

Zur farblichen Codierung der Strahlungswerte bezüglich der festgelegten Körperbereiche wurde eine Skala eingesetzt, welche an Farbskalen der Thermografie angelehnt ist (siehe Abbildung 48). Bei dieser Skala beschreiben die links dargestellten Farben Violett und Blau geringe Dosiswerte, wohingegen Weiß und Rot für hohe Strahlenbelastungen stehen. Als Maßstab für die Farbauswahl wurde die durchschnittliche Energiedosis pro Voxel der definierten Volumina des Personalmodells herangezogen. Entsprechend dieser Werte, die sich aus dem Quotienten der Dosissumme in einem Körperbereich und der im prepareVolume-Kernel (vgl. Kapitel 3.1.4.2) erfassten Häufigkeit des entsprechenden Labels ergeben, werden nach der Simulation die Farben der korrespondierenden Areale des Oberflächenmodells festgelegt. Grenzwerte für die Farbcodierung wurden basierend auf dem Wertebereich der simulierten Strahlungswerte bei unterschiedlichen OP-Situationen festgesetzt (vgl. Abbildung 48) und Zwischenwerte entsprechend interpoliert. Um alle derart eingefärbten Körperbereiche in der dreidimensionalen Dosisdarstellung sehen zu können, wurde im Dialog-Fenster eine permanente langsame Rotation des Modells um die zentrale Körperachse implementiert (vgl. auch [181]).

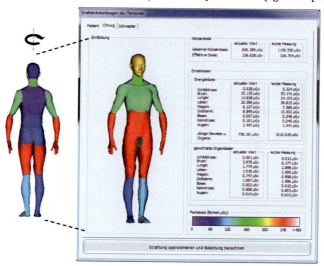

Abbildung 48: Entwickeltes Dialog-Fenster zur Visualisierung der spezifischen Strahlenbelastungen der Körperbereiche des virtuellen Patienten und OP-Personals. Für jede in der Simulation vorhandene Person wird im Dialog eine Karteikarte mit Daten und einem rotierenden eingefärbten Oberflächenmodell bereitgestellt.

Organ und Gewebe	Eingesetzter Gewebe-Gewichtungsfaktor
Schilddrüse	0,04
Brust	0,12
Lunge	0,12
Leber	0,04
Magen	0,12
Dickdarm	0,12
Blase	0,04
Keimdrüsen	0,08
Augen	0,01
Restliche Organe und Gewebe (inkl. rotes Knochenmark, Speiseröhre, Haut, Knochenoberfläche, Speicheldrüse, Gehirn)	0,31

Tabelle 10: Eingesetzten Gewebe-Gewichtungsfaktoren für die Bestimmung der gewichteten Organdosen und der effektiven Dosis des virtuellen OP-Personals.

Die tabellarische Auflistung der Dosiswerte des entwickelten Dialog-Fensters umfasst neben den direkt aus der Simulation stammenden Energiedosiswerten der Organe und Körperbereiche auch gewichtete Organdosen sowie die Effektive Dosis des virtuellen OP-Personals. Für die Gewichtung der Energiedosen der einzelnen Körperstrukturen sowie der Bestimmung der Effektiven Dosis (vgl. Gleichung *(30)*) wurden die 2007 in [182] durch die ICRP vorgeschlagenen Gewichtungsfaktoren verwendet (vgl. Tabelle 10). Da die Augen als Organ bei diesen Gewichtungsangaben nicht einzeln aufgeführt sind, wurde als Faktor 0,01 angenommen und der Gewichtungsfaktor für die übrigen Organe und Gewebe entsprechend verringert.

Um während Schulungen die Effekte auf die Strahlenbelastung der einzelnen Individuen durch Änderung der unterschiedlichen Parameter besser demonstrieren zu können, umfasst die tabellarische Dosis-Auflistung einer jeden Person auch eine Spalte mit den Strahlungswerten der vorangegangenen Simulation. Hierdurch kann nach Änderung der Parameter ein direkter Vergleich der Strahlungswerte für jede Person bis auf die Ebene der Organdosen vollzogen werden.

4 Integration von SIScaR-GPU in das CBT-System virtX

Ein Ziel dieser Arbeit ist es, die entwickelten Simulations- und Visualisierungskomponenten exemplarisch anzuwenden (Z4). Zur Erreichung dieses Zieles wurde SIScaR-GPU zusammen mit den in Kapitel 3.2 beschriebenen Softwarebestandteilen zur Darstellung der simulierten Strahlungswerte in das existierende CBT-System virtX integriert. virtX, welches am Peter L. Reichertz Institut für Medizinische Informatik in Kooperation mit der Fakultät III, Abteilung Information und Kommunikation der Fachhochschule Hannover sowie der Klinik für Unfallchirurgie, Plastische und Wiederherstellungschirurgie der Universitätsmedizin Göttingen entwickelt wurde, ist ein Trainingssystem zur Schulung der korrekten C-Bogen Handhabung. Aufgrund der bereitgestellten Funktionalitäten wurde es als optimales CBT-System für die Evaluation der Simulations- und Visualisierungskomponenten ausgewählt. Das Systemkonzept und die Funktionalitäten von virtX sowie die vollzogenen Anpassungen zur Integration von SIScaR-GPU sollen in nachfolgenden Kapiteln genauer erläutert werden.

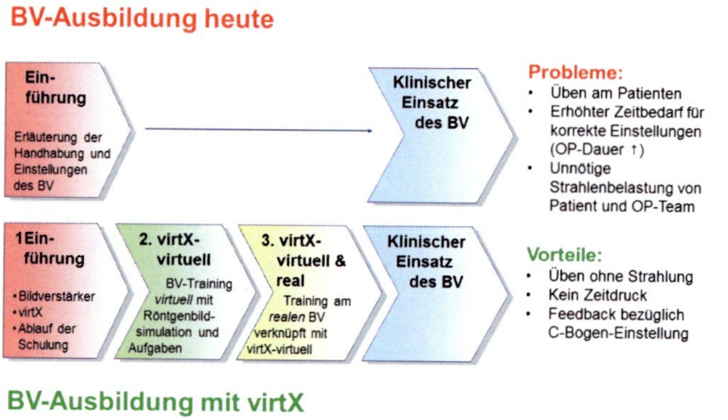

Abbildung 49: Vergleich der derzeitigen Ausbildung am C-Bogen mit dem Ausbildungskonzept des virtX-Systems.

4.1 Systemkonzept und Funktionalitäten des virtX-Systems

Derzeit beschränkt sich die Ausbildung am C-Bogen für OP-Personal, Chirurgen und Veterinäre häufig nur auf eine grobe Erläuterung der Handhabung des Gerätes, da aufgrund der auftretenden Strahlenbelastungen und organisatorischer Schwierigkeiten (z. B. zeitliche Blockung eines OP-Saales) ein Üben mit echter Strahlung vermieden wird. Dieses führt dazu, dass dem Personal größtenteils das Wissen über den Zusammenhang zwischen C-Bogen-Bewegung und Veränderung des Röntgenbildes sowie Verfahrensweisen der Einstellung für spezielle OP-Situationen fehlt. Zusätzlich wechselt häufig das Personal im OP und die Einstellung des C-Bogens an sich ist in vielen Fällen nicht trivial. Aus diesen Fakten resultiert, dass oftmals untrainiertes Personal den C-Bogen bedient, was zu einem Üben am Patienten, langen Einstellungszeiten und mehrfachen, vermeidbaren Röntgenaufnahmen führen kann. Hieraus kann sich wiederum eine verlängerte OP-Zeit und eine vermeidbare Erhöhung der Strahlenbelastung für Patient und Personal ergeben. Diese Lücke zwischen Erläuterung der Handhabung und dem klinischen Einsatz des C-Bogens soll das virtX-System, welches seit 2006 unter Mitwirkung des Autors entwickelt und weiterentwickelt wird, schließen und somit die Ausbildung unterstützen und verbessern (vgl. auch Abbildung 49).

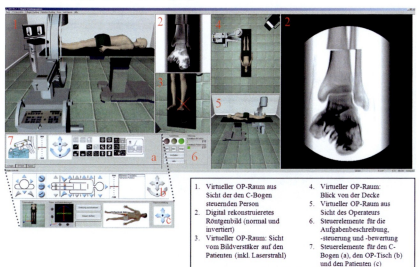

1. Virtueller OP-Raum aus Sicht der den C-Bogen steuernden Person
2. Digital rekonstruieretes Röntgenbild (normal und invertiert)
3. Virtueller OP-Raum: Sicht vom Bildverstäker auf den Patienten (inkl. Laserstrahl)
4. Virtueller OP-Raum: Blick von der Decke
5. Virtueller OP-Raum aus Sicht des Operateurs
6. Steuerelemente für die Aufgabenbeschreibung, -steuerung und -bewertung
7. Steuerelemente für den C-Bogen (a), den OP-Tisch (b) und den Patienten (c)

Abbildung 50: Grafische Benutzeroberfläche des virtX-Systems.

Um diese Ziele zu erreichen, bietet das virtX-System die Möglichkeit, außerhalb des OPs aufgabenbasiert beliebige Einstellungsszenarien des C-Bogens aus dem klinischen Alltag zu trainieren und dabei über Bewertungsalgorithmen und ein digital rekonstruiertes Röntgenbild (DRR) Feedback über den Erfolg der Aufgabenausführung zu erhalten. Hierdurch soll der Trainierende strahlenfrei und ohne Zeitdruck die korrekte Einstellungsposition erlernen und durch die Röntgenbildsimulation Erfahrungen erlangen, wie sich die Bewegung des C-Bogens auf das Röntgenbild auswirkt.

Das virtX-Trainingssystem besteht aus drei zentralen Komponenten:

- einer dreidimensionalen Simulation eines OP-Saales mit steuerbarem virtuellem C-Bogen, OP-Tisch und Patienten,
- einem Modul für die Röntgenbildsimulation (DRR-Modul) und
- einem Trainingsmodul für die fallorientierte Aufgabenstellung und Bewertung der Aufgabendurchführung.

Die dreidimensionalen Rekonstruktionen des C-Bogens, des OP-Tisches sowie des Patienten können mittels Maus über grafische Benutzerelemente (vgl. Abbildung 50, Punkt 7) oder durch Verwendung der Tastatur frei im virtuellen OP-Szenario bewegt, adjustiert und gelagert werden. Hierdurch ist es dem Trainierenden möglich, jede beliebige OP-Situation im virtuellen Raum nachzustellen.

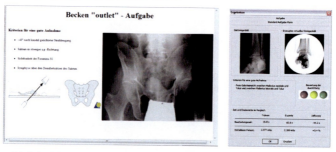

Abbildung 51: Beispiele für die in mehreren Sprachen vorliegenden Beschreibungen einer Trainingsaufgabe im virtX-System sowie dem Dialog für die Zusammenfassung der Resultate der Aufgabendurchführung.

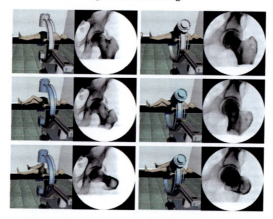

Abbildung 52: Beispiel für die Simulation der Knochenbewegung im virtuellen Röntgenbild. Es sind unterschiedliche C-Bogen-Positionierungen und das jeweils korrespondierende DRR bezüglich der linken Hüfte inklusive der Bewegung des linken Oberschenkels dargestellt [183].

Das Trainingsmodul des virtX-Systems bietet dem Benutzer einen Katalog von Aufgaben bezüglich C-Bogen-Einstellungen aus dem klinischen Alltag. Für jede dieser frei wählbaren Trainingsaufgaben sind neben Parametern für die virtuellen Objekte im Operationssaal eine textuelle Beschreibung der gewünschten Einstellung, Bewertungsparameter sowie ein Zielröntgenbild hinterlegt (vgl. Abbildung 51). Während der Durchführung der Aufgabe bewertet das virtX-System kontinuierlich die aktuelle Ausrichtung des C-Bogens bezüglich der gewünschten Zielposition über eine stilisierte Ampel in der grafischen Benutzeroberfläche (siehe Abbildung 50, Punkt 6):

- rot: weit von der Zielposition entfernt
- gelb: Zielposition fast erreicht
- grün. Zielposition der Aufgabe erreicht.

Zusätzlich zur Bewertung der Ausrichtung erfasst das System die benötigte Zeit bis zum Erreichen der Zielposition und gibt dem Trainierenden nach Abschluss der Aufgabe Feedback über die aufgezeichneten Werte (vgl. Abbildung 51).

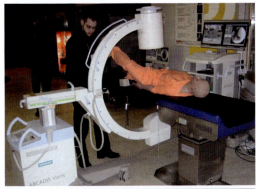

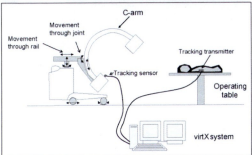

Abbildung 53: Kopplung von einem realen C-Bogen und einer Patientenpuppe an das virtX-System. Die Bewegungen der Puppe (hier linkes Bein) und des C-Bogens werden mit Hilfe eines elektromagnetischen Tracking-Systems erfasst und auf die virtuellen Pendants übertragen [184].

Zu jedem Zeitpunkt der Aufgabendurchführung kann der Trainierende für die aktuelle OP-Situation ein Projektionsröntgenbild erstellen oder den Durchleuchtungsmodus anwählen. Hierbei generiert das DRR-Modul einmalig bzw. kontinuierlich virtuelle Röntgenbilder entsprechend der Einstellung des OP-Tisches, der Lagerung des Patienten, der Stellung des virtuellen C-Bogens zum Patienten sowie der gewählten radiologischen Parameter (Röhrenspannung und Wahl der Blenden). Das DRR-Modul verwendet hierfür CT-Datensätze, welche basierend der Aufgabenparameter speziellen Körperbereichen des virtuellen Patienten zugewiesen wurden. Als Erweiterung bietet das virtX-System die Möglichkeit einen Körperbereich mit mehreren CT-Datensätzen zu verknüpfen. Hierdurch ist es dem Benutzer möglich, während der Aufgabendurchführung zwischen Datensätzen mit unterschiedlichen Pathologien zu wechseln und so die Auswirkungen auf das Röntgenbild zu erfahren. Des Weiteren wurden für spezielle Körperbereiche einzelne Knochen aus den Datensätzen extrahiert, um die Bewegungen der Kno-

Systemkonzept und Funktionalitäten des virtX-Systems

chen in den Gelenkbereichen im virtuellen Röntgenbild nachbilden zu können (vgl. Abbildung 52).

Neben diesem Training am PC mit Maus und Tastatur, welches beim virtX-System auch als "rein virtueller Modus" bezeichnet wird, ist auch ein Training mit einem realen C-Bogen, einer Patientenpuppe und einem OP-Tisch möglich. Für diesen sogenannten "virtuell-realen Modus" werden mit Hilfe eines elektromagnetischen Tracking-Systems die Bewegungen des realen C-Bogens und einer ausgewählten Extremität der Patientenpuppe erfasst und auf die 3D-Modelle im Computer übertragen. Auf diese Weise kann das Training realitätsnah und ohne Strahlung mit einem virtuellen Röntgenbild durchgeführt werden. Das Zusammenspiel all dieser Komponenten ist nochmals in Abbildung 54 dargelegt. Für weiterführende Beschreibungen der Funktionen des virtX-Trainingssystems sei hier auf folgende Publikationen verwiesen [17,183-193].

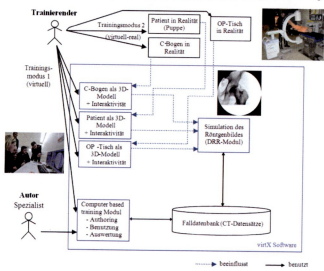

Abbildung 54: Das System- und Trainingskonzept des CBT-Systems virtX.

Das virtX CBT-System wurde bereits erfolgreich bei jährlichen Schulungskursen für OP-Personal der Arbeitsgemeinschaft für Osteosynthesefragen Spezialisierung Trauma (AOTrauma) in Göttingen (2006-2011) sowie bei weiteren Schulungskursen für OP-Personal, Chirurgen und Veterinären eingesetzt. Im Rahmen dieser Schulungen konnte gezeigt werden, dass Probanden, welche mit dem "virtuell-realen Modus" übten, für die untersuchten Aufgabenstellungen signifikant schneller die korrekte Zielposition anfahren konnten, als Probanden, welche klassisch geschult wurden [184]. Zusätzlich erhielt virtX 2009 auf dem jährlichen Radiologenkongress der Radiological Society of North America (RSNA) die Auszeichnungen "summa cum laude" und "excellence in design" [194].

4.2 Anpassungen am virtX-System

Als Grundlage für die in dieser Arbeit vollzogenen Anpassungen wurde eine Version des virtX-Systems gewählt, welche die in der Diplomarbeit von Christoph-Alexander Ahrens [181] beschriebenen Erweiterungen bezüglich des virtuellen OP-Personals beinhaltet. Mit diesen Erweiterungen ist es dem Benutzer möglich, interaktive Oberflächenmodelle von OP-Mitarbeitern in die dreidimensionale OP-Szene von virtX zu integrieren, diese zu positionieren, zu editieren – Bezeichnung, Kleidungsfarbe, Art der angelegten Strahlenschutzkleidung – sowie prototypisch die individuellen Strahlenbelastungen der einzelnen virtuellen Personen textbasiert anzuzeigen. Hierzu wurden von Herrn Ahrens in seiner Arbeit unterschiedliche Oberflächenmodelle, grafische Benutzerelemente und Dialoge entwickelt. Für eine ausführliche Beschreibung dieser Komponenten sei auf die schriftliche Ausarbeitung von Herrn Ahrens [181] verwiesen.

Nach der Integration der SIScaR-GPU CUDA-Dateien sowie der Klassen für die Visualisierungskomponenten in die gewählte virtX-Projektumgebung wurde eine spezielle Vermittlungs-Klasse `SIScaRGPUConnector` erstellt. Diese Klasse

- steuert in ihrem Konstruktor während des virtX-Programmstarts die Initialisierung von SIScaR-GPU (Initialisierungsphase 1),
- leitet die CT-Datensätze beim Laden einer virtX-Trainingsaufgabe zusätzlich an SIScaR-GPU zur Aufbereitung durch den `prepareVolume`-Kernel (vgl. Kapitel 3.1.4.3) weiter (Initialisierungsphase 2),
- aggregiert nach dem Auslösen der Simulation alle relevanten Parameter aus der virtuellen OP-Szenerie (C-Bogen Ausrichtung, Einstellung des OP-Tisches, Lagerung des Patienten, Attribute des OP-Personals) sowie der radiologischen Parameter (Röhrenspannung, Blendeneinstellungen) und leitet diese an SIScaR-GPU weiter (Initialisierungsphase 3),
- initiiert anschließend die Simulationsphase von SIScaR-GPU und
- gibt nach Abrufen der simulierten Dosiswerte des Patienten, des OP-Personals und des für die Darstellung aufbereiteten `df`-Dosisarrays diese Daten an die Visualisierungskomponenten weiter.

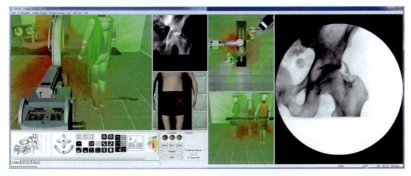

Abbildung 55: Das erweiterte virtX-System mit Darstellung der Streustrahlenausbreitung für eine Durchleuchtung des linken Hüftgelenks.

Die in Kapitel 3.2.1 beschriebene volumenbasierte Visualisierung der Streustrahlungsausbreitung wurde als ein- und ausblendbarer Teilgraph in den Szenengraphen der virtuellen OP-Szene von virtX eingefügt. Auf diese Weise ist eine gemeinsame Darstellung der simulierten Strahlungsdaten mit den 3D-Oberflächenmodellen der Objekte im virtuellen OP-Saal jederzeit möglich (vgl. Abbildung 55).

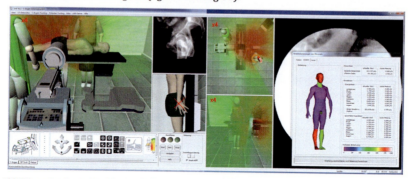

Abbildung 56: Textueller Vermerk der vierfachen Skalierung der Strahlungswerte in den Ansichten des virtuellen OPs des virtX-Systems bei einer seitlichen Durchleuchtung des Beckens. Zusätzlich ist der Dialog mit den berechneten Strahlendosen für das Personal eingeblendet.

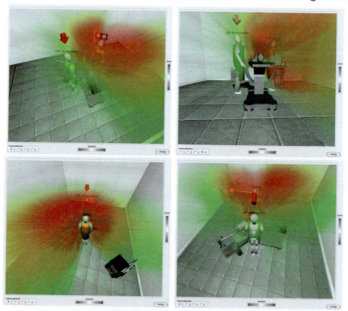

Abbildung 57: Dialog zur Positionierung des OP-Personals und interaktiven Betrachtung der Streustrahlenausbreitung. Die Kamera der dreidimensionalen Szene kann mittels eines grafischen Steuerelements auf vier festen Bahnen um die Szene herumgefahren werden. Zusätzlich ist der Zoom der Kamera frei einstellbar. Dargestellt sind vier Blickwinkel auf ein und dieselbe Strahlenausbreitung für eine seitliche Aufnahme des rechten Trochanters.

Zur klaren Kennzeichnung der aktuell angewendeten Skalierung der Strahlungsvisualisierung (vgl. Kapitel 3.2.1), welche auf einen ganzzahligen Wertebereich von 1 bis 20 festgelegt sind, wurde in jeder Ansicht der virtuellen OP-Szenerie ein textueller Vermerk eingefügt. Dieser ist permanent eingeblendet, sofern die Skalierung größer eins ist (siehe auch Abbildung 56).

Damit die dreidimensionale Darstellung der Strahlungsausbreitung optimal und interaktiv betrachtet werden kann, wurden in der von Herrn Ahrens entwickelten Steuerungsansicht des OP-Personals weitere auswählbare Kameraebenen integriert (siehe Abbildung 57) sowie die Kamerablickwinkel der OP-Saal-Ansichten in virtX angepasst.

Abbildung 58: Erstellte und angepasste Dialoge zum Einfügen von Instanzen des virtuellen OP-Personals und Editieren der korrespondierenden Parameter.

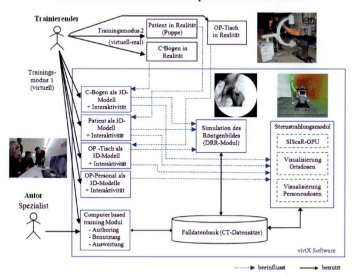

Abbildung 59: Systemkonzept des erweiterten virtX-Systems.

Zum Starten der Simulation, Steuerung der Simulations- und Darstellungsparameter sowie zur Anzeige des in Kapitel 3.2.2 beschriebenen Dialogs für die Visualisierung der Personenbelastungen wurden Einträge im Programmmenü von virtX sowie spezielle grafische Elemente der Benutzeroberfläche hinzugefügt. Des Weiteren wurden Anpassungen bei den Softwarekomponenten des virtuellen OP-Personals vorgenommen. Die Änderungen betrafen die Verwaltung der Parameter der einzelnen OP-Mitarbeiter, die grafischen Einstellungsdialoge dieser Parameter sowie die Steuerung der dreidimensionalen Modelle in der OP-Szenerie (siehe Abbildung 58).

Die vollzogene Integration von SIScaR-GPU mit den Visualisierungs- und Steuerungskomponenten in die Systemarchitektur von virtX ist nochmals schematisch in Abbildung 59 dargelegt.

5 Einsatz und Evaluation

5.1 Exemplarische Messungen der benötigten Simulationszeiten des erweiterten CBT-Systems

Nach Integration der Simulations- und Visualisierungskomponenten von SIScaR-GPU in das CBT-System virtX wurden exemplarisch für verschiedene OP-Szenarien die Laufzeiten ermittelt, welche das erweiterte Trainingssystem zur Berechnung und Visualisierung der Strahlenausbreitungen sowie Dosiswerte unter Verwendung der iterativen als auch der Skalierungs-Methode benötigt (vgl. Kapitel 3.1.4.1). Hierzu wurden ausgewählte Trainingsaufgaben aus dem virtX-Aufgabenkatalog herangezogen und der C-Bogen entsprechend der in der Aufgabe vorgegebenen optimalen Ausrichtung für das gewünschte Röntgenbild eingestellt. Jeder Simulationsdurchlauf wurde mit einer Röhrenspannung von 80kV und ohne Blenden durchgeführt. Die Hardware des Testsystems entsprach den bereits in Kapitel 3.1.3 eingesetzten Komponenten (Zotac GeForce™ GTX 570 mit 1,2GB Speicher; Intel Core™ i5 K 655 CPU (3,2GHz); 8GB RAM). Die ermittelten Laufzeiten sind neben der Anzahl an simulierten Photonenhistorien bei iterativer Simulation in Tabelle 11 aufgelistet. Die Anzahl der Photonenhistorien bei Wahl der Skalierungs-Methode lag konstant bei $2{,}88 \cdot 10^6$.

Bezeichnung der C-Bogen-Einstellung	Initialisierung (s)	Darstellung (s)	Iterative Simulation (s)	Anzahl simulierter Photonen ($\cdot 10^6$)	Skalierungs-Methode (s)
Becken a.-p.	0,30	1,7	7,86	23,04	1,03
Becken inlet-Aufnahme	0,30	1,9	18,64	74,88	0,80
Becken outlet-Aufnahme	0,30	1,5	28,16	92,16	0,94
Hüfte Ala-Aufnahme	0,31	1,8	28,53	74,88	1,12
Hüfte Obturator-Aufnahme	0,31	1,8	28,55	115,2	1,55
Knie a.-p.	0,31	1,6	1,83	5,76	0,83
Knie seitlich	0,30	1,8	3,00	2,88	2,93
Oberes Sprunggelenk a.-p.	0,31	1,8	1,61	5,76	0,86
Oberes Sprunggelenk a.-p. 20° Innenrotation	0,31	1,8	1,39	5,76	0,75
Oberes Sprunggelenk seitlich	0,31	1,5	2,98	2,88	2,98
Schulter axial	0,30	1,8	3,59	2,88	3,59
Schulter true a.-p.	0,31	1,5	1,78	2,88	1,81

Tabelle 11: Benötigte Laufzeiten des erweiterten virtX-Systems für die Simulation und Darstellung der Streustrahlenausbreitung und Personendosen für ausgewählte C-Bogen-Einstellungen. Anzahl der simulierten Photonen lag bei der Skalierungs-Methode konstant bei $2{,}88 \cdot 10^6$.

Wie aus der Tabelle ersichtlich lagen die Laufzeiten für die Initialisierung als auch Darstellung bei der in der Messung verwendeten Zusammenstellung von CT-Datensätzen um 0,3 bzw. 1,8 Sekunden und waren unabhängig von der Anzahl der simulierten Photonen. Ebenso lag stets eine kürzere Simulationszeit als 30 Sekunden vor.

Das Vorhandensein von einem oder mehreren OP-Mitarbeiter-Modellen in der virtuellen OP-Szenerie verringerte in den meisten Fällen, aufgrund der absorptionsbedingten Verkürzung von Photonenpfaden im Aufenthaltsbereich des Personals, die in der Tabelle aufgelistete Simulationszeit. Das Einfahren von Blenden verringerte aus den gleichen Gründen erwartungsgemäß die angegebenen Laufzeiten.

Eine Änderung der Röhrenspannung führte ebenfalls zu Abweichungen von den angegebenen Simulationszeiten. Wurde die Röhrenspannung verringert, so erhöhte sich die Laufzeit der Simulation und wurde sie erhöht verkürzte sich diese. Diesen Einfluss der Röhrenspannung auf die Laufzeit der iterativen Simulation ist dadurch begründet, dass bei sinkender Röhrenspannung die Anzahl von ungestreuten Photonen, welche die Dominante erreichen, ebenfalls sinkt. Hierdurch ist die Simulation einer höheren Anzahl von Photonen bis zur Erreichung des Schwellwertes der ADR-Simulation nötig.

5.2 Vergleich der simulierten Strahlenwerte mit Daten aus der Literatur

Um zu validieren, ob die Abschirmungssimulation durch die virtuelle Strahlenschutzkleidung realitätsnahe Werte liefert, wurde ein spezielles Personal-Label-Volumen erzeugt. Dieses Volumen beinhaltet neben den in Kapitel 3.1.4.2 beschriebenen körperbezogenen Bezeichnern nur ein Label für die örtliche Spezifizierung von Strahlenschutzkleidung. Mit diesem Label wurde eine 1 Voxel dicke, koronal und ventral positionierte Ebene über den gesamten Bereich des Datensatzes definiert. So wurde vor dem Körper des virtuellen OP-Personals eine auf der kompletten Körperlänge vorhandene Strahlenschutzkleidung modelliert. Anschließend wurde mit diesem Modell eine OP-Situation nachgestellt, bei welcher die Person von anterior nach posterior im Bereich des Abdomens durchleuchtet wird (siehe Abbildung 60).

Abbildung 60: OP-Situation für die Datenerfassung der Schwächungswerte der virtuellen Strahlenschutzkleidung.

Für diese Situation wurden jeweils für die Röhrenspannungen 50, 75 und 100kV eine Anzahl von $2{,}88 \cdot 10^6$ Photonenhistorien simuliert und die resultierenden Körperdosiswerte nicht skaliert für unterschiedliche Varianten der Abschirmung aufgezeichnet: keine Strahlenschutzkleidung sowie verschiedene Bleigleichwerte (0,25, 0,35, 0,5 und 1 mm). Die Resultate dieser Simulationen sind in Tabelle 12 zusammen mit korrespondierenden Werten nach DIN 2813 [2] aufgelistet. Die zum Vergleich herangezogenen Werte beschreiben die Schwächung der Strahlung durch den Einsatz von Schutzkleidung über die Angabe der gemessenen prozentualen Dosis hinter der Schutzkleidung in Bezug auf die auftreffende Strahlendosis. Aus den Daten in Tabelle 12 ist zu erkennen, dass die

Abweichungen der simulierten prozentualen Dosis im Vergleich zu den Werten aus der Literatur verhältnismäßig gering sind. Aufgrund dieser für das Einsatzgebiet vernachlässigbaren Abweichungen, wird die Simulation der Strahlenschwächung durch die virtuelle Strahlenschutzkleidung als valide angesehen werden.

| Bleigleichwert (mm) | Röhrenspannung (kV) |||||||||
| | 50 kV ||| 75 kV ||| 100 kV |||
	Energiedosis simuliert (µG)	Prozentuale Dosis simuliert (%)	Prozentuale Dosis Literatur (%)	Energiedosis simuliert (µG)	Prozentuale Dosis simuliert (%)	Prozentuale Dosis Literatur (%)	Energiedosis simuliert (µG)	Prozentuale Dosis simuliert (%)	Prozentuale Dosis Literatur (%)
0 (ohne Schutz)	1217803	100	100	1378659	100	100	1501760	100	100
0,25	5758	0,47	0,35	66210	4,8	3	158303	10,54	10
0,35	1506	0,12	0,05	33010	2,39	1,5	92606	6,17	5,5
0,5	270	0,02	0,01	12857	0,93	0,7	46026	3,06	3
1	22	0,002	-	3639	0,26	0,05	16683	1,11	0,5

Tabelle 12: Simulierte Strahlenschwächung durch Schutzkleidung in SIScaR-GPU im Vergleich zu Werten nach DIN 2813 [2].

Um die Güte der simulierten Ausbreitung der Streustrahlung zu überprüfen, wurden aus verschiedenen Publikationen [35,195-198] experimentell ermittelte Isodosenkurven für unterschiedliche C-Bogen-Einstellungen herangezogen. Jede dieser C-Bogen-Einstellungen wurde für die Überprüfung, entsprechend den in der Publikation beschriebenen Parametern inklusive Röhrenspannung und Blendenöffnung, im erweiterten virtX-System nachgestellt. Anschließend hat man mit Hilfe von SIScaR-GPU die korrespondierenden Dosisverteilungen simuliert (ADR-Grenzwert $2^{31}-1$) und diese als Volumendatensatz abgespeichert. Entsprechend der abgebildeten Messebene in der Isodosen-Darstellung wurde für jede Grafik mit Hilfe des Programms Amira [175] eine analoge Schnittebene durch den Volumendatensatz der Dosisverteilung gelegt. Für die farbliche Darstellung der Dosiswerte auf dieser Ebene wurde eine Transferfunktion angewendet, welche die als Gleitkommazahlen vorliegenden Daten im Wertebereich von 0 bis $7 \cdot 10^4$ kontinuierlich auf Farbwerte von Grün über Gelb zu Rot abbildet. Ein visueller Vergleich dieser Schnittbilder der Dosis-Datensätze mit den experimentell bestimmten Isodosenkurven zeigte eine für den Einsatzbereich akzeptable Übereinstimmung. Entsprechende für den Vergleich eingesetzte Abbildungen (Abbildung 104 bis Abbildung 113) sind im Anhang dieser Arbeit zu finden.

Ein durchgeführter qualitativer Vergleich des winkelabhängigen Verhältnisses von einfallender zu gestreuter Strahlung mit unveröffentlichten Daten aus dem vom Bundesamt für Strahlenschutz geförderten Forschungsvorhabens mit dem Kennzeichen 3610S20001 [199] zeigten eine gute Übereinstimmung der simulierten Werte mit den realen Messergebnissen des beschriebenen Untersuchungsszenarios.

5.3 Studie zur Einsetzbarkeit eines Simulationsmoduls für Streustrahlung in Weiterbildungskursen (Vorstudie)

Im Folgenden wird eine Studie beschrieben, welche zu Beginn dieser Arbeit durchgeführt wurde, um das Potenzial eines Moduls zur Simulation der intraoperativen Streustrahlung für den Einsatz in Weiterbildungskursen abschätzen zu können. Die Studie war hierbei eingebettet in eine umfassendere Evaluationsstudie des virtX-Systems (vgl. [183]). Da zu dem Zeitpunkt der Studiendurchführung das SIScaR-GPU-Modul noch nicht existierte, wurde hierfür eine rudimentäre und physikalisch nicht korrekte Visualisierung der Streustrahlenintensität (siehe Abbildung 61) in Kombination mit dem virtX-System eingesetzt. Diese Darstellung bestand aus drei ineinander geschachtelten farbigen Kugeln (rot, gelb, grün), dessen Radien zueinander im gleichen Verhältnis stehen. Basierend auf der in virtX eingestellten Röhrenspannung, dem Abstand der Strahlenquelle zum virtuellen Patienten und der Position der Blenden wird für die äußere grüne Kugel ein maximaler Radius bestimmt. Dieser maximale Radius symbolisierte bei der prototypischen Visualisierung die allgemeine Intensität der auftretenden Streustrahlung. Des Weiteren wurde ein Pulsieren der Streustrahlenkugeln implementiert. Hierbei vergrößert sich linear und periodisch von null bis zum maximalen Radius der Radius der äußeren Kugel und mit diesem im entsprechenden Verhältnis die der beiden inneren Kugeln (siehe Abbildung 61).

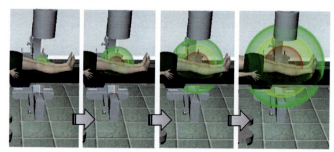

Abbildung 61: Prototypische Visualisierung der Streustrahlungsintensität durch drei pulsierende, ineinander geschachtelte, farbige Kugeln.

Die prototypische Darstellung der Streustrahlenintensität wurde während der Studie eingesetzt, um Teilnehmern eines Weiterbildungskurses für OP-Personal Verhaltensweisen zur Verringerung der Strahlenbelastung durch Streustrahlung zu erläutern. Zur Datenerfassung wurden die Probanden nach dem Kurs gefragt, ob sie trotz einer vor dem Kurs erhaltenen Erläuterung bezüglich des Zusammenhangs zwischen Streustrahlung und C-Bogen-Position etwas Neues durch die prototypische Streustrahlenvisualisierung hinzugelernt haben. Zusätzlich wurde gefragt ob sich ihr Verständnis bezüglich C-Bogen-Position und resultierender Streustrahlenintensität verbessert hat. Hierdurch sollte ein allgemeines subjektives Bild der Einsetzbarkeit eines Simulationsmoduls für die Streustrahlenausbreitung erfasst werden.

In den nachfolgenden Kapiteln werden der zugrunde liegende Studienplan, der Studienverlauf und die Studienresultate dargelegt.

5.3.1 Studienplan

Zielsetzung und Fragestellung

Mit der Studie sollen folgende Ziele erreicht werden:

Z VS: Ziel der Studie ist die Untersuchung, ob der Einsatz eines CBT-Systems mit einer einfachen Visualisierung der Streustrahlenintensität nach erfolgter theoretischer Unterweisung zum Thema Streustrahlung dem Lernenden subjektiv zusätzliche Erkenntnisse vermittelt und das Verständnis der Zusammenhänge verbessert.

Frage zu Ziel VS1:

F VS.1: Wie viele Probanden stimmen der Aussage zu, dass Sie durch die prototypische Visualisierung etwas Neues zur Vermeidung unnötiger Strahlenbelastung gelernt haben, obwohl diese vor dem Kurs eine theoretische Unterweisung in das Thema Strahlenschutz erhielten?

F VS.2: Wie viele Probanden stimmen der Aussage zu, dass sich durch die prototypische Visualisierung ihr Verständnis für den Zusammenhang zwischen Bildverstärkerposition und Ausbreitung der Streustrahlung verbessert hat, obwohl diese vor dem Kurs eine theoretische Unterweisung in das Thema Strahlenschutz erhielten?

Studienart

Die Studie wird als prolektive schriftliche Befragung geplant.

Studienzeitraum

Die Studie beginnt am 10. November 2008 und endet am 12. November 2008.

Grundgesamtheit

Die Zielgrundgesamtheit umfasst alle Personen, denen aufgrund ihrer beruflichen Tätigkeit im Operationssaal oder während ihrer Ausbildung bei Strahlenschutz- und Weiterbildungskursen Fakten und Vorgehensweisen zur Verringerung der Streustrahlenbelastung vermittelt werden. Die Auswahlgrundgesamtheit bezieht sich auf Teilnehmer des "4. AO-Kurs für OP-Personal – Prinzipien der operative Frakturbehandlung" in Göttingen, welche freiwillig an einem Weiterbildungsangebot zur Schulung der korrekten C-Bogen-Handhabung partizipieren.

Stichprobe

Für die Durchführung der Studie sollte die Stichprobe aus der Auswahlgrundgesamtheit mindestens 50 Kursteilnehmer umfassen.

Auswahl

Die Stichprobe der Studie wird aus den Kursteilnehmern der Auswahlgrundgesamtheit gebildet, welche bereit sind, nach Durchführung des Schulungsangebotes einen Fragebogen auszufüllen.

Ablauf der schriftlichen Befragung

Am 1. Tag des dreitägigen Weiterbildungskurses für OP-Personal werden nach einer kurzen Vorstellung des Inhaltes der C-Bogen-Schulung Anmeldelisten für die sieben 45-minütigen Lehreinheiten ausgelegt, in welche sich die Teilnehmer freiwillig eintragen können. Jede Lehreinheit ist auf maximal 16 Teilnehmer beschränkt und identisch aufgebaut. Der Aufbau einer Lehreinheit ist wie folgt:

Nach einer ca. fünf minütigen Begrüßung und Erläuterung des Ablaufes, werden die Probanden gleichmäßig auf vier Trainingsstationen, welche jeweils mit dem virtX-System ausgerüstet sind, aufgeteilt. Zwei Trainingsstationen bieten hierbei die reine PC-basierte Variante des virtX-Systems (virtueller Trainingsmodus), in welcher die Objekte im virtuellen OP mit Maus und Tastatur gesteuert werden. Die beiden anderen Stationen sind mit einem realen C-Bogen, einer Patientenpuppe einem OP-Tisch und einem Trackingsystem für die Bewegungserfassung ausgestattet (virtuell-realer Trainingsmodus). An einer der virtuell-realen Trainingsstationen werden mit den Probanden C-Bogen-Einstellungen für das Sprunggelenk, das Knie, die Hüfte und das Becken geübt. An der weiteren virtuell-realen Trainingsstation werden Einstellungen bezüglich der Schulter trainiert. An den PC-Stationen bearbeiten die Probanden beliebige Einstellungs-Aufgaben aus der virtX-Aufgabendatenbank und können zusätzlich frei üben. Jede Trainingsstation ist mit einem Betreuer besetzt, welcher Unterstützung bei der Durchführung der Aufgaben und der Steuerung des virtX-Systems sowie weiterführende Informationen bietet. Nach 20 Minuten Training wechseln die Gruppen von den virtuell-realen Stationen zu den reinen PC-Stationen des virtX-Systems. Nach den ersten 10 Minuten der zwanzigminütigen Trainingsphase an den realen Geräten, wechseln die Gruppen zwischen den beiden virtuell-realen Trainingsstationen. Während der Trainingsphase an einer PC-Station des virtX-Systems wird den Probanden durch den virtX-Betreuer die prototypische Simulation der Streustrahlenintensität präsentiert. Hierbei wird gezeigt, wie sich die Strahlungsintensität verändert (durch entsprechende Änderung der Größe des maximalen Radius der Kugeln), wenn der Abstand zwischen Patient und Strahlenquelle variiert wird. Außerdem wird den Probanden mit Hilfe der Visualisierung erläutert, wie die Röhrenspannung und der Einsatz von Blenden die Streustrahlenintensität beeinflussen. Diese Erläuterungsphase soll jedes Mal möglichst gleich ausgestaltet sein. Nach Abschluss der 45-minütigen Lehreinheit werden die Probanden gebeten einen Fragebogen auszufüllen. Dieser Fragebogen, der für eine weitere Studie zusätzlich Fragen zur Evaluation des virtX-Systems (vgl. [183]) enthält (siehe Anhang I), besteht aus vier Teilen:

1. Personenbezogene Informationen: Neben Alter, Geschlecht, Berufsausbildung, Berufserfahrung und vorhandenen PC-Kenntnissen wird der Proband gefragt, wie häufig er den C-Bogen bedient. Sofern der Proband den C-Bogen mindestens gelegentlich verwendet wird gefragt
   I. ob er in der Regel den C-Bogen selber einstellt oder ob dieses von einer anderen Person im Operationssaal übernommen wird und
   II. ob er vor dem Kurs eine Einweisung am C-Bogen erhalten hat, in welcher der Zusammenhang zwischen Streustrahlung und Bildverstärkerposition erläutert wurde.
2. Angaben zum persönlichen Training mit dem virtX-System.
3. Fragen zur Evaluation des virtX-Systems: In diesem Teil des Fragebogens haben die Probanden die Möglichkeit ihre Meinung zu speziellen auf das virtX-System bezogenen Aussagen auf einer Likert-Skala (trifft voll zu (2), triff eher zu (1), neutral (0), trifft eher nicht zu (-1), trifft nicht zu (-2) und keine Einschätzung) anzugeben. Von diesen Fragen sollen hier nur die für diese Studie betrachteten Fragen 3.III.c sowie 3.III.d aufgelistet werden:
   III. Generelle Fragen:
   Es wird gefragt, ob der Proband durch die Visualisierung der Röntgenstrahlung
   a) etwas Neues zur Vermeidung unnötiger Strahlenbelastung gelernt hat.
   b) sein Verständnis für den Zusammenhang zwischen Bildverstärkerposition und Verhalten der Streustrahlung verbessert hat.

Für die hier beschriebene Studie werden neben den Informationen aus dem 1. Teil des Fragebogens nur die Fragen bezüglich der Visualisierung der Strahlung aus dem 3. Teil des Fragebogens betrachtet. Die ausgefüllten Fragebögen, werden direkt nach den einzelnen Lehreinheiten wieder eingesammelt.

Störfaktoren

Als Störfaktor der Studie kann die unterschiedliche Präsentationsweise der einzelnen Stationsbetreuer angesehen werden. Des Weiteren kann es vorkommen, dass bei einigen Probandengruppen aufgrund von Diskussionen mehr Zeit für die Erläuterungsphase bezüglich der Streustrahlenfakten eingesetzt wird als bei anderen. Hierdurch könnte die Vergleichbarkeit der einzelnen Teilgruppen bezüglich des Lernumfeldes verringert werden.

Datenanalyse

Die resultierenden Daten der schriftlichen Befragung sollen rein deskriptiv ausgewertet werden, um die Fragen F VS.1 und F VS.2 der Studie zu beantworten. Da es sich bei den resultierenden Antworten auf der Likert-Skala um ordinale Werte handelt, sollen für die Analyse Tabellen, Histogramme sowie als Kennwert der Median eingesetzt werden.

5.3.2 Studienverlauf

Nach der Vorstellung des Konzeptes der C-Bogen-Schulung mittels einer Folienpräsentation am ersten Tag (10. November 2008) des AO-Kurses trugen sich 105 Teilnehmer in die Listen der sieben Lehreinheiten ein. Die Aufteilung der sieben C-Bogen-Schulungen auf die drei Kurstage wurde wie folgt vorgenommen:

10. November (eine Schulung):	18:30 – 19:15 Uhr
11. November (vier Schulungen):	7:45 – 8:30 Uhr, 11:45 – 12:30 Uhr, 16:45 – 17:30 Uhr und 17:45 – 18:30 Uhr
12. November (zwei Schulungen):	7:30 – 8:15 Uhr und 10:45 – 11:30 Uhr

Von den 105 Teilnehmern gaben 77 einen ausgefüllten Fragebogen ab, was einer Beantwortungsquote von 73% entspricht. Die restlichen 28 Probanden lehnten es entweder ab einen Fragebogen auszufüllen oder nahmen einen Fragebogen an, ohne diesen zu bearbeiten oder abzugeben.

Das Durchschnittsalter der befragten Personen lag bei 35,4±9,2 Jahren (76 Probanden beantworteten diese Frage). 90% der Probanden, welche einen Fragebogen abgegeben haben, waren weiblich, 10% männlich. Bezüglich der beruflichen Tätigkeit gaben 92% Pflegekraft, 5% technisches Personal und 4% andere Tätigkeit an (eine Person beantwortete die Frage bezüglich der beruflichen Tätigkeit sowohl mit Pflegekraft, als auch mit technischem Personal). Die durchschnittliche Berufserfahrung der Teilnehmer in Jahren lag bei 11,2±10,4 Jahren (76 gegebenen Antworten).

5.3.3 Ergebnisse der Studie

Bezüglich der Erfahrung mit dem C-Bogen gaben 91% der Befragten an, dass sie den C-Bogen regelmäßig benutzen. 8% der Befragten verwenden ihn gelegentlich und 1% gab an, keine Erfahrung mit dem C-Bogen zu haben (76 gegebene Antworten). Von den Teilnehmern, welche den C-Bogen mindestens gelegentlich verwenden, gaben 96% an dieses selber zu tun. 4% gaben an, das in der Regel eine andere Person den C-Bogen bedient (76 Antworten). Die Frage, ob vor dem AO-Kurs während einer Einweisung am C-Bogen der Zusammenhang zwischen Streustrahlung und Bildverstärkerposition erläutert wurde, beantworteten 75% mit *"ja"* (68 Antworten). Nach der Erfahrung am PC gefragt, gaben 11% der Teilnehmer an, keine Erfahrung im Umgang mit diesem zu haben, 21% gaben an einen PC gelegentlich zu nutzen und 68% der Probanden gaben an einen PC regelmäßig zu verwenden (75 Antworten).

Zur Beantwortung der Frage F VS.1 der Studie wurden die Antworten der Probanden auf den folgenden Punkt der schriftlichen Befragung analysiert:

> Durch die Visualisierung der Röntgenstrahlung habe ich etwas Neues zur Vermeidung unnötiger Strahlenbelastung gelernt (3.III.c).

Hierbei wurde bei den Antworten der Probanden unterschieden, ob diese bereits vor dem Kurs eine Erläuterung der Zusammenhänge zwischen Bildverstärkerposition und

Streustrahlung erhalten haben (n=51 Probanden) oder nicht (n=17 Probanden). Die Antworten von 9 Probanden, welche keine Angaben machten, ob sie eine vorherige Erläuterung bezüglich der Zusammenhänge erhalten haben, wurden nicht berücksichtigt. Abbildung 62 und Abbildung 63 zeigen die Auswertung der gegebenen Antworten auf die entsprechende Frage unter diesen Voraussetzungen. Der Median der Antworten lag bei 1 ("Trifft eher zu"), sofern vorher eine Erläuterung stattgefunden hat, ansonsten bei 2 ("Trifft voll zu").

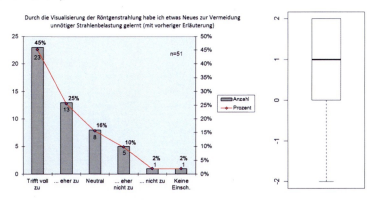

Abbildung 62: Auswertung der Antworten auf Frage 3.III.c unter der Voraussetzung vorher eine Erläuterung der Zusammenhänge zwischen C-Bogen-Position und Streustrahlung erhalten zu haben (n=51, links).

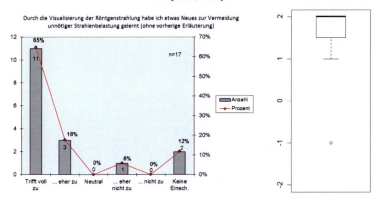

Abbildung 63: Auswertung der Antworten auf Frage 3.III.c unter der Voraussetzung vorher keine Erläuterung der Zusammenhänge zwischen C-Bogen-Position und Streustrahlung erhalten zu haben (n=17, links).

Zur Beantwortung der Frage F VS.2 der Studie wurden die Antworten der Probanden auf Punkt 3.III.d der schriftlichen Befragung analysiert:

Durch die Visualisierung der Röntgenstrahlung hat sich mein Verständnis für den Zusammenhang zwischen Bildverstärkerposition und Verhalten der Streustrahlung verbessert (3.III.d).

Hierbei wurde ebenfalls bei den Antworten der Probanden unterschieden, ob diese bereits vor dem Kurs eine Erläuterung der Zusammenhänge zwischen Bildverstärkerposition und Streustrahlung erhalten haben (n=51 Probanden) oder nicht (n=17 Probanden). Abbildung 64 und Abbildung 65 zeigen die Auswertung der gegebenen Antworten auf die Frage unter der definierten Voraussetzung. Der Median der Antworten lag wie bei Frage 3.III.c bei 1 ("Trifft eher zu"), sofern vorher eine Erläuterung stattgefunden hat, ansonsten bei 2 ("Trifft voll zu").

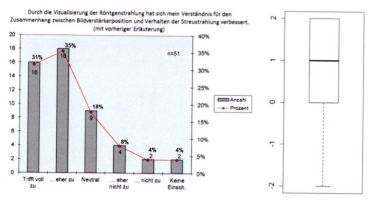

Abbildung 64: Auswertung der Antworten auf Frage 3.III.d unter der Voraussetzung vorher eine Erläuterung der Zusammenhänge zwischen C-Bogen-Position und Streustrahlung erhalten zu haben (n=51).

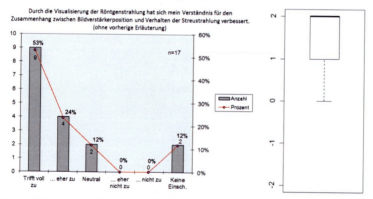

Abbildung 65: Auswertung der Antworten auf Frage 3.III.d unter der Voraussetzung vorher keine Erläuterung der Zusammenhänge zwischen C-Bogen-Position und Streustrahlung erhalten zu haben (n=17).

5.3.4 Diskussion der Ergebnisse

Durch die fragebogenbasierte Vorstudie sollte zu Beginn dieser Arbeit das Potenzial eines Streustrahlungs-Simulationsmoduls zum Einsatz in der Ausbildung abgeschätzt werden. Um dieses zu ermitteln, wurde mit Hilfe der Befragungen während des Weiterbildungskurses ein subjektives Meinungsbild der Stichprobe bezüglich dem Lernen neuer Fakten und dem besseren Verstehen bereits erlernter Gegebenheiten im Rahmen der intraoperativen Streustrahlung erfasst. Mit diesen Daten sollten die Fragen F VS.1 und F VS.2 beantwortet und so das Ziel Z VS der Vorstudie erreicht werden.

Betrachtet man die erhobenen Daten, so gaben von den 77 Probanden, welche einen ausgefüllten Fragebogen abgaben und die mindestens regelmäßig den C-Bogen verwenden, 96% (72 Teilnehmer) an, den C-Bogen in der Regel selber einzustellen. Laut §18a der Röntgenverordnung [14] sollte jeder dieser Teilnehmer einen speziellen Strahlenschutzkurs für OP-Personal erfolgreich absolviert haben, bevor die Einstellungen am C-Bogen vorgenommen werden. Jedoch beantworteten nur 75% dieser Probanden (68 Teilnehmer) die Frage, ob ihnen während der Einweisung am C-Bogen vor dem Kurs der Studie der Zusammenhang zwischen Streustrahlung und Bildverstärkerposition erläutert wurde, mit "ja". Diese Diskrepanz könnte auf einen Schwachpunkt bezüglich der Vermittlung der Streustrahlenfakten in den entsprechenden Strahlenschutzkursen hinweisen. Es wäre jedoch auch möglich, dass die Probanden nur eine klinikinterne Einweisung am C-Bogen ohne Strahlenschutzaspekte erhalten haben und trotz fehlendem Strahlenschutzkurs den C-Bogen steuern. Um diesen Effekt zu klären, wäre eine weitere Untersuchung notwendig.

Die Befragungsergebnisse zeigen deutlich, dass die Mehrheit der Probanden angibt, durch die prototypische Streustrahlenvisualisierung sowohl etwas Neues bezüglich der Vermeidung unnötiger Strahlenbelastung hinzugelernt (70%, n=51), als auch ein verbessertes Verständnis für den Zusammenhang zwischen Bildverstärkerposition und Streustrahlung erlangt zu haben (66%, n=51). Und dieses obwohl sie bereits vor dem Kurs eine Erläuterung bezüglich der Zusammenhänge zwischen C-Bogen-Position und Streustrahlung erhielten. In der Gruppe der Probanden, welche zuvor keine Erläuterung erhielten, sind die Meinungen zu diesen Aussagen erwartungsgemäß noch deutlicher: 83% (n=17) der betreffenden Probanden gaben an, etwas Neues hinzugelernt zu haben, und 77% (n=17), dass sich ihr Verständnis bezüglich der Zusammenhänge zwischen Streustrahlung und Bildverstärkerposition verbessert hat. Diese subjektiven Aussagen lassen vermuten, dass ein computerbasiertes Simulationsmodul des realen Streustrahlenverhaltens großes Potenzial zur Unterstützung und Verbesserung der Strahlenschutzausbildung hat. Für eine objektive Beurteilung des Effektes und der Einsetzbarkeit eines derartigen Lehr- und Lernwerkzeuges in entsprechenden Kursen sind jedoch weiterführende Studien notwendig.

5.4 Studie zum Lernerfolg in klassischen Strahlenschutzkursen (Studie A)

Aus den in Kapitel 5.3 beschriebenen Ergebnissen der durchgeführten Vorstudie könnte einerseits geschlossen werden, dass ein computerbasiertes Trainingssystem im Umfeld der Strahlenschutzausbildung die Vermittlung der Fakten bezüglich der intraoperativen Streustrahlung besser vollziehen kann als traditionelle Lehrmethoden. Andererseits könnten die Ergebnisse jedoch auch dafür sprechen, dass das untersuchte CBT-System komplett neue Aspekte bezüglich der Vermeidung von Streustrahlenbelastungen im OP darlegt, die derzeit noch nicht in Strahlenschutzkursen betrachtet werden. Aufgrund dieser beiden Interpretationsmöglichkeiten sollen in dieser Arbeit zwei Studien durchgeführt werden, welche beide Optionen separat beleuchten.

Die im nachfolgenden Kapitel beschriebene Studie A soll in diesem Kontext die aktuelle Ausbildungssituation in einem klassischen Strahlenschutzkurs betrachten und untersuchen, welchen Wissenszuwachs (ΔW_{St}) Probanden eines derartigen Kurses im Bereich der Streustrahlenfakten erlangen. Hierzu soll vor und nach einem Kurs der bei den Teilnehmern vorliegende Wissensstand bezüglich der Verhaltensweisen zur Reduzierung der Strahlenbelastung ($W_{St,v}$ und $W_{St,n}$) mit Hilfe von Fragebögen erfasst werden. Diese Fragebögen wurden im Vorfeld in Zusammenarbeit mit Ärzten und OP-Pflegekräften entwickelt. Zusätzlich soll im Rahmen dieser Studie die Vergleichbarkeit der beiden eingesetzten Fragebögen analysiert werden.

Im Zuge weiterer Untersuchungen in Studie B, bezüglich des Unterschiedes des erweiterten virtX-Systems zu klassischen Ansätzen, sollen ebenfalls für die Datenerfassung die in dieser Studie eingesetzten Fragebögen sowie der Wert ΔW_{St} als ein Maß der Güte der verwendeten Lehrmethode herangezogen werden.

In den nachfolgenden Kapiteln soll der Studienplan, die Studiendurchführung sowie die Ergebnisse der Studie A genauer erläutert und diskutiert werden.

5.4.1 Studienplanung

Zielsetzung und Fragestellung

Mit der Studie sollen folgende Ziele erreicht werden:

Z SA1: Ziel ist die Untersuchung, welchen Wissensstand Teilnehmer eines Strahlenschutzkurses bezüglich Verhaltensweisen zur Minimierung der allgemeinen und individuellen Strahlenbelastung zu Beginn eines Kurses durchschnittlich aufweisen.

Z SA2: Ziel ist die Untersuchung, welchen Wissenszuwachs bezüglich Verhaltensweisen zur Minimierung der allgemeinen und individuellen Strahlenbelastung Teilnehmer durch das Absolvieren eines Strahlenschutzkurses, welcher klassische didaktische Mittel einsetzt, durchschnittlich erlangen.

Z SA3: Ziel ist die Untersuchung, ob die beiden für die Studie eingesetzten Fragebögen zur Bestimmung des Wissensstandes vor und nach dem Kurs vergleichbar und in ihrer Reihenfolge austauschbar sind.

Aus diesen Zielen ergeben sich folgende Fragen, welche durch die Studie beantwortet werden sollen:

Fragen zu Ziel Z SA1:

F SA1.1: Wie viele der Probanden wählten wie oft bei der schriftlichen Befragung vor Beginn des Kurses die C-Bogen-Einstellung mit der geringsten allgemeinen Strahlenbelastung im OP?

F SA1.2: Wie ist die durchschnittliche Antwortgüte bei der schriftlichen Befragung vor Beginn des Kurses in Bezug auf die Wahl des Aufenthaltsortes im OP und der Körperausrichtung entsprechend der gewählten C-Bogen-Einstellung?

Fragen zu Ziel Z SA2:

F SA2.1: Wie viele der Probanden wählen wie oft bei der schriftlichen Befragung nach Abschluss des Kurses die C-Bogen-Einstellung mit der geringsten allgemeinen Strahlenbelastung im OP (aufgeschlüsselt nach gegebenen Antworten vor dem Kurs)?

F SA2.2: Wie ist die durchschnittliche Antwortgüte bei der schriftlichen Befragung nach Abschluss des Kurses in Bezug auf die Wahl des Aufenthaltsortes im OP und der Körperausrichtung entsprechend der gewählten C-Bogen-Einstellung?

F SA2.3: Wie groß ist pro Proband die Differenz zwischen der Antwortgüte bezüglich Wahl des Aufenthaltsortes und der Körperausrichtung nach Abschluss des klassischen Strahlenschutzkurses und der Antwortgüte vor dem Kurs?

Fragen zu Ziel Z SA3:

F SA3.1: Ist der gemessene Wissenszuwachs unabhängig von der Reihenfolge der Fragebögen?

Studienart

Die Studie wird als prolektive schriftliche Befragung geplant.

Studienzeitraum

Der Zeitraum des untersuchten Strahlenschutzkurses ist wie folgt:

23.-25.11.2011   Strahlenschutzkurs für OP-Pflegekräfte des Braunschweiger Studieninstituts für Gesundheitspflege

Grundgesamtheit

Die Zielgrundgesamtheit umfasst alle Personen, denen aufgrund ihrer beruflichen Tätigkeit im Operationssaal oder während ihrer Ausbildung bei Strahlenschutzkursen Fakten und Vorgehensweisen zur Verringerung der Streustrahlenbelastung dargelegt werden. Die Auswahlgrundgesamtheit bezieht sich auf Teilnehmer des ausgewählten Strahlenschutzkurses im Studienzeitraum, welche sich bereit erklärt haben an der Befragung teilzunehmen.

Stichprobe

Da keine vergleichbaren Daten aus vorgelagerten Studien bezüglich der Varianz des Wertes ΔW_{St} zur Verfügung stehen, soll für die Durchführung der Studie die Größe der Stichprobe aus der Auswahlgrundgesamtheit auf mindestens 20 Teilnehmer eines klassischen Strahlenschutzkurses festgelegt werden.

Auswahl und Zuteilung

Die Stichprobe der Studie wird aus den Teilnehmern des Strahlenschutzkurses der Auswahlgrundgesamtheit gebildet, welche bereit sind vor und nach dem Kurs an der schriftlichen Befragung teilzunehmen.

Für die beiden Befragungsphasen wurden zwei unterschiedliche Fragebögen FB1 und FB2 entwickelt, um eine Verzerrung der Ergebnisse durch Wiederholung zu vermeiden (siehe "Parameter der Befragung und Fragebögen" sowie Anhang IV). Um die Vergleichbarkeit dieser Fragebögen verifizieren zu können, sollen die Hälfte der Teilnehmer des Strahlenschutzkurses der Stichprobe vor dem Kurs den Fragebogen FB1 erhalten (G_A) und die andere Hälfte FB2 (G_B). Für die Befragung nach dem Strahlenschutzkurs sollen die Probanden dann entsprechend den Fragebogen erhalten, welchen sie zuvor nicht erhielten (siehe auch Tabelle 13).

Gruppenbezeichnung	Fragebogen vor dem Strahlenschutzkurs	Fragebogen nach dem Strahlenschutzkurs
G_A	FB1	FB2
G_B	FB2	FB1

Tabelle 13: Reihenfolge der Fragebögen FB1 und FB2 für die beiden Teilgruppen des Strahlenschutzkurses.

Die Randomisierung der Teilnehmer eines Kurses auf die Gruppen G_A und G_B soll durch Lose vor der ersten Befragung stattfinden. Es sollen entsprechend der Anzahl der Teilnehmer des Strahlenschutzkurses farbige Lose (rote und grüne) mit jeweils fortlaufenden Nummern in einer Urne bereit liegen, aus welchen die Teilnehmer vor Beginn der Befragung jeweils eines ohne Zurücklegen herausziehen und behalten. Sowohl Farbe als auch Nummer sollen beim Ziehen des Loses nicht erkennbar sein. Des Weiteren soll die Anzahl der roten und grünen Lose möglichst gleich sein. Ist die Anzahl der Teilnehmer ungerade, so soll die Farbe des letzten Loses durch einen Münzwurf festgelegt werden. Die Farbe des Loses entscheidet, zu welcher Fragebogengruppe der Teilnehmer gehört und somit in welcher Reihenfolge dieser die Fragebögen erhält: rot G_A, grün G_B. Die Nummer des Loses soll der Proband auf beiden Fragebögen, die er erhält, notieren, um eine spätere anonyme Zuordnung der vor und nach dem Kurs gegebenen Antworten zu ermöglichen.

Parameter der Befragung und Fragebögen

Zur Erfassung des Wissensstandes der Probanden vor und nach dem Strahlenschutzkurs werden in dieser Studie zwei standardisierte Fragebögen eingesetzt. Hierbei bedeutet standardisiert, dass jeder Proband eines Untersuchungskollektivs den gleichen Fragebogen bekommt, auf welchem die Fragen in einer vorher festgelegten Reihenfolge gestellt werden. Zudem ist jede Frage ohne den Einsatz von Freitext eindeutig zu beantworten. Beide verwendeten Fragebögen (siehe auch Anhang IV), welche vor Studienbeginn in Zusammenarbeit mit Klinikern und OP-Mitarbeitern erarbeitet wurden, beziehen sich jeweils auf drei unterschiedliche Situationen der C-Bogen-Einstellung aus dem klinischen Alltag und der korrespondierenden persönlichen Positionierung im OP. Für jede dieser Positionierungsaufgaben wird der Proband gebeten als erstes aus vier möglichen C-Bogen Einstellungen, welche mittels einer Grafik dargestellt sind, die aus Strahlenschutzsicht sinnvollste durch Ankreuzen auszuwählen. Anschließend werden die Probanden pro Positionierungsaufgabe aufgefordert, in einer Grafik eines stilisierten OPs den basierend auf der ausgewählten C-Bogen-Einstellung für eine minimale individuelle Strahlenbelastung zu präferierenden Aufenthaltsort eines OP-Mitarbeiters inklusive Körperausrichtung einzuzeichnen. Hierbei sind die Antwortmöglichkeiten bezüglich der Aufenthaltsorte auf eine feste Anzahl n_{PP} von Positionen innerhalb eines speziellen Aufenthaltsbereiches beschränkt (vgl. Fragebögen in Anhang IV, mit Buchstaben gekennzeichnete Kreise). Der Aufenthaltsbereich wurde bei der Erstellung der Fragebögen pro C-Bogen-Einstellung basierend auf der zugeteilten Aufgabe des Personals während der OP festgelegt. Für jeden Aufenthaltsort der Antwortmenge kann der Befragte wiederum aus acht verschiedenen Körperausrichtungen (Drehung des Körpers jeweils in 45°-Schritten) auswählen. Die möglichen Körperausrichtungen sind in jedem Positionskreis durch vom Mittelpunkt ausgehende gestrichelte Linien gekennzeichnet. Die Beantwortung der Frage nach Standort und Körperausrichtung soll von den Probanden mittels Einzeichnung eines Pfeiles ausgehend vom Mittelpunkt des gewählten Standortkreises längs der gewünschten Körperausrichtungslinie durchgeführt werden. Hierbei symbolisiert die Pfeilspitze die Blickrichtung des OP-Personals bei gerader Haltung und nicht gedrehtem Kopf. Eine Erläuterung zu den Grafiken der Positionierungsfragen sowie ein Beantwortungsbeispiel bezüglich des Standortes und der Körperausrichtung befinden sich zusammen mit einer kurzen Einführung auf der ersten Seite der Fragebögen. Die drei Positionierungsaufgaben der einzelnen Fragebögen wurden derart gewählt, dass die Fragebögen untereinander möglichst vergleichbar sind. Zur Überprüfung der Vergleichbarkeit sollen die beiden Fragebögen für die vor- und nachgelagerte Befragung innerhalb der Teilnehmergruppe des Strahlenschutzkurses überkreuzt werden (vgl. "Auswahl und Zuteilung" sowie "Ablauf der schriftlichen Befragung").

Für jede Positionierungsaufgabe der beiden Fragebögen wurde vor Beginn der Studie für jede mögliche Antwortkombination aus C-Bogen-Einstellung, Aufenthaltsort und Körperausrichtung mit Hilfe von SIScaR-GPU die der OP-Situation entsprechenden Dosissummen $D_{i,j,k}$ (mit $i \in \{1,2\}$ Nummer des Fragebogens, $j \in \{1,2,3\}$ Nummer der Positionierungsfrage und $k \in \{1, ..., 32 \cdot n_{PP,i,j}\}$ Nummer der Antwortkombination) der Effektiven Dosis des OP-Mitarbeiters mit der im Fragebogen definierten Strahlenschutzkleidung und des Patienten berechnet. Mittels dieser Doswerte wurde für jede der $32 \cdot n_{PP,i,j}$ Antwortmöglichkeiten ein spezieller Gütefaktor $G_{i,j,k}$ bestimmt. Hierbei wurde definiert, dass die Antwortkombination mit der geringsten Dosissumme $D_{i,j,min}$ einen Gütefaktor von 0 erhält. Für alle weiteren Antwortkombinationen wurde der Gütefaktor nach Gleichung *(59)* bestimmt.

$$G_{i,j,k} := \begin{cases} 0, wenn\ D_{i,j,k} = D_{i,j,min} \\ D_{i,j,k} - D_{i,j,min}, sonst \end{cases} \quad (59)$$

für $i \in \{1,2\}, j \in \{1,2,3\}$ und $k \in \{1, ..., 32 \cdot n_{PP}\}$

Hierdurch ergibt sich für den Gütefaktor $G_{i,j,k} \in \mathbb{R}$ der Wertebereich $0 \leq G_{i,j,k} \leq G_{i,j,max}$ wobei $G_{i,j,max} := D_{i,j,max} - D_{i,j,min}$ gilt und $D_{i,j,max}$ den größten auftretenden Doswert der Positionierungsfrage beschreibt. Alle derart festgelegten Gütefaktoren wurden anschließend der Größe nach geordnet und ihnen nach der Position in der geordneten Menge ein Rang $R_{i,j,k}$ zugewiesen. Bei gleichen Gütefaktoren wurde vergleichbar zum Wilcoxon-Mann-Whitney Test eine Rangmittelung vorgenommen (vgl. z. B. [200]). Somit ergibt sich für die Rangnummern einer Positionierungsfrage $R_{i,j,k} \in \mathbb{R}$ ein Wertebereich von $1 \leq R_{i,j,k} \leq 32 \cdot n_{PP,i,j}$.

Gibt ein Proband bei einer Positionierungsfrage bezüglich eines der drei zu bestimmenden Parameter (C-Bogen-Position, Aufenthaltsort, Körperausrichtung) keine Antwort bzw. statuiert explizit, dass er nicht weiß, welches die zu präferierende Kombination ist, so soll für die Bewertung eine Ersatzrangnummer gewählt werden. Diese Ersatzrangnummer, die ein Raten der Parameter repräsentiert, soll aus dem Mittelwert der Rangnummern derjenigen Antwortkombinationen gebildet werden, welche durch das Nichtfestlegen eines oder mehrerer Parameter möglich sind.

Die Summe der Rangnummern der vom Probanden q gegebenen Antwortkombinationen eines Fragebogens soll in dieser Studie als Maß des Wissensstand $W_{St,v,q}$ und $W_{St,n,q}$ eingesetzt werden. Ein geringer Zahlenwert steht somit für einen höheren Wissensstand. Gleichungen *(61)* und *(62)* verdeutlichen nochmals diese Festlegung, aus denen sich die kardinal skalierten Messdaten der Studie ergeben.

Um in der Studie ein Maß für den durch die Absolvierung eines Strahlenschutzkurses gewonnenen Wissenszuwachs $\Delta W_{St,q}$ beim Probanden q zu erhalten, soll die Differenz aus den Werten $W_{St,v,q}$ und $W_{St,n,q}$ herangezogen werden (siehe Gleichung *(63)*). Entsprechend der Definitionen beschreibt somit ein größerer Wert $\Delta W_{St,q}$ welcher die Verringerung der individuellen Strahlenbelastung durch eine veränderte Verhaltensweise quantifiziert, einen größeren Wissenszuwachs. Hierbei nimmt $\Delta W_{St,q}$ einen Wert aus der Menge $\{\mathbb{R} | |\Delta W_{St,p}| \leq \Delta W_{St,max}\}$ an, welche durch die maximal mögliche Summe der Rangnummern (siehe Gleichung *(60)*) beider Fragebögen bestimmt ist.

$$\Delta W_{St,max} := \max\left(32 \cdot (n_{PP,1,1} + n_{PP,1,2} + n_{PP,1,3}) - 3{,}32 \cdot (n_{PP,2,1} + n_{PP,2,2} + n_{PP,2,3}) - 3\right) \quad (60)$$

$$W_{St,v,q} := \begin{cases} \sum_{j=1}^{3} R_{1,j,x_j}, \text{ wenn Fragebogen FB1 vor Kurs eingesetzt} \\ \sum_{j=1}^{3} R_{2,j,x_j}, \text{ wenn Fragebogen FB2 vor Kurs eingesetzt} \end{cases} \quad (61)$$

$$W_{St,n,q} := \begin{cases} \sum_{j=1}^{3} R_{1,j,x_j}, \text{ wenn Fragebogen FB1 nach Kurs eingesetzt} \\ \sum_{j=1}^{3} R_{2,j,x_j}, \text{ wenn Fragebogen FB2 nach Kurs eingesetzt} \end{cases} \quad (62)$$

$$\Delta W_{St,q} := W_{St,v,q} - W_{St,n,q} \quad (63)$$

mit:

x_j Index der für Positionierungsfrage j durch den Probanden q gegebenen Antwortkombination

q Nummer des Probanden im untersuchten Strahlenschutzkurs

Vergleichbarkeit

Die Probanden beider Gruppen G_A und G_B sollen zwischen den beiden Befragungsphasen gemeinsam die gleiche Erläuterung bezüglich der Streustrahlung von dem gleichen Dozenten erhalten. Somit ist eine direkte Vergleichbarkeit der Lehrphase für die beiden Fragebogengruppen innerhalb eines Strahlenschutzkurses gegeben.

Die Vergleichbarkeit der Fragebögen FB1 und FB2 wurde bei der Erstellung der selbigen antizipiert und soll in dieser Studie durch den Vergleich der Gruppen G_A und G_B überprüft werden.

Ablauf der schriftlichen Befragung

Vor Beginn des Strahlenschutzkurses der Studie werden entsprechend der Teilnehmeranzahl die Lose für die Fragebogenzuteilung vorbereitet und in einem nicht durchsichtigen Säckchen vorgehalten: gleiche Anzahl von roten und grünen Losen; bei ungerader Teilnehmerzahl Münzwurf für verbleibendes Los. Anschließend zieht jeder Teilnehmer ohne Zurücklegen ein Los und erhält entsprechend der Los-Farbe einen Fragebogen. Ein Proband mit einem roten Los gehört zur Gruppe G_A und erhält Fragebogen FB1 vor Beginn des Kurses, ein Proband mit einem grünen Los gehört entsprechend zur Gruppe G_B und erhält anfangs Fragebogen FB2. Nach einer kurzen Begrüßung und groben Einführung in die Hintergründe der Studien, werden die Probanden aufgefordert, die Nummer ihres Loses auf dem Deckblatt des Fragebogens in das vorgesehene Feld einzutragen. Dann erhalten die Teilnehmer 5 Minuten Zeit die Positionierungsaufgaben zu beantworten. Nachfolgend werden die ausgefüllten Fragebögen eingesammelt und die Probanden darauf hingewiesen, dass diese ihr Los gut verwahren sollen, da es am Ende des Strahlenschutzkurses nochmals benötigt wird.

Gleichermaßen wird nach Abschluss des Strahlenschutzkurses verfahren. Entsprechend der Los-Farbe bzw. Fragebogengruppe erhält jeder Proband den Fragebogen für die Erfassung des Wertes $W_{St,n}$. Probanden mit einem roten Los erhalten Fragebogen FB2 und Probanden mit einem grünen Los FB1. Nach dem Eintragen der Losnummer in das entsprechende Feld erhalten die Probanden wieder 5 Minuten zur Beantwortung der Positionierungsaufgaben. Anschließend werden die ausgefüllten Fragebögen eingesammelt.

Störfaktoren

Als ein Störfaktor der Studie kann die Verhaltensänderung des Dozenten des klassischen Strahlenschutzkurses durch die Teilnahme an der Studie angesehen werden. Der Dozent könnte, da er erfahren hat, dass die Studie den Wissenserwerb bezüglich Verhaltensweisen zur Minimierung der Strahlenbelastung im OP erfassen soll, den bislang durchgeführten Kurs abändern, weitere speziell hierauf bezogenen Aspekte hinzufügen oder sogar direkt auf den Fragebogen eingehen. Aus diesem Grund werden die Dozenten vor dem Kurs gebeten, den Ablauf und den Lehrstoff wie gewohnt zu belassen. Als sonstige mögliche Störfaktoren lassen sich Diskussionen der Probanden über den Fragebogen zwischen den beiden Datenerhebungsphasen erwähnen. Hierbei könnten die Probanden abgekoppelt von den Erläuterungen im Strahlenschutzkurs während Pausen Wissen austauschen und erwerben. Dieses würde die Messung des Wissenserwerbes durch einen klassischen Strahlenschutzkurs verfälschen. Jedoch ist eine Vermeidung oder Voraussage dieses Effektes nur schwer möglich.

Auch das Abschreiben von anderen Teilnehmern während der Beantwortung der Positionierungsaufgaben von FB1 und FB2 kann als Störfaktor angesehen werden. Zur Verringerung dieser Störung werden die Probanden vor dem Kurs eindringlich gebeten, dieses Verhalten zu unterlassen. Des Weiteren soll während der Beantwortungsphase durch die Dozenten darauf geachtet werden, dass kein Proband in irgendeiner Weise Hilfestellung erhält.

Datenanalyse

Zur Auswertung der Daten bezüglich der zu beantwortenden Fragen soll die allgemeine Strahlenbelastung im OP einer C-Bogen-Einstellung $D_{allg,i,j,c}$ (mit $i \in \{1,2\}$ Nummer des Fragebogens, $j \in \{1,2,3,\}$ Nummer der Positionierungsfrage und $c \in \{1,...,4\}$ Nummer der C-Bogen-Einstellung) als Summe der einheitslosen Gütefaktoren aller möglichen Antworten bezüglich des Aufenthaltsortes und der Körperausrichtung definiert werden. Diese aus den simulierten Daten resultierenden Werte sind inklusive einer Markierung der geringsten Summe pro C-Bogen-Einstellung in Tabelle 14 aufgelistet.

Zur Erreichung der Ziele Z SA1 und Z SA2 dieser Studie sollen die Fragen F SA1.1 bis F SA2.3 mit Methoden der deskriptiven Datenanalyse beantwortet werden. Zur Erreichung des Zieles Z SA3 soll die Frage F SA3.1 durch Verfahren der konfirmatorischen Datenanalyse beantwortet werden.

Fragebogen FB1		Fragebogen FB2	
$D_{allg,1,1,1}$	594819	$D_{allg,2,1,1}$	100218
$D_{allg,1,1,2}$	37168	$D_{allg,2,1,2}$	56732
$D_{allg,1,1,3}$	95380012	$D_{allg,2,1,3}$	140246872
$D_{allg,1,1,4}$	79808375	$D_{allg,2,1,4}$	132720486
$D_{allg,1,2,1}$	202682	$D_{allg,2,2,1}$	173354
$D_{allg,1,2,2}$	2173494	$D_{allg,2,2,2}$	1089939
$D_{allg,1,2,3}$	2866976	$D_{allg,2,2,3}$	1784410
$D_{allg,1,2,4}$	3261014	$D_{allg,2,2,4}$	2870410
$D_{allg,1,3,1}$	228360	$D_{allg,2,3,1}$	104665
$D_{allg,1,3,2}$	126308	$D_{allg,2,3,2}$	1072718
$D_{allg,1,3,3}$	212893950	$D_{allg,2,3,3}$	191896837
$D_{allg,1,3,4}$	196634978	$D_{allg,2,3,4}$	219058908

Tabelle 14: Allgemeine Strahlenbelastungen für die auswählbaren C-Bogen-Einstellungen der Positionierungsfragen. Pro Aufgabe und Fragebogen ist die C-Bogen-Einstellung mit geringster allgemeiner Strahlenbelastung durch eine Einfärbung markiert.

Deskriptive Analyse des Wissensstandes vor dem Kurs (Z SA1)

F SA1.1: Wie viele der Probanden wählten wie oft bei der schriftlichen Befragung vor Beginn des Kurses die C-Bogen-Einstellung mit der geringsten allgemeinen Strahlenbelastung im OP?

Diese Frage soll mit Hilfe einer Häufigkeitstabelle beantwortet werden. Hierbei soll zwischen den eingesetzten Fragebögen sowie den verwendeten Positionierungsaufgaben unterschieden werden. Zusätzlich zu dieser Aufschlüsselung der Werte sollen Zwischen- und Gesamtsummen der gegebenen Antworten bestimmt werden.

F SA1.2: Wie ist die durchschnittliche Antwortgüte bei der schriftlichen Befragung vor Beginn des Kurses in Bezug auf die Wahl des Aufenthaltsortes im OP und der Körperausrichtung, entsprechend der gewählten C-Bogen-Einstellung?

Zur Beantwortung dieser Frage sollen die Rangnummer $R_{i,j,k}$ (mit $i \in \{1,2\}$ Nummer des Fragebogens, $j \in \{1,2,3\}$ Nummer der Positionierungsfrage und $k \in \{1,…,32 \cdot n_{PP}\}$ Nummer der Antwortkombination) und der Wert $W_{St,v,q}$ herangezogen werden. Es sollen pro Positionierungsaufgabe die Verteilung der Rangnummern erfasst und mittels Boxplots sowie Diagrammen, welche die arithmetischen Mittelwerte darlegen, analysiert werden. Auf gleiche Art und Weise sollen die ermittelten Daten bezüglich des Wertes $W_{St,v,q}$ für die beiden Fragebögen aufgeschlüsselt dargelegt werden. Des Weiteren soll für den Wert $W_{St,v,q}$ bezogen auf die einzelnen Fragebögen das 95%-Konfidenzintervall ($\alpha \coloneqq 0{,}05$, beidseitig) bestimmt werden.

Deskriptive Analyse des Wissensstandes und des Wissenszuwachs nach dem Kurs (Z SA2)

F SA2.1: Wie viele der Probanden wählen wie oft bei der schriftlichen Befragung nach Abschluss des Kurses die C-Bogen-Einstellung mit der geringsten allgemeinen Strahlenbelastung im OP (aufgeschlüsselt nach gegebenen Antworten vor dem Kurs)?

Diese Frage soll ähnlich wie F SA1.1 mit Hilfe von Häufigkeitstabellen beantwortet werden. Hierbei soll wie zuvor eine Unterscheidung zwischen den eingesetzten Fragebögen sowie den verwendeten Positionierungsaufgaben stattfinden. Zusätzlich zu dieser Aufschlüsselung der Werte sollen Zwischen- und Gesamtsummen der gegebenen Antworten bestimmt werden. Des Weiteren soll erfasst werden, wie viele Probanden sich in diesem Fragenbereich der C-Bogen-Einstellung verbessert haben. Hierzu soll für die Probanden der einzelnen Fragebogengruppen überprüft werden, ob sie nach dem Kurs mehr, gleich viele oder weniger zu bevorzugende Antworten bezüglich der C-Bogen-Einstellung gegeben haben. Die Ermittlung diese drei Werte soll tabellarisch für die Fragebogengruppen G_A und G_B sowie für die Gesamtheit der Probanden erfolgen.

F SA2.2: Wie ist die durchschnittliche Antwortgüte bei der schriftlichen Befragung nach Abschluss des Kurses in Bezug auf die Wahl des Aufenthaltsortes im OP und der Körperausrichtung, entsprechend der gewählten C-Bogen-Einstellung?

Zur Beantwortung dieser Frage sollen ähnlich F SA1.2 die Rangnummer $R_{i,j,k}$ und der Wert $W_{St,n}$ herangezogen werden. Es sollen pro Positionierungsaufgabe die Verteilung der Rangnummern erfasst und mittels Boxplots sowie Diagrammen, welche die arithmetischen Mittelwerte und Standardabweichungen darlegen, analysiert werden. Auf gleiche Art und Weise soll eine Aufschlüsselung der ermittelten Daten bezüglich des Wertes $W_{St,n,q}$ für die beiden Fragebögen erfolgen. Des Weiteren soll für den Wert $W_{St,n,q}$ bezogen auf die einzelnen Fragebögen jeweils das 95%-Konfidenzintervall ($\alpha := 0{,}05$, beidseitig) bestimmt werden.

F SA2.3: Wie groß ist pro Proband die Differenz zwischen der Antwortgüte bezüglich Wahl des Aufenthaltsortes und der Körperausrichtung nach Abschluss des klassischen Strahlenschutzkurses und der Antwortgüte vor dem Kurs?

Diese Frage soll unter Verwendung des Wertes $\Delta W_{St,q}$ für jeweils G_A und G_B als auch für die gesamte Stichprobe beantwortet werden. Unter Zuhilfenahme von Tabellen, Boxplots und Diagrammen sollen die Mittelwerte und Standardabweichungen visualisiert und analysiert werden. Des Weiteren soll für die einzelnen $\Delta W_{St,q}$ der untersuchten Gruppen sowie der Gesamtheit der Stichprobe das 95%-Konfidenzintervall ($\alpha := 0{,}05$ beidseitig) ermittelt werden.

Konfirmatorische Datenanalyse der Vergleichbarkeit der Fragebögen FB1 und FB2 (Z SA3)

Testproblem zu F SA3.1:

F SA3.1: Ist der gemessene Wissenszuwachs unabhängig von der Reihenfolge der Fragebögen?

Zur Beantwortung dieser Frage sollen die beiden möglichen Reihenfolgen der Fragebögen (FB1-FB2 in Gruppe G_A und FB2-FB1 in G_B) unter Einsatz eines Intervall-Inklusionstestes auf Äquivalenz bezüglich des gemessenen Wissenszuwachses der Probanden $\Delta W_{St,q}$ geprüft werden. Hierbei seien $\Delta W_{St,A,q}$ und $\Delta W_{St,B,q}$ die Zufallsvariablen, welche pro Proband der Gruppen G_A und G_B die vorliegende Differenz der Antwortgüte der Fragebögen beschreiben, sowie μ_A und μ_B deren Mittelwerte. Für den durchzuführenden Intervall-Inklusionstest sei δ_T die maximal für eine Gleichwertigkeit tolerierte Differenz zwischen den Mittelwerten des Wissenszuwachses der einzelnen Untersuchungsgruppen (resultierender Äquivalenzbereich $[-\delta_T, +\delta_T]$). In der Studie soll dieser Wert, da derzeit keine vergleichbaren Daten zur Verfügung stehen, basierend auf den maximal möglichen Äquivalenzbereich von $[-\Delta W_{St,max}, +\Delta W_{St,max}]$ auf $\delta_T \coloneqq 0{,}1 \cdot \Delta W_{St,max}$ festgelegt werden.

Die Äquivalenz der beiden Fragebögen FB1 und FB2 liegt somit vor, wenn gilt:

$$H_1: |\mu_A - \mu_B| \leq \delta_T \qquad (64)$$

Hieraus ergibt sich folgende Null-Hypothese für das Testproblem:

$$H_0: |\mu_A - \mu_B| > \delta_T \qquad (65)$$

Das globale Signifikanzniveau soll auf $\alpha_{global} \coloneqq 0{,}05$ festgelegt werden.

Die Verteilung der Variablen $\Delta W_{St,A,q}$ und $\Delta W_{St,B,q}$ wird als normal verteilt angenommen. Basierend auf dieser Annahme, die bei der Datenauswertung durch den Einsatz von Histogrammen zu prüfen ist, soll zum Test der Äquivalenz der Fragebögen nach [200-204] entsprechend Gleichung *(66)* das $(1-2\alpha_{global})$-Konfidenz-intervall für die Differenz $\mu_A - \mu_B$ bestimmt werden. Hierbei entspricht $\sigma_{\Delta W}$ unter der zu prüfenden Annahme, dass die Varianzen in beiden Stichproben gleich sind, einem Schätzwert für die gemeinsame Standardabweichung der beiden Stichproben des beobachteten Strahlenschutzkurses (vgl. Gleichung *(67)*).

$$KI_{(1-2\alpha_{global})} \coloneqq (\overline{\Delta W}_{ST,A} - \overline{\Delta W}_{ST,B}) \pm t_{1-\alpha_{global}, n_A+n_B-2} \cdot \sigma_{\Delta W} \sqrt{\frac{1}{n_A} + \frac{1}{n_B}} \qquad (66)$$

$$\sigma_{\Delta W} \coloneqq \sqrt{\frac{(n_A-1)\sigma_{\Delta W,A}{}^2 + (n_B-1)\sigma_{\Delta W,B}{}^2}{n_A + n_B - 2}} \qquad (67)$$

mit: n_A Anzahl Probanden in Gruppe G_A des Strahlenschutzkurses
n_B Anzahl Probanden in Gruppe G_B des Strahlenschutzkurses
$\overline{\Delta W}_{ST,A}$ Mittelwert Wissenszuwachs in Gruppe G_A
$\overline{\Delta W}_{ST,B}$ Mittelwert Wissenszuwachs in Gruppe G_B

$\sigma_{\Delta W,A}$ Standardabweichung Wissenszuwachs in Gruppe G_A

$\sigma_{\Delta W,B}$ Standardabweichung Wissenszuwachs in Gruppe G_B

Liegt dieses Konfidenzintervall ganz im Äquivalenzbereich $[-\delta_T, +\delta_T]$, so wird die Alternativhypothese H_1 zum Signifikanzniveau α_{global} angenommen und somit auch die Äquivalenz der Fragebögen.

5.4.2 Studienverlauf

Die Studie wurde planmäßig vom 23.-25.11.2011 im Strahlenschutzkurs für OP-Pflegekräfte des Braunschweiger Studieninstituts für Gesundheitspflege durchgeführt. Die Erfassung des Wissensstandes vor dem Kurs wurde am 23.11.2011 um 13:30 Uhr unter Einsatz der Fragebögen begonnen und dauerte 25 Minuten. Nach einer kurzen Begrüßung sowie Erläuterung der Ziele der Studie wurden die 22 Kursteilnehmer, welche sich alle zur Teilnahme an der Studie bereit erklärten, per Los in die gleich großen Gruppen G_A ($n_A = 11$) und G_B ($n_B = 11$) aufgeteilt. Anschließend wurden ihnen entsprechende Fragebögen ausgegeben sowie eine kurze Erläuterung der Beantwortungsmodalitäten durchgeführt. Die Bearbeitungszeit der Fragebögen von fünf Minuten wurde fast von allen Probanden komplett ausgenutzt, sodass nach Ablauf der Zeit die verbleibenden eingesammelt werden mussten. Da am Morgen des 25.11.2011 der Kurs nur aus einer schriftlichen Prüfung der Kursinhalte bestand, wurde die Erfassung des Wissensstandes bezüglich der Streustrahlung nach dem Kurs bereits am 24.11.2011 um 14:30 Uhr vollzogen und beanspruchte 15 Minuten. Hierbei erhielten die Probanden nach einer kurzen Begrüßung wiederum die ihrer Gruppe entsprechenden Fragebögen und ebenso fünf Minuten Zeit zu deren Bearbeitung. Alle Probanden gaben bei dieser Studienphase ihren Fragebogen vor Ablauf der fünf Minuten selbstständig ab.

Von den 22 Probanden gaben 20 als Geschlecht weiblich und einer männlich an (ein Proband machte bezüglich aller personenbezogenen Fragen keine Angabe). Das Alter der Probanden lag im Mittel bei 33,2 Jahren (in Gruppe G_A 32 Jahre, in Gruppe G_B 34,6 Jahre) mit einer Standardabweichung von 9,6 Jahren (G_A: 11,6 Jahre, G_B: 7,3 Jahre). Die Berufserfahrung der Teilnehmer betrug im Mittel 8,3 Jahre (G_A: 8,2 Jahre, G_B: 8,6 Jahre) mit einer Standardabweichung von 7,1 Jahren (G_A: 5,9 Jahre, G_B: 8,6 Jahre). Die Angaben zu den ausgeübten Berufen der Probanden sind in Tabelle 15 dargelegt.

Berufsbezeichnung	Häufigkeit der Antwort		
	G_A	G_B	gesamt
OP-Pflegekraft	4	7	11
Gesundheits- und Krankenpflegerin in der Zentralen Aufnahme	4	1	5
Pflegekraft in der chirurgischen Notaufnahme	-	1	1
Krankenschwester	1	-	1
Endoskopie	-	1	1
Anderes	2	-	2

Tabelle 15: Angaben der Probanden zu den ausgeübten Berufen beim Strahlenschutzkurs der Studie A.

18 Teilnehmer gaben an, dass der untersuchte Kurs ihr erster Strahlenschutzkurs sei. Zwei Probanden (jeweils einer aus jeder Gruppe) statuierten, dass ihr letzter Strahlenschutzkurs vor 7 Jahren stattfand und ein Proband aus Gruppe G_B gab an, dass sein letzter Strahlenschutzkurs bereits 13 Jahre zurückliegt. Bezüglich der bisherigen Erfahrung mit dem C-Bogen gaben 9 Probanden (6 aus Gruppe G_A) an, keine Erfahrung mit dem C-Bogen bzw. bisher nur eine Einweisung erhalten zu haben. 6 Probanden (3 aus Gruppe G_A) kreuzten an, dass sie den C-Bogen gelegentlich verwenden und 6 Probanden (2 aus Gruppe G_A), dass sie den C-Bogen regelmäßig benutzen. Auf die Frage, ob vor dem Kurs der Zusammenhang zwischen Streustrahlung und Bildverstärkerposition erläutert wurde, antworteten 7 (3 aus Gruppe G_A) mit "ja" und 8 (3 aus Gruppe G_A) mit "nein" (6 Probanden machten keine Angabe). Von den Befragten gaben des Weiteren 8 (einer aus Gruppe G_A) an, den C-Bogen selber zu bedienen, und 6 (5 aus Gruppe G_A), dass in der Regel jemand anderes den C-Bogen einstellt (7 Probanden machten keine Angaben).

5.4.3 Ergebnisse der Studie

Die Ergebnisse der Studie sollen im Folgenden entsprechend der im Studienplan formulierten Fragestellungen aufgelistet werden.

Deskriptive Analyse des Wissensstandes vor dem Kurs (Z SA1)

F SA1.1: Wie viele der Probanden wählten wie oft bei der schriftlichen Befragung vor Beginn des Kurses die C-Bogen-Einstellung mit der geringsten allgemeinen Strahlenbelastung im OP?

Gruppe G_A (n = 11)		Gruppe G_B (n = 11)	
Positionierungsfrage 1		Positionierungsfrage 1	
Position 1	5	Position 1	7
Position 2	2	Position 2	3
Position 3	2	Position 3	0
Position 4	2	Position 4	1
Keine Angabe	0	Keine Angabe	0
Positionierungsfrage 2		Positionierungsfrage 2	
Position 1	3	Position 1	4
Position 2	3	Position 2	0
Position 3	2	Position 3	5
Position 4	2	Position 4	2
Keine Angabe	1	Keine Angabe	0
Positionierungsfrage 3		Positionierungsfrage 3	
Position 1	4	Position 1	4
Position 2	2	Position 2	6
Position 3	3	Position 3	1
Position 4	2	Position 4	0
Keine Angabe	0	Keine Angabe	0
Summe		Summe	
zu präf. Position	7 (21,2%)	zu präf. Position	11 (33,3%)
verbleibende	26 (78,8%)	verbleibende	22 (66,7%)

Tabelle 16: Häufigkeiten der gewählten C-Bogen-Positionen vor Absolvierung des Strahlenschutzkurses.

Tabelle 16 zeigt die Häufigkeiten der gewählten C-Bogen-Einstellung. In dieser Tabelle ist entsprechend der Werte aus Tabelle 14 die aus Strahlenschutzsicht zu präferierende Position durch eine Einfärbung gekennzeichnet. Betrachtet man nur die Häufigkeiten dieser zur Minimierung der Strahlenbelastung zu präferierenden Positionen so ergibt sich für die Gruppe G_A ein Verhältnis von 7 (21,2%) günstigen zu 26 (78,8%) ungünstigeren Antworten. In Gruppe G_B liegt dieses Verhältnis bei 11 (33,3%) zu 22 (66,7%). Betrachtet man die Gesamtheit der Antworten von beiden Gruppen, so wurde vor dem Kurs 18 mal (27,3%) die aus Strahlenschutzsicht zu präferierende Position gewählt und 48 mal (72,7%) eine ungünstigere Position.

F SA1.2: Wie ist die durchschnittliche Antwortgüte bei der schriftlichen Befragung vor Beginn des Kurses in Bezug auf die Wahl des Aufenthaltsortes im OP und der Körperausrichtung, entsprechend der gewählten C-Bogen-Einstellung?

Abbildung 66 und Abbildung 67 zeigen für jede Gruppe mittels eines Histogramms die Häufigkeiten der Rangnummern pro Frage und Fragebogen vor dem Strahlenschutzkurs. Abbildung 68 verdeutlicht mit dem gleichen Diagrammtyp die Verteilung der Rangnummern in Hinblick auf den gesamten Fragebogen vor dem Kurs. In den dargestellten Histogrammen ist jeweils der arithmetische Mittelwert der betrachteten Daten mit einer blauen Linie gekennzeichnet. Abbildung 77 zeigt zusätzlich mittels Boxplots die Verteilung der Rangnummern für die einzelnen Fragen und Fragebogengruppen vor und nach dem Kurs. Tabelle 17 legt entsprechende Zahlenwerte des arithmetischen Mittelwertes der betrachteten Rangnummern und des Wissensstandes vor dem Kurs sowie deren Standardabweichungen dar.

Mittels des Einstichproben-t-Test wurden für den Wert $W_{St,v,q}$ der Gruppen G_A und G_B folgende 95%-Konfidenzintervalle bestimmt:

KI für Wissensstand vor Kurs in Gruppe G_A (t=6,926, df=10): [143,9, 280,4]

KI für Wissensstand vor Kurs in Gruppe G_B (t=7,423, df=10): [116,2, 215,9]

Werte vor dem Kurs bezüglich...	$\overline{R_{i,j}}$	$\sigma_{R_{i,j}}$
Frage F1 des Fragebogens FB1 ($R_{1,1}$)	61,7	44,7
Frage F2 des Fragebogens FB1 ($R_{1,2}$)	79,9	49,4
Frage F3 des Fragebogens FB1 ($R_{1,3}$)	70,5	46,5
Frage F1 des Fragebogens FB2 ($R_{2,1}$)	30,0	23,0
Frage F2 des Fragebogens FB2 ($R_{2,2}$)	94,5	48,7
Frage F3 des Fragebogens FB2 ($R_{2,3}$)	41,6	32,0
Werte vor dem Kurs bezüglich...	$\overline{W_{St,v}}$	$\sigma_{W_{St,v}}$
aller Fragen des Fragebogens FB1 ($W_{St,v,FB1}$)	212,2	101,6
aller Fragen des Fragebogens FB2 ($W_{St,v,FB2}$)	166,1	74,2

Tabelle 17: Arithmetische Mittelwerte und Standardabweichungen der Rangnummern bezüglich der einzelnen Fragen sowie für die gesamten Fragebögen vor dem Strahlenschutzkurs.

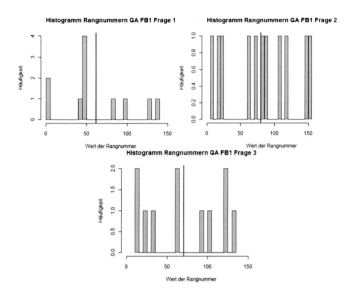

Abbildung 66: Histogramme der Rangnummern der Gruppe G_A bezüglich der Fragen F1 bis F3 des Fragebogens FB1 vor dem Strahlenschutzkurs (n=11).

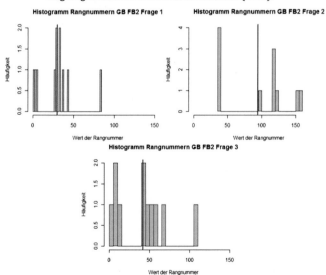

Abbildung 67: Histogramme der Rangnummern der Gruppe G_B bezüglich der Fragen F1 bis F3 des Fragebogens FB2 vor dem Strahlenschutzkurs (n=11).

Studie zum Lernerfolg in klassischen Strahlenschutzkursen (Studie A)

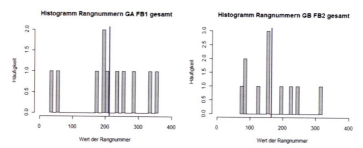

Abbildung 68: Histogramme der Rangnummern beider Gruppen G_A und G_B bezüglich der Fragebögen FB1 und FB2 vor dem Strahlenschutzkurs (n=11).

Deskriptive Analyse des Wissensstandes und des Wissenszuwachs nach dem Kurs (Z SA2)

F SA2.1: Wie viele der Probanden wählen wie oft bei der schriftlichen Befragung nach Abschluss des Kurses die C-Bogen-Einstellung mit der geringsten allgemeinen Strahlenbelastung im OP (aufgeschlüsselt nach gegebenen Antworten vor dem Kurs)?

Gruppe G_A (n = 11)		Gruppe G_B (n = 11)	
Positionierungsfrage 1		Positionierungsfrage 1	
Position 1	2	Position 1	0
Position 2	8	Position 2	10
Position 3	1	Position 3	0
Position 4	0	Position 4	1
Keine Angabe	0	Keine Angabe	0
Positionierungsfrage 2		Positionierungsfrage 2	
Position 1	8	Position 1	8
Position 2	1	Position 2	3
Position 3	1	Position 3	0
Position 4	1	Position 4	0
Keine Angabe	0	Keine Angabe	0
Positionierungsfrage 3		Positionierungsfrage 3	
Position 1	3	Position 1	0
Position 2	8	Position 2	11
Position 3	0	Position 3	0
Position 4	0	Position 4	0
Keine Angabe	0	Keine Angabe	0
Summe		Summe	
zu präf Position	19 (57,6%)	zu präf. Position	29 (87,9%)
Verbleibende	14 (42,4%)	verbleibende	4 (12,1%)

Tabelle 18: Häufigkeiten der gewählten C-Bogen-Positionen nach Absolvierung des Strahlenschutzkurses.

Ebenso wie bei den Ergebnissen zu Frage F SA1.1 zeigt Tabelle 18 die Häufigkeiten der gewählten C-Bogen-Einstellung. Das Verhältnis der zu präferierenden Positionen zu ungünstigeren Positionen ist nach dem Kurs in der Gruppe G_A 19 (57,6%) zu 14 (42,4%). In Gruppe G_B ist dieses Verhältnis nach dem Kurs 29 (87,9%) zu 4 (12,1%). Betrachtet man die Gesamtheit der Antworten von beiden Gruppen, so wurde nach dem Kurs 48

(72,7%) mal die aus Strahlenschutzsicht zu präferierende Position gewählt und 18 (27,3%) mal eine ungünstigere Position. Bezogen auf die gesamte Stichprobe entspricht dieses einer Verbesserung um 45,4%. Tabelle 19 zeigt Werte bezüglich der einzelnen Gruppen und der gesamten Stichprobe, welche über die Differenz der gewählten optimalen C-Bogen-Ausrichtungen vor und nach dem Kurs darlegen, ob die Probanden durch die Absolvierung der Schulung bezüglich der C-Bogen-Ausrichtung günstigere Antworten gaben.

Probanden mit entsprechender Anzahl	Differenz der Anzahl gewählter optimaler C-Bogen-Positionen eines Probanden				
	-1	0	1	2	3
Gruppe G_A	2	1	2	6	0
Gruppe G_B	0	2	2	5	2
gesamt	2	3	4	11	2

Tabelle 19: Aufschlüsselung der Differenz der Anzahl gewählter zu präferierender C-Bogen-Einstellungen vor und nach dem Strahlenschutzkurs

F SA2.2: Wie ist die durchschnittliche Antwortgüte bei der schriftlichen Befragung nach Abschluss des Kurses in Bezug auf die Wahl des Aufenthaltsortes im OP und der Körperausrichtung, entsprechend der gewählten C-Bogen-Einstellung?

Ähnlich wie bei den Ergebnissen zu Frage F SA1.2 zeigen Abbildung 69 und Abbildung 70 für jede Gruppe mittels eines Histogramms die Häufigkeiten der Rangnummern pro Frage und Fragebogen nach dem Strahlenschutzkurs. Abbildung 71 verdeutlicht mit gleichem Diagrammtyp die Verteilung der Rangnummern in Hinblick auf den gesamten Fragebogen nach dem Kurs. In Abbildung 77 sind die Verteilungen der Rangnummern nochmals mittels Boxplots aufgeschlüsselt nach Frage und Fragebogengruppe dargelegt. Tabelle 20 legt entsprechende Zahlenwerte des arithmetischen Mittelwertes der betrachteten Rangnummern und des Wissensstandes nach dem Kurs sowie deren Standardabweichungen dar. Mittels des Einstichproben-t-Test wurden für den Wert $W_{St,n,q}$ folgende 95%-Konfidenzintervalle bestimmt:

KI für Wissensstand vor Kurs in Gruppe G_A (t= 7,540, df=10): [82,7, 152,0]

KI für Wissensstand vor Kurs in Gruppe G_B (t= 7,695, df=10): [54,1, 98,2]

Werte nach dem Kurs bezüglich...	$\overline{R_{i,j}}$	$\sigma_{R_{i,j}}$
Frage F1 des Fragebogens FB1 ($R_{1,1}$)	27,2	37,2
Frage F2 des Fragebogens FB1 ($R_{1,2}$)	50,7	49,5
Frage F3 des Fragebogens FB1 ($R_{1,3}$)	39,5	21,5
Frage F1 des Fragebogens FB2 ($R_{2,1}$)	17,6	24,1
Frage F2 des Fragebogens FB2 ($R_{2,2}$)	31,2	28,1
Frage F3 des Fragebogens FB2 ($R_{2,3}$)	27,4	4,2
Werte nach dem Kurs bezüglich...	$\overline{W_{St,n}}$	$\sigma_{W_{St,n}}$
aller Fragen des Fragebogens FB1 ($W_{St,n,FB1}$)	117,4	51,6
aller Fragen des Fragebogens FB2 ($W_{St,n,FB2}$)	76,2	32,8

Tabelle 20: Arithmetische Mittelwerte und Standardabweichungen der Rangnummern bezüglich der einzelnen Fragen, für die Fragebögen an sich sowie für die gesamte Stichprobe nach dem Strahlenschutzkurs.

Studie zum Lernerfolg in klassischen Strahlenschutzkursen (Studie A)

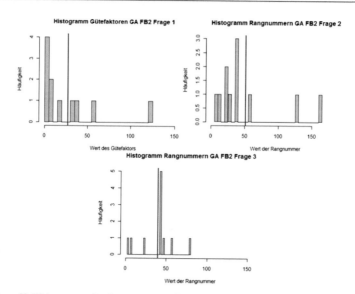

Abbildung 69: Histogramme der Rangnummern der Gruppe G_A bezüglich der Fragen F1 bis F3 des Fragebogens FB2 nach dem Strahlenschutzkurs (n=11).

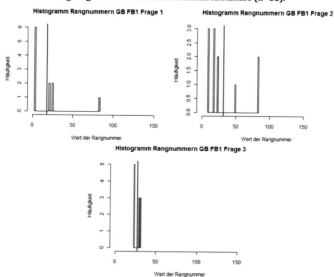

Abbildung 70: Histogramme der Rangnummern der Gruppe G_B bezüglich der Fragen F1 bis F3 des Fragebogens FB1 nach dem Strahlenschutzkurs (n=11).

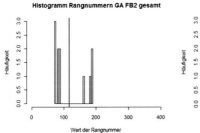 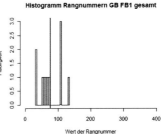

Abbildung 71: Histogramme der Rangnummern beider Gruppen G_A und G_B bezüglich der Fragebögen FB1 und FB2 nach dem Strahlenschutzkurs (n=11).

F SA2.3: Wie groß ist pro Proband die Differenz zwischen der Antwortgüte bezüglich Wahl des Aufenthaltsortes und der Körperausrichtung nach Abschluss des klassischen Strahlenschutzkurses und der Antwortgüte vor dem Kurs?

Abbildung 72 zeigt mit Histogrammen (blaue Linie arithmetischer Mittelwert der Differenzen) die resultierenden Differenzen $\Delta W_{St,q}$ der Probanden der einzelnen Gruppen G_A und G_B. Zusätzlich verdeutlichen die in Abbildung 77 dargestellten Boxplots einerseits die Verteilungen der Rangnummern vor und nach dem Kurs aufgeschlüsselt nach Frage und Fragebogengruppe und andererseits die daraus resultierende Verteilung des Wertes $\Delta W_{St,q}$ in den einzelnen Gruppen. Tabelle 21 listet für die Stichprobe und die Gruppen aufgeschlüsselt die arithmetischen Mittelwerte bezüglich des gemessenen Wertes $\Delta W_{St,q}$ sowie die aus den Daten resultierenden Standardabweichungen auf. Aus den erhobenen Messwerten ergeben sich für die einzelnen Gruppen und die Stichprobe bezüglich des Wissenszuwachses folgende 95%-Konfidenzintervalle:

KI für $\Delta W_{St,q}$ in Gruppe G_A (t=3,415, df=10): [33,0, 156,6]

KI für $\Delta W_{St,q}$ in Gruppe G_B (t=3,277, df=10): [28,8, 151,0]

KI für $\Delta W_{St,q}$ der gesamten Stichprobe (t=4,848, df=21): [52,7, 132,0]

Werte bezüglich...		
$\Delta W_{St,A,q}$ in Gruppe G_A	$\overline{\Delta W}_{ST,A} = 94{,}8$	$\sigma_{\Delta W,A} = 92{,}1$
$\Delta W_{St,B,q}$ in Gruppe G_B	$\overline{\Delta W}_{ST,B} = 89{,}9$	$\sigma_{\Delta W,A} = 91{,}0$
$\Delta W_{St,q}$ gesamte Stichprobe	$\overline{\Delta W}_{ST} = 92{,}4$	$\sigma_{\Delta W,A} = 89{,}4$

Tabelle 21: Arithmetische Mittelwerte und Standardabweichungen des Wertes $\Delta W_{St,q}$ in den Studiengruppen G_A und G_B sowie in der gesamten Stichprobe.

Studie zum Lernerfolg in klassischen Strahlenschutzkursen (Studie A)

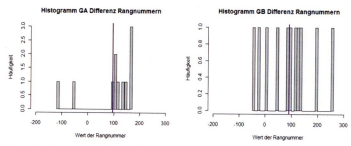

Abbildung 72: Histogramme bezüglich des Wertes $\Delta W_{St,q}$ beider Gruppen G_A und G_B (jeweils n=11).

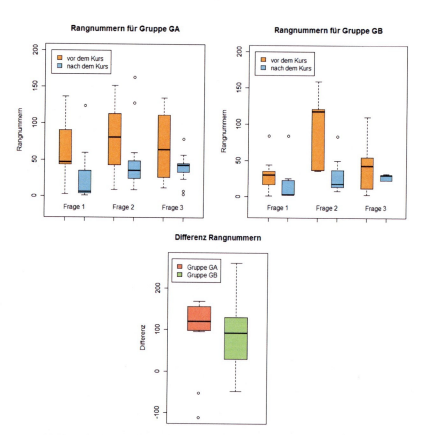

Abbildung 73: Boxplots bezüglich des Wertes $\Delta W_{St,q}$ beider Gruppen G_A und G_B.

Konfirmatorische Datenanalyse der Vergleichbarkeit der Fragebögen FB1 und FB2 (Z SA3)

Testproblem zu F SA3.1:

F SA3.1: Ist der gemessene Wissenszuwachs unabhängig von der Reihenfolge der Fragebögen?

Die Annahme, dass die Variablen $\Delta W_{St,A,q}$ und $\Delta W_{St,B,q}$ normalverteilt sind, wird mittels der Histogramme in Abbildung 72 nur bedingt bestätigt. Die Vermutung, dass die Varianzen des Wissenszuwachses in den Gruppen G_A und G_B bedingt durch die Rangbildung gleich sind, konnte durch die erfassten Daten verifiziert werden. Somit wird Gleichung *(66)* zur Bestimmung des Konfidenzintervalls angewendet. Der Wert der maximal möglichen Summe der Rangnummern beider Fragebögen $\Delta W_{St,max}$ ist mit 509 durch die Aufgabenstellung der Fragebögen festgelegt. Hieraus ergibt sich nach der Festlegung des Studienplans der Äquivalenzbereich für den Intervall-Inklusionstest wie folgt: $[-\delta_T, +\delta_T] = [-50{,}9, 50{,}9]$

Nach Gleichung *(66)* lässt sich aus den Daten das 90%-Konfidenzintervall zum Signifikanzniveau $\alpha_{global} := 0{,}05$ als [-62,4, 72,2] ermitteln (mit $t_{0{,}95,20} = 1{,}725$ für das 95%-Perzentil der zentralen t-Verteilung bei 20 Freiheitsgraden). Da dieses Konfidenzintervall nicht innerhalb des festgelegten Äquivalenzbereiches liegt, kann basierend auf den gesammelten Daten eine Äquivalenz der Fragebögen nicht angenommen werden. Hierdurch ist somit auch für die betrachtete Stichprobe der gemessene Wissenszuwachs nicht unabhängig von der Reihenfolge der Fragebögen.

5.4.4 Diskussion der Ergebnisse

Ziel der Studie A war es, bei Teilnehmern eines Strahlenschutzkurses den durchschnittlichen Wissensstand bezüglich Verhaltensweisen zur Minimierung von Streustrahlenbelastungen vor dem Kursbeginn zu erfassen. Des Weiteren sollte in der Studie der durch die Absolvierung eines Strahlenschutzkurses mit klassischen Schulungsmaßnahmen erreichte durchschnittliche Wissenszuwachs analysiert werden. Im Rahmen dieser Datenerfassung wurden zusätzlich die als Messinstrumente eingesetzten Fragebögen validiert.

Die zu den genannten Punkten der Studie befragten Probanden bilden bezüglich ihrer Altersstruktur (durchschnittlich 33,2 Jahre) und Berufserfahrung (durchschnittlich 8,3 Jahre) eine akzeptable Repräsentation der Auswahlgrundgesamtheit. Auch die Tatsache, dass für 18 der 22 Probanden der in der Studie betrachtete Strahlenschutzkurs der erste war und bei zwei weiteren Teilnehmern der letzte Kurs mehr als 7 Jahre zurück lag (2 Probanden machten keine Angaben) kann als positive Ausgangslage für die Ermittlung des Wissensstandes im untersuchten Gebiet angesehen werden. Denn obwohl 7 Probanden bejahten, dass ihnen vor dem Kurs der Zusammenhang zwischen Bildverstärkerposition und Streustrahlung erklärt wurde, kann etwaiges weiteres Vorwissen durch kürzlich besuchte Strahlenschutzkurse die Erfassung des Wertes $\Delta W_{St,q}$ nicht weiter verzerren. In diesem Kontext ist es jedoch verwunderlich, dass 6 Probanden angaben, den C-Bogen gelegentlich zu verwenden, und sogar weitere 6 Probanden statuierten, den C-Bogen regelmäßig zu benutzen. Denn laut §18a Abs. 2 und §24 der Röntgenverordnung [14] (vgl. auch Kapitel 2.2.2.2) ist jede Person, welche die Röntgenbilderzeugung technisch durchführt, verpflichtet, eine Fachkunde im Strahlenschutz vorzuweisen und diese spätestens alle 5 Jahre zu aktualisieren. Eine denkbare Erklärung für diese ungewöhnlichen Angaben könnte eine Fehlinterpretation der entsprechenden Frage durch die Probanden sein. Möglicherweise bezogen die Befragten die Frequenz der C-Bogen-Benutzung auf die Gesamtsituation im OP, an welcher sie zwar beteiligt sind, jedoch nicht selber das mobile Röntgengerät bedienen. Hiergegen sprechen jedoch die Antworten bezüglich der letzten personenbezogenen Frage, bei welcher 6 der oben erwähnten 12 Probanden statuierten, den C-Bogen persönlich zu bedienen. Ob Teilnehmer des betrachteten Kurses wirklich das Röntgengerät ohne erforderliche Fachkunde bedienen, bleibt jedoch unklar und müsste weiter untersucht werden.

Der über die Befragung zur korrekten C-Bogen-Einstellung (vgl. Tabelle 16) und den Werten bezüglich $W_{St,v}$ (vgl. Tabelle 17) ermittelte Wissensstand vor dem Kurs kann in der betrachteten Stichprobe als relativ gering angesehen werden. In der gesamten Stichprobe wählten ca. 27% der Probanden die aus Strahlenschutzsicht zu präferierende C-Bogen-Einstellung. Dieser geringe Prozentsatz ist einem Raten der richtigen Antwort aus den vier vorgegebenen Möglichkeiten gleichzusetzen. Auch das arithmetische Mittel von $W_{St,v}$ lag sowohl in Gruppe G_A (212,2) als auch in Gruppe G_B (166,1) im zweiten Drittel des möglichen Wertebereiches von $\Delta W_{St,min} = 3 \leq W_{St,v} \leq \Delta W_{St,max} = 509$. Dieses Ergebnis könnte ebenfalls ein Resultat des Ratens des korrekten Aufenthaltsortes und der Körperausrichtung sein und spricht eher für ein geringes Vorwissen der Probanden im untersuchten Themenbereich. Die leichte Verschiebung der Mittelwerte von $W_{St,v}$ in den kleineren Wertebereich – kleinere Werte repräsentieren in diesem Kontext Antwortkombinationen mit geringerer Strahlenbelastung – kann durch die vorliegende Berufserfahrung im Bereich des OPs erklärt werden. Es wäre möglich, dass die Probanden im Rahmen ihrer beruflichen Tätigkeit im OP, bei welcher sie nicht den C-Bogen bedienten und somit keinen offiziellen Strahlenschutzkurs absolvieren müssen, trotzdem korrekte Verhaltensweisen zur Vermeidung der Streustrahlung durch Anweisungen oder Beoabachtung von anderen Mitgliedern des OP-Teams erlernten. Aufgrund der beobachteten unerwartet hohen Standardabweichung des Wertes $W_{St,v}$ in Kombination mit der Stichprobengröße kann jedoch nur schwer eine Aussage über den Streustrahlen-Wissensstand vor einem Strahlenschutzkurs für die Auswahlgrundgesamtheit getroffen werden. Basierend auf den ermittelten 95%-Konfidenzintervallen des Wertes $W_{St,v}$ für die beiden Studiengruppen (G_A: [143,9, 280,4]; G_B: [116,2, 215,9]) wird zwar ein allgemein geringes Vorwissen vermutet, jedoch sollte diese Vermutung durch weitere Untersuchungen bestätigt werden.

Die Erfassung des Wissensstandes nach Absolvierung des Strahlenschutzkurses zeigte in beiden Studiengruppen der Stichprobe eine deutliche Verbesserung im Vergleich zum Wissensstand vor dem Kurs. Sowohl die Anzahl der gewählten zu präferierenden C-Bogen-Einstellungen stieg in der gesamten Stichprobe von 27% auf rund 72% (vgl. Tabelle 18) als auch die Anzahl der strahlungsärmeren Antwortkombinationen (vgl. Abbildung 73). So war das arithmetische Mittel bezüglich $W_{St,n}$ in Gruppe G_A mit 117,4 um $\Delta W_{St,q} = 94,8$ und in Gruppe G_B mit 76,2 um $\Delta W_{St,q} = 89,9$ geringer als der Mittelwert bezüglich $W_{St,v}$ vor dem Kurs (vgl. Tabelle 20 und Tabelle 21). Mittels der erhobenen Werte wurde betreffend des Wissenszuwachses $\Delta W_{St,q}$ für die gesamte Stichprobe ein 95%-Konfidenzintervall von [52,7, 132,0] bestimmt. Definiert man für den optimalen Wissensstand ($W_{St,min} = 3$) einen Wert von 100% und für den geringsten Wissensstand ($W_{St,max} = 512$) einen Wert von 0%, so kann basierend auf den erfassten Daten statuiert werden, dass mit einer Irrtumswahrscheinlichkeit von 5% klassische Strahlenschutzkurse den Wissensstand bezüglich Verhaltensweisen zur Minimierung von Strahlenbelastungen im Durchschnitt um 10,4-25,9% erhöhen. Ebenso wie für den Wert des Vorwissens, sollte der durch die Absolvierung von klassischen Strahlenschutzkursen erreichte Wissenszuwachs durch weitere Studien genauer untersucht werden.

Die Ergebnisse der in dieser Arbeit durchgeführten Vorstudie ließen vermuten, dass entweder die Wissensvermittlung bezüglich der intraoperativ auftretenden Streustrahlung in klassischen Strahlenschutzkursen eher gering ausfällt, das untersuchte CBT-System komplett neue Fakten vermittelt oder das CBT-System die entsprechenden Fakten besser vermitteln kann als klassische Lehrmethoden. Die erste dieser Vermutungen kann basierend auf den oben dargelegten Fragebogenergebnissen verworfen werden, da ein deutlicher Wissenszuwachs im entsprechenden Bereich verzeichnet wurde. Die während des Strahlenschutzkurses zusätzlich durchgeführten Beobachtungen zeigten, dass die gelehrten Streustrahlenfakten zum größten Teil identisch sind mit denen, welche das CBT-System im Rahmen der Vorstudie präsentierte. Es wurden sowohl die Auswirkungen der C-Bogen-Einstellung auf die Strahlenausbreitung als auch die Effekte von weiteren radiologischen Parametern (z. B. Röhrenspannung oder Blenden) im Rahmen der Schulung diskutiert. Somit verbleibt für die in der Vorstudie beobachteten Ergebnisse als letzte Erklärungsmöglichkeit ein etwaiger Effizienzunterschied bei der Wissensvermittlung zwischen der klassischen Schulung und dem betrachteten CBT-System. Ob ein derartiger Unterschied besteht und wie dieser ausgeprägt ist, soll in Studie B (vgl. Kapitel 5.5) untersucht werden.

In Studie A dieser Arbeit sollte des Weiteren geprüft werden, ob die beiden eingesetzten Fragebögen FB1 und FB2 als äquivalent angesehen werden können, wodurch eine beliebige Ausgabe- und Beantwortungsreihenfolge in weiterführenden Studien möglich wäre. Die Boxplots in Abbildung 73 zeigen jedoch bereits, dass sich die Verteilungen der Werte $\Delta W_{St,q}$ trotz nahe beieinander liegender Mittelwerte in den einzelnen Studiengruppen deutlich unterscheiden. Dieser Unterschied könnte sowohl durch das individuelle Vorwissen der Probanden innerhalb der Studiengruppen als auch durch einen Unterschied in den Fragebögen begründet sein. Da in beiden Gruppen vor dem Strahlenschutzkurs unterschiedliche Fragebögen eingesetzt wurden, ist ein direkter Vergleich des Vorwissens leider nicht mehr möglich.

Geht man von einem gleich verteilten Vorwissen in beiden Gruppen aus, so können die Ergebnisse der im Studienplan beschriebenen konfirmatorischen Datenanalyse zur Beantwortung der Äquivalenzfrage herangezogen werden. Diese Analyse zeigte, dass trotz eines großzügig bemessenen Äquivalenzbereiches die Gleichwertigkeit der Fragebögen mit großer Wahrscheinlichkeit abgelehnt werden kann. Betrachtet man die Positionierungsaufgaben der einzelnen Fragebögen, so erscheinen bei einer Paarung entsprechend ihrer Nummer innerhalb des Fragebogens die OP-Situationen bezüglich der C-Bogen-Einstellung optisch ähnlich. Bis auf die dritte Frage wird diese Ähnlichkeit auch durch die simulierten Strahlungswerte und hierdurch zu präferierende C-Bogen-Einstellung mit der geringsten allgemeinen Strahlenbelastung bestätigt. Bei Frage drei des Fragebogens FB2 wurde basierend auf den simulierten Strahlungswerten im Gegensatz zur dritten Frage des Fragebogens FB1 eine C-Bogen-Einstellung als zu präferierend festgelegt, welche einen kleinen Abstand zwischen Strahlungsquelle und Patient aufweist. Obwohl diese Einstellung im Allgemeinen die geringsten Strahlungswerte besitzt, widerspricht sie einem in Strahlenschutzkursen häufig propagierten allgemeinen Lehrsatz: "Der Abstand zwischen Bildverstärker und Patient ist möglichst gering zu halten". Diese Diskrepanz zwischen gelehrter allgemeiner Vorgehensweise und situationsbedingter höherer Strahlenbelastung bei Wahl des sonst angebrachten Abstandes zwischen Patient und Bildverstärker könnte ein Hauptgrund für die beobachteten Ergebnisse des Äquivalenztestes sein. Ein Prüfen der Äquivalenz der Fragebögen bei Ausschluss der dritten Frage ergab jedoch, unter Verwendung der gleichen Parameter wie in Kapitel 5.4.3, ein 90%-Konfidenzintervall von [-69,8, 46,0] bei einem Äquivalenzbereich von [-35,2, 35,2]. Da ohne die dritte Frage das Konfidenzintervall somit trotzdem nicht innerhalb des Äquivalenzbereiches liegt, ist, unter der Voraussetzung des gleich verteilten Vorwissens in den Studiengruppen, eine Äquivalenz der betrachteten Teilfragebögen ebenfalls als unwahrscheinlich anzusehen. Aus dieser Tatsache lässt sich wiederum schließen, dass die Unterschiedlichkeit der beiden Fragebögen nicht alleine durch die Varianz der dritten Positionierungsfrage bedingt ist.

Geht man von einer verschobenen Verteilung des Vorwissens in den Studiengruppen aus – eine Gruppe besitzt bereits vor dem Kurs mehr Wissen bezüglich Verhaltensweisen zur Minimierung der Streustrahlenbelastung als die andere – kann der im Studienplan vorgeschlagene Test auf Äquivalenz aufgrund der unterschiedlichen Ausgangslage nicht angewendet werden. Da jedoch in der beschriebenen Studie der Wissensstand vor dem Kurs bei beiden Gruppen nicht mit einem einheitlichen Messinstrument erfasst wurde, kann bezüglich dieser Annahme eine prinzipiell mögliche Äquivalenz der Fragebögen nicht mehr überprüft werden.

Aufgrund dieser Ungewissheit, sollte in weiteren Studien die Reihenfolge der Fragebögen in den untersuchten Studiengruppen immer identisch sein, damit eine Beeinflussung des Wertes $\Delta W_{St,q}$ durch eine etwaige Verschiedenheit der Fragebögen vermieden wird. Diese Reihenfolge soll auf folgendes festgelegt werden:

- vor einem Kurs Fragebogen FB1 und
- nach der Schulungsphase Fragebogen FB2.

5.5 Studie zum Einsatz einer Streustrahlensimulation in der Strahlenschutzausbildung (Studie B)

Wie bereits in Kapitel 5.4 statuiert, könnten die in Kapitel 5.3 beschriebenen Ergebnisse auf zwei unterschiedliche Gegebenheiten hindeuten. Die erste Möglichkeit, dass in derzeitigen Strahlenschutzkursen nur wenige Sachverhalte bezüglich der Streustrahlung vermittelt werden, wurde in der im vorigen Kapitel beschriebenen Studie A untersucht und wird basierend auf den Beobachtungen als unwahrscheinlich angesehen. Die nachfolgend erläuterte Studie B soll die zweite Möglichkeit, dass der Einsatz eines interaktiven CBT-Systems in der Strahlenschutzausbildung Fakten bezüglich der intraoperativen Streustrahlung besser darlegen kann als klassische Lehrmethoden, analysieren. Hierfür sollen im Rahmen von Strahlenschutzkursen die Erläuterung des Streustrahlenverhaltens und Maßnahmen zum Strahlenschutz einerseits mit klassischen didaktischen Mitteln und andererseits als Intervention unter Zuhilfenahme des erweiterten CBT-Systems virtX vollzogen werden. Zum Vergleich der Methoden in diesem Kontext soll ebenfalls der Wert des Wissenszuwachses ΔW_{St} herangezogen werden, welcher, wie in Kapitel 5.4 beschrieben, mittels der Fragebögen FB1 und FB2 zu ermitteln ist. Zusätzlich soll die Studie mit Hilfe eines weiteren Fragebogens die subjektive Meinung der jeweiligen Probandengruppen zur neuen Lehr- und Lernvariante feststellen.

Neben dem Einsatz in Strahlenschutzkursen soll des Weiteren in anderen Formen von Weiterbildungskursen, in welchen der Umgang mit Röntgengeräten ein Lehrpunkt ist, die traditionelle mit der neuen Lehrvariante verglichen werden.

In nachfolgenden Kapiteln sind der Studienplan, die Studiendurchführung sowie die Ergebnisse der Studie B genauer erläutert.

5.5.1 Studienplanung

Zielsetzung und Fragestellung

Mit der durchzuführenden Studie sollen folgende Ziele erreicht werden:

Z SB1: Ziel der Studie ist zu ermitteln, ob bei Strahlenschutz- und Weiterbildungskursen durch den Einsatz des erweiterten virtX-Systems Verhaltensweisen zur Minimierung der allgemeinen und individuellen Strahlenbelastung effektiver vermittelt werden können, als mit traditionellen Lehrmethoden.

Z SB2: Ziel der Studie ist zu ermitteln, wie das neue Lehr- und Lernmedium von der Zielgruppe angenommen wird.

Die Fragen, die sich aus diesen Zielen ergeben und welche durch die Studie beantwortet werden sollen, sind:

Frage zu Ziel SB1:

F SB1.1: Wie groß ist der erzielte durchschnittliche Wissenszuwachs bezüglich Verhaltensweisen zur Minimierung der allgemeinen und individuellen Strahlenbelastung durch den Einsatz des erweiterten virtX-Systems in den untersuchten Kursarten?

F SB1.2: Wie groß ist der erzielte durchschnittliche Wissenszuwachs bezüglich Verhaltensweisen zur Minimierung der allgemeinen und individuellen Strahlenbelastung durch den Einsatz traditioneller Lehrmethoden in den untersuchten Kursarten?

F SB1.3: Ist der Wissenszuwachs bezüglich Verhaltensweisen zur Minimierung der allgemeinen und individuellen Strahlenbelastung in der Gruppe, in welcher das erweiterte virtX-System eingesetzt wurde, signifikant größer als in der korrespondierenden Gruppe mit den traditionellen Lehrmethoden?

Frage zu Ziel SB2:

F SB2.1: Was ist die subjektive Meinung der Probanden bezüglich der Verständlichkeit der Visualisierung der Streustrahlung?

F SB2.2: Was ist die subjektive Meinung der Probanden bezüglich der Verständlichkeit der Visualisierung der Körper- und Organdosen?

F SB2.3: Empfinden die Probanden die Interaktivität des CBT-Systems hilfreich?

F SB2.4: Wie ist die subjektive Meinung der Probanden bezüglich der Länge der Simulationszeit?

Studienart

Die Studie wird als randomisierte, nicht verblindete Interventionsstudie geplant.

Studienzeitraum

Die unabhängigen Studienphasen finden in unterschiedlichen Strahlenschutz- und Weiterbildungskursen statt. Die Zeiträume dieser Kurse, in denen die Datenerfassung zu den angegebenen Terminen stattfinden soll, sind wie folgt:

14.-16.11.2011   Prinzipienkurs für OP-Personal der Arbeitsgemeinschaft für Osteosynthesefragen Spezialisierung Trauma (AOTrauma)

01.-03.02.2012   Vom Braunschweiger Studieninstitut für Gesundheitspflege GmbH (BSG) organisierte Strahlenschutzkurse für OP-Personal.

Grundgesamtheit

Die Zielgrundgesamtheit umfasst alle Personen, denen aufgrund ihrer beruflichen Tätigkeit oder Ausbildung im Operationssaal bei Strahlenschutz- oder Weiterbildungskursen Fakten und Vorgehensweisen zur Verringerung der Streustrahlenbelastung dargelegt werden. Die Auswahlgrundgesamtheit bezieht sich auf Teilnehmer von Strahlenschutzkursen und speziellen Strahlenschutzkursen für OP-Personal, welche von den an der Studie teilnehmenden Institutionen nach den Richtlinien der RöV innerhalb des Studienzeitraumes durchgeführt werden. Des Weiteren bezieht sich die Auswahlgrundgesamtheit auf Teilnehmer von Weiterbildungskursen für OP-Personal der AOTrauma innerhalb des Studienzeitraumes.

Stichprobe

Da keine vergleichbaren Daten aus vorgelagerten Studien bezüglich der Varianz des Wertes ΔW_{St} zur Verfügung stehen, soll für die Durchführung der Studie die Größe der Sichtprobe auf mindestens 60 Probanden aus der Auswahlgrundgesamtheit festgelegt werden. Hierbei sollen mindestens 20 Probanden der Stichprobe Teilnehmer eines Strahlenschutzkurses für OP-Personal sein.

Auswahl und Zuteilung

Die Stichprobe wird aus Teilnehmerinnen und Teilnehmern gebildet, welche aufgrund gesetzlicher Vorgaben für ihren Beruf einen Strahlenschutzkurs erfolgreich absolvieren müssen und dieses während des Studienzeitraumes bei einer an der Studie involvierten Institutionen vollziehen. Des Weiteren besteht die Stichprobe aus Teilnehmerinnen und Teilnehmern, welche für ihre berufliche Weiterbildung den Prinzipienkurs für OP-Personal der AOTrauma absolvieren und in diesem Zusammenhang freiwillig einer C-Bogen-Schulung beiwohnen.

Die Randomisierung der Teilnehmer der einzelnen Kursgruppen soll zu Beginn der Kursangebote durch Lose erfolgen. Entsprechend der Anzahl der Teilnehmer des Kurses sollen in einer Urne möglichst gleich viele farbige Lose (rote und grüne) mit jeweils fortlaufender Nummer bereitstehen. Ist die Teilnehmerzahl ungerade, so wird die Farbe des letzten Loses durch einen Münzwurf bestimmt. Sowohl Farbe als auch Nummer des Loses sollen während der Ziehung der Lose nicht erkennbar sein. Durch das Ziehen ohne Zurücklegen sollen die Probanden innerhalb der Kursgruppe in eine Interventions- und eine möglichst gleich große Kontrollgruppe aufgeteilt werden. Die Farbe des Loses entscheidet hierbei ob der Proband zur Kontroll- oder Interventionsgruppe gehört: rot Interventionsgruppe G_{IV} und grün Kontrollgruppe G_K. Die Nummer des Loses soll der Proband auf beiden Fragebögen, die er erhält, notieren, um eine spätere anonyme Zuordnung der vor und nach dem Kurs gegebenen Antworten zu ermöglichen.

Bei Probanden der Interventionsgruppe G_{IV} wird das erweiterte virtX-System für die Erläuterung des Streustrahlenverhaltens und Präsentation von Maßnahmen zum Strahlenschutz eingesetzt. Probanden der Kontrollgruppe G_K erhalten die gleichen Informationen unter Verwendung klassischer Lehrmittel (Vortrag, Bild und Text).

Parameter der Befragung und Fragebögen

Als Messparameter der Studie soll pro Proband der Wissensstand bezüglich Verhaltensweisen zur Verringerung der allgemeinen und individuellen Strahlenbelastung durch Streustrahlung vor ($W_{St,v,q}$) und nach ($W_{St,n,q}$) dem Kursangebot herangezogen werden. Zur Erfassung dieser Werte, sowie des daraus resultierenden Wissenszuwachses $\Delta W_{St,q}$, werden die ebenfalls in der Studie A eingesetzten und untersuchten Fragebögen FB1 und FB2 verwendet. Bei der Befragung soll Fragebogen FB1 zur Datenerfassung vor den Kursen zum Einsatz kommen und FB2 nach den Kursen.

Die subjektiven Meinungen der Probanden zu den Fragepunkten F HS 2.1 bis F HS 2.4 sollen nach Durchführung der Kurse in der Interventionsgruppe mittels eines Fragebogens (vgl. Anhang V) erhoben werden. Auf diesem Fragebogen können die Probanden mittels einer Likert-Skala (trifft voll zu (2), trifft eher zu (1), neutral (0), trifft eher nicht zu (-1), trifft nicht zu (-2), keine Einschätzung (k.a.)) ihre Zustimmung zu verschiedenen Aussagen bezüglich des erweiterten virtX-Systems mitteilen. Zusätzlich sollen die Befragten auf einer weiteren Skala (akzeptabel (3), geringfügig zu lang (2), zu lang (1), viel zu lang (0) und keine Einschätzung (k.a.)) ihre Meinung zur Länge der benötigten Simulationszeit angeben.

Vergleichbarkeit

Damit die beiden Gruppen innerhalb der einzelnen Kursarten vergleichbar bleiben, sollen jeweils dieselben Streustrahlenausbreitungen als Grundlage für die Erläuterung der Fakten im Einführungsabschnitt eingesetzt werden. Ebenso sollen alle Probanden vor dem Kursbeginn und in der Abschlussphase die gleichen Fragebögen erhalten. Für die Vergleichbarkeit ist es auch relevant, dass keine Gruppe einen Zeitvorteil während der Erläuterungsphase erhält. Auch sollten die Erläuterungen der Streustrahlenfakten und die Diskussionen sowohl bei der Kontroll- als auch bei der Interventionsgruppe von ein und demselben Dozenten durchgeführt werden, um etwaige Unterschiede im Lehrverhalten als Grund für eine Verzerrung der Daten auszuschließen. Damit die Computerkenntnisse der Probanden sowie individuelle Bedienungsschwierigkeiten mit dem Trainingsprogramm die Vergleichbarkeit der Gruppen nicht beeinflusst, soll das erweiterte virtX-System während der gesamten Studiendurchführung von einem eingewiesenen Dozenten bedient werden. Dieser soll die Positionierungsanweisungen der Probanden für die Objekte im Simulationsvolumen umsetzen und die Simulation auslösen.

Ablauf der schriftlichen Befragung

Vor Beginn der in der Studie eingeschlossenen Strahlenschutz- und Weiterbildungskurse werden entsprechend der Teilnehmerzahl die Lose für die Fragebogenzuteilung vorbereitet und in einem nicht durchsichtigen Säckchen vorgehalten. Die Anzahl der roten und grünen Lose soll der Hälfte der Teilnehmerzahl entsprechen. Ist die Teilnehmerzahl ungerade, wird die Farbe des letzten Loses mittels Münzwurf bestimmt. Sind alle Lose vorbereitet, zieht jeder Proband ein Los ohne Zurücklegen. Nach dem Ziehen wird jeder Teilnehmer darauf hingewiesen, dass das Los bis zum Ende des Kurses aufzubewahren ist.

Probanden der Strahlenschutzkurse erhalten direkt nach dem Ziehen aller Lose den Fragebogen FB1. Die Teilnehmer erhalten anschließend eine kurze Erläuterung der Fragebögen unter Verwendung des Deckblattes des Fragebogens FB1. Nachfolgend werden die Probanden gebeten ihre Losnummer in das entsprechende Feld des Fragebogens einzutragen und erhalten 5 Minuten Zeit zur Beantwortung der Positionierungsaufgaben. Nach Ablauf der Zeit werden die ausgefüllten Fragebögen eingesammelt. Anschließend wird den Probanden mitgeteilt, wann die beiden nach Interventions- und Kontrollgruppe getrennten Schulungsphasen stattfinden.

Probanden des Weiterbildungskurses der AOTrauma werden nach dem Ziehen des Loses gebeten, sich in eine von sechs Teilnehmerlisten für im Kurszeitraum angebotene C-Bogen-Schulungen einzutragen. Drei dieser Listen haben die Farbe Rot und drei die Farbe Grün. Die Probanden werden angehalten sich in eine zu ihrer Los-Farbe passenden Liste einzutragen. Hierdurch beinhalten die C-Bogen-Schulung basierend auf der korrespondierenden Listenfarbe nur Probanden der Interventions- (rot) oder Kontrollgruppe (grün). Zu Beginn jeder C-Bogen-Schulung sollen die Probanden Fragebogen FB1 erhalten. Wie bei den Strahlenschutzkursen erhalten sie ebenfalls eine kurze Erläuterung des Fragebogens, werden gebeten die Losnummer in entsprechendes Feld einzutragen und erhalten 5 Minuten Zeit zur Beantwortung der Positionierungsaufgaben. Anschließend werden die ausgefüllten Fragebögen wieder eingesammelt.

Vorgehen innerhalb der Kontrollgruppen G_K

Nach dem Einsammeln der ausgefüllten Fragebögen erhalten die Teilnehmer der Kontrollgruppe gemeinsam vom Tutor eine mündliche und durch schematische Zeichnungen unterstützte Erläuterung der Entstehung von Streustrahlung. Anschließend werden ihnen für zwei C-Bogen Einstellungen aus den anfangs gestellten Positionierungsaufgaben die Streustrahlenausbreitung mittels zweidimensionaler Isodosenkurven verdeutlicht. Mittels dieser Darstellungen wird mit den Teilnehmern diskutiert, welche Standorte für eine minimale Strahlenbelastung zu präferieren sind und wie der C-Bogen eingestellt werden kann, um die Streustrahlenintensität zu verringern. Danach können die Probanden der Kontrollgruppe offen Fragen stellen, welche (evtl. unterstützt durch Tafelzeichnungen) beantwortet und diskutiert werden. Die Zeitspanne dieser Erläuterungs- und Diskussionsphase sollte 15 Minuten betragen.

Vorgehen innerhalb der Interventionsgruppen G_{IV}

Im Gegensatz zur Kontrollgruppe wird den Teilnehmern mit Hilfe des erweiterten virtX-Systems die Streustrahlenausbreitung für die beiden gleichen C-Bogen Einstellungen dargelegt, welche der Kontrollgruppe auf den Isodosenkurven-Darstellungen präsentiert wird. Hierbei soll die Streustrahlenausbreitung einerseits über die fixen Kameraansichten des virtX-Systems dargelegt werden und andererseits mithilfe einer Kamerafahrt um die dreidimensional dargestellte Strahlenausbreitung in der virtuellen OP-Szenerie (vgl. Kapitel 3.2). Für diese Darstellungen wird, wie in der Kontrollgruppe, mit den Teilnehmern diskutiert, welche Standorte für eine minimale Strahlenbelastung zu präferieren sind und wie der C-Bogen eingestellt werden kann, um die Streustrahlenintensität zu verringern. Im Vergleich zur Kontrollgruppe werden die in der Diskussion vorgeschlagenen Änderungen der C-Bogen- und Mitarbeiter-Positionen durch den Dozenten im erweiterten virtX-System umgesetzt und die resultierende Streustrahlenausbreitung simuliert und dargestellt. Danach können die Probanden der Interventionsgruppe ebenfalls offen Fragen stellen, welche unterstützt durch das erweiterte virtX-System beantwortet und diskutiert werden (z. B. gewünschte OP-Szenarien nachstellen und Streustrahlung simulieren). Um die Vergleichbarkeit mit der Kontrollgruppe zu gewährleisten, sollte die Erläuterungs- und Diskussionsphase ebenfalls 15 Minuten dauern.

Nach der Durchführung dieser Darlegungen wird den Probanden der Interventionsgruppe ein Fragebogen ausgeteilt, in welchem sie Fragen bezüglich des erweiterten virtX-Systems auf einer Likert-Skala beantworten sollen (vgl. Anhang V).

Nach Abschluss der Schulungsphase soll den Probanden aller Interventions- und Kontrollgruppen zur Erfassung des Wissensstandes nach dem Kurs der Fragebogen FB2 ausgegeben werden. Wiederum erhalten die Teilnehmer 5 Minuten Zeit zur Beantwortung der Positionierungsaufgaben. Anschließend werden die ausgefüllten Fragebögen eingesammelt. Ist der in der Studie eingeschlossene Kurs mehrtägig, sollte die Schlussbefragung mittels FB2 sofern möglich am Tag nach der Erläuterung stattfinden.

Störfaktoren

Als ein Störfaktor der Studie kann das unterschiedliche Lehrverhalten der beteiligten Dozenten angesehen werden. Trotz der direkten Abstimmung der Lehrinhalte und Vorgehensweisen zwischen den Dozenten könnte das individuelle Verhalten beim Erläutern der Sachverhalte trotzdem den Lernerfolg beeinflussen. Wird die Studie nur von einem Dozenten durchgeführt verringert sich diese etwaige Störung. Da die komplett identische Durchführung der einzelnen Kurse – vor allem aufgrund der Diskussionsphase – auch hierbei nicht erreicht werden kann, ist dieser Störfaktor schwer zu eliminieren.

Ein weiterer Störfaktor, welcher die Studie beeinflussen kann, ist das Vorwissen der Probanden. Haben die Probanden bereits einen oder mehrere Strahlenschutzkurse besucht, könnten ihre Vorkenntnisse bezüglich der Streustrahlung derart umfassend sein, dass sie durch den Kurs – sowohl mit als auch ohne das erweiterte virtX-System – nichts Neues hinzulernen. Dieser Effekt kann mit einem Vergleich der Werte $W_{St,v,q}$ und $W_{St,n,q}$ bei den Kontroll- und Interventionsgruppen erfasst und berücksichtigt werden.

Auch das Abschreiben von anderen Teilnehmern während der Beantwortung der Positionierungsaufgaben von FB1 und FB2 kann als Störfaktor angesehen werden. Zur Verringerung dieser Störung werden die Probanden vor dem Kurs eindringlich gebeten, dieses Verhalten zu unterlassen. Des Weiteren soll während der Beantwortungsphase der Fragebögen durch die Dozenten darauf geachtet werden, dass kein Proband in irgendeiner Weise Hilfestellung erhält.

Datenanalyse

Zur Erreichung des Ziels Z SB1 dieser Studie sollen die Fragen F SB1.1 und F SB1.2 mit Mitteln der deskriptiven und F SB1.3 mit Verfahren der konfirmatorischen Datenanalyse beantwortet werden. Zur Erreichung des Zieles Z SB2 sollen die Frage F SB2.1 bis F SB2.4 mit Mitteln der deskriptiven Datenanalyse beantwortet werden.

Deskriptive Analyse des Wissenszuwachses der Interventions- und Kontrollgruppen (Z SB1)

F SB1.1: Wie groß ist der erzielte durchschnittliche Wissenszuwachs bezüglich Verhaltensweisen zur Minimierung der allgemeinen und individuellen Strahlenbelastung durch den Einsatz des erweiterten virtX-Systems in den untersuchten Kursarten?

F SB1.2: Wie groß ist der erzielte durchschnittliche Wissenszuwachs bezüglich Verhaltensweisen zur Minimierung der allgemeinen und individuellen Strahlenbelastung durch den Einsatz traditioneller Lehrmethoden in den untersuchten Kursarten?

Zur Beantwortung dieser beiden Fragen soll aufgeschlüsselt für jeden Kurs und jede Kursart mit Hilfe von Tabellen, Boxplots und Diagrammen der Wissenszuwachs der Probanden $\Delta W_{St,q}$ in den entsprechenden Interventions- und Kontrollgruppen dargestellt und analysiert werden.

Konfirmatorische Datenanalyse bezüglich des Effekts des erweiterten virtX-Systems (Z SB1)

F SB1.3: Ist der Wissenszuwachs bezüglich Verhaltensweisen zur Minimierung der allgemeinen und individuellen Strahlenbelastung in der Gruppe, in welcher das erweiterte virtX-System eingesetzt wurde, größer als in der korrespondierenden Gruppe mit den traditionellen Lehrmethoden?

Aufgrund der Tatsache, dass sich die untersuchten Kursarten bezüglich des Kursablaufes und des Vorwissens des Probandenkollektivs unterscheiden, ist eine Vergleichbarkeit nicht gegeben. Daher soll zur Beantwortung der Frage F SB1.3 der Effekt der Intervention für jede Kursart einzeln analysiert werden.

Für die Vergleiche der Interventions- und Kontrollgruppen der untersuchten Kursarten soll jeweils der zufällig verteilte Wert des Wissenszuwachses eines Probanden q

$$\Delta W_{St,q} := W_{St,v,q} - W_{St,n,q} \qquad (68)$$

herangezogen werden. Hieraus ergeben sich für jede angewandte Methode $k \in \{1,2\}$ (mit 1:=Interventionsgruppe und 2:=Kontrollgruppe) eines jeden Kurses $i \in \{1, ..., I\}$ eines Typs entsprechend n_{ik} Realisationen unabhängiger Zufallsvariablen $X_{ikq} := \Delta W_{St,i,k,q}$ mit $q \in \{1, ..., n_{ik}\}$. n_{i1} entspricht in dem Testfall der Probandenzahl der Interventionsgruppe G_{IV} des Kurses i, n_{i2} respektive der Probandenzahl der Kontrollgruppe G_K. Somit kann für jede Kursart ein vollständiger Blockplan erstellt werden (vgl. Tabelle 22).

Hieraus ergeben sich für die Interventions- und Kontrollgruppen pro Kurs Verteilungen der Zufallsvariablen X_{ikq}, welche im Weiteren durch $F_{ik}(\Delta W_{St})$ beschrieben werden sollen.

Kursnummer (Block)	Proband (Wiederholung)	Methode	
		Interventionsgruppe G_{IV}	Kontrollgruppe G_K
$i = 1$	$q = 1$	X_{111}	X_{121}
	$q = 2$	X_{112}	X_{122}
	...	...	...
	$q = n_{1k}$	$X_{11n_{11}}$	$X_{12n_{12}}$
...	...	...	...
$i = I$	$q = 1$	X_{I11}	X_{I21}
	$q = 2$	X_{I12}	X_{I22}
	...	...	...
	$q = n_{Ik}$	$X_{I1n_{11}}$	$X_{I2n_{12}}$

Tabelle 22: Blockplan der Studie bezüglich einer Kursart.

Basierend auf dieser Festlegung lässt sich nach Haux et al. [205] pro Kursart folgendes statistisches Modell spezifizieren:

$$F_{ik}(\Delta W_{St}) = F_i(\Delta W_{St} - \vartheta_k) \tag{69}$$

mit $i = 1, ..., I$ Nummer des Kurses

$k = 1, 2$ Angewendete Methode: Interventionsgruppe (1), Kontrollgruppe (2)

$\vartheta := \begin{pmatrix} \vartheta_1 \\ \vartheta_2 \end{pmatrix}$ unbekannter Parameter des untersuchten Effektes

Basierend auf der Eingangsfrage F SB1.3 und diesem statistischen Modell lässt sich für das bei jeder Kursart gleiche Testproblem die Alternativ- und korrespondierende Nullhypothese wie folgt aufstellen:

$$H_0: \vartheta_1 = \vartheta_2 \text{ gegen } H_1: \vartheta_1 \neq \vartheta_2 \tag{70}$$

Zum Testen der Effekte soll der von Haux et al. vorgeschlagene Rangtest für vollständige Blockpläne eingesetzt werden (vgl. [205]). Hierbei werden in jedem Block bzw. Kurs die einzelnen Ausprägungen der Variable X_{ikq} der Größe nach geordnet und ihnen nach der Position in der geordneten Menge ein Rang R_{ikq} zugewiesen. Bei gleichen Werten bezüglich X_{ikq} wird wie beim Wilcoxon-Mann-Whitney Test eine Rangmittelung vorgenommen (vgl. z. B. [200]). Hieraus ergibt sich der in Tabelle 23 dargestellte Blockplan der Ränge und korrespondierenden Rangsummen.

Die Teststatistik für den von Haux et al. vorgeschlagenen Rangtest ist ohne Verwendung von Gewichtungen und unter den Voraussetzungen der Studie wie folgt [205]:

$$T^R = 12 \sum_{k=1}^{2} \frac{\left(R_{\bullet k \bullet} - \frac{1}{2} \sum_{i=1}^{I} n_{ik}(n_{i \bullet} + 1)\right)^2}{\sum_{i=1}^{I} n_{ik}(n_{i \bullet} + 1) n_{i \bullet}} \tag{71}$$

Mit Hilfe dieser Teststatistik ist T^R für jede Kursart zu bestimmen. Nach [205] ist T^R basierend auf der Struktur der Studie und unter der definierten Nullhypothese H_0 asymptotisch χ^2-verteilt mit einem Freiheitsgrad. Das globale Signifikanzniveau der Studie wird auf $\alpha := 0{,}05$ festgesetzt, wodurch sich als kritischer Wert des Tests $\chi^2_{0.95, df1} = 3{,}841$ aus Tabellen zur χ^2-Verteilung ergibt (vgl. z. B. [200]).

Gilt also

$$T^R > 3,841$$

für eine Kursart, so wird die Alternativhypothese für diese Kursart angenommen. Dieses bedeutet dann, dass für die entsprechende Kursart ein signifikanter Unterschied zwischen den beiden Lehrvarianten vorliegt. Über den direkten Vergleich der Werte ΔW_{St} der Interventions- und Kontrollgruppe soll anschließend entschieden werden, ob die neue Lehrvariante besser oder schlechter als die klassische Lehrmethode zu bewerten ist.

Kursnummer (Block)	Proband (Wiederholung)	Methode G_{IV}	G_K	
$i = 1$	$q = 1$	R_{111}	R_{121}	
	$q = 2$	R_{112}	R_{122}	
	...	...	...	
	$q = n_{1k}$	$R_{11n_{11}}$	$R_{12n_{12}}$	
	$R_{1k\bullet} = \sum_{q=1}^{n_{1k}} R_{1kq}$	$R_{11\bullet}$	$R_{12\bullet}$	$R_{1\bullet\bullet} = \dfrac{n_{1\bullet}(n_{1\bullet}+1)}{2}$
	n_{1k}	n_{11}	n_{12}	$n_{1\bullet} = n_{11} + n_{12}$
...	...	...	...	...
$i = I$	$q = 1$	R_{I11}	R_{I21}	
	$q = 2$	R_{I12}	R_{I22}	
	...	...	...	
	$q = n_{Ik}$	$R_{I1n_{11}}$	$R_{I2n_{12}}$	
	$R_{Ik\bullet} = \sum_{q=1}^{n_{Ik}} R_{1kq}$	$R_{I1\bullet}$	$R_{I2\bullet}$	$R_{I\bullet\bullet} = \dfrac{n_{I\bullet}(n_{I\bullet}+1)}{2}$
	n_{Ik}	n_{I1}	n_{I2}	$n_{I\bullet} = n_{I1} + n_{I2}$
Gesamt	$R_{\bullet k\bullet} = \sum_{i=1}^{I} R_{ik\bullet}$	$R_{\bullet 1\bullet}$	$R_{\bullet 2\bullet}$	$R_{\bullet\bullet\bullet} = \sum_{i=1}^{I} \dfrac{n_{i\bullet}(n_{i\bullet}+1)}{2}$
	$n_{\bullet k} = \sum_{i=1}^{I} n_{ik}$	$n_{\bullet 1}$	$n_{\bullet 2}$	$n_{\bullet\bullet} = n_{\bullet 1} + n_{\bullet 2}$

Tabelle 23: Blockplan der Studie mit Rängen, korrespondierenden Rangsummen und Stichprobenumfängen.

Deskriptive Analyse der Akzeptanz des neuen Lehr- und Lernmediums (Z SB2)

F SB2.1: Was ist die subjektive Meinung der Probanden bezüglich der Verständlichkeit der Visualisierung der Streustrahlung?

F SB2.2: Was ist die subjektive Meinung der Probanden bezüglich der Verständlichkeit der Visualisierung der Körper- und Organdosen?

F SB2.3: Empfinden die Probanden die Interaktivität des CBT-Systems hilfreich?

F SB2.4: Wie ist die subjektive Meinung der Probanden bezüglich der Länge der Simulationszeit?

Zur Beantwortung dieser Fragen sollen die erfassten ordinalen Daten mit Hilfe von Tabellen oder Histogrammen analysiert werden. Diese Analyse der einzelnen Punkte des

Fragebogens soll einerseits für die Allgemeinheit der befragten Probanden als auch für die einzelnen Kurs-Typen aufgeschlüsselt erfolgen. Als Kennwert soll jeweils der Median Anwendung finden.

5.5.2 Studienverlauf

Der Verlauf der Studie wird aufgeschlüsselt nach den beobachteten Kursarten im Folgenden ausführlich dargelegt.

Prinzipienkurs für OP-Personal der AOTrauma

Die Datenerfassung für diese Kursart erfolgte planmäßig vom 14.-16.11.2011 während sechs in den Prinzipienkurs integrierter C-Bogen-Schulungen. Die Zeiten dieser Schulungen sowie die Zuteilung der entsprechenden Teilnehmer zu Kontroll- und Interventionsgruppen sind in Tabelle 24 dargelegt.

Nr.	Datum	Uhrzeit	Studiengruppe
1	14.11.2011	18:30-19:00 Uhr	$G_{K,1}$
2	15.11.2011	11:45-12:15 Uhr	$G_{IV,1}$
3	15.11.2011	16:35-17:05 Uhr	$G_{K,2}$
4	15.11.2011	17:15-17:45 Uhr	$G_{IV,2}$
5	16.11.2011	7:30-8:00 Uhr	$G_{K,3}$
6	16.11.2011	10:45-12:15 Uhr	$G_{IV,3}$

Tabelle 24: Zeitliche Daten der im Prinzipienkurs für OP-Personal angebotenen C-Bogen-Schulungen sowie deren Zuteilung zu Kontroll- und Interventionsgruppen der Studie.

Zu Beginn des Kurses am 14.11.2011 wurden nach einem Vortrag über das Arbeiten mit dem mobilen Röntgengerät und einer Vorstellung des virtX-Systems (18:00-18:20 Uhr) die Teilnehmerlisten für die sechs C-Bogen-Schulungen ausgelegt. Jede Liste, welche für jeweils 12 Teilnehmer konzipiert wurde, wies eine entsprechend der Studiengruppe farbliche Markierung auf: Teilnehmerlisten für die Kontrollgruppen G_K besaßen einen grünen Rand und Listen für die Interventionsgruppen G_{IV} einen roten. Vor dem Eintragen in die Listen wurde jeder Teilnehmer gebeten, aus einer Urne eines von 72 Losen (36 rote und 36 grüne) zu ziehen und sich entsprechend der Farbe des gezogenen Loses in eine noch nicht volle Teilnehmerliste mit gleicher Farbmarkierung einzutragen. Alle Plätze in den Teilnehmerlisten wurden ausgenutzt, sodass für die Studie 72 Probanden zur Verfügung standen.

In jeder C-Bogen-Schulung wurde nach einer kurzen Begrüßung, Einführung sowie Erläuterung der Fragebögen der Fragebogen FB1 an alle Teilnehmer ausgeteilt. Anschließend erhielten die Teilnehmer drei Minuten zur Beantwortung der gestellten Fragen. Nach dem Einsammeln der ausgefüllten Fragebögen wurden die Probanden auf die drei verfügbaren Trainingsstationen aufgeteilt, woraus Einzelgruppen von 4 Probanden resultierten. Eine dieser Trainingsstationen war mit dem erweiterten virtX-System ausgestattet – im Weiteren als Station-S bezeichnet – und nur an dieser wurden Streustrahlungs- und Strahlenschutzaspekte diskutiert. Die verbleibenden beiden Trainingsstationen waren mit jeweils einem klassischem virtX-System bestück (eines in Kombination mit einem realen C-Bogen und einem Patienten-Dummy). Während der verbleibenden Zeit der Schulung wechselten die Probanden zu festgelegten Zeitpunkten die Stationen, sodass sie jede Trainingsstation mit einer äquivalenten Zeitspanne absolvieren konnten. Hierdurch ergab sich für die Aufenthaltsdauer an Station-S ein Zeitfenster von ca. zehn Minuten. In dieser Zeit wurde versucht, entsprechend der vorliegenden Studiengruppe die Streustrahlenfakten klassisch oder unterstützt durch das erweiterte virtX-System zu vermitteln. In den letzten drei Minuten des Zeitfensters an Station-S wurden die Probanden gebeten, den Fragebogen FB2 auszufüllen. Sofern die Probanden der Interventionsgruppe angehörten, wurde ihnen des Weiteren der Akzeptanzfragebogen ausgehändigt. Die Teilnehmer wurden gebeten, diesen Fragebogen auszufüllen und ihn bis spätestens zum Ende des gesamten AO-Kurses wieder abzugeben.

Von den 72 teilnehmenden Probanden gaben 60 (27 in Gruppe G_K und 33 in Gruppe G_{IV}) einen ausgefüllten Fragebogen ab. 49 (20 in Gruppe G_K) dieser Probanden gaben als Geschlecht weiblich an und 10 (6 in Gruppe G_K) männlich. Eine Person machte bei allen personenbezogenen Fragen keine Angaben. Das Alter der Probanden lag im Durchschnitt bei 36,0 Jahren (G_K: 35,3 Jahre; G_{IV}: 36,5 Jahre) mit einer Standardabweichung von 9,9 Jahren (G_K: 10,6 Jahre; G_{IV}: 9,4 Jahre). Die Berufserfahrung der Probanden lag im Mittel bei 8,7 Jahren (G_K: 7,2 Jahre; G_{IV}: 9,9 Jahre) mit einer Standardabweichung von 9,4 Jahren (G_K: 9,7 Jahre; G_{IV}: 9,2 Jahre). Auf die Frage des ausgeübten Berufes gaben 57 Probanden an OP-Pflegekraft zu sein. Ein Teilnehmer gab als Berufsbezeichnung OTA an und ein weiterer MTA. Die Antworten auf die Frage, wann der letzte Strahlenschutzkurs besucht wurde, sind in Abbildung 74 dargestellt.

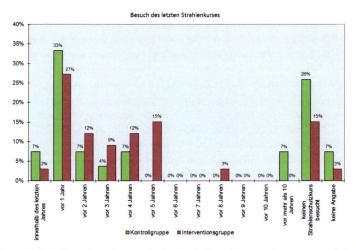

Abbildung 74: Verteilung der Antworten in der Kontroll- und Interventionsgruppe auf die Frage, wann die Probanden den letzten Strahlenschutzkurs besucht haben.

Bezüglich der bisherigen Erfahrung mit dem C-Bogen gaben 2 Probanden (aus jeder Gruppe einer) an, keine Erfahrung mit dem C-Bogen bzw. bislang nur eine Einweisung erhalten zu haben. 14 Probanden (4 aus Gruppe G_K) kreuzten an, dass sie den C-Bogen gelegentlich verwenden und 43 Probanden (21 aus Gruppe G_K), dass sie den C-Bogen regelmäßig benutzen. Auf die Frage, ob vor dem Kurs der Zusammenhang zwischen Streustrahlung und Bildverstärkerposition erläutert wurde, antworteten 43 (18 aus Gruppe G_K) mit "ja" und 11 (6 aus Gruppe G_K) mit "nein" (6 Probanden machten keine Angabe). Von den Befragten gaben des Weiteren 51 (23 aus Gruppe G_K) an, den C-Bogen selber zu bedienen, und 5 (1 aus Gruppe G_K), dass in der Regel jemand anderes den C-Bogen einstellt (4 Probanden machten keine Angaben).

Alle 36 Probanden der Interventionsgruppe gaben einen ausgefüllten Akzeptanzfragebogen ab. Nebst diesen Probanden der Interventionsgruppe wurde das erweiterte virtX-System zusätzlich einigen Probanden der Kontrollgruppe nach Abgabe des Fragebogens FB2 präsentiert und erläutert. Hierbei wurde darauf geachtet, die Erklärung des Systems und die Vorstellung der Funktionen vergleichbar mit der Schulungsphase innerhalb der Studie zu halten. Nach der Darlegung der Systemfunktionen wurde den Probanden ebenfalls der Akzeptanzfragebogen zur Beantwortung gereicht. 6 Teilnehmer gaben diesen ausgefüllt wieder ab, wodurch eine Gesamtzahl von 42 beantworteten Akzeptanzfragebögen im Rahmen des Prinzipienkurses für OP-Personal der AOTrauma resultiert.

Strahlenschutzkurs für OP-Personal des BSG

Die Datenerfassung in dieser Kursart erfolgte planmäßig während des Strahlenschutzkurses des BSG, welcher vom 01.-03.02.2012 am Standort Salzdahlumer Straße des Städtischen Klinikums Braunschweig stattfand. Im Rahmen dieses Kurses wurden durch die Kursleiter zwei Zeiträume am 02.02.2012 mit jeweils 45 Minuten – 14:00-14:45 Uhr und 14:45-15:00 Uhr – für die Studiendurchführung bereitgestellt. Während des ersten Termins wurde die Datenerfassung für die Kontrollgruppe G_K und im zweiten für die Interventionsgruppe G_{IV} durchgeführt. Bei beiden Gruppen wurden nach einer kurzen Begrüßung und Erläuterung des Studienzieles die Teilnehmer gebeten, aus einer Urne ein entsprechend der Studiengruppe eingefärbtes und nummeriertes Los zu ziehen. Nach dem Verteilen und der Erläuterung des Fragebogens FB1 in beiden Studiengruppen erhielten alle Probanden fünf Minuten Zeit für die Beantwortung der Fragen. In der anschließenden 15 minütigen Schulungsphase bekamen die Probanden der Gruppe G_K eine Erläuterung der Streustrahlenfakten mit klassischen didaktischen Mitteln (Folienpräsentation und mündliche Erläuterungen) und die Probanden der Gruppe G_{IV} eine Erläuterung, welche durch das erweiterte virtX-System unterstützt wurde. Anschließend wurde an die Probanden beider Gruppen der Fragebogen FB2 ausgeteilt und ihnen wiederum fünf Minuten Zeit zur Beantwortung der Fragen gegeben. Teilnehmer der Interventionsgruppe erhielten in dieser Phase zusätzlich den Akzeptanzfragebogen. Nach dem Einsammeln der ausgefüllten Fragebögen wurde der Kontrollgruppe ebenfalls das erweiterte virtX-System vorgestellt und in beiden Studiengruppen die verbleibende Zeit für weitere Diskussionen bezüglich der intraoperativen Streustrahlung genutzt.

Von den 21 Teilnehmern des Strahlenschutzkurses gaben 19 (9 in Gruppe G_K und 10 in Gruppe G_{IV}) einen auswertbaren Fragebogen ab. Jeweils ein Proband aus jeder Gruppe beantwortete eine C-Bogen-Einstellungsaufgabe des Fragebogens FB1 überhaupt nicht, wodurch eine vergleichbare Bestimmung des Wissenszuwachses nicht möglich war. 17 (8 in Gruppe G_K) der verbleibenden Probanden gaben als Geschlecht weiblich an und 2 (je einer pro Gruppe) männlich. Das Alter der Probanden lag im Durchschnitt bei 36,1 Jahren (G_K: 33,2 Jahre; G_{IV}: 38,7 Jahre) mit einer Standardabweichung von 10,4 Jahren (G_K: 10,6 Jahre; G_{IV}: 10,1 Jahre). Die Berufserfahrung der Probanden lag im Mittel bei 11,0 Jahren (G_K: 12,4 Jahre; G_{IV}: 9,9 Jahre) mit einer Standardabweichung von 11,0 Jahren (G_K: 13,0 Jahre; G_{IV}: 9,2 Jahre). Die Angaben zu den ausgeübten Berufen der Probanden sind in Tabelle 25 dargelegt.

Berufsbezeichnung	Häufigkeit der Antwort		
	G_K	G_{IV}	gesamt
OP-Pflegekraft	5	5	10
Innere Notaufnahme	3	-	3
ZNA Pflegekraft	1	1	2
Krankenschwester	-	2	2
Endoskopie Pflegekraft	-	2	2

Tabelle 25: Angaben der Probanden zu den ausgeübten Berufen beim Strahlenschutzkurs der Studie B.

13 Teilnehmer (7 aus Gruppe G_K) gaben an, dass der untersuchte Kurs ihr erster Strahlenschutzkurs sei. Ein Proband der Gruppe G_K statuierte, dass sein letzter Strahlenschutzkurs vor 10 Jahren stattfand und ein Proband aus Gruppe G_{IV} gab an, dass sein letzter Strahlenschutzkurs bereits 12 Jahre zurückliegt (4 Teilnehmer beantworteten diese Frage nicht). Bezüglich der bisherigen Erfahrung mit dem C-Bogen gaben 6 Probanden (4 aus Gruppe G_K) an, keine Erfahrung mit dem C-Bogen bzw. bisher nur eine Einweisung erhalten zu haben. 5 Probanden (4 aus Gruppe G_K) kreuzten an, dass sie den C-Bogen gelegentlich verwenden und 8 Probanden (4 aus Gruppe G_K), dass sie den C-Bogen regelmäßig benutzen. Auf die Frage, ob vor dem Kurs der Zusammenhang zwischen Streustrahlung und Bildverstärkerposition erläutert wurde, antworteten 9 (4 aus Gruppe G_K) mit "ja" und 8 (3 aus Gruppe G_K) mit "nein" (2 Probanden machten keine Angabe). Von den Befragten gaben des Weiteren 11 (3 aus Gruppe G_K) an, den C-Bogen selber zu bedienen, und 3 (2 aus Gruppe G_K), dass in der Regel jemand anderes den C-Bogen einstellt (5 Probanden machten keine Angaben). Alle 11 Probanden der Interventionsgruppe gaben einen ausgefüllten Akzeptanzfragebogen ab.

5.5.3 Ergebnisse der Studie

Die Ergebnisse der Studie sollen im Folgenden entsprechend der im Studienplan formulierten Fragestellungen und den beobachteten Kursarten aufgelistet werden.

Deskriptive Analyse des Wissenszuwachses der Interventions- und Kontrollgruppen (Z SB1)

F SB1.1: Wie groß ist der erzielte durchschnittliche Wissenszuwachs bezüglich Verhaltensweisen zur Minimierung der allgemeinen und individuellen Strahlenbelastung durch den Einsatz des erweiterten virtX-Systems in den untersuchten Kursarten?

F SB1.2: Wie groß ist der erzielte durchschnittliche Wissenszuwachs bezüglich Verhaltensweisen zur Minimierung der allgemeinen und individuellen Strahlenbelastung durch den Einsatz traditioneller Lehrmethoden in den untersuchten Kursarten?

Prinzipienkurs für OP-Personal der AOTrauma

Die Diagramme in Abbildung 75 und Abbildung 76 zeigen die Häufigkeiten der gewählten C-Bogen-Einstellungen vor und nach den Schulungsphasen aufgeschlüsselt nach Positionierungsaufgabe sowie Kontroll- und Interventionsgruppe. Die für die entsprechende Positionierungsaufgabe des Fragebogens zur Erreichung einer minimalen allgemeinen Strahlenbelastung zu wählende C-Bogen-Einstellung ist in jedem Diagramm durch eine Einrahmung gekennzeichnet. Der Mittelwert für $W_{St,v,q}$ lag in der Kontrollgruppe G_K bei 145,3 mit einer Standardabweichung von 67,0. In der Interventionsgruppe G_{IV} wurde für $W_{St,v,q}$ ein Mittelwert von 161,0 mit einer Standardabweichung von 75,7 ermittelt. Der Wert $W_{St,n,q}$ nach der Schulungsphase betrug in Gruppe G_K im Mittel 100,7 bei einer Standardabweichung von 40,5. In der Interventionsgruppe G_{IV} lagen diese Werte bei 120,8 und 47,6. Abbildung 77 zeigt für die drei Einstellungs- und Positionierungsaufgaben der Fragebögen mittels Boxplots die Verteilung der Rangnummern für die Studiengruppen vor und nach den Schulungen. Abbildung 78 zeigt auf der linken Seite mit Boxplots aufgeschlüsselt nach Kontroll- und Interventionsgruppe die Verteilung der Werte $W_{St,v,q}$ und $W_{St,n,q}$. Der aus dem Wissensstand vor und nach dem Kurs resultierende Wert des Wissenszuwachses $\Delta W_{St,q}$ lag bei der Kontrollgruppe im Mittel bei 44,6 mit einer Standardabweichung von 73,2. In der Interventionsgruppe wurde für $\Delta W_{St,q}$ im Mittel 40,3 mit einer Standardabweichung von 74,8 ermittelt. Abbildung 78 zeigt auf der rechten Seite aufgeschlüsselt nach den Studiengruppen Boxplots für die Verteilung der Werte $\Delta W_{St,q}$.

Basierend auf den gemessenen Daten können für die Studiengruppen folgende 95%-Konfidenzintervalle für den Wert $\Delta W_{St,q}$ angegeben werden:

KI für $\Delta W_{St,q}$ in Gruppe G_K (t=3,165, df=26): [15,6, 73,5]

KI für $\Delta W_{St,q}$ in Gruppe G_{IV} (t=3,092, df=32): [13,7, 66,8]

Studie zum Einsatz einer Streustrahlensimulation in der Strahlenschutzausbildung (Studie B)

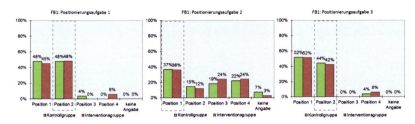

Abbildung 75: Prinzipienkurs der AOTrauma - Häufigkeiten der gewählten C-Bogen-Einstellungen vor der Schulungsphase aufgeschlüsselt nach Studiengruppe und Frage.

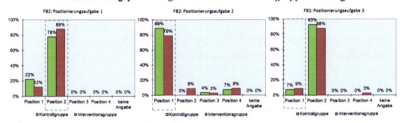

Abbildung 76: Prinzipienkurs der AOTrauma - Häufigkeiten der gewählten C-Bogen-Einstellungen nach der Schulungsphase aufgeschlüsselt nach Studiengruppe und Frage.

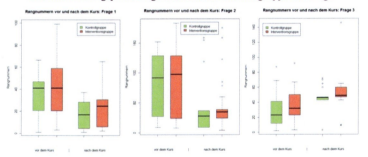

Abbildung 77: Prinzipienkurs der AOTrauma – Boxplots bezüglich der Rangnummern der einzelnen Fragen vor und nach den Schulungen.

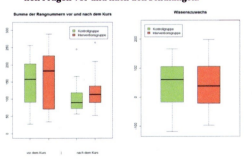

Abbildung 78: Prinzipienkurs der AOTrauma - Boxplots bezüglich der Werte $W_{St,v,q}$, $W_{St,n,q}$ (links) sowie $\Delta W_{St,q}$ (rechts).

Strahlenschutzkurs für OP-Personal des BSG

Abbildung 79 und Abbildung 80 zeigen die Häufigkeiten der gewählten C-Bogen-Einstellungen vor und nach den Schulungsphasen aufgeschlüsselt nach Positionierungsaufgabe sowie Kontroll- und Interventionsgruppe. Die für die entsprechende Positionierungsaufgabe des Fragebogens zur Erreichung einer minimalen allgemeinen Strahlenbelastung zu wählende C-Bogen-Einstellung ist in jedem Diagramm durch eine Einrahmung gekennzeichnet. Der Mittelwert für $W_{St,v,q}$ lag in der Kontrollgruppe G_K bei 131,9 mit einer Standardabweichung von 70,2. In der Interventionsgruppe G_{IV} wurde für $W_{St,v,q}$ ein Mittelwert von 158,7 mit einer Standardabweichung von 87,3 ermittelt. Der Wert $W_{St,n,q}$ nach der Schulungsphase betrug in Gruppe G_K im Mittel 151,7 bei einer Standardabweichung von 84,5. In der Interventionsgruppe G_{IV} lagen diese Werte bei 160,2 und 53,2. Abbildung 81 zeigt für die drei Typen der C-Bogen-Einstellung der Fragebögen mittels Boxplots die Verteilung der Rangnummern für die Studiengruppen vor und nach den Schulungen. Abbildung 82 zeigt auf der linken Seite aufgeschlüsselt nach Kontroll- und Interventionsgruppe Boxplots für die Werte $W_{St,v,q}$ und $W_{St,n,q}$. Der aus dem Wissenstand vor und nach dem Kurs resultierende Wert des Wissenszuwachses $\Delta W_{St,q}$ lag bei der Kontrollgruppe im Mittel bei -19,8 mit einer Standardabweichung von 96,8. In der Interventionsgruppe wurde für $\Delta W_{St,q}$ im Mittel -1,6 mit einer Standardabweichung von 94,4 ermittelt. Abbildung 82 zeigt auf der rechten Seite aufgeschlüsselt nach den Studiengruppen Boxplots für die Verteilung des Wertes $\Delta W_{St,q}$.

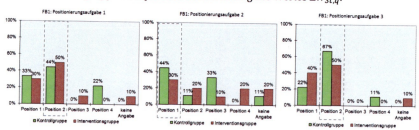

Abbildung 79: Strahlenschutzkurs für OP-Personal - Häufigkeiten der gewählten C-Bogen-Einstellungen vor der Schulungsphase aufgeschlüsselt nach Studiengruppe und Frage.

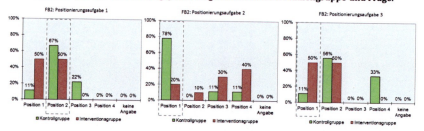

Abbildung 80: Strahlenschutzkurs für OP-Personal - Häufigkeiten der gewählten C-Bogen-Einstellungen nach der Schulungsphase aufgeschlüsselt nach Studiengruppe und Frage.

Studie zum Einsatz einer Streustrahlensimulation in der Strahlenschutzausbildung (Studie B)

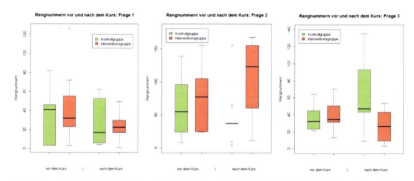

Abbildung 81: Strahlenschutzkurs für OP-Personal – Boxplots bezüglich der Rangnummern der einzelnen Fragen vor und nach den Schulungen.

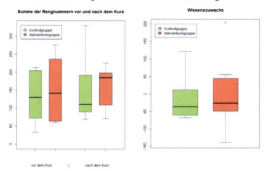

Abbildung 82: Strahlenschutzkurs für OP-Personal - Boxplots bezüglich der Werte $W_{St,v,q}$, $W_{St,n,q}$ sowie $\Delta W_{St,q}$ (rechts).

Konfirmatorische Datenanalyse bezüglich des Effekts des erweiterten virtX-Systems (Z SB1)

F SB1.3: Ist der Wissenszuwachs bezüglich Verhaltensweisen zur Minimierung der allgemeinen und individuellen Strahlenbelastung in der Gruppe, in welcher das erweiterte virtX-System eingesetzt wurde, größer als in der korrespondierenden Gruppe mit den traditionellen Lehrmethoden?

Prinzipienkurs für OP-Personal der AOTrauma

Da im Rahmen dieser Arbeit nur in einem Kurs dieses Typs Daten erhoben wurden, vereinfacht sich Gleichung *(71)* zu Gleichung *(72)*.

$$T^R = 12 \sum_{k=1}^{2} \frac{\left(R_{1k\bullet} - \frac{n_{1k}}{2}(n_{1\bullet}+1)\right)^2}{n_{1k}(n_{1\bullet}+1)n_{1\bullet}} \tag{72}$$

Aus den Fragebögen resultieren folgende Werte:

$$n_{11} = 27, n_{11} = 33 \text{ und } n_{1\bullet} = 60$$

$$R_{11\bullet} = 378 \text{ und } R_{12\bullet} = 561$$

Hieraus ergibt sich nach Gleichung *(72)* für $T^R = 43{,}82 > 3{,}841$ wodurch die Alternativhypothese des Testproblems angenommen wird. Dieses bedeutet, dass beim Prinzipienkurs für OP-Personal der AOTrauma ein signifikanter Unterschied in der Verteilung des Wertes $\Delta W_{St,q}$ in den untersuchten Gruppen vorliegt. Hieraus kann wiederum geschlossen werden dass zwischen den beiden eingesetzten Lehrvarianten ein Unterschied existiert. Da sowohl der Mittelwert als auch der Median des Wissenszuwachses $\Delta W_{St,q}$ in der Kontrollgruppe mit

$$\overline{\Delta W}_{St,q,K} = 44{,}6 > \overline{\Delta W}_{St,q,IV} = 40{,}3$$

und

$$Median(\Delta W_{St,q,K}) = 61 > Median(\Delta W_{St,q,IV}) = 38$$

größer ausfiel als in der Interventionsgruppe, soll die klassische Lehrvariante im Rahmen der betrachteten Studienumgebung als signifikant besser angesehen werden.

Strahlenschutzkurs für OP-Personal des BSG

Im Rahmen dieser Arbeit wurde nur ein Kurs dieses Typs betrachtet. Daher soll wie beim Prinzipienkurs der AOTrauma anstelle von Gleichung *(71)* Gleichung *(72)* zur Bestimmung des Testparameters T^R eingesetzt werden.

Aus den Fragebögen resultieren folgende Werte:

$$n_{11} = 9, n_{11} = 10 \text{ und } n_{1\bullet} = 19$$

$$R_{11\bullet} = 45 \text{ und } R_{12\bullet} = 55$$

Hieraus ergibt sich nach Gleichung *(72)* für $T^R = 13{,}5 > 3{,}841$ wodurch die Alternativhypothese des Testproblems angenommen wird. Dieses bedeutet, dass beim betrachteten Strahlenschutzkurs für OP-Personal ein signifikanter Unterschied in der Verteilung des Wertes $\Delta W_{St,q}$ in den untersuchten Gruppen vorliegt. Da der Mittelwert und der Median des Wertes $\Delta W_{St,q}$ in der Interventionsgruppe mit

$$\overline{\Delta W}_{St,q,IV} = -1{,}6 > \overline{\Delta W}_{St,q,K} = -19{,}8$$

und

$$Median(\Delta W_{St,q,IV}) = -26{,}15 > Median(\Delta W_{St,q,K}) = -36$$

größer ausfiel als der Mittelwert in der Kontrollgruppe, soll die Vermittlung der Streustrahlenfakten unterstützt durch das erweiterte virtX-System im Rahmen der betrachteten Studienumgebung als signifikant besser angesehen werden.

Studie zum Einsatz einer Streustrahlensimulation in der Strahlenschutzausbildung (Studie B)

Deskriptive Analyse der Akzeptanz des neuen Lehr- und Lernmediums (Z SB2)

F SB2.1: Was ist die subjektive Meinung der Probanden bezüglich der Verständlichkeit der Visualisierung der Streustrahlung?

F SB2.2: Was ist die subjektive Meinung der Probanden bezüglich der Verständlichkeit der Visualisierung der Körper- und Organdosen?

F SB2.3: Empfinden die Probanden die Interaktivität des CBT-Systems hilfreich?

F SB2.4: Wie ist die subjektive Meinung der Probanden bezüglich der Länge der Simulationszeit?

Prinzipienkurs für OP-Personal der AOTrauma

Abbildung 83 verdeutlicht mit Hilfe von Histogrammen die Häufigkeiten der gegebenen Antworten aufgeschlüsselt nach gestellter Frage. Die Formulierungen der gestellten Fragen sind nochmals oberhalb der Diagramme angegeben. Der Median lag bei den ersten drei Fragen jeweils bei "Trifft voll zu" (2). Bei der vierten Frage lag der Median der gegebenen Antworten bei "akzeptabel" (3).

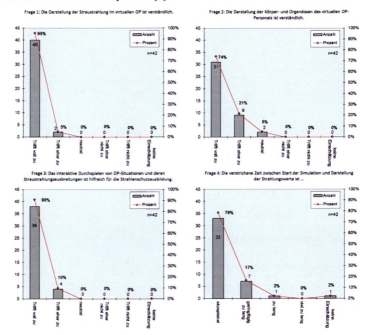

Abbildung 83: Prinzipienkurs der AOTrauma - Häufigkeiten der Antworten bezüglich der vier Fragen des Akzeptanzfragebogens.

Strahlenschutzkurs für OP-Personal des BSG

Ebenso wie beim Prinzipienkurs für OP-Personal verdeutlicht Abbildung 84 mit Histogrammen die Häufigkeiten der gegebenen Antworten des Akzeptanzfragebogens. Der Median lag bei den ersten drei Fragen ebenfalls bei "Trifft voll zu" (2) und bei der vierten Frage bei "akzeptabel" (3).

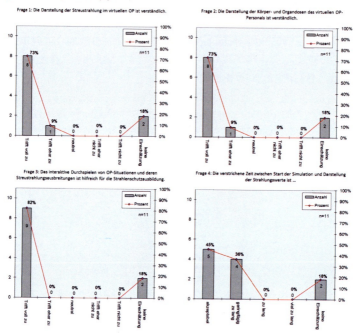

Abbildung 84: Strahlenschutzkurs für OP-Personal - Häufigkeiten der Antworten bezüglich der vier Fragen des Akzeptanzfragebogens.

5.5.4 Diskussion der Ergebnisse

5.5.4.1 Vergleich der Lehrmethoden

Ein Ziel der Studie B war es, zu ermitteln, ob bei Strahlenschutz- und Weiterbildungskursen durch den Einsatz des erweiterten virtX-Systems Verhaltensweisen zur Minimierung der allgemeinen und individuellen Strahlenbelastung effektiver gelehrt werden können als mit traditionellen Lehrmethoden (Z SB1). Um dieses Ziel zu erreichen, wurden die Kurse unterschiedlichen Typs betrachtet und in diese entsprechend den vorliegenden Kursstrukturen vergleichende Schulungsphasen integriert. Vor und nach den Schulungsphasen wurde der Wissensstand mit Hilfe der bereits in Studie A eingesetzten Fragebögen FB1 und FB2 erfasst, aus diesen Werten die resultierende Differenz als Wissenszuwachs bestimmt und die Verteilung dieser Werte zwischen der Kontroll- und

Interventionsgruppe verglichen. Hierdurch konnten die Fragen F SB1.1 bis F SB1.3 des Studienplans für die einzelnen Kurs-Typen beantwortet werden (vgl. Kapitel 5.4.3).

Nachfolgend sollen die Ergebnisse der Studie für die einzelnen Kurs-Typen separat diskutiert werden.

Prinzipienkurs für OP-Personal der AOTrauma

Bezüglich der Altersstruktur (durchschnittlich 36,0 Jahre) und der Berufserfahrung (durchschnittlich 8,7 Jahre) bilden die Probanden im Rahmen des Prinzipienkurses für OP-Personal der AOTrauma vergleichbar mit den Probanden der Studie A eine akzeptable Repräsentation der Auswahlgrundgesamtheit.

Anders als bei den in Studie A betrachteten Teilnehmern des Strahlenschutzkurses ist bei den Probanden des Prinzipienkurses bereits zu Beginn des Kurses das über die zu präferierenden C-Bogen-Einstellungen und den Wert $W_{St,v,q}$ erfasste Vorwissen über Verhaltensweisen zur Minimierung der Strahlenbelastung größer. In der gesamten Stichprobe wählten bereits vor dem Kurs 43% der Probanden (43% in der Kontroll- und 42% in der Interventionsgruppe) die aus Strahlenschutzsicht zu präferierende C-Bogen-Einstellung. In Gruppe G_A der Studie A waren es hierbei nur 21%. Ein Vergleich mit dem Vorwissen von Gruppe G_B der Studie A ist aufgrund des Einsatzes des Fragebogens FB2 zu Beginn des Kurses nicht möglich. Mit einem arithmetischen Mittelwert von 145,3 in Kontrollgruppe G_K und 161,0 in Gruppe G_{IV} liegen die Werte hinsichtlich $W_{St,v,q}$ um 10-13% (bezogen auf Gruppe G_A: 212,2) höher als in der Stichprobe der Studie A. Diese Ausprägung der Daten kann durch verschiedene Aspekte begründet sein. Betrachtet man die Angaben der Teilnehmer, wann diese den letzten Strahlenschutzkurs besuchten (vgl. Abbildung 74), so ist zu erkennen, dass bei 30% der Teilnehmer der Interventionsgruppe und bei sogar 40% der Kontrollgruppe eine derartige Schulung ein Jahr oder weniger zurückliegt. Aufgrund dieses zeitnahen Strahlenschutzkurses ist es gut möglich, dass die relevanten Fakten bezüglich der Streustrahlung noch gut im Gedächtnis der Probanden präsent sind und hierdurch bessere Antworten gegeben wurden. Abgesehen von dieser Situation, nahmen zudem alle Probanden am ersten Tag des Prinzipienkurses (14.11.2012, 17:45-18:00 Uhr) an einem Vortrag "Strahlenschutz im OP" teil, bei welchem ebenfalls über die Streustrahlung und Maßnahmen des Schutzes referiert wurde. Auch die häufige Verwendung des C-Bogens könnte ein Grund für die beobachteten kleineren Werte $W_{St,v,q}$ sein: 72% aller Befragten (78% von G_K und 67% von G_{IV}) gab an, den C-Bogen regelmäßig zu verwenden, und 85% der Probanden (jeweils 85% der Probanden aus G_K und G_{IV}) statuierte, dass sie den C-Bogen selber bedienen. Denn es wäre möglich, dass während der Verwendung des C-Bogens im Berufsalltag, ohne das Wissen über die Streustrahlung, unbewusst korrekte Verhaltensweisen erlernt wurden. Da diese genannten Punkte auf prozentual mehr Probanden der Kontrollgruppe zutreffen, kann auch der im Vergleich zur Interventionsgruppe geringere durchschnittliche Wissensstand vor dem Kurs erklärt werden.

Durch das bereits vor dem Kurs existierende hohe Vorwissen aller Probanden des Prinzipienkurses, welches bereits im Studienplan als möglicher Störfaktor identifiziert wurde, liegt die Verteilung der Rangnummern bezüglich der einzelnen Positionierungsfragen (vgl. auch Abbildung 77) und somit auch der durchschnittliche Wert des Wissensstandes $W_{St,n,q}$ nach der Schulungsphase sehr nah bei den zuvor gemessenen Daten (vgl. Abbildung 78). Hierdurch ist wiederum der gemessene Wissenszuwachs $\Delta W_{St,q}$ in den einzelnen Stichproben sehr gering: 44,6 in der Gruppe G_K und 40,3 in Gruppe G_{IV}. Basierend auf den ermittelten 95%-Konfidenzintervallen für $\Delta W_{St,q}$ der Studiengruppen (G_K [15,6, 73,5]; G_{IV} [13,7, 66,8]) kann statuiert werden, dass im beobachteten Kurs Typ mit einer Irrtumswahrscheinlichkeit von 5% der Wissenszuwachs innerhalb der Kontrollgruppe 3,1-14,4% und innerhalb der Interventionsgruppe nur 2,7-13,1% beträgt. Diese Werte liegen wiederum aufgrund des hohen Vorwissens der Probanden des Prinzipienkurses weit unterhalb der in Studie A ermittelten Marge von 10,4-25,9% für klassische Strahlenschutzkurse. Auch die Anzahl der nach der Schulungsphase gewählten zu präferierenden C-Bogen-Einstellungen stieg aufgrund des größeren Vorwissens in der gesamten Stichprobe nur um 15% auf insgesamt 58% (58% in Gruppe G_K und 59% in Gruppe G_{IV}), wobei in Studie A in Gruppe G_A ein Anstieg von 36% (22% auf 58%) verzeichnet wurde. Hierbei ist zu erwähnen, dass nach dem Kurs 93% der Probanden der Kontrollgruppe und 88% der Interventionsgruppe bezüglich Frage 3 des Fragebogens FB2 die C-Bogen-Position wählte, welche zwar nicht die geringste allgemeine Strahlenbelastung aufwies, jedoch dem in Strahlenschutzkursen häufig vermittelten allgemeinen Lehrsatz "Abstand zwischen Patient und Bildverstärker gering halten" entsprach. Dieser Fakt trifft ebenfalls auf die Gruppe G_A der Studie A zu. Eine Betrachtung der Fragebogenergebnisse mit Ausschluss der Frage 3 sowohl beim Fragebogen FB1 als auch bei FB2 führt dazu, dass bei den Probanden des Prinzipienkurses der AOTrauma die Anzahl der zu präferierenden C-Bogen-Einstellungen von ebenfalls 43% vor der Schulung deutlich um 40% auf 83% danach ansteigt. Dieses gilt sowohl für die Kontroll- als auch für die Interventionsgruppe. Bezüglich der Gruppe G_A in Studie A verändert ein derartiger Ausschluss der dritten Frage die Differenz entsprechender Antworten von 36% auf 49%, wodurch wiederum der Wissenszuwachs bezüglich der korrekten C-Bogen-Einstellung in den Gruppen G_K und G_{IV} aufgrund des größeren Vorwissens geringer ist.

Die konfirmatorische Datenanalyse zeigte, dass im Rahmen des beobachteten Prinzipienkurses der Einsatz von klassischen Lehrmedien, entgegen der zu Beginn von Kapitel 3 formulierten Hypothese, einen signifikant höheren Wissenszuwachs erzielte. Ginge man trotz dieses Resultats weiterhin davon aus, dass mit dem erweiterten virtX-System die Streustrahlenfakten besser vermittelt werden können als mit klassischen Lehrvarianten, ließen sich die beobachteten abweichenden Ergebnisse durch zwei Einflussfaktoren erklären.

Ein Faktor, welcher den größeren Wissenszuwachs in der Kontrollgruppe hervorgerufen haben könnte, ist die bereits zuvor beschriebene Tatsache, dass mehr Probanden der Kontrollgruppe innerhalb des letzten Jahres einen Strahlenschutzkurs besuchten und somit bei ihnen das Wissen im untersuchten Bereich evtl. noch gut präsent ist. Es wäre denkbar, dass das kurze Ansprechen der Streustrahlenfakten während der Schulungsphase die in den Strahlenschutzkursen erlernten Fakten ins Gedächtnis der Probanden zurückgerufen hat. Hierdurch wären die Probanden, bei denen der letzte Strahlenschutzkurs in nicht allzu ferner Vergangenheit lag, bei der nachgeschalteten Befragung gegenüber Teilnehmern im Vorteil, welche noch gar keinen Strahlenschutzkurs absolvierten oder bei denen dieser schon mehrere Jahre zurück liegt. Eine durchgeführte Regressionsanalyse der personenbezogenen Variablen und dem Wissensstand vor dem Kurs, dem Wissensstand nach dem Kurs und dem Wissenszuwachs, konnte jedoch keine signifikante Korrelation zwischen den gemessenen Werten feststellen.

Ein weiterer möglicher Faktor für die beobachtete Superiorität der klassischen Lehrmethode könnte das geringe Zeitfenster für die Erläuterung pro Teilgruppe von fünf bis zehn Minuten sein. Es wäre möglich, dass sich unter den vorliegenden Umständen die Verwendung von klassischen Lehrmitteln – sprich starren zweidimensionalen Grafiken auf Papier oder einem Bildschirm – für die Probanden der Kontrollgruppe als Vorteil auswirkte. Denn durch den alleinigen Einsatz von bekannten Medien konnten sich die Teilnehmer der Gruppe G_K innerhalb der kurzen Zeitspanne der Erläuterungsphase voll und ganz auf die neuen Fakten bezüglich der Streustrahlung konzentrieren. Teilnehmer der Interventionsgruppe G_{IV} hingegen mussten sich im gleichen Zeitfenster zuerst mit der Darstellung im unbekannten CBT-System auseinandersetzen, wodurch sie weniger Zeit zur Aufnahme der relevanten Strahlungsfakten besaßen. Möglicherweise wurden die Probanden der Interventionsgruppe noch zusätzlich in den ersten Momenten der Schulung von der neuartigen Interaktivität des Trainingssystems abgelenkt, wodurch die Aufnahme der erläuterten Fakten zusätzlich behindert wurde. Diese Vermutungen können jedoch nur über weiterführende Studien mit einem ähnlichen Untersuchungskollektiv, gleicher Kursart und einer längeren Erklärungsphase, durch welche der Vorteil für die Kontrollgruppe verringert werden könnte, bestätigt oder widerlegt werden. Somit ist eine abschließende Beurteilung, welche Lehrvariante im Rahmen dieser Kursart zu präferieren ist, nicht eindeutig zu treffen.

Strahlenschutzkurs für OP-Personal des BSG

Die Altersstruktur der Probanden des betrachteten Strahlenschutzkurses entsprach mit durchschnittlich 36,1 Jahren der des Prinzipienkurses für OP-Personal der AOTrauma (36,0 Jahre) und kann als repräsentativ für die Grundgesamtheit angesehen werden. Obwohl alle Probanden, sofern sie Angaben machten, statuierten, dass der betrachtete Strahlenschutzkurs ihr erster wäre oder der letzte Kurs bereits über 10 Jahre her sei, gaben 42% an, den C-Bogen regelmäßig und 26% diesen gelegentlich zu verwenden. In Zusammenhang mit der Tatsache, dass 58% der Probanden anführten, den C-Bogen selber zu bedienen, könnte geschlossen werden, dass Teilnehmer des Kurses das Röntgengerät ohne aktuelle Strahlenschutzkenntnisse bedienten. Diese verwunderliche Korrelation wurde gleichermaßen in Studie A beobachtet und sollte in weiterführenden Untersuchungen genauer beleuchtet werden.

Die durchschnittliche Berufserfahrung lag im betrachteten Strahlenschutzkurs bei 11,0 Jahren (G_K: 12,4 Jahre; G_{IV}: 9,9 Jahre) um mehr als zwei Jahre über den im Prinzipienkurs der AOTrauma und in Studie A beobachteten Werten. Auch das gemessene Vorwissen $W_{St,v,q}$ war in Gruppe G_K mit 131,9 um 16% und in Gruppe G_{IV} mit 158,7 um 11% größer als es in Studie A in Gruppe G_A beobachtet wurde und sogar um 3% bzw. 1% größer als bei den Probanden des Prinzipienkurses der AOTrauma. Auch bei den Fragen zur C-Bogen-Einstellung wählten bereits vor Beginn des Kurses 47% der Teilnehmer des Strahlenschutzkurses (52% in G_K und 43% in G_{IV}) die Einstellung mit der geringsten allgemeinen Strahlenbelastung. Diese Ergebnisse sind mit Blick auf die oben dargelegten Angaben, wann der letzte Strahlenschutzkurs absolviert wurde, verwunderlich und könnten lediglich über die längere Berufserfahrung und die häufige Verwendung des C-Bogens erklärt werden. Dass derartige Ergebnisse durch zufälliges Raten resultieren, kann als unwahrscheinlich angesehen werden.

Im betrachteten Strahlenschutzkurs sanken nach dem Kurs in beiden Studiengruppen sowohl die Anzahl der gewählten zu präferierenden C-Bogen-Einstellungen als auch der durchschnittliche Wert für $W_{St,n,q}$. Nach der Schulung wählten nur noch 46% der Probanden (52% in Gruppe G_K und 40% in Gruppe G_{IV}) die C-Bogen-Einstellung mit der geringsten Strahlenbelastung. Der Wert $W_{St,q}$ sank in Gruppe G_K um 3,9% von 131,9 auf schlechtere 151,7 und in Gruppe G_{IV} um 0,3% von 158,7 auf 160,2. Hierdurch resultierte für beide Studiengruppen durchschnittlich ein negativer Wert bezüglich $\Delta W_{St,q}$ (G_K: $-19,8$, G_{IV}: $-1,6$), welcher somit in diesem Kontext nicht mehr als Wissenszuwachs bezeichnet werden kann. Die Bestimmung des 95%-Konfidenzintervalls von $\Delta W_{St,q}$ ergab für die Kontrollgruppe [$-94,2$, $54,6$] und für die Interventionsgruppe [$-69,1$, $65,9$]. Hieraus und aus den Boxplots in Abbildung 82 ist zusätzlich die starke Verschiebung des Wertes $\Delta W_{St,q}$ in den negativen Bereich zu erkennen. Als mögliche Erklärung für dieses unerwartete Ergebnis kann lediglich der Einfluss durch den Dozenten genannt werden. Es wäre möglich, dass dieser, obwohl ihm eine längere Erklärungsphase zur Verfügung stand als beim betrachteten Prinzipienkurs der AOTrauma, in beiden Studiengruppen die Sachverhalte schlecht verständlich vermittelte oder die Fakten sogar so dargelegte, dass es zu Missverständnissen bei den Probanden kam. Eine exakte Festlegung des Auslösers für die nach dem Kurs gemessenen schlechteren Ergebnisse ist jedoch nicht möglich.

Die konfirmatorische Datenanalyse zeigte zwar, dass die Lehrmethode mit dem erweiterten virtX-System im Rahmen des betrachteten Kurses bessere Ergebnisse lieferte als die klassische Variante, was jedoch unter dem Gesichtspunkt einer allgemeinen Verschlechterung des Wissensstandes nach dem Kurs einen fraglichen Erfolg darstellt. Aufgrund der Verschlechterung in beiden Studiengruppen kann mit den Ergebnissen der Studie keine verlässliche Aussage über die Unterschiede zwischen den Lehrvarianten getroffen werden, da wahrscheinlich ein anderer externer Faktor die Daten zu stark beeinflusste.

Als zusammenfassendes Ergebnis der einzelnen Studienphasen kann statuiert werden, dass eine Über- oder Unterlegenheit des erweiterten virtX-Systems gegenüber den betrachteten klassischen Lehrvarianten weder eindeutig gezeigt noch widerlegt werden konnte. Sofern aus den Werten bezüglich $\Delta W_{St,q}$ eine Superiorität einer Lehrvariante hervorging, relativierten andere beobachtete Daten der Studie dieses Ergebnis. So wurde im Prinzipienkurs für OP-Personal die klassische Lehrmethode als effizienter ermittelt, jedoch könnte dieses Ergebnis entweder durch die zeitnahen Strahlenschutzkurse oder die kurze Erläuterungsphase hervorgerufen worden sein. Im beobachteten Strahlenschutzkurs für OP-Personal der BSG wurden zwar in der Interventionsgruppe größere Werte für $\Delta W_{St,q}$ gemessen, jedoch waren die Mittelwerte für den Wissenszuwachs in beiden Studiengruppen negativ, was die Ergebnisse der Studie unbrauchbar macht.

Aus den gesammelten Daten der einzelnen Studienphasen können jedoch Vorschläge für zukünftige Studien in diesem Kontext herausgearbeitet werden. So sollten für weitere Untersuchungen die Fragebögen FB1 und FB2 nochmals überarbeitet werden, sodass sie sich bezüglich der Frage 3 nicht nur optisch sondern auch hinsichtlich der Strahlungswerte ähneln. Des Weiteren sollte man in kommenden Studien der Tatsache Rechnung tragen, dass sich Probanden, welche mit dem erweiterten virtX-System lernen, zuerst mit dem unbekannten Lehrmedium auseinandersetzen müssen, bevor sie sich auf die vermittelten neuen Fakten konzentrieren können. Eine allgemeine Verlängerung der Erläuterungsphase wäre eine Möglichkeit, den hieraus resultierenden Vorteil für die Kontrollgruppe auszugleichen. Zudem sollte versucht werden, den vermeintlich starken Einfluss des Dozenten auf den Wissenszuwachs als Störfaktor weiter zu verringern. Um Variationen in der Erklärungsphase zu minimieren, könnten vorher festgelegte Präsentationsfolien, ein vorzulesendes Script oder vorbereitete Videos eingesetzt werden. Der individuelle Einfluss des Dozenten in der Diskussionsphase ist jedoch nur schwer kontrollier- oder messbar.

Die in dieser Arbeit beschriebene Studie B untersuchte im Rahmen von Strahlenschutz- und Weiterbildungskursen lediglich den Kurzzeit-Lerneffekt bezüglich zwei unterschiedlicher Lehrmethoden. Ob das entwickelte neue Lehr- und Lernwerkzeug evtl. eine positive Auswirkung auf den Langzeit-Lerneffekt hat, müsste in weiteren Studien untersucht werden.

5.5.4.2 Akzeptanz der neuen Lehr- und Lernmethode

Zur Erreichung des zweiten Zieles der Studie B, der Ermittlung der Akzeptanz des neuen Lehr- und Lernmediums, wurden den Teilnehmern, welche das erweiterte virtX-System im Einsatz begutachten konnten, spezielle Fragebögen ausgegeben. Mit Hilfe dieser Fragebögen konnte die Meinung der Probanden zur Darstellung der simulierten Dosiswerte, zur benötigten Laufzeit der Simulation und zur allgemeinen Nützlichkeit des neuen CBT-Systems im Rahmen von Strahlenschutz- und Weiterbildungskursen erfasst werden.

Diese Befragungen lieferten bezüglich der Visualisierung der Dosiswerte in allen betrachteten Kursarten ein durchweg positives Meinungsbild. In keinem Kurs gab ein Teilnehmer an, dass die Darstellung der Streustrahlung im virtuellem OP oder die der Körper- und Organdosen unverständlich sei. Betrachtet man in Abbildung 83 und Abbildung

84 die Verteilungen der zu Frage 1 und 2 des Akzeptanzfragebogens gegebenen Antworten, so ist zu erkennen, dass jeweils 73-95% der Befragten die entwickelten grafischen Darstellungen für verständlich hielten. Nimmt man die Probanden, welche die Fragen mit "Trifft eher zu" beantworteten, noch zu dieser Personengruppe hinzu, so steigt dieser Wert sogar auf 82-100%. In Hinblick auf diese Ergebnisse kann festgehalten werden, dass erfolgreich eine intuitiv verständliche Visualisierung der simulierten Strahlungswerte für den Einsatz in der Strahlenschutzausbildung entwickelt werden konnte und somit das Ziel Z2 dieser Arbeit als erreicht angesehen wird.

Wie bereits in Kapitel 3.1.3 erwähnt, kann die bei herkömmlichen Monte-Carlo-Simulationsverfahren benötigte lange Berechnungszeit als Grund angesehen werden, dass diese bisher nicht für die Simulation des Strahlungstransportes in interaktiven Trainingsprogrammen im Rahmen der Strahlenschutzausbildung Anwendung fanden. Um herauszufinden, ob die mit SIScaR-GPU erreichten Simulationszeiten angemessen für den Einsatz in der Ausbildung sind, wurden die Teilnehmer der betrachteten Strahlenschutz- und Weiterbildungskurse bezüglich ihrer Meinung zur vorliegenden Laufzeit der Berechnung befragt. Vor dieser Befragung wurden die Strahlungswerte für verschiedene OP-Szenarien mit unterschiedlichen Berechnungszeiten simuliert und dargestellt. Im Prinzipienkurs für OP-Personal empfand der Großteil der Befragten (79%) die vom System benötigten Rechenzeiten akzeptabel und 17% als geringfügig zu lang. Lediglich einer (2%) der 42 Probanden empfand die Simulationszeit explizit als zu lang. Im betrachteten Strahlenschutzkurs wurde bezogen auf diese Frage ein anderes Meinungsbild beobachtet. Hier gaben nur 45% der Probanden an, dass sie die Länge der Berechnungszeit als akzeptabel empfanden und dafür mehr als doppelt so viel (36%), dass für sie die Zeitspanne geringfügig zu lang war. Im Vergleich zum Prinzipienkurs der AO-Trauma statuierte im Strahlenschutzkurs hingegen niemand, dass die Simulationszeit explizit zu lang sei. Insgesamt kann festgehalten werden, dass in allen betrachteten Kursarten die Mehrheit der Befragten die unter Verwendung der in Kapitel 3.1.3 beschriebenen Hardware erreichten Berechnungszeiten als angemessen für den Einsatz in der Strahlenschutzausbildung ansahen. In Hinblick auf die Anzahl der Probanden, welchen die benötigte Zeitspanne als zu lang bzw. geringfügig zu lang empfanden, sollte trotz der immer weiter steigenden Leistung moderner Grafikhardware in weiteren Entwicklungsschritten versucht werden, die Berechnung weiter zu beschleunigen. Ein erster Schritt in diese Richtung könnte z. B. die Erweiterung des SIScaR-GPU-Algorithmus für die Verwendung mehrerer GPUs eines PCs sein.

Die Ergebnisse der Befragungen im untersuchten Personenkollektiv zeichnen des Weiteren ein durchweg positives Bild der Akzeptanz bezogen auf das neue Lehrmedium. Auf die Frage, ob das interaktive Durchspielen von OP-Situationen und deren Strahlenausbreitung mit dem erweiterten virtX-System als hilfreich für die Strahlenschutzausbildung erachtet wird, antwortete in allen Kursen die absolute Mehrheit mit „Trifft voll zu". Im Prinzipienkurs der AOTrauma lag dieser Prozentsatz bei 90% der Befragten. Die verbleibenden 10% antworteten mit "Trifft eher zu". Im betrachteten Strahlenschutzkurs wählten 82% der Probanden die Antwortmöglichkeit "Trifft voll zu". Vernachlässigt man die Teilnehmer, welche keine Einschätzung für diese Fragestellung abgaben, steigt dieser Wert sogar auf 100%. Obwohl in Studie B dieser Arbeit nicht gezeigt werden konnte, dass das erweiterte virtX-System Verhaltensweisen zur Minimierung der Streustrahlenbelastung objektiv besser vermitteln kann als klassische Lehrmethoden, sprechen die subjektiven Meinungen der befragten Teilnehmer dafür, dass ein Einsatz des neuen Systems in der Strahlenschutzausbildung sinnvoll ist. Aufgrund der gewonnenen Daten sollte das erweiterte virtX-System eher als Ergänzung zu den klassischen Lehrmethoden und bereits existierenden Vorgehensweisen in die Strahlenschutzausbildung integriert werden, anstatt vorhandene Methoden durch das neue CBT-System zu ersetzen.

6 Diskussion und Ausblick

In der vorliegenden Arbeit sollte untersucht werden, ob eine interaktive Simulation und Visualisierung der intraoperativen Streustrahlenausbreitung im Rahmen der Strahlenschutzausbildung Verhaltensweisen zur Minimierung der individuellen Strahlenbelastung im Arbeitsalltag besser vermitteln kann als traditionelle Lehrverfahren.

Da eine im Rahmen dieser Arbeit durchgeführte Recherche in verschiedenen Literaturdatenbanken (vgl. Kapitel 2.4) keine Publikation ermitteln konnte, welche ein derartiges computerbasiertes Lehr- und Lernsystem beschreibt, wurden benötigte Softwarekomponenten entwickelt und in das vorhandene C-Bogen-Schulungssystem virtX integriert. In diesem Kontext wurde eine GPU-optimierte Methode namens SIScaR-GPU für die zeitminimierte Simulation und Visualisierung des intraoperativen Strahlungstransports erarbeitet und in Teilen validiert. Zusätzlich wurde mittels Studien untersucht, welche Auswirkungen der Einsatz des erstellten CBT-Systems im Kontext von Strahlenschutz- und Weiterbildungskursen auf den Wissenserwerb im Bereich der Streustrahlenfakten hat.

Die im Einleitungskapitel dargelegten Ziele dieser Arbeit sollen im Weiteren als Ausgangspunkt für die Diskussion der entwickelten Methoden und Ergebnisse sowie für einen Ausblick auf etwaige weiterführende Forschungsarbeiten herangezogen werden.

6.1 Zeitminimiertes Verfahren zur Simulation des intraoperativen Strahlungstransportes

Ein Ziel dieser Arbeit war es, ein Modell zu entwickeln, welches das Verhalten der Streustrahlung bei der intraoperativen Durchleuchtung für definierte OP-Szenarien in weniger als 30 Sekunden simuliert (Z1). Zur Erreichung dieses Zieles wurden als erstes existierende Verfahren der computerbasierten Simulation des Strahlungstransportes untersucht und bezüglich ihrer Eignung, die Streustrahlenausbreitung im bearbeiteten Themengebiet zu simulieren, bewertet. Basierend der gewählten Bewertungskriterien:

- korrekte Simulation der Strahlungsausbreitung in material- und dichteheterogenen Simulationsvolumina,
- Simulationsmöglichkeit von Strahlenspektren,
- Schwerpunkt des Simulationsalgorithmus liegt nicht auf Berechnung der Schwächung des Hauptstrahlenbündels und
- korrekte Approximation der Streustrahlung

wurden stochastische Simulationsverfahren (Monte-Carlo-Methoden) als geeignetste Variante für die Berechnung der intraoperative Streustrahlenausbreitung ausgewählt. Da diese Simulationsverfahren jedoch für eine akzeptable Approximation den Nachteil einer hohen Berechnungskomplexität und somit langen Berechnungszeit bei iterativer Lösung des Gesamtproblems aufweisen, wurden in dieser Arbeit Möglichkeiten zur Verringerung der Simulationszeit beleuchtet. Aus dem Vergleich der zur Verfügung stehenden Optionen kristallisierte sich die parallele Simulation der einzelnen Photonenhistorien unter Verwendung moderner Grafikkarten als geeignetste Herangehensweise für die Beschleunigung der Berechnung im Kontext der Ausbildung und Lehre heraus. Diese Auswahl wurde getroffen, da keine Wartung und Finanzierung von Rechenclustern oder die Anschaffung von hochpreisiger Spezialhardware für die Beschleunigung der Problemlösung nötig sind und somit ein handelsüblicher, leicht zu transportierender PC als benötigte Hardware ausreicht. Auf diese Weise ist ein schneller und unkomplizierter Einsatz des erstellten Trainingssystems bei Strahlenschutz- und Weiterbildungskursen möglich.

Durch einen Vergleich von in der Literatur erwähnten stochastischen Verfahren zur Simulation des Strahlungstransportes, welche Grafikprozessoren zur Beschleunigung der Berechnung verwenden, wurde das Simulationspaket MC-GPU als geeignetste Grundlage für den zu entwickelnden Algorithmus ausgewählt. Durch die Erweiterung von MC-GPU um verschiedene Aspekte bezüglich der intraoperativen Röntgenbildgenerierung (Blenden, Strahlenspektrum der Röntgenröhre, C-Bogen-Geometrie), der Erfassung orts- und personenspezifischer Energiedosen sowie einer Laufzeitoptimierung wurde der Simulationsalgorithmus der SIScaR-GPU Methode konstruiert. Zusätzlich wurden Verfahren implementiert, welche interaktiv die Material- und Dichtewerte ausgewählter Objekte einer beliebigen OP-Situation in das voxelisierte Simulationsvolumen integrieren können.

Exemplarische Messungen zeigten, dass das entwickelte Simulationsmodul für die betrachteten OP-Situationen und unter Verwendung der beschriebenen Grafikhardware in der Lage ist, die Streustrahlenausbreitung sowie die personenbezogenen Dosiswerte in weniger als 30 Sekunden zu bestimmen. Meist sogar in weniger als 10 Sekunden. Unter speziellen Konstellationen der Simulationsparameter kann die Laufzeit jedoch die in der Zielformulierung gesetzte 30-Sekunden-Marke überschreiten. Diese Einstellungen der Geräte und Positionierungen der Personen entsprechen allerdings selten Situationen aus dem klinischen Alltag. Basierend auf den gesammelten und dargelegten Daten kann somit das Ziel Z1 dieser Arbeit als erreicht angesehen werden.

Die Korrektheit der von SIScaR-GPU errechneten Strahlungswerte wird in dieser Arbeit, neben den selbst durchgeführten Messungen, hauptsächlich aufgrund von Evaluationen der zugrunde liegenden Algorithmen von MC-GPU und PENELOPE 2006 durch andere Autoren angenommen. Der visuelle Vergleich der simulierten Daten mit Isodosenkurven aus der Literatur zeigte hingegen in manchen Punkten keine genaue Übereinstimmung. Diese Unterschiede könnten durch verschiedene Faktoren hervorgerufen werden. Einerseits könnten sie durch Variationen bezüglich Bauform und der erzeugten Strahlenspektren des virtuellen C-Bogen-Modells im Vergleich zu den in den Publikationen eingesetzten Geräten herrühren. Auch die unterschiedliche Zusammensetzung der in den Publikationen eingesetzten Phantome und dem virtuellen Patienten in SIScaR-GPU, sowie Unterschiede in der Bauform und Beschaffenheit des realen und virtuellen OP-Tisches könnten zu Abweichungen führen. Es wäre jedoch auch denkbar, dass der SIScaR-GPU-Simulationsalgorithmus an sich fehlerhafte Daten liefert. Um die Validität der durch den erweiterten Algorithmus simulierten Werte zu prüfen, sollten in weiterführenden Arbeiten experimentelle Strahlungsmessungen für dedizierte OP-Settings ermittelt und mit den errechneten Werten verglichen werden. Es stellt sich hierbei jedoch die Frage, ob eine absolut fehlerfreie Simulation für den Einsatz in der Strahlenschutzausbildung notwendig ist oder nicht sogar eine gut angenäherte Simulation und Visualisierung für die Vermittlung der relevanten Fakten ausreicht.

Im Zuge der weiterführenden Validierung des SIScaR-GPU-Simulationsalgorithmus sollten auch die Methoden, welche derzeit die Strahlungsinteraktionen bestimmen und die auf dem PENELOPE 2006 Simulationspaket beruhen, durch die aktualisierten Pendants aus dem PENELOPE 2011 Paket ersetzt werden. Diese neuen Methoden, welche andere Parametertabellen einsetzen als MC-GPU und aus diesen Gründen derzeit noch nicht integriert wurden, könnten die Güte und Laufzeit der Streustrahlenapproximation positiv beeinflussen. Hierbei wäre ein direkter Vergleich zwischen den simulierten Strahlungswerten sowie Laufzeiten der beiden Varianten angebracht.

Die in dieser Arbeit beschriebenen Laufzeiten des Simulationsalgorithmus liegen mit Werten zwischen ca. 2 und 30 Sekunden zwar unterhalb der in der Zielsetzung festgelegten oberen Grenze, jedoch weit entfernt von 0,04 Sekunden, welche für eine Simulation in Realzeit benötigt würden. Trotz der zu erwartenden steigenden Rechenleistung moderner Grafikkarten und der hiermit einhergehenden automatischen Herabsenkung der benötigten Zeit für die Simulationsberechnung, sollte eine weitere Laufzeitoptimierung der SIScaR-GPU-Methode angestrebt werden. Hierfür bieten sich verschiedene vielversprechende, jedoch in dieser Arbeit nicht mehr betrachtete, Optimierungspunkte an. So nutzt die in dieser Arbeit beschriebene Simulationsmethode derzeit nur die Leistung des rechenstärksten Grafikprozessors im Computersystem. Eine Verteilung der Berechnung auf mehrere Grafikprozessoren, z. B. bei der Verwendung von zwei Grafikkarten in einem PC oder einer Grafikkarte mit mehreren GPUs, könnte die Laufzeit der Simulation nochmals verringern. Hierbei sollte der Einsatz von CUDA™ 4.1 in Betracht gezogen werden, da diese Version es ermöglicht, aus einem Kernel heraus, ohne den Umweg über den Arbeitsspeicher der CPU, auf den globalen Grafikkartenspeicher der anderen im System vorhandenen CUDA-fähigen Grafikkarten lesend und schreibend zuzugreifen. Mit dieser Herangehensweise könnten alle im System vorhandenen GPUs für die Lösung des Gesamtproblems herangezogen und Datentransfers sowie Transferzeiten möglichst reduziert werden. Des Weiteren setzt der Simulationsalgorithmus von SIScaR-GPU derzeit bei der iterativen Berechnung der Strahlenausbreitung nur die synchrone Datenübertragung und Kernel-Ausführungen ein. Hierbei wird ein Prozess erst gestartet, wenn der vorherige abgeschlossen wurde. Der Einsatz von asynchronen nebenläufigen Ausführungen von Datentransfers zwischen Arbeitsspeicher und Grafikkartenspeicher sowie Kernel-Ausführungen könnte die benötigte Zeit für die Simulation der Photonenhistorien weiter herabsenken. Auch finden beim stochastischen SIScaR-GPU-Simulationsalgorithmus, wie beim Algorithmus des MC-GPU-Paketes, derzeit Varianzreduktionstechniken und Wiederverwendung von Photonenpfaden keinen Einsatz. Es sollte in weiteren Arbeiten untersucht werden, ob diese Methoden, welche erfolgreich bei unterschiedlichen iterativen Monte-Carlo-Simulationsverfahren zur Verkürzung der Berechnungszeit verwendet werden, auf die parallele Berechnung auf Grafikprozessoren übertragbar sind und in diesem Umfeld ebenfalls die Laufzeit verkürzen können.

Neben der Laufzeitoptimierung sind des Weiteren vertiefende Forschungsvorhaben zur Erweiterung des Modells, welches der Simulation zugrunde liegt, denkbar. Durch die Integration von zusätzlichen Aspekten der Realität in das Modell könnten die Ergebnisse der Approximation weiter der realen Streustrahlenausbreitung angenähert werden. Hierbei ist jedoch stets zwischen dem Aufwand der Modellierung und dem Grad der Auswirkung auf die Strahlungswerte abzuwägen. Ebenso sollte eine durch die Integration in das Simulationsmodell resultierende Verlängerung der Laufzeit mit in diese Abwägung einbezogen und nicht der intendierte Einsatzbereich des Simulationswerkzeuges aus den Augen verloren werden. Zu möglichen Punkten für eine derartige Erweiterung des Modells zählen z. B.

- die Nachbildung der Gehäuse-Leckstrahlung und
- des Heel-Effektes,
- die Modellierung von unterschiedlichen Filtern für die Strahlenquelle aus Kupfer oder Aluminium sowie
- eines regelbaren Röhrenstroms.

Zusätzlich zu diesen Erweiterungen bezüglich der Strahlenquelle könnten weitere im OP vorkommende Objekte (z. B. das Anästhesiegerät oder Deckenleuchten) und Strahlenschutzgegenstände, wie Strahlenschutzlamellen am OP-Tisch oder mobile Strahlenschutzwände, im Modell nachgebildet werden.

6.2 Visualisierungskomponente der intraoperativen Streustrahlung

Ein weiteres Ziel dieser Arbeit war es, ein Modell zur Visualisierung der simulierten Streustrahlung zu entwickeln, welches in der Strahlenschutzausbildung eingesetzt werden kann (Z2). Zur Erreichung dieses Zieles wurden die von SIScaR-GPU berechneten Werte der Strahlenausbreitung als Volumendatensatz interpretiert und bekannte Verfahren des Volume-Renderings für die grafische Darstellung eingesetzt. Hierbei achtete man in Hinblick auf das Einsatzgebiet darauf, die Darstellung der Strahlungsintensitäten möglichst einfach und verständlich zu gestalten. Um dieses zu bewerkstelligen, wurde eine spezielle RGBA-Transferfunktion eingesetzt, welche die vorverarbeiteten Dosiswerte auf eine Farbskala von Grün über Gelb zu Rot mit speziellen Transparenzwerten abbildet. Zusätzlich wurde eine Abwägung zwischen Aussagekraft der Visualisierung und Laufzeit der Simulation vollzogen. Um selbst bei hohem Streustrahlenaufkommen Bereiche mit höherer Belastung immer noch von Bereichen mit niedrigerer Belastung unterscheiden zu können, wurde des Weiteren eine Skalierung der dargestellten Werte implementiert.

Diskussion und Ausblick

Durch die Wahl einer Volumendarstellung der Dosiswerte mit Hilfe der vorgestellten Transferfunktion und dem gewählten Open Inventor Toolkit ist es möglich, die simulierte intraoperative Strahlenausbreitung dreidimensional darzustellen. Es können so beliebige feste Ansichten auf die Strahlungssituation des gewählten OP-Szenarios als auch interaktive Kamerafahrten um die räumliche Strahlungsdarstellung erzeugt und genutzt werden. Durch Bereitstellung dieser Funktionalitäten wurde in dieser Arbeit ein vorher nicht zur Verfügung stehendes Lehrmedium für Strahlenschutz- und Weiterbildungskurse konzipiert. Basierend auf diesen Resultaten und den Ergebnissen des Akzeptanzfragebogens der Studie B kann Ziel Z2 dieser Arbeit als erreicht angesehen werden.

Zukünftige Arbeiten bezüglich der Streustrahlenvisualisierung sollten die entwickelte und derzeit rein volumetrische Darstellung um frei positionierbare Schnittebenen erweitern. Hierbei wäre denkbar, dass diese Ebenen entweder zusätzlich zur Volumendarstellung als Schnittfläche (engl. clipping plane) mit in die virtuelle OP-Szene integriert oder einzeln anstelle der Volumendarstellung in der OP-Szene bzw. in separaten Fenstern angezeigt werden. Diese Schnittebenen, wie sie bereits in dieser Arbeit für den visuellen Vergleich der simulierten Strahlungswerte mit Daten aus der Literatur Verwendung fanden, würden die Strahlungsdaten analog zu Isodosen-Darstellungen visualisieren und könnten somit eine noch höhere Akzeptanz bei der untersuchten Benutzergruppe erreichen als die Volumendarstellung.

Auch sollten weiterführende Arbeiten untersuchen, wie in der betrachteten Benutzergruppe der Informationstransport bezüglich der Strahlungsintensitäten mittels einer Visualisierung mit mehr als drei Farben im Vergleich zur entwickelten Darstellungsvariante erfolgt. Einerseits könnten durch die Verwendung von Farbspektren mit mehr als drei Farben, wie sie z. B. bei der Thermografie Einsatz finden, Bereiche unterschiedlicher Strahlenbelastungen feingranularer abgebildet werden. Andererseits jedoch könnte der Gebrauch von zu vielen verschiedenen Farben, welche keine intuitiven Assoziationen beim Betrachter auslösen, Missverständnisse oder Verwirrungen hervorrufen.

Zusätzlich zu der entwickelten und in das virtX-System integrierten Visualisierung der Strahlungswerte könnten Angaben über die Ausmaße und Position der Objekte im virtuellen OP (z. B. Raumgröße, Höhe des Tisches) und Abstände zwischen speziellen Raumpunkten (z. B. Fokus-Haut-Abstand, Entfernung des Personals zum Durchstrahlungspunkt des Patienten) zusätzliche Informationen für die Ausbildung liefern. Auf diese Weise könnten unter anderem konkrete Aussagen über Strahlenbelastungen in definierten Abständen gegeben werden. Diese Positions- und Längendaten sollten hierzu in virtX in einem separaten Fenster tabellarisch aufgelistet oder direkt in die dreidimensionale OP-Szene integriert werden. Zudem könnte eine interaktive Streckenmessung im virtuellen Operationssaal zusätzliche Informationen bieten, welche durch die Beschränkung auf fixe Punkte und Strecken vernachlässigt würden.

6.3 Darstellung der simulierten personenbezogenen Dosiswerte

Das dritte Ziel dieser Arbeit war, ein Modell zu entwickeln, das aus den simulierten Strahlenwerten die resultierenden Strahlenbelastungen für den virtuellen Patienten und das OP-Personal bestimmt (Z3). Um dieses Ziel zu erreichen wurde eine Methode entwickelt, mit welcher allgemeine Voxel-Phantome zur Messung der personenbezogenen Strahlungswerte in die SIScaR-GPU-Simulationsumgebung eingefügt werden können. Als Voraussetzung der Integration in SIScaR-GPU müssen die Repräsentationen des virtuellen OP-Personals und des Patienten für jeden Voxel des Datenvolumens das vorliegende Material inklusive Dichte sowie einen Bezeichner bereitstellen. So kann eine Verknüpfung des Voxels mit einem Organ oder einer Körperstruktur hergestellt werden. Zu derartigen Voxel-Phantomen zählen z. B. das Zubal Phantom [206], die Modelle aus dem Visible Human Project [173] oder der Virtual Family [172]. In dieser Arbeit wurde jedoch keine dieser allgemeinen Modelle angewendet sondern für das Personal exemplarisch ein individuelles Voxel-Phantom aus einem vorliegenden Ganzkörper-CT-Scan einer Frau entwickelt und in den Simulationsalgorithmus eingefügt. Dieses Vorgehen sollte zeigen, dass die Methode nicht auf die bereits verfügbaren Voxel-Phantome beschränkt ist, sondern auch andere CT-Scans aus dem Klinikalltag verwenden kann. Neben den körperbezogenen Angaben wurden im erstellten Label-Datensatz Bereiche markiert, an welchen im Regelfall Komponenten von Strahlenschutzkleidungen vorzufinden sind. Vergleichbar wurde bei der Generierung des Patientenmodells für die Simulationsumgebung vorgegangen. Dieses wurde aus mehreren CT-Datensätzen mit korrespondierenden Label-Volumina zusammengesetzt, sodass es dem Benutzer möglich ist, verschiedenste Patientenlagerungen in der Simulation nachzubilden. Zum Aufbau der Simulationsszenerie werden für den Patienten und jeden virtuellen Mitarbeiter die Daten aus den Volumenmodellen entsprechend der Position, Ausrichtung und evtl. angelegter Strahlenschutzkleidung oder Lagerung in das Simulationsvolumen integriert. Unter Einsatz der so vorliegenden Informationen zu den Volumenelementen der Personenmodelle können während des Simulationsalgorithmus die Energiedosen der Organe und Körperbereiche der präsenten virtuellen Mitarbeiter und des Patienten erfasst werden. Zur Visualisierung der gewonnen Werte wurde anschließend ein spezieller Dialog implementiert. Dieser verwendet für den Patienten und pro virtuellen Mitarbeiter einerseits klassische Tabellen, welche

- die normalen und gewichteten Energiedosen der einzelnen Organe,
- die Körperdosis sowie
- die Effektive Dosis auflisten,

als auch ein entsprechend der simulierten Strahlendosen koloriertes humanes Oberflächenmodell.

Für die Einfärbung der Personendarstellung wurden spezielle Bereiche des Oberflächenmodells mit den simulierten Dosiswerten verknüpft und zur Ermittlung der einzusetzenden Farbe eine spezielle Skala verwendet. Hinsichtlich dieser entwickelten Funktionalitäten kann das zu Beginn dieser Arbeit formulierte Ziel Z3 als erreicht angesehen werden.

In zukünftigen Arbeiten könnte eine weitere Verfeinerung der Methode der Modelleinfärbung angestrebt werden. Eine gewichtete Verknüpfung eines jeden Voxels mit den Oberflächenpunkten des Visualisierungsmodells würde zu einer exakteren Darstellung der Strahlungsverteilung führen und harte Farbübergänge vermeiden. Hierbei sollte jedoch vorher eine Abwägung erfolgen, wie hoch der nötige Entwicklungs- und Rechenaufwand im Vergleich zur Optimierung der Darstellung ist.

Des Weiteren sollte in zukünftigen Forschungsprojekten das erstellte Modell des OP-Personals weiter angepasst werden. Denn derzeit ist die Körperhaltung nur starr gestaltet wodurch eine Bewegung der Extremitäten, vor allem der Arme, oder ein Hinsetzen nicht möglich sind. Hierdurch kann z. B. eine alltägliche Situation im Operationssaal, die zu hohen Strahlenbelastungen beim Personal führt, noch nicht im Modell nachgebildet werden: die Hand des Operateurs im Strahlengang.

6.4 Zusammenfassende Diskussion der Studienergebnisse

Die Ergebnisse der zu Beginn dieser Arbeit durchgeführten fragebogenbasierten Vorstudie ließen vermuten, dass ein in ein CBT-System eingebettetes interaktives Modul zur realitätsnahen Simulation und Visualisierung der intraoperativen Streustrahlung großes Potenzial zur Unterstützung und Verbesserung der Strahlenschutzausbildung hat. Diese Vermutung war auf der Tatsache begründet, dass die Mehrheit der Probanden (70%) angab, durch die prototypische Streustrahlenvisualisierung etwas Neues bezüglich der Vermeidung unnötiger Strahlenbelastung hinzugelernt zu haben. Zudem gaben (66%) der Probanden an, ein verbessertes Verständnis für den Zusammenhang zwischen Bildverstärkerposition und Streustrahlung erlangt zu haben, obwohl ihnen vor dem Kurs der Zusammenhang zwischen C-Bogen-Position und Streustrahlung erläutert wurde.

Als mögliche Ursache für diese in der Vorstudie beobachteten Ergebnisse wurden zwei Möglichkeiten identifiziert. Einerseits wurde es für möglich erachtet, dass das in der Vorstudie betrachtete CBT-System Aspekte bezüglich der Vermeidung von Streustrahlenbelastungen im OP vermittelte, welche in derzeitigen Strahlenschutzkursen nur unzureichend thematisiert werden (Hypothese A). Andererseits wurde eine Superiorität der neuen Lehrmethode über den bislang verwendeten traditionellen Lehrmedien vermutet (Hypothese B). Um diese Eventualitäten separat zu untersuchen, wurden zwei Studien durchgeführt. In beiden Studien wurde jeweils versucht, mit Hilfe von zwei standardisierten Fragebögen den Wissensstand betreffend Verhaltensweisen zur Minimierung der Streustrahlenbelastung vor und nach den Schulungsphasen zu erfassen. Eine Äquivalenz dieser beiden Fragebögen konnte in Studie A nicht gezeigt werden, wodurch eine Festlegung der Ausgabereihenfolge für Studie B nötig war.

Die Ergebnisse der Studie A wiesen im betrachteten klassischen Strahlenschutzkurs einen deutlichen Wissenszuwachs im untersuchten Gebiet auf. Basierend auf diesen Beobachtungen wurde Hypothese A als mögliche Erklärung für die Resultate der Vorstudie verworfen und somit die in Hypothese B beschriebene Diskrepanz zwischen der Effektivität der traditionellen und der neu entwickelten Lehrmethode favorisiert.

Durch Studie B konnte jedoch in den betrachteten Strahlenschutz- und Weiterbildungskursen weder eine Über- noch Unterlegenheit des erweiterten virtX-Systems gegenüber den traditionellen Lehrvarianten eindeutig gezeigt oder widerlegt werden. Obwohl die konfirmatorischen Datenanalysen der Studie B in den einzelnen Kurs-Typen einen signifikanten Unterschied zwischen den beiden Lehrformen bestimmten, disqualifizierten bzw. unterminierten weitere Beobachtungen in den Studiengruppen diese Ergebnisse. Somit war es in dieser Arbeit nicht möglich Hypothese B anzunehmen oder abzulehnen.

Aufgrund der unbefriedigenden Ergebnisse der Studie B stellt sich die Frage, ob die Resultate durch die Ausgestaltung der vergleichenden Studie zur Prüfung der Praktikabilität der neu entwickelten Lehrvariante beeinflusst wurden. Betrachtet man die in der Literatur zu findenden Publikationen über Evaluationen von computerbasierten Trainingssystemen oder Metaanalysen verschiedener Evaluations-Arbeiten (vgl. z. B. [207-210]), so ist die Form der vergleichenden Studie mit Erfassung des Lernerfolges, wie sie in Studie B eingesetzt wurde, die vorherrschende Evaluationsform. Die in den Publikationen beschriebenen Ergebnisse zeichnen im Allgemeinen ein sehr heterogenes Bild bezüglich des gemessenen Lernerfolges der betrachteten CBT-Systeme im Vergleich zu traditionellen Lehrmethoden: in einigen zeigten die CBT-Systeme einen signifikant höheren Lernerfolg, in anderen die klassischen Ansätze und wieder andere konnten keinen signifikanten Unterschied feststellen. In der Mehrzahl der Studien war, wie auch in Studie B, die Evaluation nur an einer niedrigen Dimension des Lernprozesses wie "Erinnern" und "Verstehen" ausgerichtet und eine Untersuchung des Lernprozesses und der Lernleistung fand nicht statt. Eine Betrachtung von weiteren evtl. durch die Interaktivität des Computerprogramms geförderten Bereiche, wie "Anwenden" oder "Analysieren", wurde sowohl in Studie B, als auch in den meisten in der Literatur zu findenden Publikationen, nicht durchgeführt. Hierdurch wurden evtl. in der Studie B dieser Arbeit als auch in anderen Arbeiten Punkte bei der Gegenüberstellung der Lehrvarianten vernachlässigt, welche den interaktiven computerbasierten Systemen einen Vorteil verschaffen könnten. Zudem sollten nach Preußler für einen aussagekräftigen Vergleich der Studiengruppen die Lernziele in beiden Gruppen identisch sein [211]. Da jedoch das Verstehen der neuartigen Darstellung der Strahlungsergebnisse innerhalb der Schulungsphase auch als ein zusätzliches Lernziel aufgefasst werden kann, trifft diese Voraussetzung leider nicht auf das Design der Studie B zu. Hierdurch könnte man eine Benachteiligung der Interventionsgruppe ableiten, wodurch wiederum der gemessene Lernerfolg beeinflusst würde. Des Weiteren könnte nach Preußler der Einsatz von ein und demselben Messinstrument in den Studiengruppen ohne die Beachtung der unterschiedlichen Lehr- und Lernbedingungen durch die Vernachlässigung der spezifischen Eigenschaften der einzelnen Evaluanden eine weitere Verzerrung der Daten hervorgerufen haben [211]. Somit können die in Studie B beobachten Resultate nebst den bereits in Kapitel 5.5.4.1 erläuterten Möglichkeiten teilweise durch den Aufbau der Studie erklärt werden. Daher sollte das Design der Studie B für zukünftige Evaluationen des erweiterten virtX-Systems und des SIScaR-GPU-Moduls bezüglich der oben genannten Gesichtspunkte

Diskussion und Ausblick

überarbeitet werden, um einen zuverlässigen und störungsfreien Vergleich der Lehrformen gewährleisten zu können. [211]

Basierend auf den Ergebnissen des Akzeptanzfragebogens kann jedoch abschließend festgehalten werden, dass eine intuitiv verständliche Visualisierung der Strahlungswerte entwickelt werden konnte. Zudem wird die erreichte Simulationszeit des SIScaR-GPU-Moduls von der Mehrheit der Probanden als akzeptabel und der Einsatz des Systems in Strahlenschutzkursen als hilfreich angesehen. Diese subjektive Meinung der Probanden spricht trotz eines bisher nicht nachweisbaren signifikanten Lehrvorteils für das Trainingssystem und könnte über einen praktischen Aspekt und "Spaß am Lernen" die bisher in diesem Bereich sehr theorielastigen Strahlenschutzkurse bereichern.

Ein zusätzliches Einfügen von Schulungselementen mit dem neuen System anstelle eines Ersetzens der derzeitigen klassischen Erläuterungen könnte die Qualität der Lernumgebung zusätzlich verbessern. Diese Vermutungen müssten jedoch in weiterführenden Studien untersucht werden.

6.5 Zusammenfassung und weiterer Ausblick

Wie bereits in Kapitel 2.4 dargelegt, beschränken sich die meisten der aktuell existierenden CBT-Systeme im Bereich der medizinischen Strahlenschutzausbildung auf das webbasierte Lernen [48,59-63]. Keines der in der Literatur beschriebenen Schulungssysteme befasst sich derzeit mit der interaktiven Erläuterung von Fakten bezüglich der Streustrahlung. Da jedoch, wie von Maleck et al. [41] und verschiedenen weiteren Autoren postuliert, ein hoher Grad an Interaktivität den Lernprozess im Vergleich zum Einsatz von statischen Texten, Diagrammen oder Videos positiv unterstützen kann, führt das Fehlen eines interaktiven CBT-Systems im untersuchten Themenbereich zu der anfangs formulierten Problemstellung dieser Arbeit.

Betrachtet man zusammenfassend die Ergebnisse und erreichten Ziele der vorliegenden Dissertation kann festgehalten werden, dass zur Lösung der identifizierten Probleme erfolgreich eine interaktive Simulation und Visualisierung der intraoperativen Streustrahlung entwickelt und produktiv in ein existierendes CBT-System eingebettet werden konnte. Mit diesem innovativen Informatikwerkzeug ist es nun den Lehrenden und Lernenden eines Strahlenschutz- oder Weiterbildungskurses möglich, räumlich und ohne jede Strahlenbelastung das Verhalten der sonst nicht wahrnehmbaren Streustrahlung sowie der auftretenden Strahlenbelastungen für verschiedenste OP-Situationen zu demonstrieren bzw. zu erfahren. Die durchgeführte Studie konnte jedoch weder eindeutig zeigen noch widerlegen, dass durch den Einsatz des entwickelten Schulungssystems bei den untersuchten Kursarten Verhaltensweisen zur Minimierung der allgemeinen und individuellen Strahlenbelastung effektiver vermittelt werden können als mit klassischen Lehransätzen. Die Ergebnisse der Probandenbefragungen zeichnen indes ein positives Bild der Akzeptanz bezüglich des neuen Trainingssystems.

Durch das Fehlen von ähnlichen Trainings- oder Simulationssystemen im untersuchten Themenbereich ist ein Vergleich der erzielten Ergebnisse und angewendeten Methoden mit anderen Herangehensweisen und Verfahren in dieser Arbeit leider nicht möglich.

Neben den bereits in den vorherigen Kapiteln erläuterten Möglichkeiten für weitere Forschungsarbeiten in Bezug auf die implementierten Bestandteile der Simulations- und Visualisierungskomponenten ergeben sich bezogen auf das resultierende CBT-System noch zusätzliche denkbare Erweiterungsmöglichkeiten. So werden z. B. aktuell durch das erweiterte virtX-System die Strahlungswerte nur für eine einzige Röntgenaufnahme bestimmt und dargestellt. Neben dieser Einzelbilderzeugung wird im klinischen Alltag jedoch auch häufig der Dauerdurchleuchtungsmodus (Fluoroskopie) oder die gepulste Durchleuchtung eingesetzt. Bei diesen Durchstrahlungsvarianten wird in einem frei definierbaren Zeitfenster gepulst Röntgenstrahlung von der Strahlenquelle abgegeben und das resultierende Röntgenbild aufgezeichnet. Hierdurch ist eine Beobachtung von Vorgängen im Körper, z. B. zeitliche Verteilung von Kontrastmitteln, oder eine kontinuierliche Kontrolle der Positionierung von chirurgischen Instrumenten, z. B. beim Einbringen eines Stents in ein Blutgefäß, möglich. Die gepulste Durchleuchtung führt jedoch zu höheren Strahlenbelastungen als eine Einzelbildaufnahme. Daher sollte in weiterführenden Arbeiten die Bestimmung der Streustrahlenausbreitung und Strahlenbelastungen für diese wichtigen und häufig eingesetzten Untersuchungsverfahren im CBT-System nachgebildet werden. Um dies zu erreichen, wäre es z. B. vorstellbar, den zeitlichen Verlauf einer Untersuchung bzw. Aufgabenausführung mit allen Parametern aufzuzeichnen, anschließend für jeden Zeitpunkt die Strahlungswerte zu bestimmen und die resultierenden Daten über den beobachteten Zeitraum zu kumulieren. Ob dieses Vorgehen bezüglich der Berechnungszeit praktikabel ist, müsste entsprechend untersucht werden.

Des Weiteren kann in der erarbeiteten Version des virtX-Systems derzeit nur die von einem einzelnen C-Bogen in der OP-Szene ausgehende Strahlenbelastung simuliert werden. In Herzkatheter-Laboren werden hingegen häufig zwei mobile Röntgengeräte gleichzeitig eingesetzt, um den Untersuchungsbereich beim Einbringen der chirurgischen Instrumente permanent in zwei verschiedenen Ebenen betrachten zu können. Hierbei wird überwiegend die gepulste Durchleuchtung eingesetzt und die Einzelaufnahmen von den beiden C-Bögen abwechselnd angefertigt, um die Strahlenbelastung für den Patienten zu verringern. Durch die interventionsbedingten hohen Durchleuchtungszeiten der beiden C-Bögen tritt somit auch eine sehr hohe Streustrahlenbelastung für den Chirurgen und das Personal auf. Aufgrund dieser Relevanz für den Strahlenschutz sollte dieses klinische Vorgehen bei zukünftigen Weiterentwicklungen des CBT-System berücksichtigt werden.

Ein weiterer wichtiger Punkt, welcher derzeit noch nicht im erstellten Schulungssystem Beachtung findet, ist die aus der C-Bogen-Einstellung und den radiologischen Parametern resultierende Qualität des Röntgenbildes. Würde bei der klinischen Einstellung des C-Bogens nur auf eine minimale Strahlenbelastung geachtet werden, ohne Berücksichtigung dieser Parameter, könnte dieses zu einem unbrauchbaren Bild führen. In diesem Falle müsste ein weiteres Bild generieren werden, was wiederum die Dosisbilanz verschlechtert und zusätzlich OP-Zeit kostet. Daher sollte in Betracht gezogen werden durch Entwicklungen in weiterführenden Forschungsarbeiten, neben der Angabe der Strahlenbelastung sowie der Bewertung der C-Bogen-Ausrichtung durch das virtX-System, einen weiteren, auf den eingestellten radiologischen Parametern beruhenden Bewertungsfaktor der Bildqualität in das CBT-System zu integrieren.

Abschließend kann festgehalten werden, dass trotz der in der vorliegenden Arbeit implementierten, umfangreichen Funktionalitäten der Simulations- und Visualisierungskomponenten sowie des erweiterten virtX-Systems das bearbeitete Themengebiet immer noch großes Potenzial für weitere Forschungsarbeiten im Feld der medizinischen Informatik bietet.

Literaturverzeichnis

[1] Ammann E, Bittorf H, David E, Durlak P, Friel HI, Geldner E, et al. Bildgebende Systeme für die medizinische Diagnostik. 2. Krestel E, Hrsg. Berlin, München: Siemens Aktiengesellschaft; 1988.

[2] Laubenberger T. Technik der medizinischen Radiologie. 5. Auflage. Köln: Deutscher Ärzte-Verlag; 1990.

[3] Strahlenschutzkommision. Interventionelle Radiologie - Empfehlung der Strahlenschutzkommision. Bonn; 2007.

[4] Jung H. Strahlenrisiko. RöFo - Fortschritte auf dem Gebiete der Röntgenstrahlen und der Nuklearmedizin. 1995;162(2):91-8.

[5] Roth J, Nemec HW, Sander R. Bleigummi-Abdeckung bei Patienten während Röntgenuntersuchungen: Strahlenschutz oder Feigenblatt?. Radiologie Aktuell. Februar 2001;2:2-4.

[6] Fuchs M, Modler H, Schmid A, Dumont C, Stürmer KM. Messung der intraoperativen Strahlenexposition des Unfallchirurgen. Unfallchirurg. 1999;102:371-6.

[7] Fuchs M, Schmid A, Eiteljörge T, Modler M, Stürmer KM. Exposure of the surgeon to radiation during surgery. International Orthopaedics. Januar 1998;22:153-6.

[8] Mesbahi A, Rouhani A. A study on the radiation dose of the orthopaedic surgeon and staff from a mini C-arm fluoroscopy unit. Radiation Protection Dosimetry. Juli 2008;132(1):98-101.

[9] Vano E, Gonzalez L, Fernández JM, Haskal ZJ. Eye Lens Exposure to Radiation in Interventional Suites: Caution Is Warranted. Radiology. 15 Juli 2008;248(3):945-53.

[10] Fuchs M, Modler H, Schmid A, Stürmer KM. Strahlenschutz im Operationssaal. Operative Orthopädie und Traumatologie. 1999;11(4):328-33.

[11] Wiegert J. Scattered radiation in cone-beam computed tomography: analysis, quantification and compensation [Dissertation]. Aachen: Rheinisch-Westfälische Technische Hochschule; 2007.

[12] Maßwig I. Röntgen-Strahler. Berlin, New York: Walter de Gruyter; 1986. S. 46-7.

[13] Krieger H. Grundlagen der Strahlungsphysik und des Strahlenschutzes. 2. Auflage. Wiesbaden: B. G. Teubner Verlag, GWV Fachverlage GmbH; 2007. S. 534-51. Abbildung 4.2, 4.3, 4.5, 4.9, 4.13. With kind permission of Springer Science and Business Media.

Literaturverzeichnis

[14] Bundesministerium für Umwelt Naturschutz und Reaktorsicherheit . RöV 1987 - Verordnung über den Schutz vor Schäden durch Röntgenstrahlen. Berlin: juris GmbH; 2002.

[15] Becht S, Bittner RC, Ohmstede A, Pfeiffer A, Roßdeutscher R. Lehrbuch der röntgentechnischen Einstelltechnik. Bd. 6, Heidelberg: Springer Medizin Verlag; 2008. S. 17.

[16] Roth J, Valley J. Strahlenschutzausbildung für Ärzte mit Röntgentätigkeit - Erfahrungsbericht der Ausbildungszentren in Basel und Lausanne. Schweizer Ärztezeitung - Medical profession and workforce. 2006;87(5):184-6.

[17] Wagner M, Duwenkamp C, Ahrens CA, Plischke M, Stürmer KM, Dresing K, et al. virtX: ein Lehr- und Lernsystem für mobile Röntgengeräte zur Verbesserung der Ausbildung im Strahlenschutz. GMS Med Inform Biom Epidemiol. 2008;4(4).

[18] Frank H. [Homepage im Internet]. San Francisco (CA), 11 Juni 2009; [Zugriff am 28 September 2009]. Verfügbar über: http://de.wikipedia.org/w/index.php?title=Datei:Electromagnetic_spectrum_c.svg&filetimestamp=20090611090004.

[19] Felix R, Ramm B. Das Röntgenbild. 3. Auflage. Stuttgart: Georg Thieme Verlag; 1988.

[20] Gerthsen C, Kneser HO, Vogel H. Physik. 16. Auflage. Berlin Heidelberg: Springer-Verlag; 1989. S. 274, 290, 400, 582.

[21] Rollnik H. Quantentheorie 1, Grundlagen, Wellenmechanik, Axiomatik. 2. Auflage. Berlin u.a.: Springer; 2003. S. 8.

[22] Salvat F, Fernández-Varea JM, Sempau J. PENELOPE-2008: A Code System for Monte Carlo Simulation of Electron and Photon Transport. Barcelona, Spain: OECD/NEA; 2008. S. 152.

[23] ICRP Report No. 60, 1990 Recommendations of the International Commision on Radiological Protection. 1991.

[24] Schneider AB, Ron E, Lubin J, Stovall M, Gierlowski TC. Dose-response relationships for radiation-induced thyroid cancer and thyroid nodules: evidence for the prolonged effects of radiation on the thyroid. The Journal of Clinical Endocrinology & Metabolism. August 1993;77(2):362-9.

[25] Berridge FR, Guest M. Some Experiments on the Perception of Images of High Contrast with an Image Intensifier, a Levy-West Screen and Radiographs. British Journal of Radiology. März 1955;28:688-92.

[26] Hartzell HV, Chesledon WA. The amplifiying fluoroscope: comparison with conventional fluorosope in two thousand examinations of the stomach. J Am Med

Assoc. 1958;166(7):759-61.

[27] Vittinghoff D. [Homepage im Internet]. Erlangen, 22 März 2006; [Zugriff am 3 März 2010]. Verfügbar über: http://www.med-archiv.de/Innovationen/mobile_roentgeneinheiten_und_spezialarbeitsplaetze.php?lang=de.

[28] Brainwave Technologies. Philips BV25 Mobile Image Intensifier [Homepage im Internet]. Chandigarh, 2009; [Zugriff am 3 März 2010]. Verfügbar über: http://www.bwtchd.com/bv25a.html.

[29] Ziehm Imaging GmbH. Ziehm Imaging - C-Bögen [Homepage im Internet]. Nürnberg, 2009; [Zugriff am 3 März 2010]. Verfügbar über: http://www.ziehm.com/de/products/index_c-arm.php?print=true. Mit freundlicher Genehmigung der Ziehm Imaging GmbH.

[30] Busch HP. Digitale Projektionsradiographie, Teil 1: Grundlagen der digitalen Bildverarbeitung. Röntgenpraxis. 1991;44:329-35.

[31] Schmidt EL, Herbig W. Der Flachbilddetektor auf der Basis von amorphen Selen, Klinische Erfahrungen. Der Radiologe. 2003;43:374-8.

[32] Bundesministerium der Justiz . Verordnung über den Schutz vor Schäden durch ionisierende Strahlen (Strahlenschutzverordnung - StrlSchV). Berlin: juris GmbH; 2008.

[33] Bundesministerium für Umwelt Naturschutz und Reaktorsicherheit . Strahlenschutz in der Medizin - Richtlinie nach der Verordnung über den Schutz vor Schäden durch ionisierende Strahlen (Strahlenschutverordnung - StrlSchV). 2002.

[34] Siemens AG. Accessory Solutions [Homepage im Internet]. München, 2010; [Zugriff am 24 März 2010]. Verfügbar über: http://www.medical.siemens.com/webapp/wcs/stores/servlet/CategoryDisplay~q_catalogId~e_-3~a_categoryId~e_1012455~a_catTree~e_100010,1012315,1012455~a_langId~e_-3~a_storeId~e_10001.htm.

[35] Schueler BA, Vrieze TJ, Bjarnason H, Stanson AW. An Investigation of Operator Exposure in Interventional Radiology. Radiographics. 2006;26:1533-41, Abbildung 6a und 6b. With kind permissions of RSNA and Beth Schueler.

[36] Schulz E. Arten und Wirkung von Strahlenschutzzubehör [Homepage im Internet]. Münster, 2005; [Zugriff am 25 März 2010]. Verfügbar über: http://ikrweb.uni-muenster.de/aptdir/veranstaltungen/vortraege/Goettingen/Schulz-Arten_Wirkung_Strahlenschutzzubehoer.pdf.

[37] Ubrich F. [Homepage im Internet]. Marburg, 5 Februar 2008; [Zugriff am 25 März 2010]. Verfügbar über: http://www.med.uni-

marburg.de/e-einrichtungen/prostzent/therapie/. Mit freundlicher Genehmigung von Frank Ubrich..

[38] Alpert D, Bitzer DL. Advances in Computer-based Education. Science. März 1970;3925(167):1582-90.

[39] Garde S, Heid J, Haag M, Bauch M, Weires T, Leven FJ. Can design principles of traditional learning theories be fulfilled by computer-based training systems in medicine: the example of CAMPUS. Int J Med Inform. Februar-März 2007;76(2-3):124-9.

[40] Scarsbrook AF, Graham RN, Perriss RW. Radiology education: a glimpse into the future. Clin Radiol. August 2006;61(8):640-8.

[41] Maleck M, Fischer MR, Kammer B, Zeiler C, Mangel E, Schenk F, et al. Do computers teach better? A media comparison study for case-based teaching in radiology. Radiographics. Juli-August 2001;21(4):1025-32.

[42] Nilsson TA, Hedman LR, Ahlqvist JB. A randomized trial of simulation-based versus conventional training of dental student skill at interpreting spatial information in radiographs. Simul Healthc. 2007;3(2):164-9.

[43] Gould DA, Kessel DO, Healey AE, Johnson SJ, Lewandoski WE. Simulators in catheter-based interventional radiology: training or computer games?. Clin Radiol. Juli 2006;61(7):556-61.

[44] Gould DA. Interventional radiology simulation: prepare for a virtual revolution in training. J Vasc Interv Radiol. April 2007;18(4):483-90.

[45] Desser TS. Simulation-based training: the next revolution in radiology education?. J Am Coll Radiol. November 2007;11(4):816-24.

[46] Institut für diagnostische Radiologie der Universität Erlangen-Nürnberg. WBT Radiology [Homepage im Internet]. Erlangen, 2010; [Zugriff am 26 März 2010]. Verfügbar über: http://www.idr.med.uni-erlangen.de/vhb/LehrLernmediumRadiologie.htm.

[47] Seitz J, Schubert S, Völk M, Scheibl K, Paetzel C, Schreyer A, et al. Evaluation radiologischer Lernprogramme im Internet. Radiologe. 2003;43:66-76.

[48] Grunewald M, Gebhard H, Jakob C, Wagner M, Hothorn T, Neuhuber WL, et al. Web-basiertes training in der radiologie - Studentenkurs in der Virtuellen Hochschule Bayern (VHB). RöFo - Fortschritte auf dem Gebiet der Röntgenstrahlen und der bildgebenden Verfahren. Juni 2004;176(6):885-95.

[49] Shaderware Limited. The Home Of Virtual Radiography [Homepage im Internet]. Cleveland, 5 November 2009; [Zugriff am 26 März 2010]. Verfügbar über: http://www.shaderware.com/live/index.html.

[50] Current Controlled Trials Ltd.. Comparison of student radiographers abilities to estimate distance, acurately collimate the x-ray beam and their knowledge of equipment in a real x-ray room after training with a screen based computer simulator [Homepage im Internet]. London, 2010; [Zugriff am 26 März 2010]. Verfügbar über: http://www.controlled-trials.com/ISRCTN81149048/radiography.

[51] Nowinski WL, Chee-Kong Chui. Simulation of interventional neuroradiology procedures. In: Proc. of International Workshop on Medical Imaging and Augmented Reality; 2001; Hong Kong, China. S. 87-94.

[52] Dawson S, Cotin S, Meglan D, Shaffer D, Ferrell M. Designing a computer-based simulator for interventional cardiology training. Catheterization and Cardiovascular Interventions. 2000;51:522-7.

[53] Hoefer U, Langen T, Nziki J, Schmid O, Zeitler F, Hesser J, et al. CathI - Catheter Instruction System. In: Proceedings CARS; 2002; Paris, Frankreich. S. 26-9.

[54] Wang F, Duratti L, Samur E, Spaelter U, Bleuler H. A Computer-Based Real-Time Simulation of Interventional Radiology. In: Proceedings 29th Annual International Conference of the IEEE Engineering in Medicine and Biology Society (IEEE-EMBS); 2007; Lyon, Frankreich. S. 1742-5.

[55] Duratti L, Wang F, Samur E, Bleuler H. A Real-Time Simulator for Interventional Radiology. In: Proceedings of the 2008 ACM symposium on Virtual reality software and technology; 2008; Bordeaux, Frankreich. S. 105-8.

[56] U.S. National Library of Medicine - National Institutes of Health - NCBI. PubMed [Homepage im Internet]. Bethesda MD, 2011; [Zugriff am 29 September 2011]. Verfügbar über: http://www.ncbi.nlm.nih.gov/pubmed/.

[57] Institute of Electrical and Electronics Engineers. IEEEXplore - Digital Library [Homepage im Internet]. IEEE, 2011; [Zugriff am 29 September 2011]. Verfügbar über: http://ieeexplore.ieee.org/Xplore/guesthome.jsp.

[58] B.V. SciVerse - Elsevier. SciVerse Scopus [Homepage im Internet]. 2011; [Zugriff am 29 September 2011]. Verfügbar über: http://www.scopus.com/home.url.

[59] Hatzilygeroudis I, Koutsojannis C, Papachristou N. Improving the adaptiveness of an e-learning system. Studies in Computational Intelligence. 2008;93:177-98.

[60] Hatzilygeroudis I, Koutsojannis C, Papachristou N. Evaluation of Usability and Assessment Capabilities of an e-Learning System for Nursing Radiation Protection. Computer-Based Medical Systems, 2007. CBMS '07. Twentieth IEEE International Symposium on. Juni 2007;301-6.

[61] Meckfessel S, Stühmer C, Bormann KH, Kupka T, Behrends M, Matthies H, et al. Introduction of e-Learning in dental radiology reveals significantly improved

results in final examination. Journal of Cranio-Maxillofacial Surgery. Januar 2011;39(1):40-8.

[62] Autti T, Autti H, Wehmas T, Laitalainen V, Kivisaari L. E-learning is a well-accepted tool in supplementary training among medical doctors: An experience of obligatory radiation protection training in healthcare. Acta Radiologica. Juni 2007;48(5):508-13.

[63] Hamilton DS, Peck MM, Yu H, Kearfott KJ. Computer-based radiation safety training for hospital radiation workers. Health Physics. 2000;76(2):4-8.

[64] Tabakov S, Roberts VC, Jonsson BA, Ljungberg M, Milano F, Lewis CA, et al. Medical physics e-learning training materials. Information Technology Applications in Biomedicine, 2003. 4th International IEEE EMBS Special Topic Conference on. August 2003;94-7.

[65] Lerski RA, Wilson JM, Neill GD, Morrison S. Computer based learning in the teaching of ionising radiation protection. Education for Biomedical Science and Engineering, IEE Colloquium on. Februar 1995;8/1-8/2.

[66] Koepnick S, Hoang RV, Sgambati MR, Coming DS, Suma EA, Sherman WR. RIST: Radiological Immersive Survey Training for two simultaneous users. Computers and Graphics (Pergamon). Dezember 2010;34(6):665-76.

[67] Kang K, Hajek BK. Development of virtual nuclear power plant and its application to e-training. In: Proceedings of the American Nuclear Society - International Congress on Advances in Nuclear Power Plants 2005, ICAPP'05; 2005; Seoul. S. 1777-82.

[68] Méndez G, Herrero P, De Antonio A. Intelligent virtual environments for training in nuclear power plants. In: ICEIS 2004 - Proceedings of the Sixth International Conference on Enterprise Information Systems; 2004; Porto. S. 204-9.

[69] Josef JA. A Simplified Spherical Harmonic Method for Coupled Electron-Photon Transport Calculations. Los Alamos, New Mexico: Los Alamos National Laboratory; 1997.

[70] Lewis EE, Miller WF. Computational Methods of Neutron Transport. New York: Wiley; 1984.

[71] Bell GI, Glasstone S. Nuclear Reactor Theory. New York: Van Nostrand Reinhold; 1970.

[72] Case KM, Zweifel PF. Linear Transport Theory. Reading, MA: Addison-Wesley; 1967.

[73] Przybylski K, Ligou J. Numerical Analysis of the Boltzmann Equation Including Fokker-Planck Terms. Nuclear Science and Engineering. 1982;81:92-109.

[74] Center RS. RSIC CODE PACKAGE CCC-650 [Homepage im Internet]. Oak Ridge, 9 September 2009; [Zugriff am 1 April 2010]. Verfügbar über: http://www-rsicc.ornl.gov/codes/ccc/ccc6/ccc-650.html.

[75] Kotiluoto P, Pyyry J, Helminen H. MultiTrans SP3 code in coupled photon-electron transport problems. Radiation Physics and Chemistry. 2007;76:9-14.

[76] Ziya Akcasu A, Holloway JP. Fokker-Planck description of electron and photon transport in homogeneous media. Physical Review E. Juni 1997;55(6):6753-64.

[77] Prokhorets IM, Prokhorets SI, Khazhmuradov MA, Rudychev EV, Fedorchenko DV. point-kernel method for radiation fields simulation. Nuclear Physics Investigations - Problems of atomic science and technology. 2007;48(5):106-9.

[78] Kloostermann JL, Hoogenboom JE. MARMER, a flexible point-kernel shielding code. RAMTRANS. 1990;1(1):117-25.

[79] Harima Y, Tanaka S, Sakamoto Y, Hirayama H. Development of New Gamma-Ray Buildup Factor and Application to Shielding Calculations. Nuclear Science and Technology. Januar 1991;28(1):74-84.

[80] Marinkovic P, Ilic R. Radiography simulation based on point-kernel model and dose buildup factors. Journal of X-Ray Science and Technology. 2009;17:41-59.

[81] Marinkovic P, Ilic R, Spaic R. A 3D point-kernel multiple scatter model for paralle-beam SPECT based on a gamma-ray buildup factor. Physics in Medicine and Biology. September 2007;52:5785-802.

[82] Ahnesjö A, Aspradakis MM. Dose calculations for external photon beams in radiotherapy. Physics in Medicine and Biology. Juli 1999;44:99-155.

[83] Chucas S, Curl I. Streaming Calculations using the Point-Kernel Code RANKERN. In: 9th International Conference on Radiation Shielding; 1999; Tsukuba, Japan. S. 515-9.

[84] Serco Technical and Assurance Services. RANKERN - A point-kernel program for gamma ray transport solutions [Homepage im Internet]. Serco Technical and Assurance Services, 2001; [Zugriff am 1 August 2011]. Verfügbar über: http://www.sercoassurance.com/ANSWERS/resource/areas/shield/rankern.php.

[85] Center RS. RSIC CODE PACKAGE CCC-048 [Homepage im Internet]. Oak Ridge, 1991; [Zugriff am 1 August 2011]. Verfügbar über: http://www-rsicc.ornl.gov/codes/ccc/ccc0/ccc-048.html.

[86] Engel RL, Greenborg JHendrickson MM. ISOSHLD, a Computer Code for General Purpose Isotope Shielding Analysis. 1966.

[87] Nuclear Energy Agency. NEA-0194 MERCURE-3 [Homepage im Internet]. Issy-

Literaturverzeichnis

les-Moulineaux, 1995; [Zugriff am 1 August 2011]. Verfügbar über: http://www.oecd-nea.org/tools/abstract/detail/nea-0194/.

[88] Booth TE, Brown FB, Bull JS, Forster AR, Goorley JT, Hughes GH, et al. MCNP - A General Monte Carlo N-Particle Transport Code, Version 5 (LA-UR-03-1987). Laboratory LA, Hrsg. Los Alamos, 2003.

[89] Raeside DE. Monte Carlo Principles and Applications. Phys. Med. Biol.. 1976;21(2):181-97.

[90] Fermi National Accelerator Laboratory - Accelerator Division. MARS Code System [Homepage im Internet]. Batavia, IL, 8 Dezember 2009; [Zugriff am 21 April 2010]. Verfügbar über: http://www-ap.fnal.gov/MARS/index.html.

[91] Geant4 Collaboration. Geant4 [Homepage im Internet]. Genf, 6 April 2010; [Zugriff am 21 April 2010]. Verfügbar über: http://geant4.web.cern.ch/geant4/.

[92] Agostinelli S, Allison J, Amako K, Apostolakis J, Araujo H, Arce P, et al. GEANT4 - a simulation toolkit. Nuclear Instruments and Methods in Physics Research A. 2003;506:250-303.

[93] Amako K, Guatelli S, Ivanchencko V, Maire M, Mascialino B, Murakami K, et al. GEANT4 and its validation. Nuclear Physics B (Proc. Suppl.). 2006;150:44-9.

[94] Los Alamos National Laboratory. MCNP - A General Monte Carlo N-Particle Transport Code - Version 5 [Homepage im Internet]. Los Alamos, 29 Jan 2004; [Zugriff am 21 April 2010]. Verfügbar über: http://mcnp-green.lanl.gov/.

[95] National Research Council of Canada - Institute for National Measurement Standards. EGSnrc [Homepage im Internet]. Ottawa, 23 März 2010; [Zugriff am 21 April 2010]. Verfügbar über: http://irs.inms.nrc.ca/software/egsnrc-V4-2.3.1/egsnrc.html.

[96] Kawrakow I, Mainegra-Hing E, Rogers DW, Tessier F, Walters BR. The EGSnrc Code System: Monte Carlo Simulation of Electron and Photon Transport (NRCC Report PIRS-701). National Research Council Canada, Hrsg. Ottawa, 2010.

[97] Nuclear Energy Agency. [Homepage im Internet]. Issy-les-Moulineaux, 2 Oktober 2009; [Zugriff am 21 April 2010]. Verfügbar über: http://www.nea.fr/abs/html/nea-1525.html.

[98] Nuclear Energy Agency. NEA-1716 TRIPOLI-4.3.3 & 4.4. [Homepage im Internet]. Issy-les-Moulineaux, 17 September 2008; [Zugriff am 21 April 2010]. Verfügbar über: http://www.nea.fr/abs/html/nea-1716.html.

[99] Lee YK, Zheng SH, Néron G, Both JP, Pénéliau Y, Diop C. «CRISTAL» Criticality Safety Package Validation: TRIPOLI-4 Monte Carlo Code, JEF2.2 Library and ICSBEP Experiments. In: Proceedings of Meeting on Nuclear Criticality Safety;

1999 September 20-24; Versailles, Frankreich. S. 1-12.

[100] Nakao N, Mokhov NV. MARS15 Code in Accelerator Applications. In: Paper auf dem 8th International Topical Meeting on Nuclear Applications and Utilization of Accelerators (AccApp'07); 2007, Juli 29 - August 2; Pocatello, ID, USA.

[101] Scherf C, Scherer J, Bogner L. Verifikation und Anwendungen des voxelbasierten Monte-Carlo-(VMC++-)Elektronen-Dosismoduls von Oncentra(TM) MasterPlan. Strahlentherapie und Onkologie. 2007;183:81-8.

[102] Kawrakow I. VMC++, electron and photon Monte Carlo calculations optimized for Radiation Treatment Planning. In: Proceedings des Monte Carlo 2000 Mettings; 2000, Oktober 23-26; Lissabon. S. 229-36.

[103] Kawrakow I, Mitev K, Gerganov G, Madzhunkov J, Kirov A. Efficient photon transport in positron emission tomography simulations using VMC++. Journal of Physics: Conference Series. 2008;102:012014.

[104] Sempau J, Wildermann SJ, Bielajew AF. DPM, a fast, accurate Monte Carlo code optimized for photon and electron radiotherapy treatment planning dose calculations. Phys. Med. Biol.. 2000;45:2263-91.

[105] Franke BC, Kensek RP, Laub TW. ITS Version 5.0: The Integrated TIGER Series of Coupled Electron/Photon Monte Carlo Transport Codes with CAD Geometry. Albuquerque, Livermore: Sandia National Laboratories; 2005.

[106] Fasso A, Ferrari A, Roesler S, Sala PR, Ballarini F, Ottolenghi A, et al. The physics models of FLUKA: status and recent development. In: Proceedings der 2003 Computing in High Energy and Nuclear Physics (CHEP03); 2003, März 24-28; La Jolla, Ca, USA. S. 10.

[107] Larsen EW. [Homepage im Internet]. 2007; [Zugriff am 21 April 2010]. Verfügbar über: http://www.ornl.gov/sci/ees/outreach/presentation/larsen_seminar.pdf.

[108] Chen Y. Coupled Monte Carlo-Discrete Ordinates Computational Scheme for Three-Dimensional Shielding Calculations of Large and Complex Nuclear Facilities. Karlsruhe; 2005.

[109] Hutton L, Smith NR. Use of a Hybrid Monte Carlo Technique for Power Shape Calculations. In: Proceedings of the Monte Carlo 2000 Conference; 2000, Oktober 23-26; Lissabon. S. 697-702.

[110] Fang Q, Boas DA. Monte Carlo simulation of photon migration in 3D turbid media accelerated by graphics processing units. Optics Express. Oktober 2009;22(17):20178-90.

[111] Bakhtiari M, Malhotra H, Jones MD, Chaudhary V, Walters JP, Nazareth D. Applying graphics processor units to Monte Carlo dose calculation in radiation

therapy. Journal of Medical Physics. April-Juni 2010;35(2):120-2.

[112] Alerstam E, Svensson T, Andersson-Engels S. Parallel computing with graphics processing units for high-speed Monte Carlo simulation of photon migration. Journal of Biomedical Optics. November-Dezember 2008;13(6).

[113] Intel Corporation. Hyper Threading [Homepage im Internet]. Feldkirchen bei München, 2010; [Zugriff am 6 Dezember 2010]. Verfügbar über: http://www.intel.com/cd/corporate/techtrends/emea/deu/platform-technology/hyper-threading/311658.htm.

[114] Argonne National Libaratory. The Message Passing Interface (MPI) standard [Homepage im Internet]. Argonne, 2010; [Zugriff am 6 Dezember 2010]. Verfügbar über: http://www.mcs.anl.gov/research/projects/mpi/.

[115] Tickner J. Monte Carlo simulation of X-ray and gamma-ray photon transport on graphics-processing unit. Computer Physics Communications. 15 Juli 2010;181:1821-32.

[116] Tyagi N, Bose A, Chetty IJ. Implementation of the DPM Monte Carlo code on a parallel architecture for treatment planning applications. Medical Physics. September 2004;31(9):2721-5.

[117] Preis T, Virnau P, Paul W, Schneider JJ. GPU accelerated Monte Carlo simulation of the 2D and 3D Ising model. Journal of Computational Physics. 25 März 2009;228:4468-77.

[118] Badano A, Sempau J. MANTIS: combined x-ray, electron and optical Monte Carlo simulations of indirect radiation imaging systems. Physics in Medicine and Biology. 1 März 2006;51:1545-61.

[119] Badal A, Kyprianou I, Badano A, Sempau J. Monte Carlo simulation of a realistic anatomical phantom described by triangle meshes: Application to prostate brachytherapy imaging. Radiotherapy and Oncology. 2008;86:99-103.

[120] Jia X, Gu X, Sempau J, Choi D, Majumdar A, Jiang SB. Development of a GPU-based Monte Carlo dose calculation code for coupled-photon transport. Physics in Medicine and Biology. 12 Mai 2010;55(11):3077-86.

[121] Afgan E, Bangalore P. Computation Cost in Grid Computing Environments. In: 29th International Conference on Software Engineering Workshops (ICSEW'07); 2007; Minneapolis. IEEE Computer Society;

[122] Advanced Micro Devices GmbH, AMD GmbH. AMD Opteron™ 6000 Plattform [Homepage im Internet]. Dornach b. München, 2010; [Zugriff am 6 Dezember 2010]. Verfügbar über:
http://www.amd.com/de/products/server/processors/6000-series-platform/Pages/6000-series-platform.aspx.

[123] Tóth B, Magdics M. Monte Carlo Radiative Transport on the GPU. In: Fifth Hungarian Conference on Computer Graphics and Geometry; 2010; Budapest.

[124] Nickolls J, Buck J, Garland M. Scalable Parallel Programming with CUDA. ACM Queue. März/April 2008;6(2):40-53.

[125] NVIDIA Corporation, NVIDIA CUDA™ - NVIDIA CUDA C Programming Guide. September 2010;Version:3.2.

[126] Krüger J, Westermann R. Linear Algebra Operators for GPU Implementation of Numerical Algorithms. ACM Transactions on Graphics. 2003;22(3):908-16.

[127] Harris MJ, Baxter III WV, Scheuermann T, Lastra A. Simulation of Cloud Dynamics on Graphics Hardware. In: Proceedings of Graphics hardware, Eurographics Association; 2003; S. 92-101.

[128] Purcell T, Buck I, Mark WR, Hanrahan P. Ray Tracing on Programmable Graphics Hardware. ACM Transactions on Graphics. July 2002;21(3):703-12.

[129] Kapasi UJ, Rixner S, Dally WJ, Khailany B, Ahn JH, Mattson P, et al. Programmable stream processors. Computer - IEEE Journal. August 2003;36(8):54-62.

[130] NVIDIA Corportation. NVIDIA CUDA - NVIDIA CUDA C Programming Guide. September 2010;Version: 4.1.

[131] Buck I, Foley T, Horn D, Sugerman J, Fatahalian K, Houston M, et al. Brook for GPUs: stream computing on graphics hardware. ACM Transactions on Graphics (TOG) - Proceedings of ACM SIGGRAPH. August 2004;23(3):777-86.

[132] Stanford University Graphics Lab. BrookGPU [Homepage im Internet]. Stanford, 2010; [Zugriff am 7 Dezember 2010]. Verfügbar über: http://graphics.stanford.edu/projects/brookgpu/.

[133] Advanced Micro Devices Inc.. A Brief History of General Purpose (GPGPU) Computing [Homepage im Internet]. Sunnyvale, CA, 2010; [Zugriff am 7 Dezember 2010]. Verfügbar über: http://www.amd.com/us/products/technologies/stream-technology/opencl/Pages/gpgpu-history.aspx.

[134] Advanced Micro Devices Inc.. AMD Accelerated Parallel Processing (APP) SDK (formerly ATI Stream) [Homepage im Internet]. Sunnyvale, CA, 2010; [Zugriff am 7 Dezember 2010]. Verfügbar über: http://developer.amd.com/gpu/atistreamsdk/pages/default.aspx.

[135] Nvidia Corporation. CUDA - Parallel programming made easy [Homepage im Internet]. Santa Clara, CA, 2010; [Zugriff am 7 Dezember 2010]. Verfügbar über: http://www.nvidia.com/object/cuda_home_new.html.

[136] Khronos OpenCL Working Group The OpenCL Specification - Version 1.1. 36.

Munshi A, Hrsg. Beaverton, Oregon, 2010.

[137] Pospichal P, Jaros J. GPU-based Acceleration of the Genetic Algorithm. In: Počítačové architektury a diagnostika 2010; 2010; Brno, CZ. S. 75-80.

[138] NVIDIA. Whitepaper - NVIDIA's Next Generation CUDA Compute Architecture [Homepage im Internet]. 2009; [Zugriff am 23 Dezember 2010]. Verfügbar über: http://www.nvidia.com/content/PDF/fermi_white_papers/NVIDIA_Fermi_Compute_Architecture_Whitepaper.pdf.

[139] Flynn MJ. Some Computer Organizations and Their Effectiveness. IEEE Transactions on Computers. September 1972;C-21(9):948-60.

[140] Woodcock E, Murphy T, Hemmings P, Longworth S. Techniques used in the GEM code for Monte Carlo neutronics calculations in reactors and other systems of complex geometry. Applications of Computing Methods to Reactor Problems: Argonne National Laboratories Report. 1965;(ANL-7050)

[141] L'Ecuyer P. Efficient and Portable Combined Random Number Generators. Communications of the ACM. Juni 1988;31(6):742-74.

[142] Chetty IJ, Charland PM, Tyagi N, McShan DL, Fraass BA, Bielajew AF. Photon beam relative dose validation of the DPM Monte Carlo code in lung-equivalent media. Medical Physics. April 2003;30(4):563-73.

[143] Chetty IJ, Moran JM, McShan DL, Fraass BA, Wilderman SJ, Bielajew AF. Benchmarking of the dose planning method (DPM) Monte Carlo code using electron beams from a racetrack microtron. Medical Physics. Juni 2002;29(6):1035-41.

[144] Jahnke LK, Fleckenstein J, Clausen S, Hesser J, Lohr F, Wenz F. GPU-acceleration of GEANT4-based Monte Carlo Simulations for Radio Therapy. In: American Society for Therapeutic Radiology and Oncology (ASTRO); 2008; Boston - September 21-25. S. 3021.

[145] Jahnke L, Fleckenstein J, Clausen S, Hesser J, Wenz F. Speeding up of GEANT4 based Monte Carlo Simulations for radio therapy treatments on SIMD machines [Homepage im Internet]. 2008; [Zugriff am 9 Dezember 2010]. Verfügbar über: http://astro2008.abstractsnet.com/handouts/501151_Lennart_Astro_2008.pdf.

[146] Matsumoto M, Nishimura T. Mersenne Twister: A 623-Dimensionally Equidistributed Uniform Pseudo-Random Number Generator. ACM Transactions on Modeling and Computer Simulation (TOMACS) - Special issue on uniform random number generation. Januar 1998;8(1):3-30.

[147] Tóth B. mcrad [Homepage im Internet]. Budapest, 2010; [Zugriff am 13 Dezember 2010]. Verfügbar über: http://cg.iit.bme.hu/~tbalazs/mcptransport/.

[148] L'Ecuyer P. Maximally equidistributed combined Tausworthe generators. Mathematics of Computation. Januar 1996;213(65):203-13.

[149] Badal A, Badano A. Accelerating Monte Carlo simulations of photon transport in a voxelized geometry using a massively parallel Graphics Processing Unit. Medical Physics. November 2009;36(11):4878-80.

[150] Ye S, Brezovich IA, Pareek P, Naqvi S. Benchmark of PENELOPE code for low-energy photon transport: dose comparisons with MCNP4 and EGS4. Physics in Medicine and Biology. Januar 2004;49:387-97.

[151] Badal A, Badano A. mcgpu - Monte Carlo simulation of x-ray transport in a GPU with CUDA [Homepage im Internet]. Silver Spring, MD, 2010; [Zugriff am 10 Dezember 2010]. Verfügbar über: http://code.google.com/p/mcgpu/.

[152] Jelén U, Söhn M, Alber M. A finite size pencil beam for IMRT dose optimization. Physics in Medicine and Biology. April 2005;50:1747-66.

[153] Ulmer W, Pyyry J, Kaissl W. A 3D photon superposition/convolution algorithm and its foundation on results of Monte Carlo calculations. Physics in Medicine and Biology. April 2005;50:1767-90.

[154] Jacques R, Taylor R, Wong J, McNutt T. Towards real-time radiation therapy: GPU accelerated superposition/convolution. Computer Methods and Programs in Biomedicine. Juni 2009;98(3):285-92.

[155] Hissoiny S, Ozell B. Fast convolution-superposition dose calculation on graphics hardware. Medical Physics. Mai 2009;36(6):1998-2005.

[156] Xuejun G, Choi D, Men C, Pan H, Majumdar A, Jian SB. GPU-based ultra-fast dose calculation using a finite size pencil beam model. Physics in Medicine and Biology. Oktober 2009;54:6287-97.

[157] Min Y, Santhanam A, Neelakkantan H, Ruddy BH, Meeks SL, Kupelian PA. A GPU-based framework for modelling real-time 3D lung tumor conformal dosimetry with subject-specific lung tumor motion. Physics in Medicine and Biology. August 2010;55:5137-50.

[158] National Institute of Standards and Technology. X-Ray Mass Attenuation Coefficients [Homepage im Internet]. National Institute of Standards and Technology, 9 Dezember 2011; [Zugriff am 10 März 2012]. Verfügbar über: http://physics.nist.gov/PhysRefData/XrayMassCoef/ComTab/air.html.

[159] Boone JM, Seibert JA. An accurate method for computergenerating tungsten anode X-ray spectra from 30 to 140 kV. Medical Physics. August 1997;24(11):1661-70.

[160] Fewell TR, Shuping RE, Healy RE. HHS Publication 81-8162: handbook of computed tomography X-ray spectra. Washington: U.S. Government Printing

Office; 1981.

[161] American Institute of Physics. [Homepage im Internet]. 1997; [Zugriff am 31 Januar 2011]. Verfügbar über: ftp://ftp.aip.org/epaps/medical_phys/E-MPHYA-24-1661/.

[162] Meyer P, Buffard E, Mertz L, Kennel C, Constantinesco A, Siffert P. Evaluation of the use of six diagnostic X-ray spectra computer codes. The British Journal of Radiology. März 2004;77:224-30.

[163] The Apache Software Foundation. Xerces-C++ XML Parser [Homepage im Internet]. Los Angeles, CA, 2010; [Zugriff am 31 Januar 2011]. Verfügbar über: http://xerces.apache.org/xerces-c/.

[164] Issing LJ, Klimsa P. Information und Lernen mit Multimedia und Internet - Lehrbuch für Studium und Praxis. 3. Auflage. Ludwig J. Issing PK, Hrsg. Weinheim: Verlagsgruppe Beltz, PVU; 2002.

[165] Baatz H, Raak P, de Ortueta D, Mirshahi A, Scharioth G. Praktische Bedeutung der Flimmerfusionsfrequenz (CFF) - Zeitliche Auflösung des visuellen Systems in der Diffrenzialdiagnose. Ophthalmologe. Juni 2010;107:715-9.

[166] NVIDIA Corporation. NVIDIA Visual Profiler [Homepage im Internet]. Santa Clara, CA, 5 August 2010; [Zugriff am 11 März 2011]. Verfügbar über: http://developer.nvidia.com/object/visual-profiler.html.

[167] NVIDIA Corporation. NVIDIA CUDA - CUDA C Best Practices Guide. Handbuch. August 2010;Version 3.2:39.

[168] Han TD, Abdelrahman TS. Reducing Branch Divergence in GPU Programs. In: GPGPU-4 Proceedings of the Fourth Workshop on General Purpose Processing on Graphics Processing Units; 2011; New York, USA. Article No.: 3.

[169] Wernecke J. The Inventor Mentor: Programming Object-Oriented 3D Graphics with Open Inventor™. Release 2. Reading, MA: Addison Wesley Pub Co Inc; 1994.

[170] Ascenion , Scheek S. Human Voxel Models [Homepage im Internet]. München, 2011; [Zugriff am 23 Mai 2011]. Verfügbar über: http://www.ascenion.de/technologieangebote/software/human-voxel-models.html.

[171] VOXEL-MAN Group. VOXEL-MAN [Homepage im Internet]. Hamburg, 2011; [Zugriff am 23 Mai 2011]. Verfügbar über: http://www.voxel-man.de/.

[172] IT'IS Foundation. The Virtual Population: High-Resolution Anatomical Models [Homepage im Internet]. Zürich, 2010; [Zugriff am 23 Mai 2011]. Verfügbar über: http://www.itis.ethz.ch/services/human-and-animal-models/human-models/.

[173] U.S. National Library of Medicine. The Visible Human Project [Homepage im

Internet]. Rockville Pike, 2010; [Zugriff am 23 Mai 2011]. Verfügbar über: http://www.nlm.nih.gov/research/visible/visible_human.html.

[174] Teistler M. Dissertation: Zur räumlichen Exploration tomographischer Bilddaten in virtuellen Szenen für medizinische Ausbildung und Diagnostik. Braunschweig TU, Hrsg. Braunschweig: UB Braunschweig; 2004.

[175] Visage Imaging GmbH. Amira [Homepage im Internet]. San Diego, CA, 2011; [Zugriff am 23 Mai 2011]. Verfügbar über: http://www.amira.com/.

[176] National Center for Biotechnology Information. 100358-45-0 - Compound Summary [Homepage im Internet]. Bethesda MD, 2011; [Zugriff am 31 Mai 2011]. Verfügbar über: http://pubchem.ncbi.nlm.nih.gov/summary/summary.cgi?cid=169944.

[177] National Center for Biotechnology Information. Trientine - Compound Summary [Homepage im Internet]. Bethesda MD, 2011; [Zugriff am 31 Mai 2011]. Verfügbar über: http://pubchem.ncbi.nlm.nih.gov/summary/summary.cgi?cid=5565.

[178] Greene J. Epoxy Chemistry [Homepage im Internet]. Chico, 2011; [Zugriff am 31 Mai 2011]. Verfügbar über: http://www.csuchico.edu/~jpgreene/m247/m247_ch02/sld023.htm.

[179] NetComposites. Volume-Weight Fraction and Density Calculator [Homepage im Internet]. Chesterfield, UK, 2008; [Zugriff am 31 Mai 2011]. Verfügbar über: http://www.netcomposites.com/Composite_Tools_Calculators.asp?calcid=41.

[180] Visualization Science Group. Open Inventor [Homepage im Internet]. Burlington, MA, 2011; [Zugriff am 7 Juni 2011]. Verfügbar über: http://www.vsg3d.com/open-inventor/sdk.

[181] Ahrens CA. Zur Berechnung und Visualisierung von simulierten personenbezogenen Dosiswerten zum Einsatz in der Strahlenschutzausbildung am Beispiel der interventionellen Radiologie. Braunschweig: Technische Universtität Braunschweig, Peter L. Reichertz Institut für Medizinische Informatik; 2010.

[182] ICRP. ICRP Publication 103: The 2007 Recommendations of the International Commision on Radiological Protection. Annals of the ICRP. 2007;37(2-4).

[183] Bott OJ, Wagner M, Duwenkamp C, Hellrung N, Dresing K. Improving education on C-arm operation and radiation protection with a computer-based training and simulation system. Int J CARS. Juni 2009;4(4):399-407, Abbildung 3. With kind permissions of Springer Science and Business Media.

[184] Bott OJ, Teistler M, Duwenkamp C, Wagner M, Marschollek M, Plischke M, et al. virtX - Evaluation of a Computer-based Training System for Mobile C-arm

Systems in Trauma and Orthopedic Surgery. Methods of Information in Medicine. 2008;47(3):270-8. Abbildung 5. Mit freundlicher Genehmigung der Schattauer GmbH.

[185] Bott OJ, Wagner M, Teistler M, Duwenkamp C, Ahrens CA, Grobe JH. virtX - Ein rechnergestütztes System zum Training des intraoperativen Einsatzes eines mobilen Bildverstärkers. GMS Medizinische Informatik, Biometrie und Epidemiologie. November 2006;3(2):Doc16.

[186] Bott OJ, Ahrens CA, Duwenkamp C, Grobe JH, Kimmel R, Lörchner A, et al. GMS Medizinische Informatik, Biometrie und Epidemiologie. In: gmds 2006: Proceedings zur 51. Jahrestagung der Deutschen Gesellschaft für Medizinische Informatik, Biometrie und Epidemiologie, 10.14. September; 2006; Leipzig. Düsseldorf, Köln: German Medical Science; S. 80-2.

[187] Wagner M, Bott OJ, Dresing K. Rechnergestütztes Lehren und Lernen zur korrekten Anwendung mobiler Röntgengeräte. Forum der Medizin_Dokumentation und Medizin_Informatik. September 2007;9(3):113-6.

[188] Dresing K, Bott OJ, Raab BW, Wagner M, Duwenkamp C, Teistler M, et al. virtX – ein virtuelles C-Bogen-Simulationsgerät. In: DKOU 2007: Proceedings zum Deutschen Kongress für Orthopädie und Unfallchirurgie. 71. Jahrestagung der Deutschen Gesellschaft für Unfallchirurgie, 93. Tagung der Deutschen Gesellschaft für Orthopädie und Orthopädische Chirurgie, 24.-27.Oktober ; 2007; Berlin. Düsseldorf: German Medical Science GMS Publishing House; S. DocW43-1154.

[189] Bott OJ, Wagner M, Duwenkamp C, Ahrens CA, Plischke M, Stürmer KM, et al. VirtX: ein Lehr- und Lernsystem für Röntgen-Bildwandlersysteme zur Verbesserung im Strahlenschutz. In: Potentiale und Perspektiven technologiebasierter Lehr-, Lern- und Prüfungsprozesse für die Medizin: Proceedings 12. Workshop der Arbeitsgruppe "Computergestützte Lehr- und Lernsysteme in der Medizin" der GMDS, 7.-8. April; 2008; Saarbrücken. Saarbrücken: CHELM, VISU; S. 50-3.

[190] Duwenkamp C, Wagner M, Plischke M, Dresing K, Bott OJ. Zur Integration von Gelenkbewegungen in die Simulation von 2D-Röntgenverfahren für computergestützte Lehr- und Lernsysteme zur intraoperativen Behandlung. In: Brückenschlag von Medizinischer Informatik, Biometrie und Epidemiologie zur Medizintechnik. gmds 2008: Tagungsband der 53. Jahrestagung der Deutschen Gesellschaft für Medizinische Informatik, Biometrie und Epidemiologie, 15.-18. September; 2008; Stuttgart. Köln: gmds; 2008; S. 114-6.

[191] Dresing K, Wagner M, Duwenkamp C, Hellrung N, Stürmer KM, Bott OJ. virtX - Virtuelles Lehr- und Lernsystem für den Einsatz mobiler Bildverstärkersysteme. Trauma und Berufskrankheit. September 2009;11(3):1-10.

[192] Bott OJ, Dresing K, Wagner M, Raab BW, Teistler M. Informatics in Radiology - Use of a C-Arm Fluoroscopy Simulator to Support Training in Intraoperative Radiography. Radiographics. Mai 2011;31(3):31-41.

[193] Wagner M, Bott OJ, Pretschner DP, Plischke M, Dresing K. Integration interaktiver beweglicher Patientenmodelle in Computer gestützte Lehr- und Lernsysteme in der operativen Behandlung. In: Prävention und Versorgung: innovativ, qualitätsgesichert, sozial. gmds 2007: Proceedings des Kongress „Medizin und Gesellschaft" 2007, 17.-21. September; 2007; Augsburg. Mönchengladbach: Rheinware; S. 376-7.

[194] Bott OJ, Dresing K, Wagner M, Raab BW, Teistler M. LL-IN3526: Simulation-based C-arm Fluoroscopy Training to Help Improve Image Quality and Radiation Protection. In: RSNA 2009 - Scientific assembly and annual meeting program, 29. November - 4. Dezember; 2009; Chicago. S. 931.

[195] ICRP. Avoidance of radiation injuries from medical interventional procedures, ICRP Publication 85. Annals of the ICRP. Juni 2000;30(2):61-5.

[196] Whitby M, Martin CJ. Radiation doses to the legs of radiologists performing interventional procedures: are they a cause for concern?. The British Journal of Radiology. Mai 2003;76:321-7, Abbildung 3, 4 und 6. With kind permission of British Institute of Radiology.

[197] Balter S. Stray Radiation in the Cardiac Catheterisation Laboratory. Radiation Protection Dosimetry. 2001;94(Nos 1-2):183-8, Abbildung 4, 5 und 6. By permission of Oxford University Press.

[198] Hirshfeld JW, Balter S, Brinker JA, Kern MJ, Klein LW, Lindsay BD, et al. ACCF/AHA/HRS/SCAI Clinical Competence Statement on Physician Knowledge to Optimize Patient Safety and Image Quality in Fluoroscopically Guided Invasive Cardiovascular Procedures. Journal of the American College of Cardiology. Dezember 2004;44(1):2259-82. Abbildung 4. With kind permission of Elsevier Limited.

[199] Borowski M. Dosimetrie mit elektronischen Dosimetern in gepulsten Photonen-Strahlungsfeldern / Teil 2; Kennzeichen 3610s20001. Städtisches Klinikum Braunschweig GmbH: Bundesamt für Strahlenschutz; 2010.

[200] Leonhart R. Lehrbuch Statistik - Einstieg und Vertiefung. 1. Auflage. Bern: Verlag Hans Huber; 2004. S. 152-153.

[201] Hüsler J, Zimmermann H. Statistische Prinzipien für medizinische Projekte. 4. Auflage. Bern: Verlag Hans Huber, Hogref AG; 2006. S. 72-3.

[202] Schneider B. Äquivalenztests als Lösung des Induktionsproblems. Hannover; 1998.

[203] Ackermann H. Grundlagen der medizinischen Biometrie. 6. Auflage. Darmstadt: epsilon-Verlag Hochheim; 2010.

[204] Schneider B. Äquivalenztests [Homepage im Internet]. 1998; [Zugriff am 30 August 2011]. Verfügbar über: http://www.mh-hannover.de/fileadmin/institute/biometrie/Scripte/speziel/aequival1.pdf.

[205] Haux R, Schumacher M, Weckesser G. Rank Tests for Complete Block Designs. Biometrical Journal. 1984;26(5):567-82.

[206] Zubal G. The Zubal Phantom [Homepage im Internet]. Yale IPAG, 2011; [Zugriff am 25 Oktober 2011]. Verfügbar über: http://noodle.med.yale.edu/zubal/index.htm.

[207] Kulik CC, Kulik JA. Effectiveness of computer-based instruction: An updated analysis. Computers in Human Behaviour. 1991;7:75,94.

[208] Christmann EP, Badgett JL, Lucking R. Progressive Comparison of the Effects of Computer-Assisted Instruction on the Academic Achievement of Secondary Students. Journal of Research on Computing in Education. 1997;29(4):323-37.

[209] Waxman HC, Lin M, Michko GM. A Meta-Analysis of the Effectiveness of Teaching and Learning With Technology on Student Outcomes. Learning Point Associates. [Homepage im Internet]. 2003; [Zugriff am 7 März 2012]. Verfügbar über: http://it.coe.uga.edu/~treeves/edit6900/metaanalysisNCREL.pdf.

[210] Blumschein P. Dissertation: Eine Metaanalyse zur Effektivität multimedialen Lernens am Beispiel der Anchored Instrucion. Freiburg: Wirtschafts- und Verhaltenswissenschaftlichen Fakultät der Albert-Ludwigs Universität Freiburg im Breisgau; 2004.

[211] Preußler A. Dissertation: Wir evaluieren uns zu Tode - Möglichkeiten und Grenzen der Bewertung von Online-Lernen. Eine Meta-Evaluation.. Fakultät für Kultur- und Sozialwissenschaften der FernUniversität in Hagen.

[212] Brabec S. Shadow Techniques for Interactive and Real-Time. 1. Auflage. Göttingen: Cuvillier Verlag; 2004.

[213] Blassner AS. Principles of Digital Image Synthesis - Volume Two. San Franciso, California: Morgan Kaufmann Publishers, Inc.; 1995.

[214] Foley JD, Van Dam A, Feiner SK. Computer graphics: principles and practice. 2. Auflage. Reading, MA: Addison-Wesley; 1990.

[215] Paul P, Schäfer A, Wagner H. Hadronen und Kerne - Einführung [Homepage im Internet]. Bad Honnef, 2007; [Zugriff am 2 August 2011]. Verfügbar über: http://www.weltderphysik.de/de/907.php.

[216] Busch HP. Digitale Projektionsradiographie, Technische Grundlagen,

Abbildungseigenschaften und Anwendungsmöglichkeiten. Der Radiologe. 1999;39:710-24, Abbildung 5. With kind permission of Springer Science and Business Media.

[217] Overdick M. Detectors for X-ray Imaging and Computed Tomography, Advances and Key Technologies. Bd. Band 6, Aachen: Springer Netherlands; 2006. S. 49-64, Abbildung 4-2. With kind permission of Springer Science and Business Media.

Abbildungsverzeichnis

ABBILDUNG 1: SPEKTRUM ELEKTROMAGNETISCHER WELLEN [18] 5
ABBILDUNG 2: SCHEMATISCHER AUFBAU EINER RÖNTGENRÖHRE 6
ABBILDUNG 3: ERZEUGUNG VON RÖNTGENBREMSSTRAHLUNG MIT DER ENERGIE E_{Brems} DURCH ABBREMSEN EINES BESCHLEUNIGTEN ELEKTRONS IM COULOMBFELD (A) ODER DURCH DIREKTE KOLLISION MIT DEM KERN (B) 7
ABBILDUNG 4: SPEKTRUM DER RÖNTGENSTRAHLUNG; ZUSAMMENGESETZT AUS CHARAKTERISTISCHER RÖNTGENSTRAHLUNG UND RÖNTGENBREMSSTRAHLUNG. GESTRICHELTE LINIE BESCHREIBT THEORETISCHEN INTENSITÄTSVERLAUF NACH GLEICHUNG *(4)* [19] 8
ABBILDUNG 5: ENTSTEHUNG VON CHARAKTERISTISCHER RÖNTGENSTRAHLUNG; ENERGIEREICHES ELEKTRON SCHLÄGT HÜLLENELEKTRON AUS DER K-SCHALE, BESETZUNG DES ELEKTRONENLOCHES DURCH ELEKTRON AUS DER L-SCHALE → K_α-STRAHLUNG, BESETZUNG DES ELEKTRONENLOCHES DURCH ELEKTRON DER M-SCHALE → K_β-STRAHLUNG 9
ABBILDUNG 6: ENERGIEDIAGRAMM VON WOLFRAM MIT BESCHREIBUNG DER ENTSTEHENDEN STRAHLUNG BEI SCHALENÜBERGÄNGEN VON ELEKTRONEN. ENERGIEANGABEN BESCHREIBT ENERGIEDIFFERENZ DER SCHALE ZU O-SCHALE (ANGELEHNT AN [1]) 10
ABBILDUNG 7: BEISPIELHAFTER AUFBAU EINER DREHANODE EINER DOPPELFOKUSRÖHRE MIT ZWEI GETRENNTEN BRENNFLECKBAHNEN (BIANGULIX) [19] 11
ABBILDUNG 8: SCHEMATISCHER AUFBAU EINES RÖNTGENSTRAHLERS MIT DREHANODE [19] 11
ABBILDUNG 9: ZUSAMMENHANG VON ELEKTRONISCHEN UND OPTISCHEN BRENNFLECK, SOWIE VERGRÖSSERUNG DER ELEKTRONISCHEN BRENNFLECKGRÖSSE BEI GLEICHBLEIBENDEM OPTISCHEN BRENNFLECK DURCH VERRINGERUNG DES ANODENWINKELS VON C NACH A [1]. 12
ABBILDUNG 10: HEEL-EFFEKT: ABSCHWÄCHUNG DER ENTSTEHENDEN RÖNTGENSTRAHLUNG BEREITS IM ANODENMATERIAL FÜHRT ZUM ABFALL DER PHOTONEN-FLUSSDICHTE IN RICHTUNG DER ANODE (ANGELEHNT AN [2]) 12
ABBILDUNG 11: INDIVIDUELLE INTERAKTIONSWAHRSCHEINLICHKEITEN FÜR DIE PHOTOABSORPTION, DIE RAYLEIGH-STREUUNG SOWIE DIE COMPTON-STREUUNG UND DER DARAUS RESULTIERENDE LINEARE SCHWÄCHUNGSKOEFFIZIENT FÜR WASSER BEI RAUMTEMPERATUR ALS FUNKTION DER PHOTONENENERGIE (ANGELEHNT AN [11]) 14
ABBILDUNG 12: SCHEMATISCHE DARSTELLUNG DER PHOTOABSORPTION AN EINEM ELEKTRON DER K-SCHALE. LINKS: ABSORPTION DES PHOTONS MIT IONISIERUNG DER ATOMHÜLLE. PHOTOELEKTRON VERLÄSST ATOMHÜLLE IM EMISSIONSWINKEL Φ ZUR EINFALLRICHTUNG DES PHOTONS MIT DER ENERGIE E_{kin} NACH FORMEL *(9)*. RECHTS: VERSCHIEDENE VARIANTEN DER ABREGUNG DES ATOMS DURCH FÜLLEN DES ELEKTRONENLOCHES MIT EINEM ELEKTRON AUS DER M-SCHALE. A. FLUORESZENZ B. EMISSION EINES AUGERELEKTRONS AUS DER M-SCHALE WODURCH EIN DOPPELT IONISIERTER KERN ZURÜCKBLEIBT 15
ABBILDUNG 13: A) ENERGIEABHÄNGIGKEIT DES MASSE-PHOTOABSORPTIONSKOEFFIZIENTEN FÜR BLEI MIT SPEZIFISCHEN ABSORPTIONSKANTEN B) ENERGIEABHÄNGIGE VERTEILUNG DER PHOTOELEKTRONEN FÜR DEN EMISSIONSWINKEL Φ BEI EINSCHUSSRICHTUNG DES PHOTONS VON LINKS (ANGELEHNT AN [13]) 16
ABBILDUNG 14: SCHEMATISCHE DARSTELLUNG DER COMPTON-STREUUNG. DER STOSSPROZESS LÖST EIN SCHWACH GEBUNDENES ÄUSSERES ELEKTRON AUS DER ATOMHÜLLE. ABHÄNGIG VOM PHOTONENSTREUWINKEL Φ WIRD DIE PHOTONENENERGIE $E_{r'}$ UND DER IMPULS P AUF DAS COMPTONELEKTRON UND DAS GESTREUTE PHOTON VERTEILT. 17
ABBILDUNG 15: ENERGIE DES GESTREUTEN PHOTONS ABHÄNGIG VON DER URSPRÜNGLICHEN PHOTONENENERGIE E_r UND DES PHOTONENSTREUWINKELS Φ. HIERBEI BEDEUTET EIN STREUWINKEL VON 0° DIE EINSCHUSSRICHTUNG UND 180° DIE KOMPLETTE RÜCKSTREUUNG. WERTE FÜR DIE STREUWINKEL ZWISCHEN 0° UND 90° SIND IN 10° SCHRITTEN ANGEGEBEN, DANACH FÜR 120°, 150° UND 180° (ANGELEHNT AN [13]) 19
ABBILDUNG 16: WINKELVERTEILUNG DER GESTREUTEN PHOTONEN (DICKE KURVE) UND DER PHOTONENENERGIE NACH DER STREUUNG IN POLARKOORDINATEN NACH GLEICHUNGEN *(16)* UND *(18)* FÜR VERSCHIEDENE PRIMÄRE PHOTONENENERGIEN (10, 50 UND 200 KEV VON AUSSEN NACH INNEN) (ANGELEHNT AN [13]) 20
ABBILDUNG 17: WINKELVERTEILUNG DER COMPTONELEKTRONEN IN POLARDARSTELLUNG FÜR VERSCHIEDENE ENERGIEN DES STOSSENDEN PHOTONS [13] 21
ABBILDUNG 18: LINKS: SCHEMATISCHE DARSTELLUNG DER RAYLEIGH-STREUUNG AN GEBUNDENEN ELEKTRONEN. RECHTS: SCHWINGUNGSÜBERGANG ZWISCHEN EINFALLENDEN PHOTON γ, ELEKTRONENHÜLLE UND GESTREUTEM PHOTON γ' 22

Abbildungsverzeichnis

ABBILDUNG 19: POLARDARSTELLUNG DES DIFFERENZIELLEN WIRKUNGSQUERSCHNITTS DER RAYLEIGH-STREUUNG BEI WASSER (RAUMTEMPERATUR) ALS FUNKTION DES PHOTONENSTREUWINKELS φ FÜR VERSCHIEDENE PHOTONENENERGIEN [11] 23

ABBILDUNG 20: VARIANTEN VON VERSCHIEDENEN C-BÖGEN. VON LINKS NACH RECHTS: SIEMENS SYSTEM SIREMOBIL (AB 1965), PHILIPS BV-25 (CA. 1983), ZIEHM VISION FD (AB 2007) [27, 28, 29] 29

ABBILDUNG 21: BESTANDTEILE EINES C-BOGENS (SIEMENS ARCADIS VARIC) UND SCHEMATISCHE DARSTELLUNG SEINER BEWEGUNGSMÖGLICHKEITEN MIT EINGEBLENDETEM KEGELFÖRMIGEM HAUPTSTRAHLENGANG (GRÜN). BEWEGUNGSRICHTUNGEN: 1 VERSCHIEBUNG STEUERUNGSWAGEN, 2 DREHUNG STEUERUNGSWAGEN, 3 VERTIKALER HUB, 4 SCHWENK HORIZONTALER AUFLEGER, 5 VERSCHIEBUNG HORIZONTALER AUFLEGER, 6 SEITLICHES KIPPEN C-KONSTRUKTION, 7 ORBITALBEWEGUNG C-KONSTRUKTION. 29

ABBILDUNG 22: VERRINGERUNG DES STREUSTRAHLENANTEILS AUF DER BILDEBENE DURCH DEN EINSATZ EINES STREUSTRAHLENRASTERS. DIE NEIGUNG DER LAMELLEN DES RASTERS STIMMT MIT DER DIVERGENZ DER PRIMÄRSTRAHLUNG ÜBEREIN. 32

ABBILDUNG 23: BEISPIELE FÜR STRAHLENSCHUTZZUBEHÖR (FIRMA SIEMENS MEDICAL). VON LINKS OBEN NACH RECHTS UNTEN: BLEISCHÜRZEN, HALSMANSCHETTE, BLEIGLASBRILLE, BLEIHANDSCHUHE, GONADENABDECKUNGEN, FAHRBARE STRAHLENSCHUTZWAND [34] 36

ABBILDUNG 24: BEISPIELE FÜR ISODOSENKURVEN; A: STREUSTRAHLUNGSBELASTUNGEN BEI DER DURCHLEUCHTUNG DER LEBER (33MGY/MIN AM PHANTOM MIT DURCHSCHNITTLICHER PRIMÄRSTRAHLUNG) [35], B: STREUSTRAHLUNG BEIM C-BOGEN BEI DURCHLEUCHTUNG EINES PHANTOMS, PRIMÄRSTRAHLUNG NICHT BEKANNT [36], C: SIMULIERTE ISODOSENKURVEN BASIEREND AUF CT-DATENSATZ FÜR DIE PLANUNG EINER 3D-KONFORMALEN BESTRAHLUNG DER PROSTATA [37] 37

ABBILDUNG 25: SUCHANFRAGE DER RECHERCHE IN DEN ONLINE LITERATURDATENBANKEN 39

ABBILDUNG 26: ANZAHL VON GLEITKOMMAOPERATIONEN PRO SEKUNDE (FLOPS) FÜR EINE AUSWAHL VON CPUS UND GPUS AUS DEN JAHREN 2003 BIS 2009 [130] 48

ABBILDUNG 27: AUFBAU EINES AUF DER FERMI-ARCHITEKTUR BERUHENDEN GRAFIKPROZESSORS. 16 STREAMING-MULTIPROZESSOREN (GRÜN) SIND UM DEN GEMEINSAMEN LEVEL 2 CACHE (BLAU) ANGEORDNET. [138] 49

ABBILDUNG 28: AUFBAU EINES STREAMING-MULTIPROZESSORS EINER GRAFIKKARTE NACH FERMI ARCHITEKTUR. [138] 50

ABBILDUNG 29: ALLGEMEINE SPEICHERHIERARCHIE DER FERMI-ARCHITEKTUR (SFUS UND LOAD/STORE-EINHEITEN WURDEN VERNACHLÄSSIGT) 51

ABBILDUNG 30: BEISPIEL EINES ZWEIDIMENSIONALEN GRIDS VON ZWEIDIMENSIONALEN THREAD-BLÖCKEN SOWIE DER SYNCHRONEN AUSFÜHRUNG VON ZWEI KERNELS [125] 53

ABBILDUNG 31: PYRAMIDENFÖRMIGER FÄCHERSTRAHLER (FAN BEAM; LINKS) AUS DER COMPUTERTOMOGRAFIE UND KEGELFÖRMIGER STRAHLENGANG (CONE BEAM; RECHTS) VON C-BÖGEN MIT RUNDEM BILDVERSTÄRKER. 65

ABBILDUNG 32: BESTIMMUNG DES PRIMÄREN RICHTUNGSVEKTORS dI EINES PHOTONS ZUR SIMULATION EINES KEGELFÖRMIGEN STRAHLENGANGES. 66

ABBILDUNG 33: BESTIMMUNG DES RADIUS rB, I DES VON DER IRISBLENDE EINGESCHLOSSENEN KREISES. 68

ABBILDUNG 34: SCHEMATISCHE DARSTELLUNG DES MODELLS DER SCHLITZBLENDE IN SISCAR-GPU MIT PARAMETERN FÜR DIE SIMULATION. 69

ABBILDUNG 35: STRUKTUR DER SPEKTRUM-XML-DATEI FÜR DIE SIMULATION DES RÖNTGENSPEKTRUMS IN SISCAR-GPU 72

ABBILDUNG 36: MITHILFE DES ERWEITERTEN TASMIP-PROGRAMMS ERZEUGTE RÖNTGENSPEKTREN FÜR RÖHRENSPANNUNGEN VON 30 BIS 120 KV (ZUR ÜBERSICHTLICHKEIT NUR AUSWAHL DER ERSTELLTEN SPEKTREN IN ABSTÄNDEN VON 5 KV). 73

ABBILDUNG 37: BESTIMMUNG DER STARTPOSITION UND DES STARTVOXELS DER PRIMÄREN PHOTONEN. 75

ABBILDUNG 38: REPRÄSENTATION UND BEWEGUNGSHIERARCHIE DES C-BOGEN-MODELLS IM SIMULATIONSVOLUMEN VON SISCAR-GPU 91

ABBILDUNG 39: IN SISCAR-GPU VERWENDETER BEREICH DER DOMINANTE UND VISUALISIERUNG DER FÜR DEN C-BOGEN GESETZTEN MATERIAL-VOXEL IM SIMULATIONSVOLUMEN (BRAUN: EISEN, WEISS: DOMINANTENVOXEL) 92

ABBILDUNG 40: BEISPIELHAFTE BIT-FORMATIERUNG EINES KOMBINIERTEN ID-WERTES BEI EINER VORZEICHENLOSEN GANZEN ZAHL MIT EINER LÄNGE VON 4-BYTE (UNSIGNED INT). 95

ABBILDUNG 41: VOLUMENRENDERING DES VERWENDETEN GANZKÖRPER-CT-DATENSATZES ALS GRUNDLAGE FÜR DIE MATERIAL- UND DICHTEWERTE DES PERSONALMODELLS IN SISCAR-GPU 96

ABBILDUNG 42: VOLUMENDARSTELLUNGEN EINER EXEMPLARISCHEN KOMBINATION VON CT-DATENSÄTZEN ZU EINEM PATIENTENMODELL FÜR SISCAR-GPU. 101

Abbildungsverzeichnis

ABBILDUNG 43: VOLUME-RENDERING EINES EXEMPLARISCHEN OP-SZENARIOS IM VOXELISIERTEN SIMULATIONSVOLUMEN MIT PATIENT, C-BOGEN, OP-TISCH, MONITORWAGEN UND ZWEI OP-MITARBEITERN. DIE EINZELNEN MATERIAL-IDS WURDEN FARBIG MARKIERT: EISEN GRÜN, CFRP ORANGE, KÖRPERGEWEBE BLAU (ID 1 BIS 6) UND KOMBINATIONEN AUS MATERIAL- UND LABEL-ID ROT 103

ABBILDUNG 44: ÜBERSICHT DER EINZELNEN PHASEN DES SISCAR-GPU ALGORITHMUS ZUR SIMULATION DER INTRAOPERATIVEN STREUSTRAHLUNG 104

ABBILDUNG 45: DARSTELLUNG DER VERWENDETEN TRANSFERFUNKTION FÜR DIE EINZELNEN RGBA-FARBKANÄLE SOWIE DER RESULTIERENDEN FARB- UND TRANSPARENZSKALA. BEI DER DARSTELLUNG DER TRANSPARENZ BESCHREIBT EIN KLEINERER/HELLERER WERT EINE GRÖßERE TRANSPARENZ. 108

ABBILDUNG 46: VISUALISIERUNG EINER STREUSTRAHLVERTEILUNG (DOSISWERTE) FÜR VERSCHIEDENE SKALIERUNGSFAKTOREN $sflux$ UNTER VERWENDUNG DER ENTWICKELTEN TRANSFERFUNKTION. DIE DOSISWERTE WURDEN FÜR DIE ANTERIOR-POSTERIOR DURCHLEUCHTUNG EINES OBEREN SPRUNGGELENKES BEI EINER RÖHRENSPANNUNG VON 80 KEV MITTELS ITERATIVER ADR-SIMULATION BERECHNET. NEBEN PATIENT UND C-BOGEN SIND OP-TISCH UND MONITORWAGEN IN DER SIMULATIONSSZENE INTEGRIERT. GRENZWERT DER ITERATIVEN ADR-SIMULATION LAG BEI 35 GEV. 109

ABBILDUNG 47: EXEMPLARISCHE VISUALISIERUNG DER STREUSTRAHLVERTEILUNG (DOSISWERTE) UNTER VERWENDUNG VON VERSCHIEDENEN GRENZWERTEN FÜR DIE ITERATIVE ADR-SIMULATION (35, 25, 15, 10, 7 UND 3 GEV). PRO VISUALISIERUNG IST ZUSÄTZLICH DER VERWENDETE SKALIERUNGSFAKTOR $sflux$ ANGEGEBEN. DIE DOSISWERTE WURDEN FÜR DIE ANTERIOR-POSTERIOR DURCHLEUCHTUNG DER LINKEN HÜFTE BEI EINER RÖHRENSPANNUNG VON 80 KEV MITTELS ITERATIVER ADR-SIMULATION BERECHNET. NEBEN PATIENT UND C-BOGEN SIND OP-TISCH UND MONITORWAGEN IN DER SIMULATIONSSZENE INTEGRIERT. 110

ABBILDUNG 48: ENTWICKELTES DIALOG-FENSTER ZUR VISUALISIERUNG DER SPEZIFISCHEN STRAHLENBELASTUNGEN DER KÖRPERBEREICHE DES VIRTUELLEN PATIENTEN UND OP-PERSONALS. FÜR JEDE IN DER SIMULATION VORHANDENE PERSON WIRD IM DIALOG EINE KARTEIKARTE MIT DATEN UND EINEM ROTIERENDEN EINGEFÄRBTEN OBERFLÄCHENMODELL BEREITGESTELLT. 112

ABBILDUNG 49: VERGLEICH DER DERZEITIGEN AUSBILDUNG AM C-BOGEN MIT DEM AUSBILDUNGSKONZEPT DES VIRTX-SYSTEMS. . 114

ABBILDUNG 50: GRAFISCHE BENUTZEROBERFLÄCHE DES VIRTX-SYSTEMS. 115

ABBILDUNG 51: BEISPIELE FÜR DIE IN MEHREREN SPRACHEN VORLIEGENDEN BESCHREIBUNGEN EINER TRAININGSAUFGABE IM VIRTX-SYSTEM SOWIE DEM DIALOG FÜR DIE ZUSAMMENFASSUNG DER RESULTATE DER AUFGABENDURCHFÜHRUNG. 116

ABBILDUNG 52: BEISPIEL FÜR DIE SIMULATION DER KNOCHENBEWEGUNG IM VIRTUELLEN RÖNTGENBILD. ES SIND UNTERSCHIEDLICHE C-BOGEN-POSITIONIERUNGEN UND DAS JEWEILS KORRESPONDIERENDE DRR BEZÜGLICH DER LINKEN HÜFTE INKLUSIVE DER BEWEGUNG DES LINKEN OBERSCHENKELS DARGESTELLT [183]. 116

ABBILDUNG 53: KOPPLUNG VON EINEM REALEN C-BOGEN UND EINER PATIENTENPUPPE AN DAS VIRTX-SYSTEM. DIE BEWEGUNGEN DER PUPPE (HIER LINKES BEIN) UND DES C-BOGENS WERDEN MIT HILFE EINES ELEKTROMAGNETISCHEN TRACKING-SYSTEMS ERFASST UND AUF DIE VIRTUELLEN PENDANTS ÜBERTRAGEN [184]. 117

ABBILDUNG 54: DAS SYSTEM- UND TRAININGSKONZEPT DES CBT-SYSTEMS VIRTX. 118

ABBILDUNG 55: DAS ERWEITERTE VIRTX-SYSTEM MIT DARSTELLUNG DER STREUSTRAHLENAUSBREITUNG FÜR EINE DURCHLEUCHTUNG DES LINKEN HÜFTGELENKS. 119

ABBILDUNG 56: TEXTUELLER VERMERK DER VIERFACHEN SKALIERUNG DER STRAHLUNGSWERTE IN DEN ANSICHTEN DES VIRTUELLEN OPS DES VIRTX-SYSTEMS BEI EINER SEITLICHEN DURCHLEUCHTUNG DES BECKENS. ZUSÄTZLICH IST DER DIALOG MIT DEN BERECHNETEN STRAHLENDOSEN FÜR DAS PERSONAL EINGEBLENDET. 120

ABBILDUNG 57: DIALOG ZUR POSITIONIERUNG DES OP-PERSONALS UND INTERAKTIVEN BETRACHTUNG DER STREUSTRAHLENAUSBREITUNG. DIE KAMERA DER DREIDIMENSIONALEN SZENE KANN MITTELS EINES GRAFISCHEN STEUERELEMENTS AUF VIER FESTEN BAHNEN UM DIE SZENE HERUMGEFAHREN WERDEN. ZUSÄTZLICH IST DER ZOOM DER KAMERA FREI EINSTELLBAR. DARGESTELLT SIND VIER BLICKWINKEL AUF EIN UND DIESELBE STRAHLAUSBREITUNG FÜR EINE SEITLICHE AUFNAHME DES RECHTEN TROCHANTERS. 120

ABBILDUNG 58: ERSTELLTE UND ANGEPASSTE DIALOGE ZUM EINFÜGEN VON INSTANZEN DES VIRTUELLEN OP-PERSONALS UND EDITIEREN DER KORRESPONDIERENDEN PARAMETER. 121

ABBILDUNG 59: SYSTEMKONZEPT DES ERWEITERTEN VIRTX-SYSTEMS. 121

ABBILDUNG 60: OP-SITUATION FÜR DIE DATENERFASSUNG DER SCHWÄCHUNGSWERTE DER VIRTUELLEN STRAHLENSCHUTZKLEIDUNG. 124

Abbildungsverzeichnis

Abbildung 61: Prototypische Visualisierung der Streustrahlungsintensität durch drei pulsierende, ineinander geschachtelte, farbige Kugeln. 126

Abbildung 62: Auswertung der Antworten auf Frage 3.III.c unter der Voraussetzung vorher eine Erläuterung der Zusammenhänge zwischen C-Bogen-Position und Streustrahlung erhalten zu haben (n=51, links). 131

Abbildung 63: Auswertung der Antworten auf Frage 3.III.c unter der Voraussetzung vorher keine Erläuterung der Zusammenhänge zwischen C-Bogen-Position und Streustrahlung erhalten zu haben (n=17, links). 131

Abbildung 64: Auswertung der Antworten auf Frage 3.III.d unter der Voraussetzung vorher eine Erläuterung der Zusammenhänge zwischen C-Bogen-Position und Streustrahlung erhalten zu haben (n=51). 132

Abbildung 65: Auswertung der Antworten auf Frage 3.III.d unter der Voraussetzung vorher keine Erläuterung der Zusammenhänge zwischen C-Bogen-Position und Streustrahlung erhalten zu haben (n=17). 132

Abbildung 66: Histogramme der Rangnummern der Gruppe GA bezüglich der Fragen F1 bis F3 des Fragebogens FB1 vor dem Strahlenschutzkurs (n=11). 147

Abbildung 67: Histogramme der Rangnummern der Gruppe GB bezüglich der Fragen F1 bis F3 des Fragebogens FB2 vor dem Strahlenschutzkurs (n=11). 147

Abbildung 68: Histogramme der Rangnummern beider Gruppen GA und GB bezüglich der Fragebögen FB1 und FB2 vor dem Strahlenschutzkurs (n=11). 148

Abbildung 69: Histogramme der Rangnummern der Gruppe GA bezüglich der Fragen F1 bis F3 des Fragebogens FB2 nach dem Strahlenschutzkurs (n=11). 150

Abbildung 70: Histogramme der Rangnummern der Gruppe GB bezüglich der Fragen F1 bis F3 des Fragebogens FB1 nach dem Strahlenschutzkurs (n=11). 150

Abbildung 71: Histogramme der Rangnummern beider Gruppen GA und GB bezüglich der Fragebögen FB1 und FB2 nach dem Strahlenschutzkurs (n=11). 151

Abbildung 72: Histogramme bezüglich des Wertes $\Delta WSt, q$ beider Gruppen GA und GB (jeweils n=11). 152

Abbildung 73: Boxplots bezüglich des Wertes $\Delta WSt, q$ beider Gruppen GA und GB. 152

Abbildung 74: Verteilung der Antworten in der Kontroll- und Interventionsgruppe auf die Frage, wann die Probanden den letzten Strahlenschutzkurs besucht haben. 167

Abbildung 75: Prinzipienkurs der AOTrauma - Häufigkeiten der gewählten C-Bogen-Einstellungen vor der Schulungsphase aufgeschlüsselt nach Studiengruppe und Frage. 171

Abbildung 76: Prinzipienkurs der AOTrauma - Häufigkeiten der gewählten C-Bogen-Einstellungen nach der Schulungsphase aufgeschlüsselt nach Studiengruppe und Frage. 171

Abbildung 77: Prinzipienkurs der AOTrauma – Boxplots bezüglich der Rangnummern der einzelnen Fragen vor und nach den Schulungen. 171

Abbildung 78: Prinzipienkurs der AOTrauma - Boxplots bezüglich der Werte WSt, v, q, WSt, n, q (links) sowie $\Delta WSt, q$ (rechts). 171

Abbildung 79: Strahlenschutzkurs für OP-Personal - Häufigkeiten der gewählten C-Bogen-Einstellungen vor der Schulungsphase aufgeschlüsselt nach Studiengruppe und Frage. 172

Abbildung 80: Strahlenschutzkurs für OP-Personal - Häufigkeiten der gewählten C-Bogen-Einstellungen nach der Schulungsphase aufgeschlüsselt nach Studiengruppe und Frage. 172

Abbildung 81: Strahlenschutzkurs für OP-Personal – Boxplots bezüglich der Rangnummern der einzelnen Fragen vor und nach den Schulungen. 173

Abbildung 82: Strahlenschutzkurs für OP-Personal - Boxplots bezüglich der Werte WSt, v, q, WSt, n, q sowie $\Delta WSt, q$ (rechts). 173

Abbildung 83: Prinzipienkurs der AOTrauma - Häufigkeiten der Antworten bezüglich der vier Fragen des Akzeptanzfragebogens. 175

Abbildung 84: Strahlenschutzkurs für OP-Personal - Häufigkeiten der Antworten bezüglich der vier Fragen des Akzeptanzfragebogens. 176

Abbildung 85: Allgemeines Flussdiagramm des MC-GPU Algorithmus (Version 1.4) von Badal et al. 222

Abbildung 86: Flussdiagramm des track_particle-Kernels des MC-GPU-Paketes. Der Algorithmus wird jeweils in einem einzelnen Grafikartenthread ausgeführt und erzeugt eine definierte Anzahl von Photonenhistorien. Auf

Abbildungsverzeichnis

DEM DETEKTOR EINTREFFENDE PHOTONEN WERDEN ENTSPRECHEND DER STREUHISTORIE IN SPEZIELLE ARRAYBEREICHE DES RESULTIERENDEN BILDARRAYS GESPEICHERT. 222

ABBILDUNG 87: FLUSSDIAGRAMM DES IMPLEMENTIERTEN ALGORITHMUS ZUR ERFASSUNG DER AUF DEM ENERGIEFLUSS PRO VOXEL BASIERENDEN DOSISWERTE, WELCHER INNERHALB DES TRACK_PARTICLES-KERNEL AUSGEFÜHRT WIRD. 223

ABBILDUNG 88: FLUSSDIAGRAMM DES ALGORITHMUS, WELCHER INNERHALB DES TRACK_PARTICLES-KERNELS DIE INITIALE PHOTONENFLUGRICHTUNG SOWIE DEN INDEX DES STARTVOXELS UNTER BERÜCKSICHTIGUNG DER BLENDENEINSTELLUNGEN BESTIMMT 223

ABBILDUNG 89: ALGORITHMUS ZUR ERSTELLUNG DER INTEGER-ARRAYS (SPECTRAPHOTONNUMBERVALUES), WELCHE ZUR BESTIMMUNG DER INITIALEN PHOTONENENERGIE EINGESETZT WERDEN. 224

ABBILDUNG 90: ALGORITHMUS ZUR ERMITTLUNG DER PHOTONENENERGIE EINES NEU ERZEUGTEN PHOTONS BASIEREND AUF DEN AKTUELLEN THREAD-WERTEN UND DEN DATEN IM SPECTRUMNUMBERARRAY. 224

ABBILDUNG 91: ALLGEMEINER ABLAUF DES ERWEITERTEN SIMULATIONSALGORITHMUS DES MC-GPU-PAKETES FÜR DIE INTRAOPERATIVE STREUSTRAHLENSIMULATION. 225

ABBILDUNG 92: FLUSSDIAGRAMM FÜR DIE KOMBINATION DER MATERIAL-, LABEL- UND OP-PERSONAL-ID IN EINER FLOAT-VARIABLE (LINKS) UND FÜR DIE RÜCKGEWINNUNG DER EINZELNEN VARIABLEN AUS DEM RESULTIERENDEN KOMBINIERTEN WERT (RECHTS). 225

ABBILDUNG 93: DETAILLIERTES FLUSSDIAGRAMM DES TRACK_PARTICLES-KERNEL DES ERWEITERTEN MC-GPU-PAKETES. 226

ABBILDUNG 94: FLUSSDIAGRAMM DES OPTIMIERTEN TRACK_PARTICLES-KERNEL VON SISCAR-GPU 227

ABBILDUNG 95: FLUSSDIAGRAMM DES PREPAREVOLUME-KERNEL ZUR KONVERTIERUNG DER SKALIERTEN HOUNSFIELD-WERTE AUS EINEM VM2-CT-DATENSATZ SOWIE DES LABEL-DATENSATZES IN EIN KOMBINIERTES ID-ARRAY. 228

ABBILDUNG 96: FLUSSDIAGRAMM DES IPV-KERNEL ZUR INTEGRATION DER DATEN EINES KOMBINIERTEN ID-ARRAYS MIT ROTATION $(qx, Mat, qy, Mat, qz, Mat, qw, Mat)$ AN POSITION $(px, Mat, py, Mat, pz, Mat)$ IN DAS SIMULATIONSVOLUMEN. 228

ABBILDUNG 97: FLUSSDIAGRAMM DER INITIALISIERUNGSPHASE 1 DES SISCAR-GPU ALGORITHMUS. 229

ABBILDUNG 98: FLUSSDIAGRAMM DER INITIALISIERUNGSPHASE 2 DES SISCAR-GPU ALGORITHMUS. 229

ABBILDUNG 99: FLUSSDIAGRAMM DER INITIALISIERUNGSPHASE 3 DES SISCAR-GPU ALGORITHMUS. 230

ABBILDUNG 100: FLUSSDIAGRAMM DER SIMULATIONSPHASE DES SISCAR-GPU ALGORITHMUS. 230

ABBILDUNG 101: FLUSSDIAGRAMM DER ABSCHLUSSPHASE DES SISCAR-GPU ALGORITHMUS. 230

ABBILDUNG 102: FLUSSDIAGRAMM DES ENDGÜLTIGEN TRACKPARTICLES-KERNELS DES SISCAR-GPU ALGORITHMUS. 231

ABBILDUNG 103: FLUSSDIAGRAMM DES FILL_DOSE_RESULTS_REPRESENTATION-KERNEL ZUR KONVERTIERUNG DER SIMULIERTEN DOSISWERTE IN EIN DARSTELLUNGSARRAY FÜR VOLUMEVIZ. 232

ABBILDUNG 104: VERGLEICH DER ISODOSEN-DARSTELLUNG AUS [35] ABBILDUNG 6 (A) MIT SIMULIERTEN DOSISWERTEN. 233

ABBILDUNG 105: VERGLEICH DER ISODOSEN-DARSTELLUNG AUS [35] ABBILDUNG 6 (B) MIT SIMULIERTEN DOSISWERTEN. 233

ABBILDUNG 106: VERGLEICH DER ISODOSEN-DARSTELLUNG AUS [195] ABBILDUNG D.3 MIT SIMULIERTEN DOSISWERTEN. 234

ABBILDUNG 107: VERGLEICH DER ISODOSEN-DARSTELLUNG AUS [196] ABBILDUNG 3 MIT SIMULIERTEN DOSISWERTEN. 234

ABBILDUNG 108: VERGLEICH DER ISODOSEN-DARSTELLUNG AUS [196] ABBILDUNG 4 MIT SIMULIERTEN DOSISWERTEN. 235

ABBILDUNG 109: VERGLEICH DER ISODOSEN-DARSTELLUNG AUS [196] ABBILDUNG 6 MIT SIMULIERTEN DOSISWERTEN. 235

ABBILDUNG 110: VERGLEICH DER ISODOSEN-DARSTELLUNG AUS [197] ABBILDUNG 4 MIT SIMULIERTEN DOSISWERTEN. 236

ABBILDUNG 111: VERGLEICH DER ISODOSEN-DARSTELLUNG AUS [197] ABBILDUNG 5 MIT SIMULIERTEN DOSISWERTEN. 237

ABBILDUNG 112: VERGLEICH DER ISODOSEN-DARSTELLUNG AUS [197] ABBILDUNG 6 MIT SIMULIERTEN DOSISWERTEN. 237

ABBILDUNG 113: VERGLEICH DER ISODOSEN-DARSTELLUNG AUS [198] ABBILDUNG 4 MIT SIMULIERTEN DOSISWERTEN. 238

Schlagwortverzeichnis

A

ADR Grenzwert 94
ADR Simulation 92
ALARA-Prinzip 35
Anode 5
Anodenteller 11
Äquivalentdosis 24
Atomgesetz 33
Automatische Dosisleistungsregelung 30

B

Berechnungskomplexität 105
Bildverstärker 28
Bitmaske 96
Bleigleichwert 36
Blenden 29
branch delaying 88
Bremsstrahlung 7
Brennfleck 10

C

C-Bogen 28
Charakteristische Röntgenstrahlung 9
colorMap 107
Comptoneffekt 17
Comptonelektron 17
Compton-Energieübertragungskoeffizient .. 18
Comptonphoton 19
Compton-Stoßquerschnitt 19
Compton-Streukoeffizient 18
Compton-Streuquerschnitt 19
Compton-Streuung 17
Compton-Wechselwirkungskoeffizient 18
Computer Based Training 38
Cone beam 65
CUDA 48

D

Datenparallele Berechnung 48
dd-Array 62
Deterministische Strahlenwirkung 26
Deterministische Verfahren 41
df-Array 62
diagnostischer Strahlenbereich 6
diskrete Ordinaten Methode 41
diskrete Röntgenspektrum 10
Dominante 92
Dosis ionisierender Strahlung 23

Drehanode 11
Duane-Hunt-Gesetz 8

E

Effektive Dosis 25
EGSnrc 45
elektronische Lupe 30
Elektronische Lupe 67
elektronischer Brennfleck 11
Elektronvolt 6
Energiedosis 24
Energiedosisleistung 24
Erfassung der Ortsdosis 61

F

Fachkunde im Strahlenschutz 34
Fermi Architektur 49
Flächendetektorradiographie 31
Focker-Planck Gleichung 42
Formatumschaltung 67

G

GEANT4 44
Glühkathode 11
Grafikkartenspeicher 83
Grenzfrequenz 8
Grenzwellenlänge 8
Grid 54

H

Heel-Effekt 12

I

inkohärente Streuung 17
integrale Compton-Stoßquerschnitt 21
Interaktionsgrad 38
Interaktivität 75
intrinsische Funktionen 85
Irisblende 67
Isodosenkurve 37

K

Kathode 5
Kerma 24
Kermaleistung 24
Kernel 53
Kernelkonfiguration 78
kohärente Streuung 21
Kombinierte ID 95

Seite | 219

Schlagwortverzeichnis

Konstantenspeicher 51
kontinuierliches Röntgenspektrum 9
Kugelflächenfunktion 41

L

Label Volumen 95
Lambert-Beer-Gesetz 14
linearer Schwächungskoeffizient 14
lineares Energieübertragungsvermögen ... 24

M

MARS 45
Masse-Photoabsorptionskoeffiziente 16
MC-GPU 58
MCNP 44
Monitorwagen 28
Monte-Carlo-Methode 43

O

Occupancy 78
optischer Brennfleck 11
Organdosis 25
Ortsdosis 25

P

Pauli-Prinzip 10
PENELOPE 45
Personendosis 25
Photoabsorption 15
Photoabsorptionskoeffizient 16
Photoelektron 15
Photonenhistorie 43
Point-Kernel-Integrationsmethode 42

R

RANECU 55
Rayleigh-Streukoeffizient 22
Rayleigh-Streuung 21
Register 52
Röhrenspannung 6
Röhrenstrom 6
Röntgenbremsstrahlung 7
Röntgenlinie 10
Röntgenverordnung 33

S

Schlitzblende 67

Shared-Memory 51
Sievert 25
SIMT-Architektur 50
Simulationsvolumen 90
SIScaR-GPU 61
Speedup 89
Spektrum elektromagnetischer Wellen 5
Stochastische Strahlenwirkung 26
Strahlenfilter 13
Strahlenkegel 65
Strahlenschutz 32
Strahlenschutzbeauftragter 34
Strahlenschutzbereiche 35
Strahlenschutzkleidung 35
Strahlenschutzkurs 34
Strahlenschutzverantwortlicher 34
Strahlenschutzverordnung 33
Strahlenspektrum 71
Streustrahlenraster 31, 93
Szenengraf 91

T

TASMIP 71
Thread-Block 50
totale Compton-Streuquerschnitt 21
Transferfunktion 107
TRIPOLI-4 45

U

uniforme Cache 51

V

vereinfachte P_N-Methode 41
vereinfachte SP_N-Methode 41
Verzweigungsdivergenz 87
Visual Profiler 78
Volume-Rendering 107
Voxel Phantom 97
Voxel 90

W

Warp Scheduler 51
Warp 50
Wehneltzylinder 6
Weichteilenergiedosis 25

Anhang

Anhang

I. Flussdiagramme

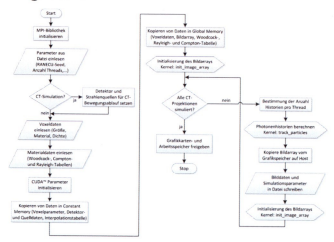

Abbildung 85: Allgemeines Flussdiagramm des MC-GPU Algorithmus (Version 1.1) von Badal et al.

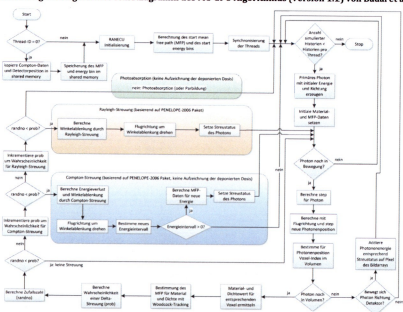

Abbildung 86: Flussdiagramm des `track_particle`-Kernels des MC-GPU-Paketes. Der Algorithmus wird jeweils in einem einzelnen Grafikartenthread ausgeführt und erzeugt eine definierte Anzahl von Photonenhistorien. Auf dem Detektor eintreffende Photonen werden entsprechend der Streuhistorie in spezielle Arraybereiche des resultierenden Bildarrays gespeichert.

Anhang

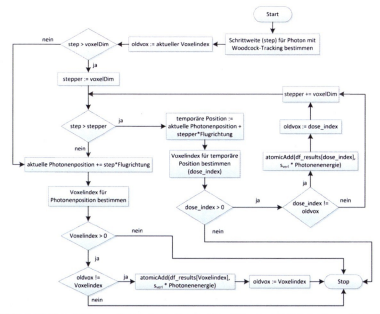

Abbildung 87: Flussdiagramm des implementierten Algorithmus zur Erfassung der auf dem Energiefluss pro Voxel basierenden Dosiswerte, welcher innerhalb des `track_particles`-Kernel ausgeführt wird.

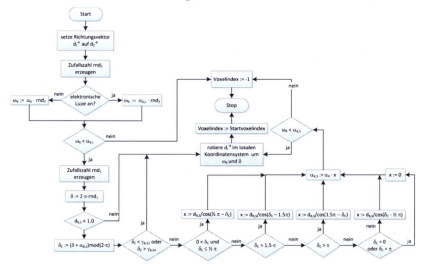

Abbildung 88: Flussdiagramm des Algorithmus, welcher innerhalb des `track_particles`-Kernels die initiale Photonenflugrichtung sowie den Index des Startvoxels unter Berücksichtigung der Blendeneinstellungen bestimmt

Anhang

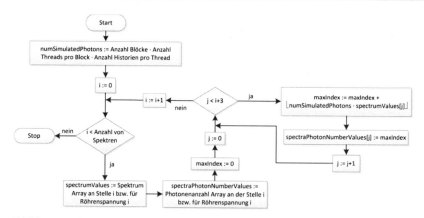

Abbildung 89: Algorithmus zur Erstellung der Integer-Arrays (`spectraPhotonNumberValues`), welche zur Bestimmung der initialen Photonenenergie eingesetzt werden.

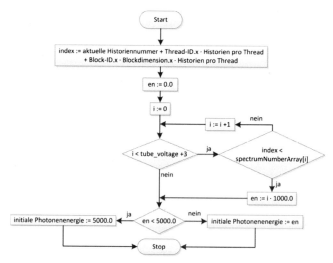

Abbildung 90: Algorithmus zur Ermittlung der Photonenenergie eines neu erzeugten Photons basierend auf den aktuellen Thread-Werten und den Daten im `spectrumNumberArray`.

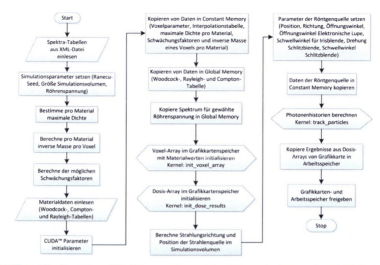

Abbildung 91: Allgemeiner Ablauf des erweiterten Simulationsalgorithmus des MC-GPU-Paketes für die intraoperative Streustrahlensimulation.

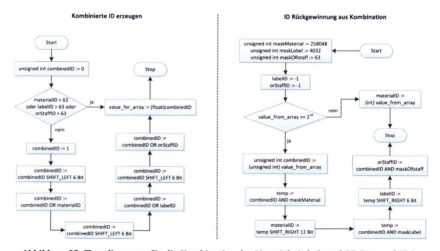

Abbildung 92: Flussdiagramm für die Kombination der Material-, Label- und OP-Personal-ID in einer Float-Variable (links) und für die Rückgewinnung der einzelnen Variablen aus dem resultierenden kombinierten Wert (rechts).

Anhang

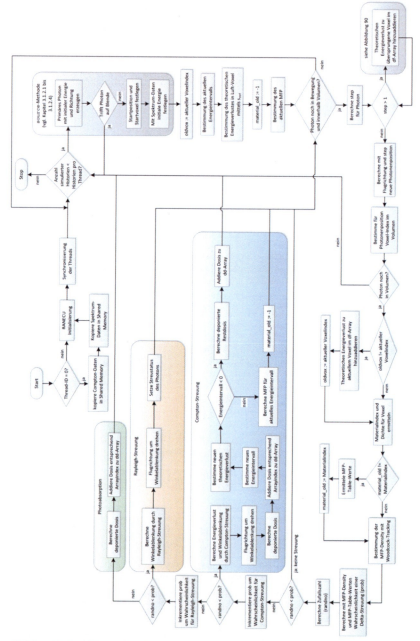

Abbildung 93: Detailliertes Flussdiagramm des track_particles-Kernel des erweiterten MC-GPU-Paketes.

Anhang

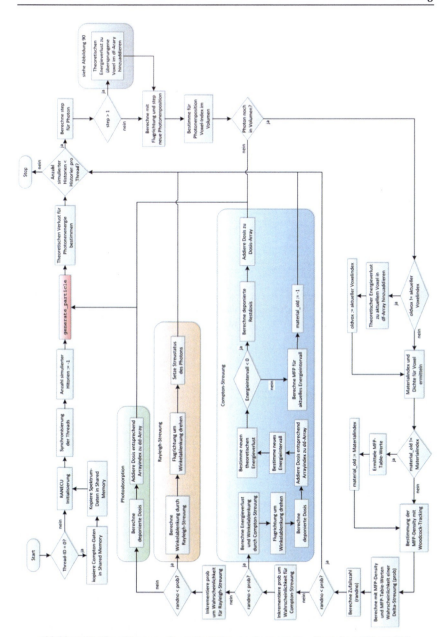

Abbildung 94: Flussdiagramm des optimierten track_particles-Kernel von SIScaR-GPU

Anhang

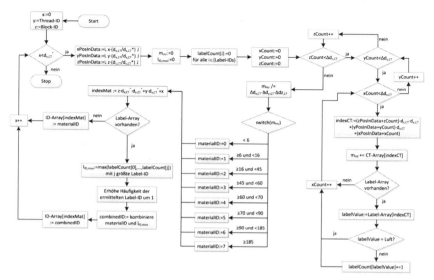

Abbildung 95: Flussdiagramm des `prepareVolume`-Kernel zur Konvertierung der skalierten Hounsfield-Werte aus einem VM2-CT-Datensatz sowie des Label-Datensatzes in ein kombiniertes ID-Array.

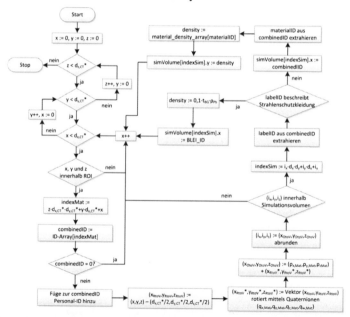

Abbildung 96: Flussdiagramm des `IPV`-Kernel zur Integration der Daten eines kombinierten ID-Arrays mit Rotation ($q_{x,Mat}$, $q_{y,Mat}$, $q_{z,Mat}$, $q_{w,Mat}$) an Position ($p_{x,Mat}$, $p_{y,Mat}$, $p_{z,Mat}$) in das Simulationsvolumen.

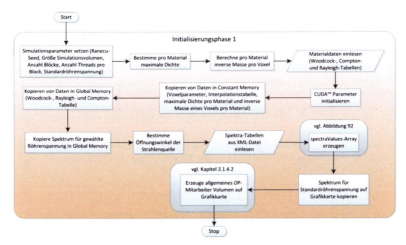

Abbildung 97: Flussdiagramm der Initialisierungsphase 1 des SIScaR-GPU Algorithmus.

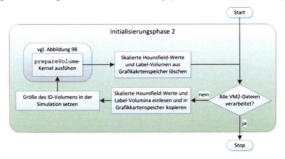

Abbildung 98: Flussdiagramm der Initialisierungsphase 2 des SIScaR-GPU Algorithmus.

Anhang

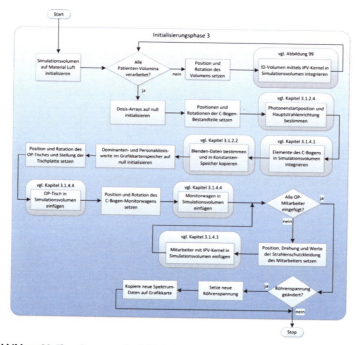

Abbildung 99: Flussdiagramm der Initialisierungsphase 3 des SIScaR-GPU Algorithmus.

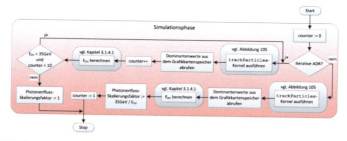

Abbildung 100: Flussdiagramm der Simulationsphase des SIScaR-GPU Algorithmus.

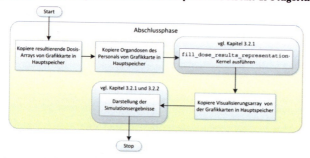

Abbildung 101: Flussdiagramm der Abschlussphase des SIScaR-GPU Algorithmus.

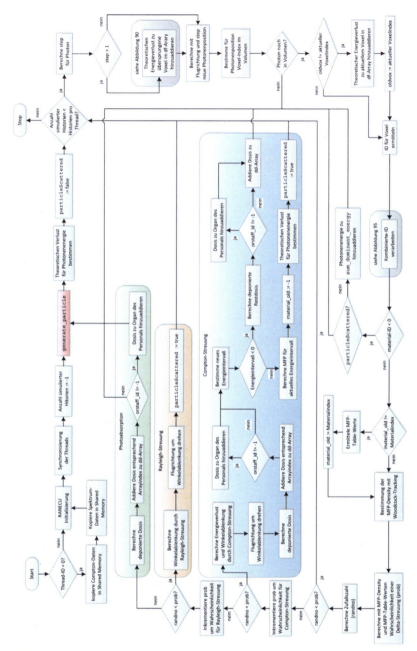

Abbildung 102: Flussdiagramm des endgültigen `trackParticles`-Kernels des SIScaR-GPU Algorithmus.

Anhang

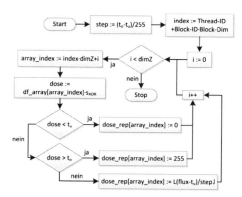

Abbildung 103: Flussdiagramm des `fill_dose_results_representation`-Kernel zur Konvertierung der simulierten Dosiswerte in ein Darstellungsarray für VolumeViz.

Anhang

II. Visueller Vergleich von experimentell ermittelten Isodosenkurven mit Schnittebene durch simulierten Photonenfluss von SIScaR-GPU

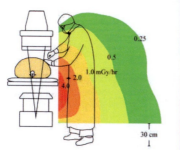 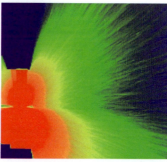

Abbildung 104: Vergleich der Isodosen-Darstellung aus [35] Abbildung 6 (a) mit simulierten Dosiswerten.

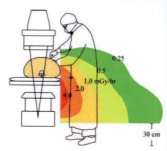 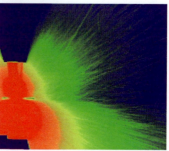

Abbildung 105: Vergleich der Isodosen-Darstellung aus [35] Abbildung 6 (b) mit simulierten Dosiswerten.

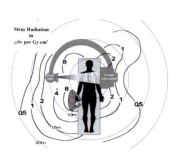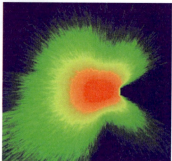

Abbildung 106: Vergleich der Isodosen-Darstellung aus [195] Abbildung D.3 mit simulierten Dosiswerten.

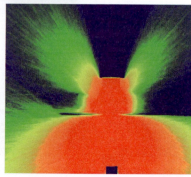

Abbildung 107: Vergleich der Isodosen-Darstellung aus [196] Abbildung 3 mit simulierten Dosiswerten.

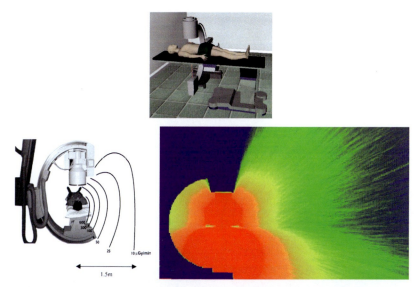

Abbildung 108: Vergleich der Isodosen-Darstellung aus [196] Abbildung 4 mit simulierten Dosiswerten.

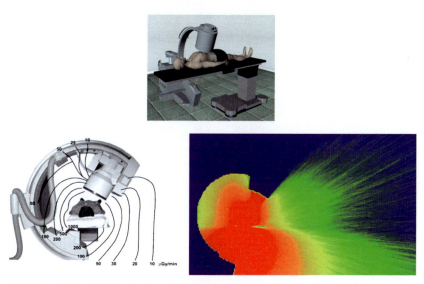

Abbildung 109: Vergleich der Isodosen-Darstellung aus [196] Abbildung 6 mit simulierten Dosiswerten.

Anhang

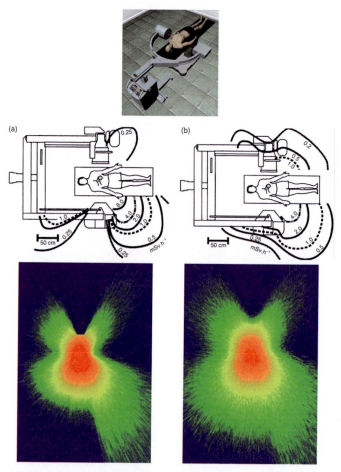

Abbildung 110: Vergleich der Isodosen-Darstellung aus [197] Abbildung 4 mit simulierten Dosiswerten.

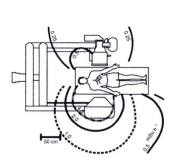
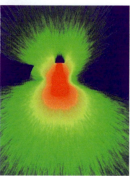

Abbildung 111: Vergleich der Isodosen-Darstellung aus [197] Abbildung 5 mit simulierten Dosiswerten.

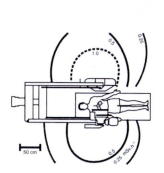
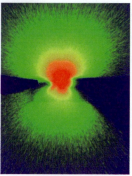

Abbildung 112: Vergleich der Isodosen-Darstellung aus [197] Abbildung 6 mit simulierten Dosiswerten.

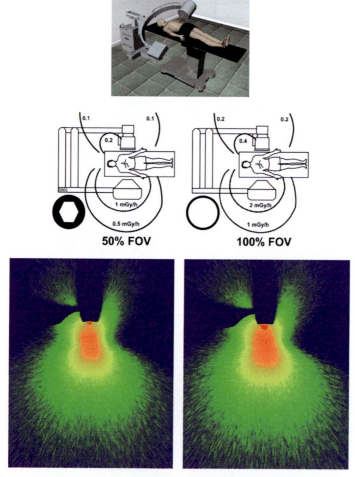

Abbildung 113: Vergleich der Isodosen-Darstellung aus [198] Abbildung 4 mit simulierten Dosiswerten.

III. Fragebogen Vorstudie

Bitte geben sie den ausgefüllten Fragebogen beim virtX-Team ab! Danke!

Fragebogen zum virtX-System

Angaben zur Person	
Alter:	_____ Jahre
Geschlecht:	O ♀ weiblich O ♂ männlich
Beruf:	O Chirurg O Pflegekraft O Anderes: _____
Berufserfahrung:	_____ Jahre
Bisherige Erfahrung mit dem C-Bogen:	O keine oder bisher nur Einführung erhalten O ich verwende ihn gelegentlich O ich verwende ihn regelmäßig
Falls sie einen C-Bogen wenigstens gelegentlich verwenden:	Wurde ihnen in ihrer Einweisung am C-Bogen (vor diesem Kurs) der Zusammenhang zwischen Streustrahlung und Bildverstärker-positionierung erläutert? O ja O nein Nehmen Sie die Einstellung des C-Bogens selbst vor? O ja, i.d.R. stelle ich den C-Bogen selbst ein O nein, i.d.R. stellt eine andere Person (z.B. Pflegekraft) den C-Bogen ein
Erfahrung am PC:	O keine/sehr gering O nutze den PC gelegentlich O nutze den PC regelmäßig

Angaben zum Training mit virtX	
Mit virtX habe ich trainiert ...	O auf dem PC O mit dem realen C-Bogen
Ich habe folgende Aufgaben bearbeitet	O OSG O Hüfte O Knie O Schulter O Becken O Freies Üben mit diversen Datensätzen
Was hat Ihnen am virtX-System gut gefallen?	Stichpunktartig: _____ _____ _____
Was gefällt Ihnen am virtX-System nicht bzw. was würden Sie ändern wollen?	Stichpunktartig: _____ _____ _____

Bitte wenden!

Anhang

Bitte geben sie den ausgefüllten Fragebogen beim virtX-Team ab! Danke!

Bewertung des virtX-Systems

Erläuterung: Auf diesem Fragebogen sollen Sie bitte Ihren Eindruck vom virtX-System wiedergeben. Geben Sie bitte jeweils durch ein Kreuz an, inwiefern die Aussagen auf Sie zutreffen. **Wenn Sie keine Einschätzung abgeben können oder wollen, markieren Sie das Feld in der Spalte „keine Einschätzung".**

	Trifft voll zu	Trifft eher zu	Neutral	Trifft eher nicht zu	Trifft nicht zu	keine Einschätz-ung
Zum Training mit virtX am PC						
Das Computerprogramm virtX *zum Üben am PC* ist eine sinnvolle Ergänzung zur herkömmlichen Ausbildung am C-Bogen.	(2)	(1)	(0)	(-1)	(-2)	O
Die graphische Benutzeroberfläche von virtX ist einfach zu bedienen.	(2)	(1)	(0)	(-1)	(-2)	O
Zum Training mit virtX mit dem realen C-Bogen						
Das Computerprogramm *virtX integriert in einen C-Bogen* ist eine sinnvolle Ergänzung zur herkömmlichen Ausbildung am C-Bogen.	(2)	(1)	(0)	(-1)	(-2)	O
Die Beweglichkeit der Puppe reicht aus, um die gestellten Aufgaben zu bewältigen.	(2)	(1)	(0)	(-1)	(-2)	O
Generelle Fragen						
Bezüglich der Aufgaben, bei denen die Lagerung des Patienten verändert werden muss, um das gewünschte Bild zu erzeugen (z.B. Hüfte/Lauenstein, Schulter axial):						
Die Übertragung der Patientenbewegung auf das simulierte Röntgenbild ist ausreichend realistisch.	(2)	(1)	(0)	(-1)	(-2)	O
Das resultierende Röntgenbild ist ausreichend realistisch.	(2)	(1)	(0)	(-1)	(-2)	O
Durch die Visualisierung der Röntgenstrahlung ...						
... habe ich etwas Neues zur Vermeidung unnötiger Strahlenbelastung gelernt.	(2)	(1)	(0)	(-1)	(-2)	O
... hat sich mein Verständnis für den Zusammenhang zwischen Bildverstärkerposition und Verhalten der Streustrahlung verbessert.	(2)	(1)	(0)	(-1)	(-2)	O
virtX sollte mit jedem C-Bogen ausgeliefert werden, um das OP-Personal in dessen Handhabung einweisen zu können.	(2)	(1)	(0)	(-1)	(-2)	O

Weitere Kommentare oder Anmerkungen: _____
_____
_____
_____
_____

Anhang

IV. Fragebogen Studie A

Fragebogen FB1

Losnummer

Fragebogen zur C-Bogen-Einstellung und dem persönlichen Aufenthaltsort für eine minimale Strahlenbelastung

Vielen Dank für Ihre Teilnahme an der Fragebogenstudie. Mit dieser Studie soll der allgemeine Wissenstand bezüglich Verhaltensweisen zur Minimierung der intraoperativen Strahlenbelastung erfasst werden. Hierzu werden Sie nachfolgend zu der Einstellung des C-Bogens und ihrem persönlichen Aufenthaltsort hinsichtlich drei klinischer Situationen befragt. Jede dieser Situationen ist hierbei auf einer Seite dargelegt. Aufgrund Ihres Aufgabenbereiches im OP wird von Ihnen verlangt sich in dem jeweils markierten Bereich aufzuhalten.

Ihre Aufgabe ist es, pro OP-Situation/Aufgabenseite

1. aus den jeweils rechts dargestellten vier möglichen **Einstellungen des C-Bogens**, durch Ankreuzen die aus Strahlenschutzsicht und für die Bildqualität sinnvollste Position auszuwählen. Bei der Darstellung des C-Bogens ist die Röntgenröhre durch das ☢-Symbol gekennzeichnet.

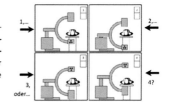

2. aus mehreren auf der linken Seite vordefinierten **Standorten** (A bis E bzw. F), welche durch Kreise markiert sind, denjenigen **mit der für Sie geringsten Strahlenbelastung** auszuwählen. Hierzu zählt nicht nur der Standort, sondern auch Ihre **Körperausrichtung** (durch gestrichelte Linien in den Kreisen gekennzeichnet). Zur Auswahl eines Standortes inklusive Körperausrichtung zeichnen Sie bitte im Kreis des gewählten Standortes längs einer der gestrichelten Linie einen **Pfeil**, dessen Spitze ihrer Blickrichtung entspricht (Beispiel siehe rechts). Hierbei ist zu beachten, dass Sie die rechts dargestellte **Bleischürze tragen**!

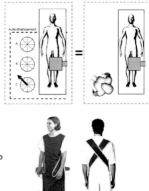

Wissen Sie auf eine dieser beiden Punkte keine Antwort, so kreuzen Sie dieses bitte auf der jeweiligen Seite unten an.

Seite | 241

Anhang

Anonyme Angaben zur Person

Alter:	_____ Jahre			
Geschlecht:	O	♀ weiblich	O	♂ männlich
Beruf:	O	Chirurg	O	OP-Pflegekraft
	O	MTRA		
	O	Anderes: _____		
Berufserfahrung:	_____ Jahre			
Letzter Strahlenschutz-kurs:	vor _____ Jahren. (Falls erster Kurs bitte 0 eintragen)			
Bisherige Erfahrung mit dem C-Bogen:	O	keine oder bisher nur Einführung erhalten		
	O	ich verwende ihn gelegentlich		
	O	ich verwende ihn regelmäßig		
Falls sie einen C-Bogen wenigstens gelegentlich verwenden:	Wurde ihnen vor diesem Kurs der Zusammenhang zwischen Streustrahlung und Bildverstärkerpositionierung erläutert?			
	O ja O nein			
	Nehmen Sie die Einstellung des C-Bogens selbst vor?			
	O ja, i.d.R. stelle ich den C-Bogen selbst ein			
	O nein, i.d.R. stellt eine andere Person (z.B. Pflegekraft) den C-Bogen ein			

Anhang

Linkes Hüftgelenk (80kV)

OP-Saal

Aufenthaltsbereich

Ich weiß nicht,...

...welche C-Bogen-Einstellung zu präferieren ist.

...welcher Standort mit welcher Körperausrichtung zu präferieren ist.

Seite | 243

Anhang

Linkes Oberes Sprunggelenk (OSG) seitlich (rechtes Bein angehoben, 60kV)

OP-Saal

Aufenthaltsbereich

Ich weiß nicht,...

...welche C-Bogen-Einstellung zu präferieren ist.

...welcher Standort mit welcher Körperausrichtung zu präferieren ist.

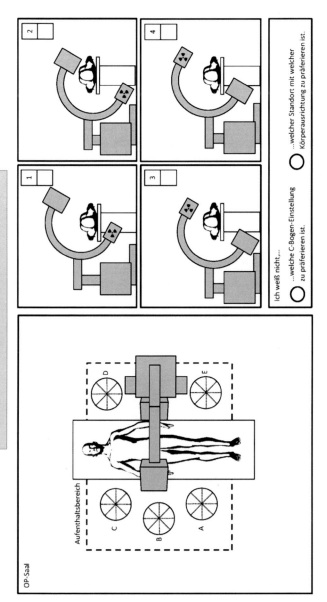

Anhang

Fragebogen FB2

Losnummer

Fragebogen zur C-Bogen-Einstellung und dem persönlichen Aufenthaltsort für eine minimale Strahlenbelastung

Vielen Dank für Ihre Teilnahme an der Fragebogenstudie. Mit dieser Studie soll der allgemeine Wissenstand bezüglich Verhaltensweisen zur Minimierung der intraoperativen Strahlenbelastung erfasst werden. Hierzu werden Sie nachfolgend zu der Einstellung des C-Bogens und ihrem persönlichen Aufenthaltsort hinsichtlich drei klinischer Situationen befragt. Jede dieser Situationen ist hierbei auf einer Seite dargelegt. Aufgrund Ihres Aufgabenbereiches im OP wird von Ihnen verlangt sich in dem jeweils markierten Bereich aufzuhalten.

Ihre Aufgabe ist es, pro OP-Situation/Aufgabenseite

1. aus den jeweils rechts dargestellten vier möglichen **Einstellungen des C-Bogens**, durch Ankreuzen die aus Strahlenschutzsicht sinnvollste **Position auszuwählen**. Bei der Darstellung des C-Bogens ist die Röntgenröhre durch das ☢-Symbol gekennzeichnet.

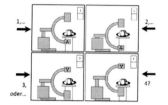

2. aus mehreren auf der linken Seite vordefinierten **Standorten** (A bis E bzw. F), welche durch Kreise markiert sind, denjenigen **mit der für Sie geringsten Strahlenbelastung** auszuwählen. Hierzu zählt nicht nur der Standort, sondern auch Ihre **Körperausrichtung** (durch gestrichelte Linien in den Kreisen gekennzeichnet). Zur Auswahl eines Standortes inklusive Körperausrichtung zeichnen Sie bitte im Kreis des gewählten Standortes längs einer der gestrichelten Linie einen **Pfeil, dessen Spitze ihrer Blickrichtung entspricht** (Beispiel siehe rechts). Hierbei ist zu beachten, dass Sie die rechts dargestellte **Bleischürze tragen**!

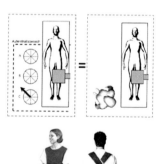

Wissen Sie auf eine dieser beiden Punkte keine Antwort, so kreuzen Sie dieses bitte auf der jeweiligen Seite unten an.

Anonyme Angaben zur Person

Alter:	_____ Jahre
Geschlecht:	O ♀ weiblich O ♂ männlich
Beruf:	O Chirurg O OP-Pflegekraft O MTRA O Anderes: _____
Berufserfahrung:	_____ Jahre
Letzter Strahlenschutzkurs:	vor _____ Jahren. (Falls erster Kurs bitte 0 eintragen)
Bisherige Erfahrung mit dem C-Bogen:	O keine oder bisher nur Einführung erhalten O ich verwende ihn gelegentlich O ich verwende ihn regelmäßig
Falls sie einen C-Bogen wenigstens gelegentlich verwenden:	Wurde ihnen vor diesem Kurs der Zusammenhang zwischen Streustrahlung und Bildverstärkerpositionierung erläutert? O ja O nein Nehmen Sie die Einstellung des C-Bogens selbst vor? O ja, i.d.R. stelle ich den C-Bogen selbst ein O nein, i.d.R. stellt eine andere Person (z.B. Pflegekraft) den C-Bogen ein

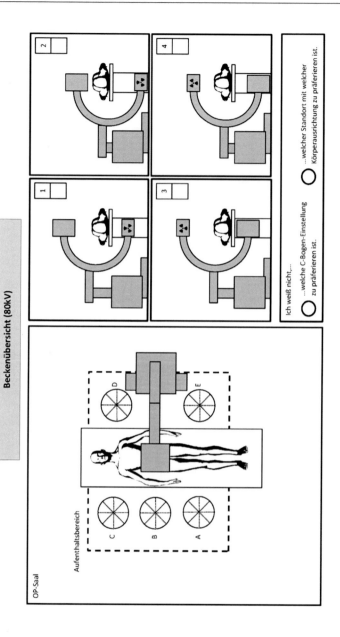

Anhang

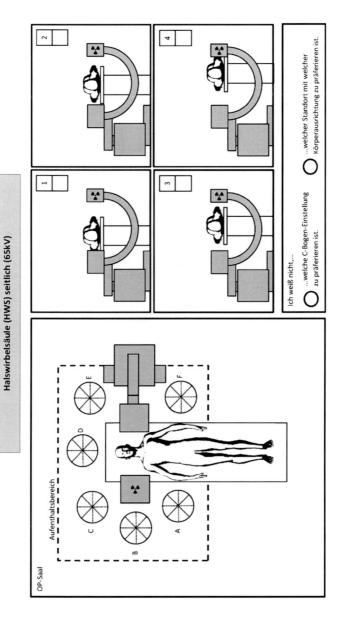

Anhang

V. Zusätzlicher Fragebogen Studie B

Bewertung der Streustrahlensimulation

Erläuterung: Auf diesem Fragebogen sollen Sie bitte Ihren Eindruck bezüglich der Streustrahlensimulation wiedergeben. Geben Sie bitte jeweils durch ein Kreuz an, inwiefern die Aussagen auf Sie zutreffen bzw. welche Einschätzung Sie zu der Aussage haben.
Wenn Sie keine Einschätzung abgeben können oder wollen, markieren Sie das Feld in der Spalte „keine Einschätzung".

	Trifft voll zu	Trifft eher zu	Neutral	Trifft eher nicht zu	Trifft nicht zu	keine Einschätzung
Die Darstellung der Streustrahlung im virtuellen OP ist verständlich.	(2)	(1)	(0)	(-1)	(-2)	O
Die Darstellung der Körper- und Organdosen des virtuellen OP-Personals ist verständlich.	(2)	(1)	(0)	(-1)	(-2)	O
Die Interaktivität des Schulungssystems ist hilfreich für die Strahlenschutzausbildung.	(2)	(1)	(0)	(-1)	(-2)	O

	akzeptabel	geringfügig zu lang	zu lang	viel zu lang	keine Einschätzung
Die verstrichene Zeit zwischen Start der Simulation und Darstellung der Strahlungswerte ist ...	(3)	(2)	(1)	(0)	O

Danksagung

Zum Gelingen dieser Arbeit hat eine Vielzahl von Personen beigetragen, denen ich in diesem Rahmen für ihre Unterstützung meinen Dank aussprechen möchte.

Als erstes möchte ich meinem Doktorvater Professor Reinhold Haux für seine umfassende Unterstützung meiner wissenschaftlichen Arbeit, die konstruktiven Kommentare und die Ermöglichung der zahlreichen Präsentationen und Diskussionen meiner Forschungsarbeiten auf in- und ausländischen Kongressen danken.

Mein Dank gilt auch Professor Klaus Dresing, welcher mir bei auftretenden medizinischen Fragen und Fragen zum klinischem Arbeitsalltag stets mit fachkundigem Rat zur Verfügung stand und mit seinen Impulsen maßgeblich das virtX-System geprägt hat. Zudem danke ich Prof. Dresing für die mehrjährige tatkräftige Unterstützung des virtX Projekts und die Möglichkeit, das System mehrfach in den Kursen der AOTrauma evaluieren zu können.

Ein besonderer Dank geht an Professor Oliver Johannes Bott, welcher bereits zu meiner Studienzeit meine Abschlussarbeiten im Rahmen des virtX Projekts betreute und stets neue Ideen für dessen Weiterentwicklung einbrachte. Sein stetiger Antrieb verhalf mir zu den meisten meiner Publikationen und mit seiner freundlichen Art war er ein angenehmer Begleiter auf den gemeinsamen Kongressreisen und AO-Kursen. Vor allem danke ich Prof. Bott auch für die konstruktiven Anmerkungen im Kontext dieser Arbeit und die tatkräftige Unterstützung während der Studie im Prinzipienkurs der AOTrauma 2011, bei welcher ich aufgrund der Geburt meines Sohnes nicht anwesend sein konnte.

Des Weiteren danke ich Professor Michael Teistler für seine Unterstützung während der RSNA Kongresse in den Jahren 2009 bis 2011 und für seine hilfreichen Kritiken bezüglich der Studienplanungen.

Der Geschäftsführerin des Braunschweiger Studieninstitutes für Gesundheitspflege Frau Rita Reise danke ich dafür, dass ich in den von ihr ausgerichteten Strahlenschutzkursen für OP-Personal Daten für die Studien meiner Arbeit erfassen durfte. In diesem Kontext danke ich auch der leitenden MTRA des Klinikums Braunschweig, Frau Angelika Decker, für die direkte Einbindung der Studienphasen in die von ihr betreuten Strahlenschutzkurse, die freundliche Unterstützung und die nützlichen Kommentare. Zudem sei auch Dank an Herrn Dr. Markus Borowski ausgesprochen, der mir mit seinem fachkundigem Rat als Medizinischer Physiker bei Bedarf zur Verfügung stand und mir viele Ideen für mögliche Erweiterungen des Schulungssystems bescherte.

Ich danke auch allen Teilnehmern der Studien, welche geduldig den Ausführungen lauschten, die Fragebögen ausfüllten und teilweise mit Lob meinen Arbeitseifer weiter anfachten. Ebenso danke ich den Gästen der RSNA, welche mit mir angeregt über meine Forschungsarbeit diskutierten. Trotz der unbefriedigenden Studienergebnisse zeigten mir die aus diesen Gesprächen hervorgehenden positiven Zusprüche, dass das entwickelte Schulungssystem von der Zielgruppe akzeptiert, geschätzt und gebraucht wird.

Bei meinen Kollegen möchte ich mich für die freundliche und unterstützende Arbeitsatmosphäre bedanken. Sie standen mir immer mit Rat, Tat und wenn es nötig war auch mit aufmunternden Worten jeder Zeit zur Seite. Stellvertretend für alle Mitarbeiter des Peter L. Reichertz Institutes geht daher mein Dank an Wolfram Ludwig, Christopher Duwenkamp, Christoph Alexander Ahrens, Klaus-Hendrik Wolf, Maik Plischke und Ute Zeisberg.

Ein besonders großer Dank geht an meine Frau Anna, die es trotz der Anstrengungen im Zusammenhang mit ihrer Schwangerschaft, der Geburt und der Versorgung unseres Sohnes Phileas aktuell und im ganzen letzten Jahr geschafft hat, mir den Rücken für meine Arbeit freizuhalten und mich moralisch zu unterstützen.

Ein weiter Dank geht an meine Eltern, meine Schwester Nicole, und meine Freunde, welche mir zum einen zum Korrekturlesen dieser Arbeit zur Verfügung standen und mir über die eine oder andere Durststrecke hinweggeholfen haben. Stellvertretend für den Beistand aller sei hier speziell an Anja, Benjamin, Bernd, Chris, Heiko, Linda, Patrick, Tanja, Thorsten und Wolfram Dank ausgesprochen.

Vielen Dank!

Danksagung